刘勋 编著

左传
全文通识读本

第三册

中华书局

第三册

第三册分年目录

文　公

宣　　公

成　　公

文 公

扫描二维码，
阅读参考资料

文公元年·○

人物 鲁文公

【文公】正 补 鲁文公。姬姓,名兴,谥文。鲁僖公(闵二·三·二)之子,声姜(僖十一·二·春秋)所生。文元年即位,在位十八年。文十八年卒。

文公元年·一

地理 鲁见文地理示意图1。

人物 鲁文公(文元·○)

春秋 元年,春,王正月,公鲁文公即位。

文公元年·二

地理 周、鲁见文地理示意图1。周、鲁、毛见文地理示意图3。

人物 周襄王(僖五·五·春秋)、内史服、鲁僖公(闵二·三·二)、毛伯卫(僖二十四·二·五)、鲁文公(文元·○)、孟穆伯(僖十五·二·春秋)、孟文伯、孟惠叔、叔孙庄叔

春秋 二月癸亥,日有食之。

【日有食之】补 见隐三·一·春秋。

○正 杨 此处不书"朔"(初一),可能当时历法误以癸亥为晦日(上月月末),详见下文《左传》。此条《春秋》无对应《左传》。

天王周襄王使叔服来会葬。

【叔服】杨 补 己姓,叔氏,名服。排行叔。周内史。

夏,四月丁巳二十六日,葬我君僖公鲁僖公。

○ 正 补 据隐元·五，诸侯五月而葬。鲁僖公七月而葬，于礼为缓。

天王周襄王**使毛伯**毛伯卫**来锡公**鲁文公**命。**

【锡】 补 赐。

○ 补 周王锡诸侯命参见庄元·四·春秋。

左传 [一] 元年，春，王周襄王使内史叔服来会葬。公孙敖孟穆伯闻其能相 xiàng 人也，见（现）其二子焉。叔服曰："谷孟文伯也食 sì 子，难孟惠叔也收子。谷也丰下，必有后于鲁国。"

【内史】 补 见桓元—桓二·三·三。

【谷】 正 补 孟文伯。姬姓，孟氏，名谷，谥文，排行伯。孟穆伯（僖十五·二·春秋）之子，戴己（文七·六·一）所生。鲁大夫，官至卿位。

【食子】 正 补 祭祀供养您，指成为孟氏继承人。

【难】 正 补 孟惠叔。姬姓，孟氏，名难，谥惠，排行叔。孟穆伯之子，孟文伯之异母弟，声己（文七·六·一）所生。鲁大夫，官至卿位。

【收子】 正 安葬您。

【丰下】 正 杨 下颌丰满。

○ 补 下启文十四年孟文伯之事（文十四·十二）、文十五年孟惠叔之事（文十五·四）。

[二] 于是闰三月，非礼也。先王之正时也，履端于始，举正于中，归余于终。履端于始，序则不愆 qiān；举正于中，民则不惑；归余于终，事则不悖。

【先王……于终】 正 杨 补 先王端正时令，从冬至开始（"履端于始"），测定春分、秋分、夏至、冬至的月份作为四季的中月（"举正于中"），把剩余的日子归到年末[，设置闰月]（"归余于终"）。

【愆】 正 补 错乱。

○ 杨 根据日食原理（见隐三·一·春秋），日食发生必然在日月合朔之时,亦即农历每月初一(朔日)。由于春秋前期历法不精密,日食有不在初一的情况,有时在初一前一天(晦日),有时在初一后一天。根据准确历法推算,文元年日食应发生在三月初一癸亥日。《春秋》不书"三月癸亥朔",而书"二月癸亥",应该是因为鲁史记载之时,根据当时不精确的历法,认定发生日食之日是三月初一前一天,也就是二月月末的癸亥日,而三月初一则是甲子。《左传》作者不知春秋时历法由粗转精之变迁过程,根据当时已经比较精密的历法常识,认定日食必在初一,因此认为"二月癸亥"是二月初一。如果二月初一是癸亥,则必须在三月设置闰月,才能使四月有丁巳。因此《左传》作者推断当年三月设置了闰月,又认为在年中置闰不合礼制,于是发了本段议论。

【三】夏,四月丁巳二十六日,葬僖公鲁僖公。缓作主,非礼也。凡君薨hōng,卒哭而祔fù,祔而作主。特祀于主,烝zhēng、尝、禘dì于庙。

【凡君……于庙】正 杨 补 凡国君去世,[安葬后,在殡宫举行虞祭,然后]举行卒哭祭,而后制作神主牌位(作主),将死者神主祔祭于其庙(祔)。[在新死者之庙举行小祥、大祥、禫等祭祀时,]单独祭祀新死者;而举行烝祭、尝祭、禘祭时,就在太庙中[和其他祖先一起祭祀]。虞、卒哭、祔、小祥、大祥、禫见隐元·五。烝、尝见桓五·四。禘见闵二·二·春秋。

○正 补 通行本中,"[葬僖公]……禘于庙"原在僖三十三年末。本段意在说明葬僖公之后缓作神主不合礼制,于文理当在《左传》葬僖公文之后。另外,《左传》常例不会重复《春秋》而无所解说,而此处《左传》"夏,四月丁巳,葬僖公"基本上是重复《春秋》"夏,四月丁巳,葬我君僖公",其后应进一步解说的文辞。据上述理由,因而由此调整。

【四】王周襄王使毛伯卫来赐公鲁文公命。叔孙得臣叔孙庄叔如周拜。

【叔孙得臣如周拜】正此为拜谢周襄王赐命。【叔孙得臣】补叔孙庄叔。姬姓,叔孙氏,名得臣,谥庄,排行叔。叔孙戴伯(僖三—僖四·二)之子,僖叔(庄三十二·四·春秋)之孙。鲁大夫,官至卿位。宣五年卒。

文公元年·三

地理晋、卫、鲁、周、郑、陈见文地理示意图 1。晋、卫、鲁、周(京师)、郑、陈、戚、訾、匡、温、南阳见文地理示意图 3。

人物晋襄公(僖三十三·三·一)、叔孙庄叔(文元·二·四)、孟穆伯(僖十五·二·春秋)、晋文公(庄二十八·二·一)、卫成公(僖二十五—僖二十六·春秋)、孔庄子、先且居(僖三十三·五·二·二)、胥臣(僖二十三—僖二十四·一·一)、孙昭子、陈共公(僖二十七—僖二十八·春秋)

春秋晋侯晋襄公伐卫。

○正杨据下文《左传》,则此次伐卫,本来是晋襄公率师,至"南阳"地区之后,改为由先且居、胥臣帅师。《春秋》书"晋侯伐卫",应是由于晋襄公先告于诸侯而伐卫,通告上称"晋侯伐卫",鲁史因而书之。

叔孙得臣叔孙庄叔如京师。

【京师】补见隐六·七。

○补本条《春秋》对应《左传》文在文元·二·四。《春秋》先书晋襄公伐卫,后书叔孙庄叔前往京师,而《左传》反之。《春秋》所根据的是通告上所书时间(晋襄公伐卫),以及事件发生时间(叔孙庄叔前往京师),而《左传》为了叙述清楚,先将周襄王使毛伯卫来赐命和相关联的叔孙庄叔前往京师拜谢叙述完,再叙述晋襄公伐卫一事。

卫人伐晋。

○ 正 补 据下文《左传》,率师者实为卫卿孔庄子。孔庄子为政,不恭盟主,兴兵邻国,受讨丧邑,故《春秋》贬称"卫人"。

秋,公孙敖_{孟穆伯}会晋侯于戚。

【戚】 正 杨 补 在今河南濮阳城区京开大道西侧、古城路口南已发现其遗址(详见下)。卫邑,曾长期为孙氏采邑。文元年晋取戚,疆其田。文八年晋归戚田于卫。成七年孙文子以戚奔晋,同年晋返戚于卫。襄二十六年孙文子又以戚叛于晋。昭七年晋归戚田于卫。参见《图集》24—25③6。

○ 补 戚城遗址:城址平面呈长方形,周长1520米。城内古文化遗存非常丰富,自下而上叠压着裴李岗、仰韶、龙山、商、西周、春秋、战国、汉文化遗存。2014年考古工作者在戚城遗址范围内发现了龙山时代(约相当于虞舜时代)城址,是濮阳地区发现的第一座龙山时代城址。根据传世文献记载,濮阳地区是虞舜的活动范围,当地也有祭祀舜帝的习俗,这座龙山时代城址对于探讨中华文明起源具有十分重要的意义。

左传 【一】晋文公之季年,诸侯朝晋。卫成公不朝,使孔达_{孔庄子}侵郑,伐绵、訾 zǐ 及匡。

【朝】 补 见隐四·二·七·一。

【卫成公不朝】 补 卫成公不去晋国朝见,应该与晋国组织的温之会期间卫成公败诉被捕下狱(参见僖二十七—僖二十八·二十五·二),之后晋文公又派医衍企图毒杀卫成公有关(参见僖三十·二·一)。

【孔达】 正 杨 补 孔庄子。姞姓,孔氏,名达,谥庄,排行叔。孔婴齐(闵二·四·二)之子。卫大夫,官至卿位。僖二十八年曾随卫成公出奔楚,同年追随卫成公至周王室。僖三十年卫成公复位,孔庄子应于此时归于卫。文二年被晋人所执,文四年归于卫。宣十四年自缢

而死。参见《礼记·祭统》载孔悝鼎铭:"乃祖庄叔,左右成公。成公
乃命庄叔随难于汉阳,即宫于宗周,奔走无射。"

【绵】杨 郑邑。应在訾、匡不远处。【訾】杨 即訾娄,见僖十八·五。

【匡】正 杨 补 在今河南扶沟南。本为卫邑,此时地已入于郑,本年
又入于晋。文八年复归于卫。定六年前又入于郑。定六年入于鲁。
参见《图集》24—25③5。

晋襄公既祥,使告于诸侯而伐卫,及南阳。先且jū居曰:"效
尤,祸也。请君晋襄公朝王周襄王,臣从师。"晋侯晋襄公朝王于温,
先且居、胥臣伐卫。五月辛酉朔初一,晋师围戚。六月戊戌八
日,取之,获孙昭子。

【既祥】杨 已经举行小祥祭(参见隐元·五)。晋文公卒于僖三十二
年十二月,则三十三年十二月为小祥。

【南阳】正 杨 见僖二十五·二·三。从"南阳"地区南渡河水,则至
周王畿。

【效尤】正 补 仿效过错。晋既以卫不朝晋为过,今晋若率师途经
"南阳"地区而不朝周,则是仿效卫的过错。尤,过。

【温】补 见隐三·四·二。此时为晋邑。

【朔】补 见桓三·五·春秋。

【孙昭子】正 杨 补 姬姓,孙氏,名炎,谥昭。孙武仲之子,卫武公
(襄二十九·九·一·二)四世孙。卫大夫。文元年被晋人所获。食
采于戚。

[二·一] 卫人使告于陈。陈共gōng公曰:"[尔]更伐之晋,我辞
之。"卫孔达孔庄子帅师伐晋。

【更伐之,我辞之】正 补 [你们卫人]应该伐晋,[作出强硬姿态,然
后]我再[出面至晋]进行斡旋。

[二·二] 君子以为古(沽)。古(沽)者越国而谋。

【古】杨粗略。

[三] 秋,<u>晋侯</u>晋襄公<u>疆戚田</u>,故<u>公孙敖</u>孟穆伯会之。

【疆戚田】补重新划定戚邑所属土田疆界。

○补由本段《左传》叙述可知,晋襄公划定戚田土田疆界是孟穆伯前往戚邑与晋襄公会面的原因。从《春秋》"秋,<u>公孙敖</u>会晋侯于戚"看,孟穆伯是此次重定疆界行动唯一获邀参加的诸侯代表。此外,从地图上看,戚邑位于晋、卫、鲁三国交界地区。综合以上信息,笔者怀疑,此次"疆戚田"应该是缩小戚邑所属土地范围,将一部分土地指定划拨给鲁,而孟穆伯前去的目的是代表鲁接收土地,与<u>僖三十一·一</u>臧文仲前往晋接收曹地类似。

　　晋为何要割取卫地赠与鲁?公开的理由应该是"赏罚分明":鲁紧跟霸主态度恭顺,因此有赏;卫蔑视霸主侵略同盟郑,因此有罚。然而,考虑到鲁接受赐地后鲁、晋关系不但没有更加密切,反而出现裂痕(<u>文二·三·一</u>),可以推想晋本年赐地可能还有一层更为狡诈的理由,那就是考虑到先前鲁僖公出手营救卫成公(参见<u>僖三十二·一</u>)后两国关系密切,因此想要通过"损卫肥鲁"来挑拨两国关系,防止两国建立攻守同盟共同对抗晋。所以,这次鲁派人接受卫地,恐怕并不是欣然接受,而是被迫接受,鲁也因此怨恨晋,故而鲁文公即位后,一方面迟迟不去晋朝见晋襄公,另一方面在本年冬天就派孟穆伯前往齐进行友好访问(参见<u>文元·五</u>)。

文公元年·四

地理楚见文地理示意图 1。

人物王子商臣/太子商臣/楚穆王(<u>僖三十三·八·九·一</u>)、楚成王(<u>庄十四·三·二</u>)、斗勃(<u>僖二十七—僖二十八·十五</u>)、王子职、潘崇、江芈

春秋 冬，十月丁未十八日，楚世子商臣太子商臣弑其君頵 jūn，楚成王。

左传 [一] 初，楚子楚成王将以商臣王子商臣为大（太）子，访诸令尹子上斗勃。子上曰："君之齿未也，而又多爱，黜乃乱也。楚国之举，恒在少 shào 者。且是人也，蜂目而豺声，忍人也，不可立也。"［楚子］弗听。

【令尹子上】僖二十八年成得臣死，芿吕臣继任，而后斗勃继任，则斗勃任令尹，至少应在僖二十九年之后，距本年不过数年。另一方面，楚成王生于庄十四年之前，至僖二十九年，年龄已在五十以上，不得称"君之齿未也"。因此，楚成王访于斗勃，应在楚成王年纪尚轻，斗勃尚未成为令尹之时。《左传》曰"令尹子上"，是用斗勃最终官阶来称呼他。【令尹】补 见庄四·二·二。

【君之……乱也】正 杨 补 君王年岁还不大，而内宠又多，［现在立了商臣为太子，日后如果有了其他爱子又］废黜［商臣，］就会引发内乱。齿，年。

【楚国之举，恒在少者】正 杨 补 楚国立君，常常是少子。考之史事：一、楚先君熊康卒，长子熊挚立为君，后有疾被废，其弟熊延立。二、熊霜卒，三弟争立，而少弟熊徇立。三、堵敖欲杀其弟熊恽，恽反弑堵敖而立，为楚成王。昭十三·二·十三叙述羊舌肸之言"芈姓有乱，必季实立，楚之常也"，与此同义。

【忍人】正 补 残忍之人。

○补《史记·秦始皇本纪》："秦王（后为秦始皇）为人，蜂准（鼻子），长目，挚鸟膺，豺声，少恩而虎狼心。"秦始皇"蜂准""长目""豺声"，与王子商臣/楚穆王"蜂目""豺声"有异有同。

[二] 既，［楚子］又欲立王子职而黜大（太）子商臣。商臣闻之而未察，告其师潘崇曰："若之何而察之？"潘崇曰："享江芈 mǐ 而勿敬也。"［商臣］从之。江芈怒曰："呼 hè，役夫！宜君王楚成王之欲杀女（汝）而立职王子职也。"

【王子职】 正 补 芈姓,名职。楚成王(庄十四·三·二)之庶子,太子商臣/楚穆王(僖三十三·八·九·一)之庶弟。

【享】 补 见桓九—桓十·一·二。

【江芈】 正 杨 补 楚王室女,芈姓,排行仲。楚文王(庄六·二·一)之女,楚成王之妹,江国君主夫人。此时应是归宁在楚。

【役夫】 正 补 贱人。

［商臣］告潘崇曰:"信矣。"

潘崇曰:"［女］能事诸乎?"

【事】 补 事奉。【诸】 补 之,指王子职。

［商臣］曰:"不能。"

［潘崇曰:］"［女］能行乎?"

【行】 杨 出逃。

［商臣］曰:"不能。"

［潘崇曰:］"［女］能行大事乎?"

［商臣］曰:"能。"

【三】 冬,十月,［商臣］以宫甲围成王楚成王。王楚成王请食熊蹯 fán 而死,［商臣］弗听。丁未十八日,王缢。［商臣］谥之曰"灵",［王］不瞑;曰"成",［王］乃瞑。

【宫甲】 正 太子东宫中的甲士。可能就是楚成王在僖二十八年分配给成得臣的东宫之卒(参见僖二十七—僖二十八·十一)。

【王请食熊蹯而死】正杨熊蹯，即熊掌，烹制时间很长（参见宣二·三·一）。楚成王请求吃熊掌再死，大概是为了拖延时间以等待外援。

【灵】正补据《逸周书·谥法解》，乱而不损曰"灵"。灵为恶谥。

【成】正补据《逸周书·谥法解》，安民立政曰"成"。成为美谥。

【四】穆王楚穆王立，以其为大（太）子之室与潘崇，使为大（太）师，且掌环列之尹。

【以其……潘崇】正楚穆王将其做太子时居室内所有的财物仆妾全部赠与潘崇，而不是将太子宫室赠与潘崇。

【大师】补太师，楚内朝官，职掌辅佐训导国君。

【环列之尹】正补楚内朝官，职掌宫廷警卫。

文公元年·五

地理鲁、齐见文地理示意图1。

人物孟穆伯（僖十五·二·春秋）

春秋公孙敖孟穆伯如齐。

左传穆伯孟穆伯如齐，始聘焉，礼也。凡君即位，卿出并聘，践修旧好，要 yāo 结外援，好事邻国，以卫社稷，忠、信、卑让之道也。忠，德之正也；信，德之固也；卑让，德之基也。

【聘】补见隐七·四·春秋。

【并聘】杨［到各友好诸侯国］普遍聘问。并，遍。

【践】杨继。

【要结】补要约缔结。

文公元年—文公二年(文公二年·一)

地理 晋、秦见文地理示意图1。晋、秦、彭衙见文地理示意图2。

人物 晋襄公(僖三十三·三·一)、秦穆公(僖九·二·三·二)、孟明视(僖三十二—僖三十三·二)、芮良夫、晋襄公(僖三十三·三·一)、先且居(僖三十三·五·二·二)、赵成子(僖二十三—僖二十四·一·一)、王官无地、续简伯、梁弘(僖三十三·三·一)、莱驹(僖三十三·三·一)、狼瞫、先轸(僖二十七—僖二十八·二)

春秋 二年,春,王二月甲子七日晋侯晋襄公及秦师战于彭衙,秦师败绩。

【彭衙】正 杨 补 在今陕西白水纵目乡北彭衙村、南彭衙村附近。秦邑。文二年晋取之。参见《图集》22—23⑥6。

左传【一】殽 xiáo 之役,晋人既归秦帅,秦大夫及左右皆言于秦伯秦穆公曰:"是败也,孟明孟明视之罪也,必杀之。"秦伯曰:"是孤之罪也。周芮良夫之诗曰:'大风有隧,贪人败类。听言则对,诵言如醉。匪用其良,覆俾 bǐ 我悖。'是贪故也,孤之谓矣。孤实贪以祸夫子孟明视,夫子何罪?"复使为政。

【殽之役】正 见僖三十三·三。
【孤】补 参见僖三十三·三·四。
【芮良夫】正 补 芮氏,名良夫。周厉王时大夫。
【大风……我悖】正 杨 补《毛诗·大雅·桑柔》有此句,可译为"大风迅猛把一切摧毁,贪婪之人败坏法度。听人说话便要插嘴,听到诵读经典就昏昏欲睡。不能任用有才能的人,反而使我与道义相背"。隧,迅疾。败,残害。类,善。覆,反而。俾,使。悖,乱。
○杨 秦穆公复孟明视之位在僖三十三年。此处是为说明文二年彭衙之役背景,而并非表示此事发生在文元年。

【二·一】二年，春，秦孟明视孟明视帅师伐晋，以报殽之役。二月，晋侯晋襄公御之，先且 jū 居将 jiàng 中军，赵衰 cuī，赵成子佐之，王官无地御戎，狐鞫 jú 居续简伯为右。甲子七日，〔晋师〕及秦师战于彭衙，秦师败绩。晋人谓秦"拜赐之师"。

【御】补抵抗。

【狐鞫居】正杨补续简伯。姬姓，续氏，出自狐氏，名鞫居，谥简，排行伯。狐饶之孙，太伯之曾孙。晋大夫，文二年任戎右。文六年被晋人所杀。食采于续。

【御戎】【为右】补见《知识准备》"车马"。此为先且居御、右。

【拜赐之师】正僖三十三年孟明视言于阳处父曰"三年将拜君赐"，如今晋人以此讥讽秦人。

○补此次战役，晋为抵御一方，而主动西渡河水而与秦师战于秦地，实为主动防御之经典战例。

【二·二】战于殽也，晋梁弘御戎，莱驹为右。战之明日，晋襄公缚秦囚，使莱驹以戈斩之。囚呼，莱驹失戈。狼瞫 shěn 取戈以斩囚，禽(擒)之以从公晋襄公乘 chéng。〔公〕遂以〔狼瞫〕为右。

【狼瞫】补狼氏，名瞫。晋大夫，僖三十三年为戎右，同年被罢黜。文二年彭衙之役陷阵而死。

【禽之以从公乘】杨捉住莱驹，赶上了晋襄公的戎车。

箕之役，先轸 zhěn 黜之狼瞫，而立续简伯。狼瞫怒。

【箕之役】正见僖三十三·五。

其友曰："盍(何不)死之？"

瞫狼瞫曰："吾未获死所。"

【死所】正补值得献出生命的场合。

前 626 年—前 625 年　841

其友曰："吾与女(汝)为难 nàn。"

【吾与女为难】正 补 我和你一起发难。狼瞫友人提议两人一起杀了先轸。

瞫曰："《周志》有之，'勇则害上，不登于明堂'。死而不义，非勇也。共(供)用之谓勇。吾以勇求右，无勇而黜，亦其所也。谓上不我知，黜而宜，乃知我矣。子姑待之。"

【勇则……明堂】正 杨 补《逸周书·大匡解》有"勇如害上，则不登于明堂"。明堂，这里指国家享祀先君的场所。这句话的意思是，臣子在世时有勇力如果就谋害主上，则死后其神主牌位不得登于明堂，配享先君。以功臣配享先君的制度，自商以来已有之。

【死而不义，非勇也】正 杨 补 身死而不符合道义，这不是[真]勇。狼瞫意谓，若发难攻击主上，自己也必然不免一死。这样危害上级而死是违背道义的，因此发难之勇并非真勇。

【共用之谓勇】正 补 [为国]贡献才用叫[真]勇。

【吾以……所也】正 补 我[过去]由于勇气[出众]而求得戎右之位，如今[如果杀先轸，则是]的确无勇，无勇被罢黜，是我应得的处境。

【谓上……我矣】正 补 "谓上不我知"即"谓上不知我"。整句可译为"如果说上级不了解我，那么这次废黜得当，说明上级还是了解我的"。这句与上句一样，是在假设听从友人建议共杀先轸的假设条件下。

及彭衙，既陈，[狼瞫]以其属驰秦师，死焉。晋师从之，大败秦师。

君子谓："狼瞫于是乎君子。诗曰'君子如怒，乱庶遄 chuán 沮'，又曰'王赫斯怒，爰整其旅'。怒不作乱，而以从师，可谓君子矣。"

【君子如怒,乱庶遄沮】 正 杨 补《毛诗·小雅·巧言》有此句,可译为"君子如果发怒,动乱差不多可以很快停止"。遄,疾。沮,止。

【王赫斯怒,爰整其旅】 正 杨 补《毛诗·大雅·皇矣》有此句,可译为"周文王勃然大怒,于是就整顿军队平定叛乱"。赫斯,怒貌。爰,焉。

○ 补 **传世文献对读**:《论语·泰伯》:"子曰:……勇而无礼则乱。……"狼瞫可谓勇而有礼。

○ 补 宣十七·一·八范武子也谈到君子之怒,可与此处合观。

【三】秦伯秦穆公犹用孟明孟明视。孟明增修国政,重 zhòng 施于民。赵成子言于诸大夫曰:"秦师又至,将必辟(避)之。[秦]惧而增德,不可当也。诗曰'毋念尔祖,聿修厥德',孟明念之矣。念德不怠,其可敌乎?"

【毋念尔祖,聿修厥德】 正 杨 补《毛诗·大雅·文王》有此句,可译为"怀念你的祖宗,修明他的德行"。毋、聿,发语词。厥,其。

○ 正 下启文三年秦人伐晋(文三·四)。

文公二年·二

地理 鲁见文地理示意图1。

人物 鲁僖公(闵二·三·二)

春秋 丁丑二月二十日,作僖公鲁僖公主。

【主】 杨 神主牌位。据许慎《五经异义》,牌位正方形,中央有孔,周王之主长一尺二寸,诸侯之主长一尺,背面刻有谥号。

左传 "丁丑,作僖公主。"[《春秋》]书,不时也。

【不时】 正 杨 补 作主应该在鲁僖公葬后第十四日,如今葬后十个月才作主,过于缓慢,所谓"不时"。参见文元·二·三·一。

文公二年·三

地理 鲁、晋、宋、陈、郑、卫见文地理示意图 1。鲁、晋、宋、陈、郑、卫、垂陇见文地理示意图 3。

人物 阳处父(僖三十二·一)、孟穆伯(僖十五·二·春秋)、宋成公(僖二十四·四)、陈共公(僖二十七—僖二十八·春秋)、郑穆公(僖三十·三·五)、士穀、鲁文公(文元·〇)、孔庄子(文元·三·一)

春秋 三月乙巳十九日,[公]及晋处父阳处父盟。

〇正 杨 鲁文公及晋处父盟,《春秋》书"三月乙巳",而《左传》书"四月己巳"。杜注认为《春秋》《左传》必有一误。杨注则认为,有可能《春秋》所书为鲁文公至晋日期,而《左传》所书为盟会日期。

夏,六月,公孙敖孟穆伯会宋公宋成公、陈侯陈共公、郑伯郑穆公、晋士穀hú 盟于垂陇。

【士穀】杨 补 祁姓,士氏,名穀。士芳(庄二十三·七)之子。晋大夫,官至卿位。文二年已任司空。文七年可能已任散位卿。文九年被晋人所杀。

【垂陇】正 杨 补 在今河南郑州古荥镇东南。郑地。参见《图集》24—25④4。

左传 [一] 晋人以公鲁文公不朝来讨。公如晋。夏,四月己巳十三日,晋人使阳处父fù 盟公以耻之。[《春秋》]书曰"及晋处父盟",以厌(压)之阳处父也。[公]适晋[《春秋》]不书,讳之也。

【朝】补 见隐四·二·七·一。

【书曰……之也】正 补 阳处父为晋卿,依《春秋》常例,应书名氏。

《春秋》书"及晋处父盟",不书阳处父之氏"阳",以表示对他的贬损。"厌(厭)"通"压(壓)",是"掩盖""贬损"的意思。

【二】公鲁文公未至[自晋]，六月，穆伯孟穆伯会诸侯及晋司空土縠盟于垂陇，晋讨卫故也。——[《春秋》]书"土縠"，堪其事也。——陈侯陈共公为卫请成于晋，执孔达孔庄子以说。

【司空】补见庄二十五一庄二十六·二。

【晋讨卫故也】正杨文元年卫听从陈共公之谋，使孔庄子伐晋，故晋本年会诸侯以统一思想、声讨卫国。

【书……事也】正士縠非卿，《春秋》书其名氏"土縠"，是嘉许他能够胜任盟会之事，故书其名氏以贵之。

【陈侯……以说】正补陈共公为卫向晋求和，[并使卫人]逮捕了孔庄子[移送晋人，]作为[对晋的]解说。陈共公归于孔庄子的罪名应该是：是孔庄子一手主导并实施了文元年侵郑、伐晋的计划，这计划里应该包含了欺蒙卫成公使其同意的桥段。陈共公去年计谋的本意，是卫通过表现出强势态度，而促使晋与卫讲和，原计划中应该并没有交出卫执政卿孔庄子的安排。然而，晋并没有按照陈共公所预测的那样行事，而是在今年率诸侯伐卫。陈共公为了使得自己的计谋不至于完全破产，于是将孔庄子推出作为交代，以此为条件求得晋与卫讲和。

文公二年·四

地理鲁见文地理示意图1。

春秋[我]自十有(又)二月不雨，至于秋七月。

文公二年·五

地理鲁见文地理示意图1。

|人物| 鲁僖公(闵二·三·二)、夏父弗忌、夏禹(庄十一·二·二·
二)、鲧(僖三十三·五·一·二)、商汤(庄十一·二·二·二)、契、
周文王(僖五·八·一)、周武王(桓元—桓二·三·二)、不窋、商帝
乙、周厉王(僖二十四·二·二·一)、后稷、孔子(僖二十七—僖二十
八·二十五·三)、臧文仲(庄十一·二·二·二)、柳下惠(僖二十
五—僖二十六·四·二)

|春秋| 八月丁卯十三日,大事于大(太)庙,跻 jī 僖公鲁僖公。

【大事】|正||杨||补| 祭祀之事。杜注、杨注认为此次祭祀为禘祭(参见
闵二·二·春秋),而《国语·鲁语上》版本认为此次祭祀为烝祭(参
见桓五·四)。【大庙】|补| 见桓元—桓二·春秋。

【跻僖公】|正||杨| 提升鲁僖公神主位序[至鲁闵公之前]。跻,登,升。
○|正|《春秋》书"跻僖公",点明此事,是表示对逆祀的讥讽。

|左传|【一】 秋,"八月丁卯,大事于大庙,跻僖公",逆祀也。于是夏父
fǔ 弗忌为宗伯,尊僖公,且明见曰:"吾见新鬼大,故鬼小。先大
后小,顺也。跻圣贤,明也。明、顺,礼也。"

【逆祀】|正||杨||补| 违背正常顺序的祭祀,也就是先祭祀鲁僖公,再祭
祀鲁闵公。至于为什么祭祀的正常顺序是鲁闵公—鲁僖公,则有多
种说法。一、杜注认为,鲁僖公、鲁闵公同为鲁庄公之子,而且鲁僖
公是鲁闵公庶兄,因此鲁闵公排在前面,不是因为昭穆(因为二人同
昭穆),也不是因为兄弟(因为鲁闵公为弟),而是因为鲁闵公为君时,
鲁僖公曾为其臣,以君臣定二人位分,因此祭祀时正常顺序应是闵公
在前,僖公在后。二、杨注认为,鲁僖公继鲁闵公为君,因此祭祀时
应该闵公在前、僖公在后。三、《国语·鲁语上》版本认为(见下引
文),按照昭穆制度,鲁闵公应在鲁僖公之前。

【夏父弗忌】|杨||补| 姬姓,夏父氏,名弗忌。夏父展之后。鲁大夫,任
宗伯。

【宗伯】|正||杨||补| 即宗人,鲁内朝官,职掌鲁国宗室礼仪,包括太庙

中先君神主位序。

【明见】补宣布他在梦中所见到的异象。

【吾见新鬼大,故鬼小】杨补我梦中看见新的鬼魂大,旧的鬼魂小。鲁僖公死在鲁闵公之后,故鲁僖公为"新鬼",鲁闵公为"故鬼"。杜甫《兵车行》"新鬼烦冤旧鬼哭"典出于此。

【跻圣贤】正杨补夏父弗忌以鲁僖公为贤明之君,故曰"跻圣贤"。《鲁颂·閟宫》是《毛诗》中最长的一首诗,风格铺张炫耀,盛赞鲁僖公功德,由此可见鲁人对僖公的推崇。

○补鲁僖公于文元年夏四月下葬,然而葬后鲁僖公庙中竟然没有神主牌位,直到文二年二月才制作神主牌位。而制作神主牌位六个月之后,竟然又在太庙合祭时违背旧礼,将鲁僖公牌位摆在了鲁闵公牌位之前。窃疑此时鲁内部围绕鲁僖公牌位与鲁闵公牌位关系问题有重大争议,一派是"顺祀派",坚持要按照"闵先僖后"的旧礼行事;一派是"逆祀派",坚持要将次序调整为"僖先闵后"。这两派在鲁僖公去世之后就开始争执不下,鲁僖公牌位因此一直无法制作。到文二年二月时,"逆祀派"已经基本控制局势,于是鲁僖公牌位得以制作并放入鲁僖公庙。鲁僖公二年八月太庙合祭时,鲁僖公牌位摆在了鲁闵公之前,标志着"逆祀派"的最后胜利。笔者认为,"顺祀派"的主力是以东门襄仲为首的亲国君诸卿,而"逆祀派"的主力实际上就是三桓诸卿。定八年阳虎决定杀三桓诸卿前将祭祀顺序改回"顺祀"(参见定八·七),也正是为了宣告自己"张公室""反三桓"的坚定决心。详细分析参见专著《陵迟:鲁国的困境与抗争》(出版中,暂定书名)相关章节。

○补根据学者对于甲骨卜辞的研究,可以肯定商王室祭祀先王先公之时,在某些情况下(岁祭、祈年祭)是可以逆祀的。因此,逆祀虽违背周礼,却是一种有深远历史背景的祭祀活动。

○正杨补传世文献对读:《国语·鲁语上》记载"跻僖公"之事甚详,且与《左传》说法大不相同,可扫码阅读。

　　有学者认为,据《国语》所言,则跻僖公不但改变了享祀的次序,还改变了昭穆次序(参见《知识准备》"宗庙"),鲁宗庙中兄弟相继为国君者亦分昭穆,如同父子。也有学者认为,父子异昭穆、兄弟同昭穆是正礼,宗有司这段言论是用父子相继正常情况下的宗庙昭穆次序做比方,意思是既然昭(父)穆(子)次序不因前后两位君主贤德程度而改变,那么兄弟相继的特殊情况下,前后两位君主在宗庙的次序也不应因为贤德程度而改变。

[二·一] 君子以为失礼:

"礼无不顺。祀,国之大事也,而逆之,可谓礼乎?

"子虽齐圣,不先父食,久矣。故禹_{夏禹}不先鲧 gǔn,汤_{商汤}不先契 xiè,文_{周文王}、武_{周武王}不先不窋 kū。宋祖帝乙_{商帝乙},郑祖厉王_{周厉王},犹上祖也。

【子虽……久矣】正 杨 补 儿子即使聪明圣哲,也不能在父亲之前享受祭品,这是由来已久的。这里是在以父子为例说明一个普遍原则,那就是合祭时,后任君主不能在前任君主之前接受祭祀。所以"故"后面举的"汤不先契""文、武不先不窋"是后世圣君也不能在远祖前面接受祭祀,并不是父子关系。君子认为这个普遍原则对于为兄弟关系的鲁闵公和鲁僖公也适用。

【禹不先鲧】正 补 夏禹为虞舜治水功臣、夏朝开国圣君,其父鲧治水不利而被流放至死,而在祭祀时夏禹并不排在鲧前面。

【汤不先契】正 补 商汤为商朝开国圣君,契为商人远祖,而在祭祀时商汤并不排在契前面。【契】补 商人远祖,相传为有娀氏之女简狄吞玄鸟之卵受孕而生,虞舜九官之一,任司徒,因辅佐夏禹治水有功,封于商。

【文、武不先不窋】正 补 周文王、周武王为周朝开国圣君,不窋为功德不显明的周人远祖,而在祭祀时周文王、周武王并不排在不窋前面。【不窋】正周远祖，后稷之子。

【宋祖……祖也】正 补宋以商帝乙（宋始封君微子启之父）为祖，郑以周厉王（郑始封君郑桓公之父）为祖。商帝乙、周厉王皆为不肖之君，而宋、郑仍然尊尚二人为祖，在合祭时，微子启不得排在商帝乙之前，郑桓公不得排在周厉王之前。【帝乙】补商帝乙。子姓，日名帝乙。商文丁之子。在位年数有九年（今本《竹书纪年》）、三十七年（《帝王世纪》）两说。

“是以《鲁颂》曰‘春秋匪解（懈），享祀不忒，皇皇后帝，皇祖后稷’，君子曰‘礼’，谓其后稷亲而先帝也。《诗》曰‘问我诸姑，遂及伯姊’，君子曰‘礼’，谓其姊亲而先姑也。”

【春秋……后稷】正 杨 补《毛诗·鲁颂·閟宫》有此句，可译为“春秋时节不懈怠，祭祀没有差错，[先致祭于]伟大的天帝，[再致祭于]伟大的祖先后稷”。解，懈怠。忒，差错。皇皇，光明貌。后帝，指天帝。

【后稷】补周人远祖。姬姓，名弃。相传为有邰氏女之姜原踏巨人足迹受孕而生。虞舜九官之一，任后稷（农官之长）。

【问我诸姑，遂及伯姊】正 杨 补《毛诗·邶风·泉水》有此句，可译为“先问候我父亲的姐妹们，再问候我自己的大姐”。

【二·二】仲尼孔子曰：“臧文仲，其不仁者三，不知（智）者三。下展禽柳下惠，废六关，妾织蒲，三不仁也。作虚器，纵逆祀，祀爰yuán居，三不知（智）也。”

【下展禽】正 杨使[贤人]柳下惠屈居下位。《论语·卫灵公》：“臧文仲其窃位者与，知柳下惠之贤而不与立也。”《论语·雍也》：“夫仁者，己欲立而立人，己欲达而达人。”

【废六关】杨设置六关[以向行人征税]。废当为置。六关，关名。

【妾织蒲】正[臧家之]妾织蒲席[贩卖，与民争利]。

【作虚器】正 杨 补[无其位而]作虚妄之器。指臧文仲私蓄大蔡龟,并建筑精美房舍来安置它,《论语·公冶长》所谓"臧文仲居蔡,山节藻棁"是也。此龟为臧氏世代守护之宝物,参见襄二十三·八·七·二。

【纵逆祀】正 杨 补[不知礼而]纵容[夏父弗忌提出的]逆祀。《礼记·礼器》所谓"孔子曰:'臧文仲安知礼? 夏父弗綦逆祀而弗止也'"是也。

【祀爰居】正 补[不识鸟而]祭祀海鸟爰居。详见下引《国语·鲁语上》。

○ 杨 补 **传世文献对读**:《孔子家语·颜回》记载了孔子上述评论的上下文背景,可扫码阅读(码见辑封页,下同)。

○ 正 杨 补 **传世文献对读**:《国语·鲁语上》详细记载了臧文仲祭祀海鸟爰居之事,以及展禽(柳下惠)对此事的批评,可扫码阅读。

文公二年·六

地理 晋、宋、陈、郑、秦见文地理示意图 1。晋、宋、郑、秦、汪、彭衙见文地理示意图 2。

人物 先且居(僖三十三·五·二·二)、公子成、辕选、公子归生、秦穆公(僖九·二·三·二)

春秋 冬,晋人、宋人、陈人、郑人伐秦。

左传 冬,晋先且jū居、宋公子成、陈辕选、郑公子归生伐秦,取汪及彭衙而还,以报彭衙之役。卿不书[于《春秋》],为穆公秦穆公故,尊秦也,谓之崇德。

【公子成】杨 补 子姓,名成,排行仲。宋庄公(隐三·六·一·一)之子。宋大夫,官至执政卿(继公孙固)。任右师(卿职)。其后为仲氏。

【辕选】 杨 补 妘姓,辕氏,名选。辕宣仲(僖三—僖四·春秋)之后。陈大夫,官至卿位。

【公子归生】 杨 补 姬姓,名归生,字家。郑穆公(僖三十·三·五)之子,郑灵公(文十七·四·二)之弟。郑大夫,官至执政卿(继侯宣多)。宣十年卒。其名(归生)、字(家)相应,家为回归、生活之所。

【汪】 杨 补 在今陕西澄城境。秦邑。文二年晋取之。参见《图集》22—23⑥6。

【卿不……崇德】 正 杨 卿率师,按《春秋》常例应书名氏。本条《春秋》书各国卿为"某人",而不书其名氏,是为秦穆公的缘故而尊崇秦国,这叫作崇尚德行。参见襄八·四"大夫不书,尊晋侯也"。

文公二年·七

地理 鲁、齐见文地理示意图1。

人物 东门襄仲(僖二十五—僖二十六·春秋)

春秋 公子遂东门襄仲如齐[为君]纳币。

【纳币】 补 参见隐七·七·二。

○ 补 鲁文公将娶齐公室女为夫人,故使其卿东门襄仲如齐纳币。

左传 襄仲东门襄仲如齐纳币,礼也。凡君即位,好舅甥,修昏(婚)姻,娶元妃以奉粢 zī 盛 chéng,孝也。孝,礼之始也。

【好舅甥】 正 杨 巩固[通婚国之间的]甥舅之好。鲁桓公、庄公、僖公皆娶齐女为夫人,因此两国为甥舅关系。

【娶元妃以奉粢盛】 正 杨 补 娶原配夫人以奉嘉谷[助祭祀]。春秋时期,助祭是妻子的重要使命。《礼记·昏义》:"昏礼者,将合二姓之好,上以事宗庙而下以继后世也,故君子重之。"粢盛见桓六·二·三。

文公三年·一

地理 鲁、晋、宋、陈、卫、郑、楚见文地理示意图1。鲁、晋、宋、陈、卫、郑、沈、楚见文地理示意图5。

人物 叔孙庄叔（文元·二·四）

春秋 三年，春，王正月，<u>叔孙得臣</u>叔孙庄叔会晋人、宋人、陈人、卫人、郑人伐沈。沈溃。

【沈】 正 杨 补 周时国，子爵，姬姓。始封君为周公旦之曾孙。在今河南平舆射桥镇古城村附近已发现其遗址（详见下）。昭十一年楚灵王迁沈于荆。昭十三年楚平王复其国。定四年被蔡所灭。后地入于楚为平舆邑。平舆之沈参见《图集》29—30③6。

○补 **沈国故城遗址**：遗址位于洪河以北，先后为春秋时期沈国都城、汉代平舆县县城。城址平面呈长方形，南北长1500米，东西宽近1400米。遗址内外出土了春秋至汉代遗物。城南有东周墓地。

左传 三年，春，庄叔叔孙庄叔会诸侯之师伐沈，以其服于楚也。沈溃。凡民逃其上［《春秋》书］曰"溃"，在上曰"逃"。

【凡民……曰"逃"】 补 凡是民众逃离抛弃其君而逃散，《春秋》书"溃"，君主自己逃走则书"逃"。

文公三年·二

地理 卫、陈、晋见文地理示意图1。

人物 卫成公（僖二十五—僖二十六·春秋）

| 左传 | 卫侯卫成公如陈,拜晋成也。

○ | 正 | 杨 文二年,陈共公为卫至晋请和,因此今年卫成公如陈,拜谢陈共公斡旋之功。

文公三年·三

| 地理 | 周、鲁见文地理示意图1。

| 人物 | 王叔文公(僖二十七—僖二十八·二十)

| 春秋 | 夏,五月,王子虎王叔文公卒。

○ | 正 | 此事,《春秋》作"夏,五月",而《左传》作"夏,四月乙亥",可能《春秋》所据为周王室讣告所载日期,而《左传》所述为实际去世日期。

| 左传 | 夏,四月乙亥二十四日,王叔文公卒,来赴(讣)。[公]吊如同盟,礼也。

【吊如同盟】 | 杨 王叔文公虽不是诸侯国君,但他僖二十八年与诸侯(包括鲁僖公)盟于践土,僖二十九年又盟于翟泉,因此鲁国吊礼参照同盟诸侯。

文公三年·四

| 地理 | 秦、晋见文地理示意图1。秦、晋、王官、茅津、殽山、河水见文地理示意图2。

| 人物 | 秦穆公(僖九·二·三·二)、孟明视(僖三十二—僖三十三·二)、公孙枝(僖九·二·三·二)

| 春秋 | 秦人伐晋。

左传【一】 秦伯_{秦穆公}伐晋，济河焚舟，取王官及郊。晋人不出。〔秦师〕遂自茅津济〔河〕，封殽 xiáo 尸而还。〔秦〕遂霸西戎，用孟明_{孟明视}也。

【济河焚舟】 正 杨 补 渡过河水后，焚烧舟船，以示有进无退之决心。项羽巨鹿之战前破釜沉舟与此同。【河】 补 见闵二·五·三。

【王官】 正 杨 补 在今山西临猗王寮村、官庄村之间。晋地。参见《图集》22—23⑩16。《图集》标注不准确，本书示意图依据《图志》标注。

【郊】 杨 补 晋都远郊。一说，"取王官及郊晋人不出"应该标点为"取王官及郊，晋人不出"，郊为晋邑。

【茅津】 正 杨 补 津渡名，在今山西平陆西南太阳渡村附近，对岸为河南陕州区，渡河后向东即为殽山。参见《图集》22—23⑪16。

【封殽尸】 杨 当时距离殽之战已三年之久，尸体应该已经无存，所谓"封殽尸"，应该是封土标识秦军陈尸之处。【殽】 补 见僖三十二—僖三十三·二。

【遂霸西戎】 杨 《史记·秦本纪》："三十七年，秦用由余谋，伐戎王，益国十二，开地千里，遂霸西戎。"

○ 补 此次是春秋时期秦最后一次企图利用殽函道（僖五·八·四）这条战略通道进行的东征。由于晋的阻隔，秦意识到自己无力越过殽函天险东进称霸中原，于是转而向西吞并戎狄。

○ 补 西戎考古学文化：2004—2005 年考古调查发现，在西汉水上游这个早期秦核心区域，属于西周及其前后的遗址，除了周秦文化之外，就只有寺洼文化（最早发现于甘肃临洮寺洼山的一支考古学文化），而且两支考古学文化的时间范围都是从西周早期前后延续到春秋时期，是同时存在的考古学文化。有学者认为，西汉水上游地区的寺洼文化应该就是与秦发生过许多纠葛的西戎的考古学文化。

【二】君子是以知"秦穆_{秦穆公}之为君也,举人之周也,与人之壹也;孟明_{孟明视}之臣也,其不解_(懈)也,能惧思也;子桑_{公孙枝}之忠也,其知人也,能举善也。《诗》曰'于以采蘩? 于沼、于沚。于以用之? 公侯之事',秦穆_{秦穆公}有焉;'夙夜匪解_(懈),以事一人',孟明有焉;'诒厥孙谋,以燕翼子',子桑有焉"。

【举人……壹也】正 杨 补 举拔人才考虑周全,任用人才专一不疑。指秦穆公周全考虑孟明视才德而重用他,而且在经历殽之役(僖三十三·三)、彭衙之役(文元—文二·二)两次战败之后,秦穆公仍坚定任用孟明视而不动摇。

【其知人也,能举善也】杨 据《吕氏春秋》及《韩非子》,公孙枝举荐百里奚,而孟明视为百里奚之子。公孙枝一举而得二世之贤,因此君子亦将孟明视的成功归功于公孙枝知人善举。

【于以……之事】正 杨 补《毛诗·召南·采蘩》(全诗见隐三·四·三)有此句。据隐三·四·三,"《风》有《采蘩》……昭忠信也"。此处引《采蘩》意思相近,谓秦穆公以忠信待人,因此人能为其所用。

【夙夜匪懈,以事一人】正 杨 补《毛诗·大雅·烝民》有此句,可译为"早晚不敢懈怠,以事奉一人"。"一人"本指周宣王,此处指秦穆公。

【诒阙孙谋,以燕翼子】正 杨 补《毛诗·大雅·文王有声》有此句,可以译为"把谋略留赠给子孙,以安定和辅佐他们"。诒,赠。厥,其。燕,安。翼,辅佐。此处是指公孙枝能推举百里奚、孟明视父子以辅佐秦穆公。

文公三年·五

地理 楚、宋、鲁、晋见文地理示意图 1。楚、江、宋、鲁、晋、息、方城见文地理示意图 5。

人物 鲁文公(文元·○)、晋襄公(僖三十三·三·一)、阳处父(僖三十二·一)、先仆、王叔桓公、王子朱、叔孙庄叔(文元·二·四)

春秋 秋，楚人围江。

雨 yù 螽于宋。

【螽】补 见桓五·五·春秋。

○ 正 杨 补 "雨螽"直译即"蝗虫像雨一样落下"，有三种解释。《左传》解为"队（坠）而死也"，就是说"活蝗虫像雨一样落下，落到地上就死了"。《公羊传》解为"死而坠也"，就是说"死蝗虫像雨一样落下"。《穀梁传》解为"灾甚"，就是说"活蝗虫像雨一样袭来，造成特别大的蝗灾"。窃以为，此处书"雨螽"而不像桓五·五·春秋书"螽"（闹蝗灾），而且此处"雨螽"是宋国专门向鲁国通报的异象，应该是不同于普通蝗灾的异常现象。当时人应该有能力辨别蝗虫成群袭来和蝗虫如雨落下，前者为"螽"，后者为"雨螽"，因此《左传》和《公羊传》的说法较为合理，至于到底是"坠而死"还是"死而坠"已经无法确知。杜注根据《左传》说法，推测整个事情过程是：大群蝗虫飞到宋国，突然神奇地坠地死亡。宋人认为这是上天保佑宋国的表现，非常高兴，于是特地通告友邦，鲁史《春秋》因而书之。宋人喜好向他国通报灵异事件，参见僖十六·一·春秋"陨石于宋五""六鹢退飞"。

○ 正 补 《春秋》书楚师围江在前，雨螽于宋在后，而《左传》则反之。可能《春秋》所据为相关国家通告上所书时间，而《左传》则将与江国有关事件集合至一处，使行文流畅。

冬，公 鲁文公 如晋。十有（又）二月己巳 二十二日，公及晋侯 晋襄公 盟。

○ 补 《春秋》书公如晋在前，晋救江在后，而《左传》则反之。可能《春秋》所据为事件发生时间（公如晋）及诸侯通告上所书时间（晋救江），而《左传》则是在叙述江国有关事情完毕之后，再叙公如晋之事，使行文流畅。

晋阳处父 fù 帅师伐楚以救江。

左传【一】秋，"雨螽于宋"，队(坠)而死也。

【二·一】楚师围江。晋先仆伐楚以救江。

【二·二】冬，晋以江故告于周。王叔桓公、晋阳处父伐楚以救江，门于方城，遇息公子朱王子朱而还。

【王叔桓公】正补姬姓，王叔氏，谥桓。王叔文公(僖二十七—僖二十八·二十)之子。周王室卿士。

【门于方城】补攻打方城塞的关门。【方城】杨见僖三—僖四·五。

【息】补见隐十一·四·一。

【子朱】正补王子朱。芈姓，名朱。楚大夫，文三年已任息县公。

【三·一】晋人惧其无礼于公鲁文公也，请改盟。"公如晋"，"及晋侯盟"。

【无礼于公】正指文二年晋使阳处父盟鲁文公之事(文二·三·一)。

【三·二】晋侯晋襄公飨公鲁文公，赋《菁菁者莪é》。庄叔叔孙庄叔以公降、拜，曰："小国受命于大国，敢不慎仪？君贶kuàng之以大礼，何乐如之？抑小国之乐，大国之惠也。"晋侯降，辞。〔二人〕登，成拜。公赋《嘉乐》。

【晋侯……者莪》】正补《毛诗·小雅》有《菁菁者莪》。晋襄公取"既见君子，乐且有仪"，赞美鲁文公为有威仪的君子。下文叔孙庄叔答词"敢不慎仪""何乐如之"，即针对首章中"乐且有仪"而发。【飨】补见桓九—桓十·一·二。

【以】杨使。【降】下台阶。

【贶】补赐。

【抑】杨发语词。

【晋侯……成拜】正杨晋襄公下台阶，辞谢[，不让鲁文公下拜]。

［二人］上台阶至堂上，完成拜礼。

【公赋《嘉乐》】 正 补《毛诗·大雅》有《假乐》，应即此处所说的《嘉乐》。鲁文公取"假乐君子，显显令德。宜民宜人，受禄于天"，赞美晋襄公为有德君子，受上天保佑。

○补**传世文献对读**：《毛诗·小雅·菁菁者莪》《毛诗·大雅·假乐》的原文，可扫码阅读。

文公四年·一

地理 鲁、晋、齐、卫、曹见文地理示意图1。

人物 鲁文公（文元·〇）、出姜、孔庄子（文元·三·一）、卫成公（僖二十五—僖二十六·春秋）、曹共公（僖七—僖八·春秋）

春秋 四年，春，公_{鲁文公}至自晋。

○正 此条《春秋》无对应《左传》。

夏，〔我〕逆妇姜_{出姜}于齐。

【逆】补 迎。【妇姜】补 出姜。齐女，姜姓，号出。齐昭公（僖二十五—僖二十六·春秋）之女。文四年归于鲁，为鲁文公（文元·〇）夫人，太子恶（文十七—文十八·春秋）与公子视（文十七—文十八·六）之母。文十八年大归于齐。

○正 鲁君或卿迎娶鲁君之新妇，按《春秋》常例，前往时应书"如某逆女"，返国时应书"夫人某氏入"。此次迎亲，卿不行，礼数简略轻贱，故《春秋》因鲁君母亲（姑）尚在，故称"妇"；因新妇为齐女，故称"姜"，直云"逆妇姜于齐"，是简略轻贱的记载方式。

左传【一·一】四年，春，晋人归孔达_{孔庄子}于卫。〔晋人〕以〔孔达〕为卫之良也，故免之。

○正 杨 文二年陈共公将卫执政卿孔庄子移送给晋人以求和，本年晋人将其释放回国。

【一·二】夏，卫侯_{卫成公}如晋拜。

○正 卫成公此行是拜谢晋释放孔庄子。

【二】曹伯_{曹共公}如晋会正（政）。

○ 正 杨 曹共公到晋国,参加朝会,接受向晋交纳贡赋的政令。当时小国有义务向霸主纳贡,因此在朝会之时确定其额度。

【三·一】"逆妇姜于齐。"[我]卿不行,非礼也。

○ 正 补 诸侯娶夫人,派卿迎接新妇是正礼,参见隐二·五·春秋。

【三·二】君子是以知出姜之不允于鲁也,曰:"贵聘而贱逆之,君而卑之,立而废之,弃信而坏其主,在国必乱,在家必亡。不允,宜哉!《诗》曰'畏天之威,于时保之',敬主之谓也。"

【不允于鲁】 正 补 在鲁国得不到敬信。允,信。与下文"弃信而坏其主"相呼应。

【贵聘】 正 文二年派鲁卿东门襄仲至齐纳币聘出姜,故曰"贵聘"。

【贱逆】 补 本年派比卿地位低的大夫迎接出姜,故曰"贱逆"。

【君而卑之,立而废之】 正 补 立她为小君,却又不以国君夫人之礼来迎接她,这是贬低她、废弃她。

【坏其主】 正 杨 夫人为鲁内宫之主,而鲁人卑之、废之,故曰"坏其主"。

【畏天之威,于时保之】 正 杨 补 《毛诗·周颂·我将》(见昭十六·四·三)有此句,根据上下文可译为"畏惧上天的威严,这样就能保住主子"。于时,于是。

文公四年·二

地理 齐见文地理示意图 1。

春秋 狄侵齐。

【狄】 补 晋东狄,主力应为赤狄,见宣三·六·春秋。

文公四年·三

地理 楚、晋、秦见文地理示意图 1。晋、秦、刓、新城见文地理示意图

2。楚、江见文地理示意图 5。

人物 晋襄公（僖三十三・三・一）、秦穆公（僖九・二・三・二）

春秋 秋，楚人灭江。

○ 补《春秋》书楚人灭江在前，晋侯伐秦在后，而《左传》则反之，可能《春秋》所据为通告上所书时间，而《左传》所据为事件实际发生时间。

晋侯晋襄公伐秦。

左传【一】秋，"晋侯伐秦"，围刓 yuán、新城，以报王官之役。

【刓】正 杨 补 在今陕西澄城南。秦邑。参见《图集》22—23⑥6。

【新城】杨 即新里，见僖十八—僖十九。

【王官之役】正 见文三・四。

【二・一】"楚人灭江。"秦伯秦穆公为之降服、出次、不举，过数。大夫谏。公秦穆公曰："同盟灭，虽不能救，敢不矜乎！吾自惧也。"

【降服】正 着素服。

【出次】正 ［避开正寝，］出居别室或郊外。

【不举】正 杨 去盛馔，详见庄十九—庄二十—庄二十一・六。

【过数】正 补 超过了［哀悼同盟国被灭应有的］礼数。

【矜】杨 哀怜。

【二・二】君子曰："《诗》云'惟彼二国，其政不获；惟此四国，爰 yuán 究爰度 duó'，其秦穆秦穆公之谓矣。"

【惟彼……爰度】正 杨 补《毛诗・大雅・皇矣》有此句，而"惟"作

"维"。可译为"他们那两个国家,政事不得[民心,致使国家丧灭];四方诸侯,因而探讨自谋"。二国,原指夏、商。爰,于是。

文公四年·四

地理　卫、鲁见文地理示意图1。

人物　卫成公(僖二十五—僖二十六·春秋)、宁武子(僖二十七—僖二十八·二十三·二)、鲁文公(文元·○)

春秋　卫侯卫成公使宁俞宁武子来聘。

【聘】补见隐七·四·春秋。

左传　卫宁 nìng 武子来聘。公鲁文公与之宴,为[宁武子]赋《湛露》及《彤弓》。[宁武子]不辞,又不答赋。

【宴】补西周、春秋时代,诸侯与卿大夫宴饮称为"宴",又称"燕",所用礼仪称为"宴礼",又作"燕礼"。宴礼仪节详见下。

【《湛露》】【《彤弓》】正补《毛诗·小雅》有这两首诗。

【不辞,又不答赋】正杨补[宁武子]没有辞谢,又不赋诗作答。鲁人赋诗不当,宁武子若辞让不受则彰显主人之失,若答赋则承受过分尊荣(详见下文宁武子解释)。宁武子因此"不辞又不答",佯装不知,其行为看似愚钝而实有智慧。参见《论语·公冶长》"子曰:'宁武子,邦有道,则知;邦无道,则愚。其知可及也,其愚不可及也。'"

[公]使行人私焉。[宁武子]对曰:

【使行人私焉】正杨[鲁文公]派行人私下加以探问。【行人】补鲁外朝官,职掌外交事务。

"臣以为肆 yì 业及之也。

○[正][杨][补]臣下以为是为了练习而演奏的。古代老师教授学生称为"授业",学生练习所学技能称为"肄业"。

"昔诸侯朝正于王,王宴乐 yuè 之,于是乎赋《湛露》,则天子当阳,诸侯用命也。

【诸侯朝正于王】[正][杨]杨注认为是诸侯在春正月去京师向周王朝贺,即认为"正"指代正月,参见<u>襄二十九·一·一</u>"释不朝正于庙"。杜注认为是诸侯朝见周王而领受政教,即认为"正"通"政"。

【宴乐】[杨]宴会上有音乐演奏,故曰"宴乐"。

【于是……命也】[正][补]《湛露》首句"湛湛露斯,匪阳不晞",可译为"露水浓重茂盛,不遇朝阳不干"。宁武子意谓,天子相当于太阳,诸侯相当于露水,露水面对太阳则蒸干,正如诸侯面对天子则臣服用命。

"诸侯敌王所忾,而献其功,王于是乎赐之彤弓一、彤矢百、玈 lú 弓[十、玈]矢千,以觉 jiào(校) 报宴。

【诸侯……其功】[正][杨][补]诸侯把周王所痛恨的[蛮夷戎狄]作为敌人进行攻打,[战胜后]向周王进献军功。忾,恨怒。据<u>庄三十一—庄三十一·二</u>,则"凡诸侯有四夷之功,则献于王,王以警于夷;中国则否"。

【王于……矢千】[杨]金泽文库本、唐石经、《太平御览》引"弓"后多"十玈"二字,参见<u>僖二十七—僖二十八·二十</u>。

【以觉报宴】[杨]以校算功劳而用宴乐来报答。觉,通校。

"今陪臣宁武子来继旧好,君鲁文公辱贶 kuàng 之,其敢干大礼以自取戾?"

【陪臣】[正][补]称"陪臣"之例见<u>僖十二—僖十三·二·一</u>。此时正论天子之乐,因此宁武子相对于周王而自称"陪臣"。

【辱】杨 补表敬副词，可译为"屈尊"。【贶】正赐。

【干】正犯。【戾】正罪。

○补宴(燕)礼：据《三礼辞典》的总结，《仪礼·燕礼》中记载的国君与本国卿大夫宴礼主要仪节有：

一、告戒、设具。国君命小臣告知参加燕礼的群臣。燕礼在路寝举行。膳宰设馔具，乐人悬乐器，设宾筵于室户西，南向；国君之席在阼阶上，西向；卿席在宾席之东，小卿及大夫之席在宾席之西。

二、命宾、命执役。在群臣中选一大夫为宾。又命执幂者，主酒尊之事；命羞膳者，主膳馔之事。

三、纳宾。射人纳宾，入及庭，国君揖之，然后入席。

四、主人与宾行一献。国君使宰夫为主人，代行献礼。主人献宾，宾酢主人；主人献国君，主人自酢；主人酬宾，是为一献。

五、媵爵、旅酬。媵爵为将行旅酬前的礼仪。旅酬，众人相互敬酒。小臣使二下大夫媵爵，二大夫送爵于国君，国君酬宾，然后卿大夫依次相递旅酬。

六、作乐。升歌，奏笙，间歌，和乐。主人献乐工。

七、立司正安宾。国君留宾及群臣饮酒，立射人为司正以监之。

八、无算爵，无算乐。不限次数地献酬以及奏乐。

九、燕毕宾出。宵，庶子等执烛立于阶、庭、门之外。宾取荐脯以降，出。群臣皆出。奏《陔夏》。国君不送。若国君与他国来聘使者饮宴，则燕礼当日还有使卿大夫至客馆邀请使者的环节。

○补传世文献对读：《毛诗·小雅·湛露》《毛诗·小雅·彤弓》的原文，可扫码阅读。

文公四年—文公五年(文公五年·一)

鲁、周见文地理示意图1。

人物 成风(闵二·三·四·二)、周襄王(僖五·五·春秋)、荣叔、周襄王(僖五·五·春秋)、召昭公

春秋 冬,十有(又)一月壬寅初一,夫人风氏成风薨。

五年,春,王正月,王周襄王使荣叔归(馈)含hàn且赗fèng。
【荣叔】杨姬姓,荣氏,排行叔。周厉王(僖二十四·二·二·一)卿士荣夷公之后。周王室大夫。【含】【赗】补参见隐元·五·春秋及隐元·五"丧礼"。

○补考古所见之含:据考古发掘所见,周代墓葬中死者口中留存的含物,最主要的是碎玉,此外还有动物形玉雕、玉管、小玉戈、玉钺等。晋国等中原或北方诸侯国墓葬则经常发现含玉,而楚系墓葬中则很少发现含玉,说明含玉主要是周文化圈的丧葬习俗。
○补传世文献对读:《礼记·杂记上》载有致含、致赗之礼的仪节,可扫码阅读。

三月辛亥十二日,葬我小君成风。
【小君】补见庄二十二·二·春秋。
○正补成风本为鲁庄公妾,但因其为鲁僖公生母,母以子贵,在僖元年原配夫人哀姜去世后即升为夫人,内外之礼皆与夫人同,去世后赴于诸侯,反哭于寝,祔于姑,《春秋》因而书"夫人",书"薨",书"葬",礼同夫人(参见隐三·三)。宣八年鲁宣公之母敬嬴去世(宣八·一·春秋,宣八·四·春秋)、襄四年鲁襄公之母定姒去世(襄四·

三·春秋、襄四·五·春秋)、昭十一年鲁昭公之母齐归去世(昭十
一·三·春秋、昭十一·七·春秋),礼例相同。

○|正| 此条《春秋》无对应《左传》。

王周襄王使召 shào 伯召昭公来会葬。

【召伯】|杨||补| 召昭公。姬姓,召氏,谥昭,召武公(僖十一—僖十一·
五·一)之子。周王室卿大夫。

|左传|〖一〗冬,成风薨 hōng。

〖二〗五年,春,"王使荣叔来归含且赗",召昭公来会葬,礼也。

文公五年·二

|地理| 鲁、晋见文地理示意图 1。

|人物| 孟穆伯(僖十五·二·春秋)

|春秋| 夏,公孙敖孟穆伯如晋。

文公五年·三

|地理| 秦、楚见文地理示意图 1。鄀、楚见文地理示意图 5。

|春秋| 秦人入鄀。

|左传| 初,鄀 ruò 叛楚即秦,又贰于楚。夏,"秦人入鄀"。

【即】|补| 就,亲附。

○|杨||补| 鄀本为楚属国。僖二十五年鄀降秦,即正文所谓"叛楚即
秦"。后鄀又对秦有二心,而复亲楚,楚在鄀设立商县,任命斗宜申为

县公(参见文十·二),即所谓"又贰于楚"。然而斗宜申没有任职多
久就逃回郢都(在文元年楚文王去世之前),都人此后失去楚人保护,
这就为秦人入侵制造了机会。本年秦人入都之后,都人南迁至今湖
北宜城东南的上都,成为楚附庸国。都境内的析邑扼守武关道(僖二
十五·三)东大门,秦人攻占都之后,就获得了对整条武关道的控
制权。

文公五年·四

地理 楚、鲁见文地理示意图 1。楚、六、蓼、鲁见文地理示意图 5。

人物 成大心(僖二十七—僖二十八·二十二·一)、仲归、王子燮、臧
文仲(庄十一·二·二·二)、皋陶(庄八·一·二)、庭坚

春秋 秋,楚人灭六lù。

【六】 正 杨 补 周时国,偃姓。始封君为皋陶之后。在今安徽六安
金安区城北乡南已发现疑似遗址(详见下)。文五年被楚所灭。参见
《图集》17—18④6、29—30⑤8。

> ○补 西古城遗址(疑似六国故城遗址):城址现存南北长 471
> 米,东西宽 229 米。出土了春秋至汉代遗物。

左传 [一] 六人叛楚即东夷。秋,楚成大心、仲归帅师灭六。冬,楚
公子燮 xiè,王子燮灭蓼 liǎo。

【仲归】 正 杨 补 仲氏,名归,字家。楚大夫。文十年被楚穆王所
杀。其名(归)、字(家)相应,家为人回归之所。

【公子燮】 补 芈姓,名燮。楚大夫,文十四年已任楚庄王傅。

【蓼】 正 杨 补 周时国,侯爵,姬姓。始封君为庭坚之后。原在今河
南漯河境。此时已南迁,在今河南固始城东北(有争议,详见下)。文

五年被楚所灭。固始之蓼参见《图集》17—18③5、29—30④7。

○补固始蓼国地望：固始蓼国故城遗址(疑似)位于固始县城及城北，包括古城址和墓葬区。城址分内外双重城墙，外城西墙长3 775米，北墙全长2 325米，东墙长5 800米，南墙仅断续存在。内城东、北两墙利用了外城东、北两墙，西墙长1 950米，南墙长920米。然而，2003至2004年，考古工作者在固始县南的陈淋子镇草田村高墩子发现一处占地面积约三万平方米的西周城址，有学者认为这里才是蓼国故城遗址。本书示意图仍然采用《图集》传统说法，而在此提醒读者注意。

[二] 臧文仲闻六与蓼灭，曰："皋陶 yáo、庭坚不祀忽诸。德之不建，民之无援，哀哉！"

【皋陶、庭坚不祀忽诸】正 杨 补 皋陶、庭坚没人祭祀了，多么突然啊。杨注认为此句为倒装，相当于"皋陶、庭坚忽焉不祀"，实不必。有学者认为，"皋陶、庭坚不祀忽诸"本应为"皋陶、庭坚之祀忽诸"，译为"皋陶、庭坚的祭祀从此灭绝了啊"。可备一说。【皋陶】正 杨 皋陶出自少昊，其后为六始封君。【庭坚】杨 庭坚出自颛顼，其后为蓼始封君。

文公五年 · 五

地理 许见文地理示意图 3。

人物 许僖公(僖五·五·春秋)

春秋 冬，十月甲申 十八日，许男业 许僖公卒。

文公五年 · 六

地理 晋、卫见文地理示意图 1。晋、卫、宁、温见文地理示意图 3。

人物 阳处父(僖三十二·一)、宁嬴

左传 晋阳处父 fǔ 聘于卫,反(返),过宁 níng。宁嬴从之,及温而还。其妻问之,嬴宁嬴曰:

【聘】补 见隐七·四·春秋。

【宁】正 杨 补 在今河南获嘉。晋邑。参见《图集》24—25③4。

【宁嬴】正 补 宁氏,名嬴。晋逆旅大夫,职掌迎送宾客。

【温】补 见隐三·四·二。此时为阳处父采邑。

“[夫子]以刚。

【以刚】杨 太刚强。

“《商书》曰:‘沈(沉)渐刚克,高明柔克。’夫子壹之,其不没乎!天为刚德,犹不干时,况在人乎? 且[夫子]华而不实,怨之所聚也。

【沈渐刚克,高明柔克】正 杨 补 今本《尚书·周书·洪范》有此句,而“渐”作“潜”,先秦时人似乎认为《洪范》属于《商书》。《洪范》上下文为“三德:一曰正直,二曰刚克,三曰柔克。平康正直,强弗友刚克,燮友柔克。沈潜刚克,高明柔克”。可译为“三种德性:一种叫正直,一种叫过于刚强,一种叫过于柔顺。中正康宁就是正直,倔强不可亲近就是过于刚强,和顺好亲近就是过于柔顺。应该压抑过于刚强,而激励过于柔顺”。也就是说,“刚克”“柔克”是两种德性,而“沈潜”“高明”则是对待这两种德性的方法。杜注则认为,在《左传》文义中,“沈渐”“高明”是两种德性,而“刚克”“柔克”是对待这两种德性的方法。如果这样理解,则“沈渐刚克,高明柔克”可译为“沉溺潜隐[的德性]要用刚强来克服调和,高亢明爽[的德性]要用柔顺来克制调和”。斟酌上下文意思,杜注较优。

【夫子……没乎!】正 补 那个人[心性]一味[刚强而无调和],恐怕不得善终吧!

【天为刚德,犹不干时】⌈正⌉⌈杨⌉⌈补⌉天道虽然刚强,尚且[辅以柔德,]不扰乱四时[运行的次序]。相对而言,春柔,夏刚,秋柔,冬刚,四时运行刚柔相济。

【且华而不实】⌈正⌉⌈杨⌉⌈补⌉而且[那个人言过其实,如同]开花而不结果实。华,花。

"犯而聚怨,不可以定身。余惧不获其利而离(罹)其难,是以去之。"

【犯而聚怨】⌈正⌉⌈杨⌉⌈补⌉冒犯他人而且聚集怨恨。刚则犯人,华而不实则聚怨。

【去之】⌈补⌉离开他。

○⌈正⌉下启文六年晋杀阳处父(<u>文六·四·三</u>)。

○⌈杨⌉⌈补⌉**传世文献对读**:《国语·晋语五》叙此事与《左传》不同,可扫码阅读。

文公五年—文公六年(文公六年·一)

地理 晋见文地理示意图 1。晋、许、温见文地理示意图 3。

人物 许僖公(僖五·五·春秋)、赵成子(僖二十三—僖二十四·一·一)、栾贞子(僖二十七—僖二十八·三)、先且居(僖三十三·五·二·二)、胥臣(僖二十三—僖二十四·一·一)、狐射姑、赵宣子(僖二十三—僖二十四·一·二)、阳处父(僖三十二·一)、贾佗

春秋 六年,春,葬许僖公。

○正 此条《春秋》无对应《左传》。

左传【一】晋赵成子、栾贞子、霍伯先且居、臼季胥臣皆卒。

六年,春,晋蒐 sōu 于夷,舍二军,使狐射 yì 姑将中军,赵盾赵宣子佐之。

【蒐】补 见僖二十七—僖二十八·三。【夷】杨 见庄十六·六·二。

【舍二军】正 废除僖三十一年建立的新上、下军,恢复上、中、下三军旧制。

【狐射姑】正 杨 补 姬姓,狐氏,又为贾氏,名射姑,排行季。狐偃(僖二十三·二·二·一)之子。晋大夫,官至执政卿(继先且居)。僖三十二年可能已任新下军佐(卿职),僖三十三年可能已任上军佐(卿职),文二年可能已任上军帅(卿职),文六年夷之蒐后任中军帅(卿职),董之蒐后降为中军佐(卿职)。文六年杀阳处父后出奔狄。出奔前食采于贾。

阳处父 fǔ 至自温,改蒐于董,易中军。阳子阳处父,成季赵成子之属也,故党于赵氏,且谓赵盾赵宣子能,曰"使能,国之利也",是以上之。

【温】⟨补⟩见隐三·四·二。此时为晋阳处父采邑。

【董】⟨正⟩⟨杨⟩⟨补⟩晋地。杜注认为是指山西万荣荣河镇东的董亭,《图集》即采用这种说法(《图集》22—23⑩15),而《水经注》则认为就是宣十二·一·十四·三的董泽,未知孰是。

【易中军】⟨正⟩调换中军帅佐,使赵宣子将中军,狐射姑佐之。

【阳子,成季之属也】⟨正⟩⟨杨⟩阳处父曾为赵成子属大夫。

○⟨杨⟩⟨补⟩据《说苑》,师旷言于晋平公曰:"阳处父欲臣文公,因咎犯(狐偃),三年不达;因赵衰,三日而达。"所以阳处父易中军,不仅是报答赵宣子之父赵成子的恩情,还可能是报复狐射姑之父狐偃当年阻挠自己进仕的仇怨。

○⟨正⟩⟨杨⟩⟨补⟩僖三十三年箕之战后,晋五军帅佐为:先且居(中军帅)、郤溱(中军佐)、赵成子(上军帅)、狐射姑(上军佐)、栾贞子(下军帅)、胥臣(下军佐)、箕郑(新上军帅)、胥婴(新上军佐)、先都(新下军帅)、佚名(新下军佐)。

在夷之蒐前,先且居、赵成子、栾贞子、胥臣都已去世,胥婴和那位身份不明的新下军佐也已去世或告老,赵宣子已经补入,五军帅佐中,在位的只有箕郑、先都、狐射姑、赵宣子四人,不仅不可能支撑五军,即使保持三军也须引进新人。因此晋襄公为夷之蒐,废除新上军、新下军,恢复三军旧制,并为三军谋求将佐,重点是确定中军帅、中军佐的人选。据本段,则董之蒐后,确定中军帅为赵宣子,中军佐为狐射姑。

【二】宣子赵宣子于是乎始为国政:

制事典,

○⟨正⟩⟨杨⟩⟨补⟩制定政事的章程条例。

正法罪,

○⟨正⟩⟨杨⟩⟨补⟩端正法令罪名。此句,孔疏认为是"准所犯轻重,豫为之法,使在后依用之也",杨注认同孔疏说法,认为相当于后代制定刑法律令。如果昭二十九·五·一"范宣子所为刑书"果真是"赵宣子所为刑书"的话,那么彼处所指的就应该是赵宣子在夷之蒐之后新制定的刑律。

辟 bì 狱刑,

○正 杨 补 依法[清理]刑狱积案。辟,法,引申为依法清理。参见昭十四·九·一"韩宣子命断旧狱"。

董逋 bū 逃,

【董】正 督。【逋】补 逃。
○正 杨 补 督察[追捕负罪]逃窜[之人]。

由质要,

【由】正 用。
【质】正 杨 补 即"质剂",先秦时的买卖契约。这种契约写在简牍上,一分为二,双方各执一份。"质"为买卖奴隶、牛马所使用的较长的契券,"剂"为买卖兵器、珍异之物所使用的较短的契券。
【要】杨 即"要会",先秦时的簿书账目。"要"为月度账簿,"会"为年度账簿。
○正 杨 [财物的出入,]用契约、账目[作为凭据]。

治旧洿(污),

○正 补 治理[政治上的]陈年污垢。"旧污"应该是指官僚机构中长期得不到整治的污秽贪腐行为。

本秩礼,

○正 补 [用人治事]以官秩礼数为本。也就是注重尊秩守礼,整治僭越乱象。

续常职，

○正补重建[已废阙但实有重要价值]常设官职。即《论语·尧曰》所谓"修废官"。

出滞淹。

○正杨补使长期沉滞在野[的贤人]出仕。即昭十四·四"举淹滞"，亦即《论语·尧曰》所谓"举逸民"。

既成，以授大(太)傅阳子阳处父与大(太)师贾佗，使行诸(之于)晋国，以为常法。

【大傅】正杨补太傅，晋内朝官，其职掌事务有：一、教育、辅佐君主；二、制定、颁行法令、礼典；三、制定官员的品秩俸禄；四、总领外交接待事务。此时太傅应为卿职，故本年阳处父被杀之时名氏见于《春秋》(参见文六·四·春秋)。至宣十六年晋景公任命范武子为中军帅兼太傅之时(宣十六·一·二·一)，太傅可能仍有卿职之尊。至成十八年晋悼公任命士贞子为太傅时(见成十八·三·一所引《国语·晋语七》)，太傅本身已非卿职。

【大师】正补太师，晋内朝官，职掌辅佐训导国君。此时太师应为卿职。

【贾佗】杨补姬姓，贾氏，名佗。晋大夫，官至卿位。文六年已任太师(卿位)。

文公六年·二

地理鲁、陈见文地理示意图 1。

人物季文子、臧文仲(庄十一·二·二·二)

春秋 夏,季孙行父季文子如陈。

【季孙行父】正 杨 补 季文子。姬姓,季氏,名行父,谥文。齐仲无逸之子,成季(庄二十五·六·春秋)之孙。鲁大夫,官至执政卿(继东门襄仲)。襄五年卒。《论语·公冶长》云"季文子三思而后行",其人谋事之小心谨慎可以想见。

左传 臧文仲以陈、卫之睦也,欲求好于陈。夏,季文子聘于陈,且[为己]娶焉。

【聘】补 见隐七·四·春秋。

○ 补 鲁、卫素为亲睦之国,如今卫与陈相睦,故鲁执政卿臧文仲谋求与陈交好,命季文子聘于陈。

文公六年·三

地理 秦见文地理示意图 1。

人物 秦穆公(僖九·二·三·二)、子车奄息、子车仲行、子车鍼虎

左传 【一】秦伯任 rén 好秦穆公卒,以子车 jū 氏之三子奄息子车奄息、仲行 háng,子车仲行、鍼 qián 虎子车鍼虎为殉,皆秦之良也。国人哀之,为之赋《黄鸟》。

【国人】补 见《知识准备》"国野制"。

【赋】杨 补 创作。

【黄鸟】正 补《毛诗·秦风》有《黄鸟》。黄鸟,黑枕黄鹂(*Oriolus chinensis*),为雀形目黄鹂科鸟类,又称黄莺、鸧鹒。

○ 补 **传世文献对读**:《毛诗·秦风·黄鸟》的原文,可扫码阅读。
○ 杨 补《史记·秦本纪》:"三十九年,缪公卒,葬雍。从死者百七十七人,秦之良臣子舆氏三人名奄息、仲行、鍼虎亦在从死之中。"

则殉葬者不止三人,《左传》特举其良者。1976 年发掘的秦公一号大墓(参见昭五·七·春秋,墓主人应为秦景公)墓室中发现殉人一百八十六具,结合本处《左传》《史记》所叙秦穆公下葬时殉人之事,可见大规模殉人可能是春秋时秦国君主葬制之一。

【二】君子曰:

"秦穆秦穆公之不为盟主也宜哉! 死而弃民。先王违世,犹诒之法,而况夺之善人乎!《诗》曰'人之云亡,邦国殄 tiǎn 瘁 cuì',无善人之谓。若之何夺之?

【违世】 杨 离世。【诒】 杨 留。
【人之云亡,邦国殄瘁】 正 杨 补《毛诗·大雅·瞻卬》有此句,根据上下文可译为"善人丧亡,国家遭殃"。云,语助词。殄瘁,近义词连用,都是病的意思。

"古之王者,知命之不长,是以并建圣哲,树之风声,分之采物,著之话言,为之律度,陈之艺极,引之表仪,予之法制,告之训典,教之防利,委之常秩,道(导)之礼则,使毋失其土宜,众隶赖之,而后[王者]即命。圣王同之。

【并建圣哲】 正 杨 补普遍地选立圣通明哲之人[,或为诸侯,或为官长]。并,遍。杜甫《壮游》"圣哲体仁恕"典出于此。
【树之风声】 正 杨 为臣民树立风化声教。
【分之采物】 正 杨 补分给他们[与名位尊卑相应的]有文采章华的器物(如车马、旌旗、服装)。采物,参见隐五·一之"物采"。
【著之话言】 正 杨 补为他们著录[良善有益的]话语。话言,近义词连用,一般用为善言之义。
【为之律度】 杨 补为他们制定法度。

【陈之艺极】正 杨 补 向他们陈述准限。艺极,都是准限的意思。

【引之表仪】正 杨 补 引导他们遵循表率威仪。

【教之防利】杨 补 教育他们防止[过多地贪求]私利。防利与襄二十八·十一·二·一"幅利"意义相近。

【委之常秩】正 杨 委任他们担任一定的职务。委,任。常秩,常职。一说"秩"指俸禄,整句解为"付给他们有定准的俸禄"。

【使毋失其土宜】杨 补 让他们不要忘了因地制宜。杜甫《偶题》"柴荆学土宜"典出于此。

【赖之】补 以之为利。

【即命】正 杨 命,天命。即,就。天命已终,而往就之,也就是去世的意思。"即命"相当于成十三·一·四之"即世",也就是上文的"违世"。

【圣王同之】补 圣明的君王都是这样做的。

"今纵无法以遗 wèi 后嗣,而又收其良以死,难以在上矣。"

【纵】补 已经。【遗】补 留。

君子是以知秦之不复东征也。

文公六年·四

地理 鲁、晋、秦、陈见文地理示意图 1。鲁、晋、潞氏、陈、郫见文地理示意图 3。

人物 季文子(文六·二·春秋)、晋襄公(僖三十三·三·一)、东门襄仲(僖二十五—僖二十六·春秋)、阳处父(僖三十二·一)、狐射姑(文五—文六·一)、太子夷皋/晋灵公、赵宣子(僖二十三—僖二十四·一·二)、公子雍、晋文公(庄二十八·二·一)、公子乐、辰嬴(僖二十二·四)、杜祁、逼姞、季隗(僖二十三—僖二十四·一·二)、先蔑(僖二十八·二)、范武子(僖二十七—僖二十八·二十四·二)、续简伯(文元—文二·二·一)、臾骈

春秋 秋，**季孙行父**季文子如晋。

八月乙亥十四日，**晋侯骓**晋襄公卒。

冬，十月，**公子遂**东门襄仲如晋。

葬晋襄公。

○ 正 补 据隐元·五，诸侯五月而葬。晋襄公三月而葬，于礼为速。据昭二一昭三·四，"昔文、襄之霸也……君薨，大夫吊，卿共葬事"。然则此次送葬者为盟国之卿。

晋杀其大夫阳处父 fǔ。

晋狐射 yì 姑出奔狄。

【狄】 补 此部狄人为赤狄别种，又称"赤狄潞氏""潞氏""潞"，子爵，隗姓。在今山西潞城东北辛安泉镇潞河村、古城村一带已发现其遗址（详见下）。宣十五年被晋中行桓子率军所灭，应该是从此成为中行氏核心城邑。参见《图集》22—23⑤10。

○ 补 **潞河古城遗址**：遗址位于浊漳河西南岸台地上，依山傍水，包括古城址和墓葬区。城址残存西城墙 358 米，北城墙 210 米。城址西北有春秋、战国、秦汉时期墓葬。

左传 〔一〕秋，**季文子**将聘于晋，使求遭丧之礼以行。其人曰："将焉用之？"**文子**季文子曰："备豫不虞，古之善教也。求而无之实难 nàn，过求何害？"

【聘】 补 见隐七·四·春秋。
【遭丧之礼】 杨 补 据《仪礼·聘礼》，聘而遭丧之礼有五：一、遭受聘国君之丧；二、遭受聘国夫人、太子之丧；三、遭出使国君之丧；
四、遭私丧（使者父母之丧）；五、遭宾介之丧。若使者所遭为受聘
国君之丧，则受聘国不派大夫到近郊慰劳使者（不郊劳）；由于受聘国
君灵柩停在庙中，使者无法向受聘国君传达使命，所以不再为神铺设
席和小几（不筵几）；聘享完毕，也不向使者行醴礼（不礼宾）；使者一
行停留期间所需食物，主人要按礼仪全部送去，但使者只能收下其中
已烧熟的食物和未杀的牲口（主人毕归礼，宾唯饔饩之受）；受聘国卿
大夫不再向使者等赠送束纺（不贿），也不赠送玉作为回礼（不礼玉）；
送别时受聘国不再向使者赠送币帛等（不赠）。

【不虞】补意外。虞，度。

【求而无之实难】杨[万一真的需要，临时去]寻求而没有，这是真的
麻烦。

○正补季文子很可能在出行之前就已经听闻晋襄公健康状况有问
题，因此访求遭丧之礼以备不虞，但又不便将这种会造成重大影响的
机密消息明说出来，于是说了上面这番道理搪塞过去。

【二】八月乙亥十四日，**晋襄公卒**。**灵公**太子夷皋/晋灵公**少** shào，晋人
以难 nàn **故，欲立长** zhǎng **君。**

【晋襄公卒】杨据《史记·扁鹊列传》，则晋襄公死于纵淫。

【灵公少】杨太子夷皋当时尚在襁褓之中，参见文七·三·二。【灵
公】补晋灵公，即位前为太子夷皋。姬姓，名夷皋（清华简二《系年》
曰名"高"），谥灵。晋襄公（僖三十三·三·一）嫡子，穆嬴（文七·
三·二）所生。文七年即位，在位十四年。宣二年被赵穿所杀。

【晋人……长君】杨补当时晋连年有秦、狄之师，楚又攻伐晋之盟
国，故晋人欲废太子夷皋，而另立年长庶子为君。

赵孟赵宣子**曰："立公子雍。**[公子雍]**好善而长** zhǎng，**先君**晋文公**爱
之，且近于秦。秦，旧好也。置善则固，事长** zhǎng **则顺，立爱
则孝，结旧则安。为难故，故欲立长君。有此四德者，难必抒

(纾)矣。"

【公子雍】 正 补 姬姓，名雍。晋文公(庄二十八·二·一)庶子，晋襄公庶弟，杜祁所生。文六年前在秦为亚卿。

【且近于秦】 杨 指公子雍在秦做官。

【抒】 正 杨 缓解。

贾季狐射姑曰："不如立公子乐 yuè。辰嬴嬖 bì 于二君，立其子，民必安之。"

【公子乐】 正 杨 补 姬姓，名乐。晋文公庶子，公子雍庶弟。文六年被赵宣子指使人所杀。

【辰嬴嬖于二君】 正 补 辰嬴得到两位国君的嬖宠。辰嬴先是晋怀公妻，称"怀嬴"，后又为晋文公妾，改称"辰嬴"。嬖，得宠。

赵孟曰：

"辰嬴贱，班在九人，其子何震之有？且[辰嬴]为二君嬖，淫也；[公子乐]为先君子，不能求大，而出在小国，辟(僻)也。母淫子辟(僻)，无威；陈小而远，无援。将何安焉？

【班在九人】 正 杨 辰嬴位次排在第九。考之《左传》以及当时礼制，则晋文公夫人位次，第一为文嬴(嫡夫人)，第二为晋襄公生母逼姞，第三为季隗，第四为杜祁，第九为辰嬴。怀疑晋文公在齐之妻齐姜(僖二十三—僖二十四·三)列第五，而秦穆公嫁与秦女五人(僖二十三—僖二十四·八·一)，除去文嬴、辰嬴，还有三人，可能排第六至第八。**【班】** 补 位次。

【震】 正 威。**【小国】** 补 指陈。

"杜祁以君晋襄公故，让逼姞 jí 而上之；以狄故，让季隗 wěi 而己次之，故班在四。先君晋文公是以爱其子公子雍，而仕诸(之于)秦，为亚卿焉。秦大而近，足以为援；母义子爱，足以威民。立之，不亦可乎？"

【杜祁……在四】 正 杨 补 杜祁［在晋文公众妻妾中位次本排在第二，］由于国君晋襄公的缘故，让位给逼姞（晋襄公之生母）而使她居于上位；由于狄人的缘故，让位给狄女季隗（晋文公在狄时之妻）而自己排在她后面，所以位次排在第四。辰嬴班在九，赵宣子以为贱，而杜祁班在四，亦未必贵。赵宣子此言，一则说明杜祁之班本在第二，二则称赞杜祁之义。此句与"辰嬴贱，班在九人，其子何震之有"正相对。**【杜祁】** 正 补 杜女，祁姓。晋文公妾，公子雍之母。**【杜】** 正 杨 补 又作"唐杜"，商、周时国，周时为伯爵，祁姓。周封豕韦（见襄二十四·一）之后于杜，在今陕西西安杜城村。周宣王杀杜伯，其子隰叔避难于晋，任士师，其后为士氏，分出范氏、彘氏。国遂衰微，附于秦。春秋后，秦宁公灭之为县。杜参见《图集》19③3。**【逼姞】** 正 补 逼女，姞姓。晋文公妾，晋襄公之生母。**【逼】** 正 杨 周时国，姞姓。

【先君……卿焉】 补 此句与"为先君子，不能求大，而出在小国，辟也"正相对。

【秦大而近】 杨 此句与"陈小而远"正相对。

【母义子爱】 杨 此句与"母淫子辟"正相对。

［赵孟］使先蔑、士会范武子如秦逆公子雍。贾季亦使召公子乐于陈，赵孟使杀诸（之于）郫 pí。

【逆】 补 迎。

【赵孟使杀诸郫】 杨 补 郫是轵关陉道（僖二十五·二·二）上的重要控制点，公子乐自陈入晋，必经郫，故赵宣子使人杀之于郫。**【郫】** 正 杨 在今河南济源邵原镇。晋邑。

［三］ 贾季狐射姑怨阳子阳处父之易其班也，而知其无援于晋也。九月，贾季使续鞫 jú 居续简伯杀阳处父 fù。［《春秋》］书曰"晋杀其

大夫",[阳处父]侵官也。

【而知其无援于晋也】⊞据文五—文六·一,则阳处父性情刚强而好冒犯他人,而且行事风格华而不实,这可能是造成他在晋无援的部分原因。

【续鞫居】正即狐鞫居,狐氏族人。

【书曰……官也】正⊞《春秋》记载成"晋杀其大夫",强调国杀,表示阳处父有罪于晋,因为他侵夺了狐射姑的官职。晋襄公本已任命狐射姑为中军帅,而阳处父改易之,故曰"侵官"。

○⊞**传世文献对读:**《公羊传·文公六年》《穀梁传·文公六年》叙狐射姑杀阳处父之事,与《左传》不同,《公》《穀》互相之间也不一样,可扫码阅读。

○⊞**传世文献对读:**《论语·泰伯》:"子曰:'不在其位,不谋其政。'"任用卿大夫本为国君职权。阳处父不在君位而谋其政,宜其死也。

[四] 冬,十月,襄仲东门襄仲如晋,葬襄公晋襄公。

[五] 十一月丙寅,晋杀续简伯。贾季狐射姑奔狄,宣子赵宣子使臾骈送其帑 nú(孥)。

【丙寅】正杨根据杜预、王韬所推春秋历,十一月无丙寅。

【臾骈】⊞臾氏,名骈。晋大夫,官至卿位。文六年已任赵宣子属大夫,文十二年已任上军佐(卿职)。**【帑】**正妻儿。

夷之蒐 sōu,贾季戮臾骈。臾骈之人欲尽杀贾氏以报焉。臾骈曰:

【戮】杨辱。

"不可。

"吾闻《前志》有之,曰'敌惠敌怨,不在后嗣,忠之道也'。夫
子_{赵宣子}礼于贾季,我以其_{赵宣子}宠报私怨,无乃不可乎?

【敌惠……道也】正某人施惠他人,不可望他人之子报答;某人怨恨
他人,不可仇视他人之子,这符合忠道。敌,对。

"介人之宠,非勇也;损怨益仇,非知(智)也;以私害公,非忠
也。释此三者,何以事夫子?"

【介人之宠】正补凭借别人对自己的宠信[而行恶事]。介,因。
【损怨益仇】正杨消减[我自己的]怨气,却增加[他人对我的]
仇恨。
【释此三者】杨抛弃了这三者(勇、智、忠)。

[奚骈]尽具其帑(孥)与其器用财贿,亲帅扞之,送致诸(之于)
竟(境)。

【扞】正卫。

文公六年·五
地理鲁见文地理示意图1。

春秋闰月,[公]不告月,犹朝于庙。

【告月】正杨补"月"或作"朔",告月即告朔,告朔参见僖五·一。
○正杨补闰月,[鲁文公]没有在太庙告朔,但还是在诸庙举行了
祭祀。按礼制,每月初一,应该先在太庙告朔、视朔(又称听朔,参见
僖五·一),然后再在诸庙举行祭祀,称为"朝庙"或"月祭"。鲁文公
以闰非常月,故阙而不告朔。告朔之礼大,朝庙之礼小。既不告朔,
则不应再朝庙。鲁文公怠慢政事,不行告朔大礼,却又行朝庙小礼,

故《春秋》书"犹"字以示讥讽。

左传 [我]闰月不告朔，非礼也。闰以正时，时以作事，事以厚生，
生民之道于是乎在矣。不告闰朔，弃时政也，何以为民？

【闰以正时】正 杨 闰月用来补正四时。阴历以自初一（朔）至月底
（晦）为一月。古人测得其日数为二十九点五三，所以分大小月，大月
三十日，小月二十九日。每年十二月，所以全年为三百五十四或三百
五十五日。而地球绕太阳一周为三百六十五点二四日，两者每年相
差十一日二十一时。因此，必须每隔几年就设置一个闰月以弥补差
数，然后四时得正。

【为民】正治民。

文公七年·一

地理 鲁见文地理示意图 1。鲁、邾 1、须句、郚见文地理示意图 4。

人物 鲁文公（文元·○）、邾文公（僖十九·二·二·一）、邾文公之子

春秋 七年，春，公鲁文公伐邾。

三月甲戌十七日，[公]取须句qú。

[公]遂城郚wú。

【郚】 正 杨 补 在今山东济宁泗水县圣水峪乡小城子村东北已发现其遗址（详见下）。鲁邑。参见《图集》26—27④4。

○ 正 此条《春秋》无对应《左传》。

> ○ 补 **小城子遗址**：遗址先后为春秋时期鲁国郚邑、汉代郚乡县县城。城址面积约为五万平方米。

左传 [一] "七年，春，公伐邾"，间jiàn 晋难也。

【间】 正 杨 钻……的空子。

[二] "三月甲戌，取须句"，置文公邾文公子焉，非礼也。

【文公子】 正 邾文公之子，当时叛邾而在鲁。

○ 杨 补 此与僖二十一——僖二十二·二"取须句，反其君焉，礼也"正相对。僖二十二年鲁使须句复国，归其君，故曰"礼也"。此处鲁灭须句，且安插他国公子为守须句大夫，故曰"非礼也"。鲁文公取须句而安置邾文公之子，其目的是威慑邾国，与僖二十六鲁僖公引导楚师伐齐取谷、置齐桓公之子以威慑齐异曲同工（参见僖二十六·四）。

文公七年·二

地理 宋见文地理示意图 1。

人物 宋成公（僖二十四·四）、公子成（文二·六）、公孙友、乐豫、鳞
矔、公子荡、华御事、宋前昭公、宋穆公（隐三·六·春秋）、宋襄公（僖
八—僖九·春秋）、公孙固（僖二十二—僖二十三·一）、公孙郑、公
子卬

春秋 夏，四月，宋公王臣宋成公卒。

宋人杀其大夫。

左传 [一] 夏，四月，宋成公卒。于是公子成为右师，公孙友为左
师，乐豫为司马，鳞矔 guàn 为司徒，公子荡为司城，华御事为
司寇。

【右师】补 宋外朝官，卿职，职掌教育国君，并与左师掌管国都不同
区域。

【公孙友】正 补 子姓，名友。公子目夷（僖八—僖九·一）之子，宋
桓公（庄十一·二·二·二）之孙。宋大夫，官至卿位。文七年已任
左师（卿职）。【左师】补 见僖九·三。

【乐豫】正 杨 补 子姓，乐氏，名豫，季甫之子。宋戴公（庄十二—庄
十三·二）儿子公子衎（字乐）曾孙。宋大夫，官至卿位。文七年已任
司马（卿职）。【司马】补 见隐三·六·一·一。

【鳞矔】正 杨 补 子姓，鳞氏，名矔。公鳞之子，宋桓公之孙。宋大
夫，官至卿位。文七年已任司徒（卿职）。【司徒】补 宋外朝官，卿
职，掌乡中役徒。

【公子荡】正 补 子姓，名或字荡。宋桓公之子。宋大夫，官至卿位。
文七年已任司城（卿职）。文七年、文八年间卒。其后为荡氏。【司
城】正 补 宋外朝官，卿职，掌工程营建。本即他国之"司空"，后因

避宋武公之讳而改。

【华御事】正 杨 补 子姓，华氏，名御事。华家之子，华父督(桓元—桓二·春秋)之孙。宋大夫，官至卿位。文七年已任司寇(卿职)。

【司寇】补 宋外朝官，卿职，掌刑罚。

○杨 宋以右师、左师、司马、司徒、司城(相当于他国司空)、司寇为六卿。此后《左传》又数次详列宋卿官次：

一、文十六—文十七·一·二，与本年同。

二、成十五·六·一，为右师、左师、司马、司徒、司城、大司寇。另列少司寇、太宰、少宰，此三职为大夫职。

三、昭二十二·二·三，为大司马、大司徒、司城、左师、右师、大司寇。

四、哀二十六·二·一·二，为右师、大司马、司徒、左师、司城、大司寇。

盖因时世不同，六卿位次有所变更。

【二】昭公宋前昭公将去群公子。乐豫曰："不可。公族，公室之枝叶也。若去之，则本根无所庇荫矣。葛藟 lěi 犹能庇其本根，故君子以为比，况国君乎？ 此谚所谓'庇焉而纵寻斧焉'者也，必不可。君其图之！ 亲之以德，皆股肱也，谁敢携贰？若之何去之？"[公]不听。

【昭公】杨 补 宋前昭公。子姓，名杵臼，谥昭。宋成公(僖二十四·四)之子。文八年即位，在位九年。文十六年被宋襄夫人使人所杀。

【群公子】杨 指公族中不服从自己的公子。

【葛藟……为比】正 杨 补 葛藟还能遮蔽它的枝干和根，所以君子用它来作比喻。这句话暗引《毛诗·王风·葛藟》。此诗以葛藟起兴，描写远离家族、无依无靠之人的困苦。【葛藟】杨 补 葛藟葡萄(*Vitis flexuosa* Thunb.)或华北葡萄(*Vitis bryoniaefolia* Bunge)，葡萄科细弱木质藤本植物。

【庇焉而纵寻斧焉】杨 补 得到树木荫庇，却要用斧砍掉它。纵，发动。寻,用。

【股肱】　補股,大腿;肱,大臂,比喻辅佐重臣。

【携贰】　補离心有异志。携,离心。贰,有二心。

○補 **传世文献对读**:《毛诗·王风·葛藟》的原文,可扫码阅读。

【三】穆^{宋穆公}、襄^{宋襄公}之族率国人以攻公^{宋前昭公},杀<u>公孙固</u>、<u>公孙郑</u>于公宫。六卿和公室,乐豫舍司马以让<u>公子卬</u> áng。<u>昭公</u>即位而葬[成公]。[《春秋》]书曰"宋人杀其大夫",不称名,众也,且言非其罪也。

【穆、襄之族】　正应是与前文所指群公子相关的公族。【国人】　補见《知识准备》"国野制"。

【公子卬】　正　杨　補子姓,名卬。宋成公之子,宋前昭公之弟。宋大夫,官至执政卿(继公子成)。文七年任司马(卿职)。文八年被宋襄夫人指使戴氏之族所杀。公子卬为宋前昭公党。

【书曰……罪也】　正　補《春秋》记载成"宋人杀其大夫",不强调国杀,且不点出被杀大夫名氏,是因为被杀者众多,而且因为被杀者无罪。

文公七年·三

地理 晋、秦见文地理示意图 1。晋、秦、令狐(小图)、堇阴(小图)、刳首(小图)见文地理示意图 2。

人物 先蔑(僖二十八·二)、秦康公(僖十五·八·一·六)、公子雍(文六·四·二)、晋文公(庄二十八·二·一)、吕甥(僖十一—僖十二·四·一)、郤芮(僖六·一)、穆嬴、太子夷皋/晋灵公(文六·四·二)、晋襄公(僖三十三·三·一)、赵宣子(僖二十三—僖二十四·一·二)、箕郑、先克、中行桓子(僖二十七—僖二十八·三)、先都、步

招、戎津、范武子(僖二十七—僖二十八·二十四·二)

春秋 戊子初一,晋人及秦人战于令 líng 狐。晋先蔑奔秦。

【戊子】杨据王韬所推算的春秋历,则戊子为四月初一。然而,如果戊子真为四月初一,则此条《春秋》应该在"夏,四月,宋公王臣卒"之上。可能当时人并不认为戊子是四月初一。

【令狐】杨见僖二十三—僖二十四·九·三。

○正据下文《左传》,则晋人违背与秦人约定,改立晋灵公,又偷袭秦人送公子雍之师,实为理屈。晋人避讳国恶,因此以"及秦人战"来告于鲁,《春秋》因而书之。

左传【一】秦康公送公子雍于晋,曰:"文公晋文公之入也无卫,故有吕吕甥、郤 xì,郤芮之难 nàn。"乃多与之徒卫。

【秦康公送公子雍于晋】补文六年赵宣子使先蔑、范武子至秦迎公子雍,打算立他为君。于是本年秦康公送公子雍于晋。

【吕、郤之难】杨见僖二十三—僖二十四·十。

【徒卫】杨步兵护卫。此次秦人本不计划作战,因此未派正式交战的车兵。

【二】穆嬴日抱大(太)子太子夷皋以啼于朝,曰:"先君晋襄公何罪?其嗣亦何罪? 舍適(嫡)嗣太子夷皋不立,而外求君,将焉置此?"[穆嬴]出朝,则抱[太子]以适赵氏,顿首于宣子赵宣子,曰:"先君奉此子太子夷皋也而属(嘱)诸(之于)子,曰:'此子也才,吾受子之赐;不才,吾唯子之怨。'今君虽终,言犹在耳,而[子]弃之,若何?"

【穆嬴】正补秦女,嬴姓。晋襄公(僖三十三·三·一)夫人,太子夷皋/晋灵公(文六·四·二)之母。

【将焉置此】杨补将把这个[孩子]放置在哪里?

【适】补往。

【顿首】杨补即稽颡，见僖五·二·二·一。穆嬴对于赵宣子，若在丧次，当用凶礼顿首；若在赵氏家中，应用吉礼肃拜。此处穆嬴顿首于赵氏，乃因有大求于赵宣子。

【才】补成材。

宣子与诸大夫皆患穆嬴，且畏逼，乃背先蔑，而立灵公晋灵公，以御秦师。

【且畏逼】杨补而且畏惧［穆嬴背后势力的］逼迫。然而，此时穆嬴的母国秦支持公子雍，穆嬴只是一位身居内宫的先君"未亡人"，又得不到母国的支持，哪可能在晋都城里聚集起足够逼迫诸卿的势力？赵宣子反悔的真实原因详见下。

【乃背先蔑】杨补于是背叛了先蔑。先蔑先前任迎接公子雍正使，背叛先蔑，也就是放弃公子雍。此时先蔑已回国，任下军帅。

【御】补抵抗。

○补去年八月晋襄公刚去世时，赵宣子为首的六卿领导班子主张立长君，说明他们达成的共识是希望继续维护一个正常的君臣体系，继续像先前晋文公、晋襄公时期一样，共同辅佐一位能商量事情、能拿主意的正常国君，应对国内外各种挑战。从赵宣子的角度来说，这一方面当然是出于对君臣常道的信仰，另一方面的原因恐怕是因为他在当时刚由于阳处父的强推成为中军帅，其主要短期目标之一是要坐稳执政卿的位置，所以在立新君的问题上倾向于立长君这个比较稳妥的方案。

　　然而，在此之后，赵宣子的大恩人、同时也是潜在"债主"阳处父被杀，而杀人的狐射姑又被赵宣子成功地驱逐出境，而赵宣子上台后启动的全面改革也在顺利推进。到公子雍从秦启程前往晋、穆嬴抱着太子夷皋在朝堂上哭闹时，赵宣子的执政卿地位已经稳固，他恐怕已经习惯了在没有正常国君的条件下担任晋实际上的最高领导人，全面领导各项工作。因此，穆嬴义正词严的哭闹却很可能起到了"催化剂"的作用,促使本来就雄心勃勃的赵宣子开始认真考虑另外一种可能性:如果真的立一个婴儿为国君,自己作为六卿之首,在很长一段时间就会继续担任实际上的国家最高领导人,就像西周初年的周公一样。虽然自古以来的历史教训告诉自己,临危摄政之事风险极高,圣哲如周公者当年尚且差一点就失败了,但是,既然这个女人已经把立年幼嫡嗣的正当性宣传得如此透彻,等于是为首卿摄政做好了"清场",那么自己为什么不能顺势而为,勇敢地挑起这副担子,试一试临危摄政、实际拥有君权到底是什么滋味,试一试当周公到底是什么滋味?

于是,就在这种一方面对君臣常道仍有信仰、一方面对未知和风险心存畏惧、一方面对权力和成就充满渴望的复杂心理驱使下,赵宣子声称自己实在是不能对穆嬴的"正论"坐视不管,而且害怕这个疯女人会做出更可怕的事情来,暂时说服了其他五卿(包括已经回国的先蔑),背弃先蔑先前在秦康公面前做出的承诺,放弃长期在秦生活和工作、政治倾向难以预料的公子雍,改立宗法上根正苗红、政治上一张白纸的太子夷皋为君,并且整军备战准备抵抗秦"干涉军"。

【三】箕郑居守;赵盾赵宣子将中军,先克佐之;荀林父佗,中行桓子佐上军;先蔑将下军,先都佐之;步招御戎,戎津为右。

【箕郑】 补 箕氏,名或字郑。晋大夫,官至卿位。僖三十一年任新上军佐(卿职),僖三十二年可能已任新上军帅(卿职),文六年可能已任上军帅(卿职),文七年已任上军帅(卿职)。文九年被晋人所杀。其先食采于箕。

【先克佐之】 正 先克代替狐射姑。【先克】 正 补 姬姓,先氏,名克。先且居(僖三十三·五·二·二)之子。晋大夫,官至卿位。文六年可能已任中军佐(卿职),文七年已任中军佐(卿职)。文九年被乱党所杀。

【荀林父佐上军】 正 上军帅箕郑已居守,因此上军佐中行桓子独自出征。

【先蔑将下军】杨 先蔑先于公子雍回国，此时在晋军中，迫不得已担任下军帅。

【先都】补 姬姓，先氏，名都。晋大夫，官至卿位。僖三十一年任新下军佐（卿职），僖三十二年可能已任新下军帅（卿职），文六年可能已任下军佐（卿职），文七年已任下军佐（卿职），同年先蔑出奔后可能升任下军帅（卿职）。文九年被晋人所杀。

【步招】补 姬姓，步氏，出自郤氏，名招。晋大夫，文七年已任戎御。食采于步。

【御戎】【为右】杨 见《知识准备》"车马"。此为赵宣子御、右。

［晋师］及堇 jǐn 阴。宣子曰："我若受秦，秦则宾也；［若］不受［秦］，［秦则］寇也。既不受矣，而复缓师，秦将生心。'先人有夺人之心'，军之善谋也；'逐寇如追逃'，军之善政也。"［晋师］训卒，利兵，秣 mò 马，蓐 rù 食，潜师夜起。戊子 初一，［晋师］败秦师于令 líng 狐，至于刳 kū 首。

【堇阴】正 杨 补 在今山西万荣西南。晋地。参见《图集》22—23⑩15。

【先人有夺人之心】补 抢先于敌人行动要有打败敌人的决心。据宣十二·一·十一及昭二十一·六·一，则这句话出自《军志》。

【利兵】杨 补 磨砺兵器使其锋利。僖三十二—僖三十三·五有"厉兵"，磨砺是方法，锋利是目的。

【秣马】补 喂饱战马。

【蓐食】杨 使士卒饱餐。蓐，厚。

【刳首】正 杨 补 在今山西临猗西临晋镇南。晋地。参见《图集》22—23⑩15。《图集》标注不准确，本书示意图依据《图志》标注。

【四·一】己丑 四月二日，先蔑奔秦，士会 范武子 从之。

○补 文六年先蔑、范武子前往秦国迎接公子雍，本年晋背先蔑而立晋灵公,故先蔑奔秦,范武子从之。

〇补据《左传》说法,在晋人改变主意之后,出使秦的先蔑曾回到晋担任下军帅,参与令狐之役,在战事结束后再出奔到秦。而据清华简二《系年》的说法,则先蔑、范武子得知晋人变卦之后,不敢回到晋,于是就逃到秦。实际上,《春秋》书"先蔑奔秦",而非"先蔑出奔秦",杜注就认为这意味着先蔑是在国外时逃跑,因此不用"出"字。

【四·二】先蔑之使也,荀林父中行桓子止之,曰:"夫人穆嬴、大(太)子太子夷皋犹在,而外求君,此必不行。子以疾辞,若何? 不然,将及[于难]。摄卿以往可也,何必子? 同官为寮 liáo。吾尝同寮,敢不尽心乎?"[先蔑]弗听。[荀伯]为[先蔑]赋《板》之三章,[先蔑]又弗听。

【先蔑之使也】补指文六年先蔑出使秦迎接公子雍。

【辞】补推辞。

【摄卿】杨暂代卿职的大夫。

【吾尝同寮】正据僖二十八·二,当时中行桓子将中行,而先蔑将左行,故曰"同寮"。

【为赋《板》之三章】正 杨 补《毛诗·大雅·板》第三章为"我虽异事,及尔同僚。我即尔谋,听我嚣嚣。我言维服,勿以为笑。先民有言,询于刍荛",可译为"你我各有职守,却是官府同僚。我来为你谋划,你却刚愎傲娇。我的话有道理,不要当作玩笑。先人这样比方,'要向樵夫请教'"。中行桓子赋此章,是希望先蔑听取同僚有益的劝告。

及[先蔑]亡,荀伯中行桓子尽送其帑 nú(孥)及其器用财贿于秦,曰"为同寮故也"。

【帑】补妻儿。

【四·三】士会_{范武子}在秦三年，不见士伯_{先蔑}。其人曰："能亡人于国，不能见于此，焉用之？"士季_{范武子}曰："吾与之同罪，非义之也，将何见焉？"及归，[士会]遂不见[士伯]。

【能亡人于国】正能与他人一起从晋逃亡。

【及归，遂不见】正补一直到[范武子]回国，都没有见过[先蔑]。范武子归晋在文十三年，此处《左传》为探后而终言之。

文公七年·四

地理鲁、晋见文地理示意图 1。潞氏、鲁见文地理示意图 3。

人物鲁文公（文元·〇）、狐射姑（文五—文六·一）、酆舒、赵成子（僖二十三—僖二十四·一·一）、赵宣子（僖二十三—僖二十四·一·二）

春秋狄侵我西鄙。

【狄】杨此为赤狄潞氏，见文六·四·春秋。

左传"狄侵我西鄙。"公_{鲁文公}使告于晋。赵宣子使因贾季_{狐射姑}问酆 fēng 舒，且让之。

【贾季】补狐射姑于文六年奔狄，此时在赤狄潞氏。【酆舒】正补酆氏，名舒。赤狄潞氏执政。宣十五年奔卫，卫人归之于晋，晋人杀之。

【让】补责备。

酆舒问于贾季曰："赵衰 cuī，赵成子、赵盾_{赵宣子}孰贤？"

[贾季]对曰："赵衰，冬日之日也。赵盾，夏日之日也。"

文公七年·五

地理　鲁、晋、齐、宋、卫、郑、曹见文地理示意图 1。鲁、晋、齐、宋、卫、郑、许、曹、扈见文地理示意图 3。

人物　鲁文公(文元·○)、赵宣子(僖二十三—僖二十四·一·二)、齐昭公(僖二十五—僖二十六·春秋)、宋前昭公(文七·二·二)、卫成公(僖二十五—僖二十六·春秋)、陈共公(僖二十七—僖二十八·春秋)、郑穆公(僖三十·三·五)、许昭公、曹共公(僖七—僖八·春秋)、晋灵公(文六·四·二)

春秋　秋,八月,公_{鲁文公}会诸侯、晋大夫_{赵宣子}盟于扈。

【扈】 正 杨 补 在今河南原阳祝楼乡西圈村西北。郑地。本为夏时古国"有扈氏"。参见《图集》24—25③④。

左传　秋,八月,齐侯_{齐昭公}、宋公_{宋前昭公}、卫侯_{卫成公}、陈侯_{陈共公}、郑伯_{郑穆公}、许男_{许昭公}、曹伯_{曹共公}会晋赵盾_{赵宣子}盟于扈,晋侯_{晋灵公}立故也。公_{鲁文公}后至,故[《春秋》]不书所会。凡会诸侯,[《春秋》]不书所会,[我]后也。[我]后至,[《春秋》]不书其国,辟_(避)不敏也。

【许男】 补 许昭公。姜姓,名锡我,谥昭。许僖公(僖五·五·春秋)之子。文六年即位,在位三十年。宣十七年卒。

【公后至,故不书所会】 正 鲁文公晚到,因此《春秋》不具体列出与会诸侯及卿大夫。

【后至……敏也】 杨 鲁君晚到,不清楚盟会的班次位序,故《春秋》不具列与会诸侯,以避免由于弄不清楚而误记。敏,审慎。参见僖二十三·三"辟不敏也"。

○ 补 这是春秋时期第一次卿大夫(赵宣子)主持盟会与各国君主会面,是春秋时期君权下移的标志性事件,比狐偃主持翟泉之盟又有所推进(参见僖二十九·三)。文七年春天穆嬴大闹朝堂和赵宣子家时

（文七・三・二），太子夷皋还需要被抱在母亲怀里，而且穆嬴还质问说"你们到底想把这孩子放置在哪里（将焉置此）"，这说明此时太子夷皋还不会走路。按照婴幼儿发育的一般规律，可以认为文七年时太子夷皋大概是一岁左右。因此，执政卿赵宣子是晋的实际最高领导人，由他出面与其他各国君主会面。

文公七年・六

地理　徐、鲁见文地理示意图 1。徐、莒、鲁、鄢陵见文地理示意图 5。

人物　孟穆伯（僖十五・二・春秋）、戴己、孟文伯（文元・二・一）、声己、孟惠叔（文元・二・一）、东门襄仲（僖二十五—僖二十六・春秋）、己氏、鲁文公（文元・〇）、叔仲惠伯

春秋　冬，徐伐莒。

公孙敖孟穆伯如莒莅盟。
【莅盟】见隐七・七・一・二。

左传【一】穆伯孟穆伯娶于莒 jǔ，曰戴己 jǐ，生文伯孟文伯。其娣 dì 声己，生惠叔孟惠叔。戴己卒，〔穆伯〕又聘于莒。莒人以声己辞，〔穆伯〕则为襄仲东门襄仲聘焉。
【戴己】杨 补莒女，己姓，谥戴。孟穆伯（僖十五・二・春秋）夫人，孟文伯（文元・二・一）之母。文七年前卒。
【娣】补 参见隐四・二・一・一。【声己】杨 补莒女，己姓，谥声。戴己之娣，孟穆伯妾，孟惠叔（文元・二・一）之母。
【聘】补 对照隐七・七・二"昏礼"，由于孟穆伯同年冬再次前往莒时为迎亲，所以此处之"聘"可能相当于"下达""纳采""问名""纳吉"

"纳征""请期"等多个步骤压缩而成。《礼记·内则》:"聘则为妻,奔则为妾。"

【莒人……聘焉】 正 杨 补 莒人以声己[为理由]推辞了[孟穆伯再娶夫人的请求],[孟穆伯]就改作为[堂兄弟]东门襄仲提亲。夫人死,应以媵妾继室,而不应再聘,参见隐元·一·一。孟穆伯为共仲之子,鲁桓公之孙。东门襄仲为鲁庄公之子,鲁桓公之孙。因此孟穆伯与东门襄仲为堂兄弟。

[二] "冬,徐伐莒。"莒人来请盟。穆伯孟穆伯如莒莅盟,且为仲东门襄仲逆[女]。及鄢yān陵,[穆伯]登城见之己氏,美,自为娶之。

【且为仲逆】 杨 同时也为东门襄仲迎回莒女己氏。

【鄢陵】 正 杨 补 今山东沂水西南。莒邑。参见《图集》26—27④5。

【之】 补 己氏。莒女,己姓。本应为东门襄仲之妻,文七年孟穆伯自娶为妻。

○ 补 参见隐元·一鲁惠公为其子息姑娶妻而自取之,桓十六—桓十七·一·一卫宣公为其子急娶妻而自取之。

[三] 仲东门襄仲请攻之孟穆伯,公鲁文公将许之东门襄仲。叔仲惠伯谏,曰:"臣闻之,'兵作于内为乱,于外为寇。寇犹及人,乱自及也'。今臣作乱而君不禁,以启寇雠,若之何?"公止之东门襄仲。惠伯叔仲惠伯成之,使仲舍之己氏,公孙敖孟穆伯反(返)之己氏,复为兄弟如初。[仲、公孙敖]从之。

【叔仲惠伯】 正 补 姬姓,叔仲氏,出自叔孙氏,名彭生,谥惠,排行伯。武仲休之子,僖叔(庄三十二·四·春秋)之孙。鲁大夫,官至卿位。文十八年被东门襄仲所杀。

【寇犹及人,乱自及也】 杨 补 外寇[前来,两军交战,至少]还会伤及敌人,而内乱就都是自己人受害了。

【惠伯……如初】正 杨 补 叔仲惠伯促成二人和解,使东门襄仲放弃己氏不娶,而孟穆伯则将己氏送回莒,二人重新做堂兄弟,像以前一样。

○正 下启文八年孟穆伯奔莒以从己氏(文八·五)。

文公七年—文公八年(文公八年·一)

地理 晋、卫、郑见文地理示意图 1。晋、卫、郑、匡、戚、申、虎牢见文地理示意图 3。

人物 郤成子(僖三十三·五·一·一)、赵宣子(僖二十三—僖二十四·一·二)、晋灵公(文六·四·二)、解扬、公婿池

春秋 八年,春,王正月。

左传 【一】 晋郤 xì 缺郤成子 言于赵宣子曰:

"日卫不睦,故取其地。今已睦矣,可以归之。叛而不讨,何以示威? 服而不柔,何以示怀? 非威非怀,何以示德? 无德,何以主盟? 子为正卿,以主诸侯,而不务德,将若之何?

【日卫不睦,故取其地】 正 杨 补 昔日卫不与我和睦(也就是不顺服于我),所以占取它的土地。指文元年晋伐卫之事(文元·三)。日,昔日。
【示怀】 杨 补 示惠、示恩。怀,柔。

"《夏书》曰:'戒之用休,董之用威,劝之以《九歌》,勿使坏。'九功之德皆可歌也,谓之'九歌'。六府、三事,谓之'九功'。水、火、金、木、土、谷,谓之'六府';正德、利用、厚生,谓之'三事';义而行之,谓之德礼。无礼不乐,所由叛也。若吾子赵宣子之德,莫可歌也,其谁来之? 盍(何不)使睦者歌吾子乎?"

【戒之……使坏】 正 杨 补 此逸《书》,可译为"把喜事告诉他,用威严督察他,用《九歌》勉励他,不要让他学坏"。戒,告。休,喜。董,督。《九歌》,相传为夏启之歌。
【正德、利用、厚生】 杨 成十六·三·四·二申叔时曰"民生厚而德正,用利而事节,时顺而物成",襄二十八·十一·二·一晏平仲曰

"夫民,生厚而用利,于是乎正德以幅之,使无黜嫚,谓之'幅利'",可见在当时人思想中,正德、利用、厚生虽是三事,而实相关联。

【德礼】 补 以行礼为美德。

【无礼不乐】 杨 无礼也就是无德,这里只言"礼"以包括之。这里的"乐"主要指音乐之乐(包括歌唱),与下文"若吾子之德,莫可歌也"相呼应;也指快乐之乐,若德礼不行,则民众不乐,自然也不会歌唱赵宣子之德。

宣子_{赵宣子}说_(悦)之。

【二】八年,春,晋侯_{晋灵公}使解扬归匡、戚之田于卫,且复致公婿池之封[于郑],自申至于虎牢之竟_(境)。

【解扬】 杨 补 姬姓,解氏,名扬,字虎。解狐(襄三·四·一)族人。晋大夫。宣二年被楚所囚,后放归。宣十五年被郑人所囚而献之于楚,同年归于晋。居于霍,其先食采于解。【解】 杨 补 在山西运城解州镇。

【匡】 杨 见文元·三·一。【戚】 杨 见文元·三·春秋。

【且复致公婿池之封】 正 杨 补 而且致送晋大夫公婿池划定的疆土[给郑]。晋、卫交恶,起于文元年晋伐卫救郑。如今晋与昔日敌手卫尚且结好而归其地,便顺势将先前公婿池划入晋的郑地归还郑,以巩固与郑的友好关系。

【申】 正 杨 补 在今河南荥阳西北王村镇西。本为郑地。后地入于晋。文八年归于郑。参见《图集》24—25④4。【虎牢】见庄十九—庄二十一庄二十一·九·一。

○ 补 据文七·五分析,文七年晋灵公年龄是一岁左右,因此文八年时晋灵公年龄是两岁左右。所以,归还卫土地只可能是执政卿赵宣子听取了郤成子进言之后,以晋灵公名义发令为之。

文公八年·二

地理 秦、晋见文地理示意图 1。秦、晋、武城见文地理示意图 2。

春秋 夏,四月。

左传 夏,秦人伐晋,取武城,以报令 líng 狐之役。

【武城】杨 补 在今陕西华县东北。晋邑。参见《图集》22—23⑦6。

【令狐之役】正 见文七·三。

文公八年·三

地理 周见文地理示意图1。

人物 周襄王(僖五·五·春秋)

春秋 秋,八月戊申二十八日,天王周襄王崩。

左传 秋,襄王周襄王崩。

文公八年·四

地理 鲁、晋见文地理示意图1。鲁、晋、伊、雒之戎、衡雍、暴见文地理示意图3。

人物 东门襄仲(僖二十五—僖二十六·春秋)、赵宣子(僖二十三—僖二十四·一·二)

春秋 冬,十月壬午三日,公子遂东门襄仲会晋赵盾赵宣子盟于衡雍。

【衡雍】杨 见僖二十七—僖二十八·十八。

乙酉六日,公子遂会雒 luò 戎盟于暴。

【雒戎】正 即伊、雒之戎,参见僖十一·二·一。【暴】正 杨 补 在今河南原阳西南。本为周王室大夫暴辛公采邑,文八年已入于郑。

参见《图集》24—25③4。

左传 晋人以扈之盟来讨。冬，襄仲 东门襄仲 会晋赵孟 赵宣子 盟于衡雍，报扈之盟也。[襄仲] 遂会伊、雒之戎。[《春秋》] 书曰"公子遂"，珍之也。

○ 正 杨 杜注认为，文七年扈之盟，鲁文公晚到，因此今年晋人前来讨伐。东门襄仲在完成其使命（会晋赵宣子）之后，得知伊、雒之戎有不利于鲁的动向（具体为何不明），来不及汇报国君，便专命与戎人相会。《春秋》称"公子遂"，是表明对他的珍视，认为他的专命之举是值得肯定的。杨注则认为，公子遂会伊、雒之戎，不能确定是专命之举还是奉鲁文公之命。

文公八年·五

地理 鲁、周见文地理示意图 1。鲁、周、莒见文地理示意图 5。

人物 孟穆伯（僖十五·二·春秋）、己氏（文七·六·二）

春秋 公孙敖 孟穆伯 如京师，不至 [京师] 而复。丙戌 七日，奔莒 jǔ。

【京师】 补 见隐六·七。

左传 穆伯 孟穆伯 如周吊丧，不至 [京师]，以币奔莒，从己氏焉。

○ 正 杨 补 孟穆伯文七年试图从莒迎娶己氏不成，于是本年借出使周王室之机，还没有到达王畿，就携吊丧财礼奔莒，找到先前被东门襄仲所迫遣返的己氏，与她共同生活。僖十五年孟穆伯率师，则当时已成年（二十岁以上）。至本年已经过了二十六年，则此时孟穆伯已将近五十岁，对春秋时人而言已为暮年，故文十四年即去世。

文公八年·六

地理 鲁见文地理示意图1。

春秋 [我]螽 zhōng。

　　○ 补 见桓五·五·春秋。

文公八年·七

地理 宋、鲁见文地理示意图1。

人物 公子卬(文七·二·三)、荡意诸、宋襄夫人、周襄王、宋前昭公(文七·二·二)、孔叔、公孙钟离、鲁文公(文元·○)

春秋 宋人杀其大夫、司马公子卬。宋司城荡意诸来奔。

　　【司马】补 见隐三·六·一·一。

　　【司城】正 补 参见文七·二·一。荡意诸,子姓,荡氏,名意诸。公孙寿(文十六—文十七·一·二)之子,公子荡(文七·二·一)之孙。宋大夫,官至卿位。任司城(卿职)。文八年奔鲁。文十一年归于宋。文十六年被宋襄夫人之徒所杀。

左传 宋襄夫人,襄王周襄王之姊也,昭公宋前昭公不礼焉。夫人宋襄夫人因戴氏之族,以杀襄公宋襄公之孙孔叔、公孙钟离及大司马公子卬áng,皆昭公之党也。司马公子卬握节以死,故[《春秋》]书以官。司城荡意诸来奔,效节于府人而出。公鲁文公以其官逆之,皆复之。[《春秋》]亦书以官,皆贵之也。

　　【宋襄夫人】补 周王室女,姬姓。周惠王(庄十六·六·二)之女,宋襄公(僖八—僖九·春秋)夫人。

　　【昭公不礼焉】正 杨 补 宋前昭公对宋襄夫人不以礼相待。宋襄公为宋前昭公祖父,因此宋襄夫人为宋前昭公嫡祖母,应受到宋前昭公礼遇。

【戴氏之族】 正 宋戴公后代,包括华、乐、皇三氏。

【孔叔】 补 子姓,孔氏,排行叔。宋襄公之孙。宋大夫。文八年被宋襄夫人指使戴氏之族所杀。

【公孙钟离】 补 子姓,名钟离。宋襄公之孙。宋大夫。文八年被宋襄夫人指使戴氏之族所杀。

【效节于府人】 正 补 将[象征职权的]符节交还给府人。效,致。**【府人】** 杨 补 宋外朝官,职掌国君物资仓库。除宋之外,《左传》所见,郑(昭十八·三·二·三)、鲁(昭三十二·六·一)皆有府人。郑还有库人(昭十八·三·二·三)。

【公以……复之】 正 杨 鲁文公按照荡意诸一行人原来官职[的规格]接待他们,[最终]都使他们归国复位。据昭七·七·八,则郑马师罕朔杀罕魋之后出奔至晋,晋执政韩宣子问郑执政公孙侨如何安置,公孙侨认为,某国接受他国奔亡之臣,应降位安置,具体根据其原官位和罪行大小决定。鲁文公不降位接待荡意诸一行,是表示对他们的尊崇。

○ 补 下启文十一年荡意诸复归于宋(文十一·三)。

文公八年—文公九年(文公九年·一)

地理 周、鲁、齐、晋见文地理示意图1。周、毛(小图)、晋、堇阴(小图)见文地理示意图2。

人物 毛伯卫(僖二十四·二·五)、出姜(文四·一·春秋)、叔孙庄叔(文元·二·四)、周襄王(僖五·五·春秋)、先都(文七·三·三)、士縠、箕郑(文七·三·三)、晋襄公(僖三十三·三·一)、梁益耳、狐偃(僖二十三·二·二·一)、赵成子(僖二十三—僖二十四·一·一)、蒯得、周顷王

春秋 九年,春,毛伯毛伯卫来求金。

【求金】 正 杨 即求赗,以供周襄王葬事。参见隐三·五。

○ 杨 文八年孟穆伯如周吊丧,中途叛逃而以币奔莒。很可能鲁因此作罢,不再送吊丧财礼至周,故周王室卿大夫毛伯本年前来求金。

夫人姜氏出姜如齐。

○ 正 出姜此次至齐为归宁(参见庄二十七·四)。此条《春秋》无对应《左传》。

二月,叔孙得臣叔孙庄叔如京师。辛丑二十四日,葬襄王周襄王。

【京师】 补 见隐六·七。

晋人杀其大夫先都。

○ 正 杨 此事,《春秋》在二月,而《左传》在正月。杨注认为,《春秋》用周正,《左传》沿袭晋国史料而用夏正,二者相差两月。杜注则认为,《春秋》所据为晋人通告上所书时间,而《左传》所据为事件实际发生时间。未知孰是。

三月,夫人姜氏_{出姜}至自齐。

○｜正｜此条《春秋》无对应《左传》。

晋人杀其大夫士縠_{hú}及箕郑父_{箕郑}。

○｜正｜｜补｜据下文《左传》,晋人两次诛杀卿大夫,实杀先都、梁益耳、箕郑、士縠、蒯得。梁益耳、蒯得非卿,故《春秋》不书。据文七·三·三,则先都在当时是下军佐,箕郑为上军帅,均为三军帅佐,六卿成员,故《春秋》书之。士縠可能是在文七年先蔑出奔后升任散位卿,类似于郤成子(僖三十三·五·二·二),故《春秋》书之。另外,《春秋》所书被杀卿大夫顺序为士縠、箕郑,而《左传》所书顺序为箕郑、士縠,可能《春秋》排序根据的是晋人通告文辞,而《左传》排序根据的是二人官位高低:箕郑、士縠皆为卿,但箕郑为上军帅,而士縠为无军职之散位卿,箕郑官位高于士縠。

｜左传｜[一] 夷之蒐_{sōu},晋侯_{晋襄公}将登箕郑父_{fù,箕郑}、先都,而使士縠_{hú}、梁益耳将中军。先克曰"狐、赵之勋,不可废也",_[公]从之。先克夺蒯_{kuǎi}得田于堇_{jǐn}阴。故箕郑父、先都、士縠、梁益耳、蒯得作乱,九年,春,王正月己酉_{二日},使贼杀先克。乙丑_{十八日},晋人杀先都、梁益耳。

【夷之蒐】｜正｜见文五—文六·一。

【登】｜杨｜提升。

【狐、赵之勋】｜正｜狐偃、赵成子有从亡之勋,参见僖二十三—僖二十四·一·一。

【堇阴】｜补｜见文七·三·三。

[二] 毛伯卫来求金,非礼也。_[《春秋》]不书王_{周顷王}命,_[襄王]未葬也。

【非礼也】｜正｜据桓十五·一,"天子不私求财",故曰"非礼也"。

【不书王命,未葬也】 补 毛伯卫实奉周顷王之命而来,而《春秋》不书"天王使毛伯来求金",而书"毛伯来求金",是因为周顷王之父周襄王尚未下葬,周顷王尚未正式即位。**【王】** 补 周顷王。姬姓,名壬臣,谥顷。周襄王(僖五·五·春秋)之子。文九年即位,在位六年。文十四年卒。

【三】 二月,庄叔叔孙庄叔如周,"葬襄王"。

【四】 三月甲戌二十八日,晋人杀箕郑父箕郑、士縠、蒯得。
○ 补 要说清楚这次晋国"高层大清洗"的来龙去脉,我们还得回到文六年夷之蒐期间。当时晋襄公正在酝酿新的六卿人选,而不少卿大夫也在琢磨君主的意图。笔者认为,在这个过程中很可能发生了如下三件事:

第一,如前所述(文五—文六·一),在夷之蒐前,十卿里面只剩下箕郑、先都、狐射姑、赵宣子四位。按照论资排辈、先来后到的常理,最先升任卿官的箕郑、先都二人应该是中军帅佐最可能的候选人。这时,箕郑、先都也听闻晋襄公有意要提拔自己,却又不知道具体要升任什么官职,于是很自然地以为自己可能要升任中军帅佐了。

第二,不幸的是,箕郑、先都打听到的消息是不完整的:身体状况已经很不好的晋襄公在他去世前真正想做的是一件非常大胆的事,那就是绕过"老资格"箕郑、先都,也绕过"功臣后代"狐射姑、赵宣子,把两位自己宠信的、根本不在现有卿族范围内的大夫士縠、梁益耳直接提拔为中军帅佐。晋襄公也的确准备要提拔箕郑、先都,但这样做的目的恐怕只是为了安慰这两位"老人",让他们不至于当场翻脸。士縠、梁益耳得知了晋襄公准备要让他们"空降"到中军卿位的消息,于是也很自然地认为自己可能马上就要升任中军帅、佐了。

第三,先克得知了晋襄公这个大胆的计划,他劝说晋襄公悬崖勒马,因为"狐、赵之勋,不可废也"。晋襄公听从了他的劝告,转而任命狐射姑为中军帅,任命赵宣子为中军佐,从而使得箕郑、先都、士毂、梁益耳四人升任中军帅佐的期望全部落空,而这四人又得知了晋襄公改变主意是因为先克的主意,所以从这时起就已经对先克心怀怨恨。

文六年九月狐射姑杀阳处父出奔后,中军帅赵宣子又投桃报李,直接"空降"先克担任中军佐,位居上军帅箕郑、下军帅先都、散位卿士毂、大夫梁益耳四人之上。这个任命对于四人来说无异于在还没有愈合的伤口上再撒一把盐,很有可能在此之后四人就已经开始串联,成为以先克为共同敌人的朋党。在这个过程中他们又找到了一位"同志",那就是被先克夺取了堇阴田地的大夫蒯得。这五人的怨恨酝酿累积,最终在文九年达到爆点,导致了先克的死亡。

然而,这五人恐怕没有料到的是,"罚不责众"的常理在"夏日之日"赵宣子这里是不成立的。一上台就力推严刑峻法的赵宣子真的就以"零容忍"的态度彻查此案,查实一批杀一批,先杀了先都、梁益耳,再杀箕郑、士毂、蒯得。

文公九年·二

地理　楚、郑、鲁、晋、宋、卫、齐、曹、陈见文地理示意图 1。楚、郑、鲁、晋、宋、卫、许、曹、陈、狼渊、壶丘见文地理示意图 5。

人物　东门襄仲(僖二十五—僖二十六·春秋)、曹共公(僖七—僖八·春秋)、范山、楚穆王(僖三十三·九·二·二)、晋灵公(文六·四·二)、公子坚、公子龙、乐耳、赵宣子(僖二十三—僖二十四·一·二)、华耦、孔庄子(文元·三·一)、王子朱(文三·五·二·二)、王子茷

春秋　楚人伐郑。

公子遂东门襄仲会晋人、宋人、卫人、许人救郑。

夏,狄侵齐。

【狄】补晋东狄,主力应为赤狄,见宣三·六·春秋。

○正此条《春秋》无对应《左传》。

秋,八月,曹伯襄曹共公卒。

○正此条《春秋》无对应《左传》。

九月癸酉,[我]地震。

【癸酉】杨据王韬所推之春秋历,九月无癸酉。

○正此条《春秋》无对应《左传》。

左传【一】范山言于楚子楚穆王曰:"晋君晋灵公少 shào,不在诸侯,北方可图也。"楚子楚穆王师于狼渊以伐郑,囚公子坚、公子尨 máng及乐耳。郑及楚平。

【范山】正楚大夫。范氏,名山。【范】补楚邑。可能在今河南淅川、邓州之间。

【晋君少】补据文七·五分析,文七年晋灵公年龄是一岁左右,因此文九年时晋灵公年龄是三岁左右。

【不在诸侯】杨补[心志]不在致力于[赢得]诸侯[拥护、振兴霸业]。

【狼渊】正杨补在今河南许昌西南长村张乡境内。郑地。参见《图集》24—25④4。

【公子坚】正补后为郑襄公。姬姓,名坚,谥襄。郑穆公(僖三十·三·五)庶子,郑灵公(文十七·四·二)之弟。即君位前为郑大夫。文九年被楚人所囚,后放归。宣五年即位,在位十八年。成四年卒。

【公子尨】正补姬姓,名尨。郑大夫。文九年被楚人所囚。

【乐耳】正补乐氏,名耳。郑大夫。文九年被楚人所囚。

【郑及楚平】补郑与楚讲和。

【二】公子遂东门襄仲会晋赵盾赵宣子、宋华耦、卫孔达孔庄子、许大夫救郑，不及楚师。卿不书[于《春秋》]，缓也，以惩不恪。

【华耦】正 杨 补 子姓，华氏，名耦，排行伯。华御事（文七·二·一）之子。宋大夫，官至执政卿（继公子印）。文十五年已任司马（卿职）。

【卿不……不恪】正 杨 《春秋》不书诸卿名氏，是表明他们出兵迟缓，以此惩戒他们办事不够严肃认真。《春秋》为鲁史，故鲁卿东门襄仲独书名氏而不贬。恪，敬。

【三】夏，楚侵陈，克壶丘，以其服于晋也。

【壶丘】正 杨 补 在今河南新蔡东南。陈邑。参见《图集》29—30④7。

【四】秋，楚公子朱王子朱自东夷伐陈，陈人败之，获公子茷fá，王子茷。陈惧，乃及楚平。

【陈惧，乃及楚平】正 补 陈［以小胜大，］害怕［楚全力兴师报复］，于是与楚讲和。

文公九年·三

地理 楚、鲁见文地理示意图1。

人物 楚穆王（僖三十三·九·二·二）、斗椒（僖二十七—僖二十八·十一）、叔仲惠伯（文七·六·三）

春秋 冬，楚子楚穆王使椒斗椒来聘。

【聘】补 见隐七·四·春秋。

左传【一】冬，楚子越椒斗椒来聘，执币傲。

【币】补玉帛之类的财礼。

[二] 叔仲惠伯曰："是必灭若敖氏之宗：傲其先君，神弗福也。"

【是必灭若敖氏之宗】杨 补这人一定会灭亡若敖氏的大宗。斗氏为楚先君若敖(僖二十七—僖二十八·十一)之后，故称"若敖氏"。楚成氏亦为若敖之后。宣四·五将灭斗氏等同于灭若敖氏，昭十二·五·一称成氏之成虎为"若敖之余"来看，斗氏应为若敖氏大宗，而成氏则为若敖氏小宗。

【傲其先君】正 补使者出行前，须先在宗庙将出使之事祭告先君。所以叔仲惠伯说斗椒的行为是"傲其先君"。

○正下启宣四年斗椒作乱、楚灭若敖氏(宣四·五)。

文公九年·四

地理秦、鲁见文地理示意图1。

人物鲁僖公(闵二·三·二)、成风(闵二·三·四·二)

春秋秦人来归(馈)僖公鲁僖公、成风之禭 suì。

【禭】正 补赠给死者的衣被。助丧用品综述参见隐元·五·春秋。
○补从《春秋》《左传》记载来看，含、禭、赗、赙四种助丧用品中，与赠禭相关的记载最多，有学者认为，赠禭可能是春秋时期最为普遍的助丧礼节，也是丧礼中的基本礼节之一。

左传"秦人来归僖公、成风之禭"，礼也。诸侯相吊贺也，虽不当事，苟有礼焉，[《春秋》]书也，以无忘旧好。

【不当事】正 杨指"赠死不及尸"(参见隐元·五)。僖三十三年鲁僖公卒，至今已十年。文四年成风卒，至今已六年。

○ 正 《礼记·檀弓上》叙卫"将军文子之丧,既除丧,而后越人来吊,主人深衣练冠待于庙,垂涕洟",则除丧之后来吊和受吊,确有此礼。

○ 补 **传世文献对读**:《礼记·杂记上》载有正常情况下的致襚之礼的仪节,可扫码阅读。

文公九年·五

地理 曹见文地理示意图 1。

人物 曹共公(僖七—僖八·春秋)

春秋 葬曹共公。

文公十年·一

地理 鲁、秦、晋见文地理示意图1。秦、晋、少梁、北征见文地理示意图2。

人物 臧文仲(庄十一·二·二·二)、秦康公(僖十五·八·一·六)

春秋 十年,春,王三月辛卯二十一日,臧孙辰臧文仲卒。

○正 此条《春秋》无对应《左传》。

夏,秦伐晋。

左传【一】十年,春,晋人伐秦,取少梁。

【少梁】杨 见桓九·三"梁"。

【二】夏,秦伯秦康公伐晋,取北征。

【北征】杨 补 在今陕西澄城西南。晋邑。文十年地入于秦。参见《图集》22—23⑥6。

文公十年·二

地理 楚见文地理示意图1。楚(郢)、商(商密)、汉水、江水见文地理示意图5。

人物 斗宜申(僖二十一·三·春秋)、范巫矞似、楚成王(庄十四·三·二)、成得臣(僖二十二—僖二十三·八·一)、仲归(文五·四·一)、楚穆王(僖三十三·九·二·二)

春秋 楚杀其大夫宜申斗宜申。

○正 补 据文六·四·三及文七·二·三,《春秋》书国杀,又点明被杀卿大夫之名氏,则斗宜申有罪。斗宜申之罪,在于谋弑其君。据《左传》,则被杀者还有仲归。仲归应非卿,故《春秋》不书。

左传【一】 初,楚范巫矞 yù 似谓成王楚成王与子玉成得臣、子西斗宜申曰:"三君皆将强死。"城濮之役,王楚成王思之,故使止子玉曰"毋死",不及;止子西,子西缢而县(悬)绝,王使适至,遂止之,使[子西]为商公。

【范巫矞似】 正 杨 楚巫人,名矞似。居于范(文九·二·一)。【巫】 补 楚内朝官,职掌包括预测吉凶、通过仪式被除凶邪等。

【三君皆将强死】 正 补 三位都将在身体强健时暴死。考之史事,文元年楚成王被太子商臣(后为楚穆王)所弑。僖二十八年成得臣兵败自杀而死。文十年斗宜申被楚穆王所杀。

【城濮之役】 杨 见僖二十七一僖二十八。

【县绝】 杨 自缢绳索被拉断。

【商】 正 补 商县,即商密。见僖二十五·三。据文五·三,则僖二十五年秦、晋伐都之后,都成为秦属国。后来都又叛秦入楚,楚应该就是在此后在都境内设立了商县,治所在商密,任命的县公就是斗宜申。

【二】 [子西]沿汉溯江,将入郢 yǐng。王楚成王在渚 zhǔ 宫,下,见之。[子西]惧,而辞曰:"臣免于死,又有谗言,谓臣将逃,臣归死于司败也。"王使[子西]为工尹。

【沿汉溯江,将入郢】 正 杨 补 [斗宜申]从商密顺汉水而下,然后逆江水上行,将要进入郢都。从下文推断,斗宜申此行并未报告楚成王,是秘密潜入,应是有不轨企图。斗宜申可能是怀疑楚成王这个任命是将其罢黜到边远地区,心存怨念,因此准备进入郢都发动叛乱。关于这句话所牵涉的地理背景分析详见下。

【汉】 补 见桓六·二·二。【江】 补 水名,古四渎(江、河、淮、济)之一,今名长江,发源于青海唐古拉山脉,自西向东流经青海省、四川省、西藏自治区、云南省、重庆市、湖北省、湖南省、江西省、安徽省、江苏省、上海市,在上海市入东海。春秋时江水参见《图集》20—21③5至③8。不过,此处之"江"是不是专指江水有争议,详见下。

【郢】补 见僖十二·二。文十年即楚穆王九年,据《楚居》,此时楚都在为郢。

【渚宫】补 楚别宫,在郢都附近。

【惧】补 斗宜申认为不可能那么凑巧,而肯定是楚成王事先知道了他的乱谋,因此守株待兔,然后下来问罪,因此非常惧怕。【辞】补 解说。

【司败】正 补 楚外朝官,职掌刑罚。相当于其他诸侯国的司寇。

【工尹】正 杨 补 楚外朝官,职掌各种官营手工业,亦可统兵作战。

○补 如果此处"沿汉溯江"的"江"的确是指江水(今长江),那么这是支持江水旁的纪南城(即《图集》及本书文地理示意图 5 所标处)为郢都最重要的证据之一。关于郢都地望的讨论参见桓二·三"春秋时期楚郢都地望"。

不过,有学者认为,先秦文献中的"江"并不都是专指江水,而有可能是指淮水、汉水或雎水。比如说,本段"沿汉溯江"里的江水,有可能是指雎水(文地理示意图 5"雎水?"),关于雎水地望的讨论参见定三—定四·十三"雎"。如果真是如此,那么相应地,郢都也不在文地理示意图 5"楚",而在文地理示意图 5"楚?"。也就是说,斗宜申是先从商密顺汉水而下,然后逆江水(文地理示意图 5"雎水?")上行,准备进入位于文地理示意图 5"楚?"处的郢都。

【三】[子西]又与子家 仲归 谋弑穆王 楚穆王。穆王闻之,五月,杀斗宜申及仲归。

○补 斗宜申可能是感念楚成王两次饶恕自己的恩情,因此在得知太子商臣(即位后为楚穆王)逼死楚成王的内情后,企图杀了楚穆王为楚成王报仇。

文公十年・三

地理 鲁见文地理示意图 1。

春秋 [我] 自正月不雨，至于秋七月。

文公十年・四

地理 鲁、周见文地理示意图 1。

人物 苏子、周顷王（<u>文八—文九・二</u>）

春秋 [我] 及<u>苏子</u>盟于女ｒǔ栗。

　【苏子】 正 补 己姓，苏氏。周王室卿大夫。

左传 秋，七月，"及<u>苏子</u>盟于女栗"，<u>顷王</u>周顷王立故也。

文公十年—文公十一年(文公十一年·一)

[地理] 宋、楚、蔡、鲁、晋、陈、郑见文地理示意图1。宋、楚、蔡、麇、鲁、晋、陈、郑、厥貉、承匡(匡)、息、期思、防渚、孟渚泽见文地理示意图5。

[人物] 楚穆王(僖三十三·九·二·二)、蔡庄公(僖二十一·三·春秋)、叔仲惠伯(文七·六·三)、郤成子(僖三十三·五·一·一)、陈共公(僖二十七—僖二十八·春秋)、郑穆公(僖三十·三·五)、华御事(文七·二·一)、宋前昭公(文七·二·二)、期思公复遂、王子朱(文三·五·二·二)、申无畏、麇子、成大心(僖二十七—僖二十八·二十二·一)、潘崇(文元·四·二)

[春秋] 冬,狄侵宋。

【狄】[补]晋东狄,主力应为赤狄,见宣三·六·春秋。
○[正]此条《春秋》无对应《左传》。

楚子(楚穆王)、蔡侯(蔡庄公)次于厥貉 hé。

【厥貉】[杨][补]在今河南项城西南。陈地。参见《图集》29—30③6。
○[杨]据下文《左传》,则次于厥貉之事,陈共公、郑穆公亦参与,不知何故不书于《春秋》。

十有(又)一年,春,楚子(楚穆王)伐麇 jūn。

【麇】[杨][补]周时国,子爵,可能为嬴姓。都锡穴,应该在湖北十堰郧阳区五峰乡(详见下)。文十六年被楚所灭。参见《图集》29—30④2。《图集》标注不准确,本书地图根据考证成果标注。

○[补]**麇国地望**:历代对麇国地望说法不一,但都认为在今陕西安康白河县和湖北十堰郧阳区之间。2006年在郧阳区五峰乡肖家河村的乔家院墓地发现四座春秋时期墓葬,其中M4殉葬一人,出土随葬器物三十多件,其中一件铜戈铭文为"煬子斯之用",先前在此地区也出土过有"煬子中瀕"铭文的铜器。有学者认为,煬通钖,"煬子"应该就是传世文献中的"麇子",前者以国都称,后者以国名称,乔家院墓地应该就是麇(煬)国公室墓地,麇国核心区域应该就在墓地附近。本文地图仍然采用《图集》说法,而在此提醒读者注意。

夏,叔彭生_{叔仲惠伯}会晋郤 xì 缺_{郤成子}于承匡。

【承匡】补 参见<u>僖十五·二·春秋</u>"匡"。

左传【一】陈侯_{陈共公}、郑伯_{郑穆公}会楚子_{楚穆王}于息。冬,遂及蔡侯_{蔡庄公}次于厥貉,将以伐宋。宋华御事曰:"楚欲弱我也。先为之弱乎,何必使诱我? 我实不能,民何罪?"[宋人]乃逆楚子,劳[诸侯之师],且听命,遂道(导)[楚子]以田孟诸。

【息】补 见<u>隐十一·四·一</u>。

【先为……诱我】杨 补 我们先主动示弱吧,何必使[他们摆出这架势来]诱使我们[示弱]? 楚人此"诱"实有逼迫之意。

【劳】杨 补 犒劳[诸侯之师]。据清华简二《系年》,劳楚师者为宋右师华元,而且楚穆王使他驱赶孟诸的麋鹿,把它们迁到徒林,此事《左传》不载,录以备考。

【遂道以田孟诸】杨 于是引导[楚穆王]去孟诸泽打猎。道,引导。【孟诸】杨 见<u>僖二十七—僖二十八·二十二·一</u>。

宋公_{宋前昭公}为右盂,郑伯_{郑穆公}为左盂。期思公复遂为右司马,子朱_{王子朱}及文之无畏_{申无畏}为左司马,命夙驾、载燧。宋公违命,无畏_{申无畏}抶 chì 其仆以徇 xùn。

【盂】正 田猎阵形。

【期思……司马】正右司马期思公复遂总览田猎之事,左司马王子朱掌左盂(郑穆公),左司马申无畏掌右盂(宋前昭公)。【期思公复遂】正杨楚期思县公,名复遂。【期思】正杨补在今河南淮滨期思镇。本为蒋国都,此时已为楚期思县。参见《图集》29—30④7。

【文之无畏】杨补申无畏。姜姓,申氏,名无畏,字舟。申文王之后。楚大夫。宣十四年被宋人所杀。清华简二《系年》作"申伯无畏"。

【凤驾、载燧】正杨早上驾车,带上取火工具。取火工具的用途很可能是焚林而猎。

【抶】杨答击。【仆】杨御者(驾车人)。【徇】杨补巡行示众。

或谓子舟申无畏曰:"国君不可戮也。"子舟曰:"当官而行,何强之有?《诗》曰'刚亦不吐,柔亦不茹','毋纵诡随,以谨罔 wǎng 极',是亦非辟(避)强也。[吾]敢爱死以乱官乎!"

【戮】杨辱。

【当官而行,何强之有】杨补申无畏这句话里的"强"对应下面的"是亦非辟强也",也就是说,"强"是指宋前昭公作为国君比田猎司马要强势,整句话解为"按照职责办事,[宋公]有什么强势可言?"。

【刚亦不吐,柔亦不茹】正杨补《毛诗·大雅·烝民》有此句,而作"柔亦不茹,刚亦不吐",可译为"软的不吞下去,硬的不吐出来"。茹,食。意谓不惧怕强力,不欺侮弱小。

【毋纵诡随,以谨罔极】正杨补《毛诗·大雅·民劳》有此句,而"毋"作"无"。可译为"不要放任狡诈之人,以使得放荡行为得以检点"。诡随,狡诈之人。谨,慎防。罔极,无准限,无法无天。

○正下启宣十四年宋人杀申无畏(隐十一·四·一)。

○补据清华简二《系年》,"宋公为左盂,郑伯为右盂",与《左传》正相反。若《系年》所叙无误,则左司马申无畏所治即为宋公所在左盂,因此"当官而行",抶宋公之仆。可备一说。

○ 补 楚大夫中有申氏,《左传》所见有申无畏(文十一—文十一·一)、申犀(宣十四·四·一)、申骊(成八·二·一·一)、申无宇(襄三十·十一·一)、申亥(昭十三·二·四·二)、申包胥(定三—定四·十九·一)。有学者认为,(南)申国(隐元·四·一)被楚所灭成为楚县之后,其公族作为楚国附庸仍然存在,还曾一度称王,比如春秋晚期铜器叔姜簠铭文里提到的"申文王"。申公族后代仕楚为大夫者为申氏、申叔氏(僖二十七—僖二十八·十一),有可能申氏为大宗,申叔氏为小宗。

[二] 厥貉之会,麇子逃归。"十一年,春,楚子伐麇。"成大心败麇师于防渚。潘崇复伐麇,至于锡 yáng 穴。

【防渚】 正 杨 补 在今湖北房县。麇地。参见《图集》29—30④2。
【锡穴】 正 杨 补 在今陕西白河东。麇都。参见《图集》29—30④2。

[三] 夏,叔仲惠伯会晋郤 xì 缺 郤成子 于承匡,谋诸侯之从于楚者。

【诸侯之从于楚者】 正 杨 跟从楚的诸侯。指郑、陈、蔡、宋。文十年,陈、郑、蔡会楚伐宋,宋听楚命。

文公十一年·二

地理 曹、鲁见文地理示意图 1。

人物 曹文公

春秋 秋,曹伯 曹文公 来朝。

【曹伯】 补 曹文公。姬姓,名寿,谥文。曹共公(僖七—僖八·春秋)之子。文十年即位,在位二十三年。宣十四年卒。
【朝】 补 见隐四·二·七·一。

左传 秋,曹文公来朝,即位而来见也。

文公十一年·三

地理 鲁、宋、楚见文地理示意图1。

人物 东门襄仲(僖二十五—僖二十六·春秋)、荡意诸(文八·七·春秋)

春秋 公子遂东门襄仲如宋。

左传 襄仲东门襄仲聘于宋,且言司城荡意诸而复之,因贺楚师之不害也。

【聘】补 见隐七·四·春秋。

【且言……复之】正补 文八年荡意诸奔鲁,因此今年鲁卿东门襄仲提及此事,并说服宋人让其回国。

【因贺楚师之不害也】正杨 文十年楚伐宋,宋听命而免受兵灾,东门襄仲因此向宋表示祝贺。

文公十一年·四

地理 齐、鲁、宋、晋、卫见文地理示意图1。齐、鲁、宋、晋、潞(潞氏)、卫、长丘、周首见文地理示意图3。

人物 叔孙庄叔(文元·二·四)、鲁文公(文元·○)、侯叔夏、绵房甥、富父终甥、长狄侨如、叔孙宣伯、宋武公(隐元·一·一)、皇父充石、耏班、公子谷甥、牛父、长狄缘斯、长狄焚如、齐襄公(桓十五·五·春秋)、王子成父、长狄荣如、长狄简如

春秋 狄侵齐。

【狄】正杨补 此部狄人为长狄,族名鄋瞒,釐姓,防风氏之后。位

于晋以东。从宣十五年晋灭赤狄潞氏时俘获长狄君长焚如来看,长狄可能是受赤狄(同在晋东)的领导和控制的。

冬,十月甲午三日,叔孙得臣叔孙庄叔败狄于咸。

【咸】正杨鲁地。与僖十三年的咸不是一地。

左传【一】鄋 sōu 瞒侵齐,遂伐我。公鲁文公卜使叔孙得臣叔孙庄叔追之,吉。侯叔夏御庄叔叔孙庄叔,绵房甥为右,富父 fù 终甥驷乘chéng,冬,十月甲午三日,败狄于咸,获长狄侨如。富父终甥摏chōng 其喉以戈,杀之,埋其首于子驹之门。[庄叔]以[长狄侨如之名]命宣伯叔孙宣伯。

【卜】补见《知识准备》"卜"。

【御】【为右】【驷乘】补见《知识准备》"车马"。

【摏】正冲。

【埋其首于子驹之门】有学者认为,鲁人将长狄首领头颅埋在城门口的举动,也许与襄十八·三·十"杀犬于门中"类似,是一种为了辟邪禳灾而进行的祭祀/巫术活动。【子驹之门】正杨鲁都北郭西门。

【以命宣伯】正[用长狄侨如的名侨如]来命名[叔孙庄叔之子]叔孙宣伯,以纪念自己的战功。【宣伯】正补叔孙宣伯。姬姓,叔孙氏,名侨如,谥宣,排行伯。叔孙庄叔(文元·二·四)之子。鲁大夫,官至卿位。成十六年奔齐,遂奔卫。

[二·一] 初,宋武公之世,鄋瞒伐宋。司徒皇父 fù,皇父充石帅师御之。耏 ér 班御皇父充石,公子谷甥为右,司寇牛父 fù 驷乘,以败狄于长丘,获长狄缘斯,皇父皇父充石之二子死焉。宋公宋武公于是以门赏耏班,使食其征,谓之"耏门"。

【宋武公之世】正相当于鲁惠公三年至二十一年,在隐元年之前。

【司徒】补见文七·二·一。【皇父】正补皇父充石。子姓,名充石,字皇。宋戴公(庄十二—庄十三·二)之子。宋大夫,官至卿位。任司徒(卿职)。其后为皇氏。

【司寇】补见文七·二·一。【牛父】补字牛。宋大夫,官至卿位。任司寇(卿职)。

【长丘】正杨补在今河南封丘西南。宋地。参见《图集》24—25③5。

【长狄缘斯】正长狄侨如先人。

【皇父之二子死焉】正杨皇父充石(皇父)与公子谷甥、牛父(二子)皆死。之,与。因三人皆死,唯弜班幸存,故下文宋武公以门赏弜班。

【使食其征】正杨让弜班把城门税作为自家收入。

【二·二】晋之灭潞也,获侨如_{长狄侨如}之弟焚如_{长狄焚如}。

【晋之灭潞也】杜在宣十五·三。【潞】杨见文六·四·春秋"狄"。

【二·三】齐襄公之二年,鄋瞒伐齐,齐王子成父_{fǔ}获其弟荣如_{长狄荣如},埋其首于周首之北门。卫人获其季弟简如_{长狄简如}。

【齐襄公之二年】杨补杨注认为应据《史记·鲁周公世家》为齐惠公二年,即宣二年。如果真是如此,则鄋瞒君长被获时间先后顺序为缘斯(隐元年之前)—侨如(文十一年)—荣如(宣二年)—简如(宣二年)—焚如(宣十五年)。其中,后四人为兄弟,其长幼顺序为侨如—焚如—荣如—简如。《左传》叙述的顺序正是侨如—(缘斯)—焚如—荣如—简如,按长幼顺序叙述,因此在年代上有所颠倒。然而,《左传》先叙宣十五年之事(获焚如),再叙宣二年之事(获荣如、简如),实不合文理。有学者认为,襄、灵(靈)二字形音相近易混,齐襄公应为齐灵(靈)公之误,齐灵公二年为成十一年,如此则鄋瞒君长被获先后顺序为长狄缘斯(隐元年之前)—长狄侨如(文十一年)—长狄焚如(宣十五年)—长狄荣如(成十一年)—长狄简如(成十一年)。这样的话,《左传》不仅完全按照时间顺序叙事,而且与后四人长幼顺序也符合,更为合理。

【王子成父】 补 齐大夫。可能是王子氏,也可能是周王室的王子在齐为官。

【周首】 正 杨 补 在今山东东阿东。齐邑。参见《图集》26—27③3。

【卫人获其季弟简如】 正 郕瞞伐齐落败,退走过卫,卫人截击之,获简如。

〔二·四〕郕瞞由是遂亡。

文公十一年—文公十二年(文公十二年·一)

地理 鲁见文地理示意图 1。郕、鲁、夫钟见文地理示意图 4。

人物 太子朱儒、鲁文公(文元·○)

春秋 十有(又)二年,春,王正月,郕 chéng 伯太子朱儒来奔。

【郕伯】补 太子朱儒。姬姓,郕氏,名朱儒。郕伯之子。文十二年奔鲁。

左传 郕大(太)子朱儒自安于夫 fú 钟,国人弗徇。十二年,春,郕伯卒。郕人立君。大(太)子太子朱儒以夫钟与郕邽 guī 来奔。公鲁文公以诸侯逆之,非礼也。故[《春秋》]书曰"郕伯来奔",不书地,尊诸侯也。

【夫钟】杨 见桓十一·五·春秋。

【国人弗徇】正 补 国人不顺服他。国人参见《知识准备》"国野"。

【郕邽】正 杨 杜注认为是郕邑,与夫钟同类。杨注则认为可能是"郕圭",是郕国宝物。

【公以……礼也】正 杨 补 鲁文公用诸侯国君之礼来迎接窃邑出奔的太子朱儒,这是不符合礼的。

【故书……侯也】正 补 因此《春秋》书"郕伯来奔",且不书奉献土地之事,是[既然已经以诸侯国君之礼相迎,便]把太子朱儒当作诸侯来尊重。

文公十二年·二

地理 鲁见文地理示意图 1。鲁、杞见文地理示意图 4。

人物 杞桓公(僖二十七·一·春秋)、叔姬、鲁文公(文元·○)

春秋 杞伯杞桓公来朝。

【朝】 补 见隐四·二·七·一。

二月庚子十一日，<u>子叔姬</u>叔姬卒。

【子叔姬】 补 叔姬。鲁女，姬姓，排行叔。杞桓公（僖二十七·一·春秋）夫人。文十二年被休归于鲁，同年卒。

左传 〔一〕 <u>杞桓公</u>来朝，始朝公鲁文公也，且请绝<u>叔姬</u>而无绝昏（婚），公许之。

【请绝叔姬而无绝昏】 正 ［杞桓公］请求与叔姬离婚，但不断绝［杞、鲁两国］婚姻关系。成五年“杞叔姬来归”，则本年之后，另一鲁女叔姬归于杞，被立为杞桓公夫人。成五年来归之叔姬，应是本年叔姬之娣。

○ 补 下启成四年杞桓公归杞叔姬（<u>成四·三</u>）。

〔二〕 二月，<u>叔姬</u>卒。［《春秋》］不言“杞”，绝也。书“叔姬”，言非女也。

【不言“杞”，绝也】 正 《春秋》不言“杞”，是因为鲁文公已经准许杞桓公和叔姬断绝婚姻关系。

【书“叔姬”，言非女也】 杨 《春秋》书“叔姬”，表明她已不是未嫁的女儿。

文公十二年·三

地理 楚见文地理示意图 1。楚、巢、群舒（舒、舒蓼、舒庸、舒鸠）、宗见文地理示意图 5。

人物 成大心（<u>僖二十七—僖二十八·二十二·一</u>）、成嘉、舒子平、宗子

春秋 夏,楚人围巢。

【巢】正 杨 补 夏、商、周时国,周时为伯爵,偃姓。始封君为皋陶之后。在安徽巢湖东北五里。成七年已为楚属国。昭二十四年被吴所灭。昭二十五年地已入于楚。定二年地入于吴。参见《图集》9—10③7、11—12③7、17—18④6、29—30⑥8。

左传 楚令尹大孙伯成大心卒。成嘉为令尹。群舒叛楚。夏,子孔成嘉执舒子平及宗子,遂围巢。

【令尹】补 见庄四·二·二。

【成嘉】正 杨 补 芈姓,成氏(若敖氏小宗),名嘉,字孔。成得臣(僖二十二—僖二十三·八·一)之子,成大心(僖二十七—僖二十八·二十二·一)之弟。楚大夫,官至执政(继成大心)。文十二年任令尹。

【群舒】正 杨 补 安徽舒城、庐江、桐城之间的数个偃姓诸侯国总称,均为皋陶之后。见于《左传》者有舒(僖三·一·春秋)、舒蓼(文十四·十一·二)、舒庸(成十七·十一·春秋)、舒鸠(襄二十四·六·一)。

【舒子平】正 舒国君主,名平。【舒】补 见僖三·一·春秋。

【宗子】杨 宗国君主。【宗】正 杨 补 周时国,子爵,偃姓。始封君为皋陶之后。在今安徽舒城及庐江之间。文十二年楚人执宗子,疑由此被楚所灭。参见《图集》29—30⑤9。

○补 下启文十四年成嘉、潘崇伐舒蓼(文十四·十一·二)。

文公十二年·四

地理 鲁见文地理示意图1。滕、鲁见文地理示意图4。

人物 滕昭公、鲁文公(文元·○)

春秋 秋,滕子滕昭公来朝。

【滕子】补滕昭公。姬姓，名元，谥昭。滕宣公(僖十九·二·春秋)之子。宣九年卒。【朝】补见隐四·二·七·一。

左传秋，滕昭公来朝，亦始朝公鲁文公也。

文公十二年·五

地理秦、鲁、晋见文地理示意图 1。秦、晋、羁马、瑕、河水、河曲见文地理示意图 2。

人物秦康公(僖十五·八·一·六)、西乞术(僖三十二—僖三十三·二)、东门襄仲(僖二十五—僖二十六·春秋)、鲁文公(文元·〇)、周公旦(隐八·二)、鲁伯禽、赵宣子(僖二十三—僖二十四·一·二)、中行桓子(僖二十七—僖二十八·三)、邰成子(僖三十三·五·一·一)、臾骈(文六·四·五)、栾盾、胥甲、范无恤、范武子(僖二十七—僖二十八·二十四·二)、赵穿、晋襄公(僖三十三·三·一)

春秋秦伯秦康公使术西乞术来聘。

【聘】补见隐七·四·春秋。

冬，十有(又)二月戊午四日，晋人、秦人战于河曲。

【河曲】正杨补在今山西永济南，河水自此由南折而向东。晋地。参见《图集》22—23⑪15。

○补**出土文献对读**：据清华简二《系年》，“秦公以战于董阴之故，率师为河曲之战”。董阴之役见文七·三·三。

左传【一】秦伯秦康公使西乞术来聘，且言将伐晋。

<u>襄仲</u>东门襄仲辞玉,曰:"君秦康公不忘先君之好,照临鲁国,镇抚其社稷,重 zhòng 之以大器。寡君鲁文公敢辞玉。"

【辞玉】杨 补辞让不敢受玉。据《仪礼·聘礼》,则辞玉为聘礼中应有之仪节,而并非鲁人真心不愿接受。以下描述的目的是表现出秦人熟习中原礼仪,"国无陋矣"。

[宾客]对曰:"不腆敝器,不足辞也。"

【不腆】正 补常见礼辞,可译为"不丰厚"。

主人三辞。

宾答曰:"寡君秦康公愿徼 yāo 福于周公周公旦、鲁公鲁伯禽以事君鲁文公,不腆先君之敝器,使下臣致诸(之于)执事,以为瑞节,要 yāo 结好命,所以藉 jiè 寡君之命,结二国之好,是以敢致之。"

【徼】正 杨要,求。

【周公】正 补周公旦,鲁最初始封君,留佐王室,不就封。

【鲁公】正 补鲁伯禽。鲁实际始封君。姬姓,名或字禽,排行伯。周公旦(隐八·二)嫡长子,周文王(僖五·八·一)之孙。

【瑞节】正瑞玉的信物。

【要】补约。

【所以藉寡君之命】正 杨 补用它(玉)来衬垫我国君主[与鲁交好]的命令。藉,荐,垫。古人致送礼物必有衬垫,这里是把"寡君之命"比作礼物,而玉比喻成衬垫。

襄仲曰:"不有君子,其能国乎?国无陋矣。"厚贿之。

【国无陋矣】杨 补意谓秦不是鄙陋的国家。西乞术行礼无失,对答得体,如同中原列国之卿大夫,故东门襄仲有此赞叹。

【二】秦为令 líng 狐之役故，冬，秦伯秦康公伐晋，取羁马。晋人御之。赵盾赵宣子将中军，荀林父 fǔ，中行桓子佐之；郤缺郤成子将上军，臾骈佐之；栾盾将下军，胥甲佐之；范无恤御戎，以从秦师于河曲。臾骈曰："秦不能久，请深垒固军以待之。"[宣子]从之。

【令狐之役】正见文七·三。

【羁马】正杨补在今山西芮城西临黄河处。晋邑。参见《图集》22—23⑪15。

【栾盾】正补姬姓，栾氏，名盾。栾贞子(僖二十七—僖二十八·三)之子。晋大夫，官至卿位。文十二年已任下军帅(卿职)。宣十二年前已告老或去世。

【胥甲】正补姬姓，胥氏，名或字甲。胥臣(僖二十三—僖二十四·一·一)之子。晋大夫，官至卿位。文十二年已任下军佐(卿职)。宣元年被晋人放于卫。

【御戎】补见《知识准备》"国野"。此为中军帅赵宣子之御。

【深垒固军】杨高筑壁垒，巩固军营。深，高。

【三】秦人欲战。秦伯秦康公谓士会范武子曰："若何而战？"[士会]对曰："赵氏新出其属曰臾骈，必实为此谋，将以老我师也。赵有侧室曰穿赵穿，晋君晋襄公之婿也，有宠而弱，不在军事，好 hào 勇而狂，且恶 wù 臾骈之佐上军也。若使轻者肆焉，其可。"秦伯以璧祈战于河。

【秦伯谓士会曰】正杨补文七年范武子奔秦，此时为秦谋士，因此秦康公问范武子。

【侧室】正补宗族旁支子弟。【穿】正杨补赵穿。嬴姓，赵氏，名穿。共孟之子，赵夙(闵元·四·一·一)之孙，晋襄公(僖三十三·三·一)之婿。晋大夫，官至卿位。文十二年可能已任散位卿。文十七年为质于郑，后归于晋。宣元年可能已任下军帅(卿职)。其后为邯郸氏。

【弱】正年少。

【不在】正 补 不察，不熟悉。

【若使轻者肆焉】正 杨 补 如果派出一些轻剽的士兵突袭［晋上军］然后撤退。肆，突击然后撤退。轻，应即 隐九·六·一 所谓"勇而无刚"，勇则能前往敌阵突袭，无刚则不以撤退为耻。

【秦伯以璧祈战于河】正 补 秦康公将玉璧沉入河水以祈求作战［胜利］。春秋时以宝物沉祭河神之事参见 僖二十三—僖二十四·九·二。【璧】补 见 桓元·一·春秋。【河】补 见 闵二·五·三。

【四】十二月戊午四日，秦军掩晋上军。赵穿追之，不及。

【掩】杨 即肆。

［穿］反（返），怒曰："裹粮坐甲，固敌是求。敌至不击，将何俟焉？"

【裹粮坐甲】正 补 装着粮食，身着甲胄而坐［，随时等待出战］。一说"坐甲"是坐在皮甲上，这与"固敌是求"的紧迫感不太符合，录以备考。杜甫《寄彭州高三十五使君适虢州岑二十七长史参三十韵》"论文暂裹粮"典出于此。

【固敌是求】补 即"固求敌"。

【俟】补 等待。

军吏曰："将有待也。"

穿赵穿曰："我不知谋，将独出。"乃以其属出。

○杨 补 赵穿并非三军帅佐，而是以散位卿（据下文）随军出征，也统率一部士卒（其属）。

宣子赵宣子曰："秦获穿也，获一卿矣。秦以胜归，我何以报？"

乃皆出战，交绥。

【交绥】正双方一交战就各自退兵。绥，退兵。

【五】秦行人夜戒晋师曰："两君之士皆未慭 yìn 也，明日请相见也。"臾骈曰："使者目动而言肆，惧我也，将遁矣。薄诸(之于)河，必败之。"胥甲、赵穿当军门呼曰："死伤未收而弃之，不惠也！不待期而薄人于险，无勇也！"[晋师]乃止。秦师夜遁。

【行人】补秦外朝官，掌外交事务。【戒】杨告。
【两君之士皆未慭也】杨两国君主的士卒都不愿[就此罢手]。慭，肯，愿。
【薄】正迫。

【六】[秦师]复侵晋，入瑕。

【瑕】杨见僖三十·三·二。
○正下启宣元年晋放胥甲（宣元·二）。

○补《国语·晋语五》记载了河曲之战时韩献子担任司马严格执法之事，为《左传》所不载，可扫码阅读。

文公十二年·六

地理鲁见文地理示意图 1。鲁、诸、郓（东郓）见文地理示意图 4。

人物季文子（文六·二·春秋）

春秋季孙行父季文子帅师城诸及郓 yùn。

【诸】杨见庄二十九·五·春秋。【郓】正杨补在今山东沂水高桥镇附近。此时为鲁邑。鲁有两郓，此为东郓，曾为季氏采邑。成九年前地入于莒。昭元年复入于鲁。参见《图集》26—27③5。

左传[我]"城诸及郓"。[《春秋》]书,时也。

【书,时也】补参见桓十六·二。

文公十三年·一

地理 陈、晋、秦见文地理示意图 1。晋、秦、潞氏、瑕(桃林之塞)、魏见文地理示意图 2。

人物 陈共公(僖二十七—僖二十八·春秋)、晋灵公(文六·四·二)、詹嘉、范武子(僖二十七—僖二十八·二十四·二)、赵宣子(僖二十三—僖二十四·一·二)、狐射姑(文五—文六·一)、中行桓子(僖二十七—僖二十八·三)、郤成子(僖三十三·五·一·一)、魏寿余、秦康公(僖十五·八·一·六)、绕朝

春秋 十有(又)三年,春,王正月。

夏,五月壬午,陈侯朔陈共公卒。

○正杨《春秋》不书"葬陈共公",可能是由于鲁未派大夫前往会葬。此条《春秋》无对应《左传》。

左传 [一] 十三年,春,晋侯晋灵公使詹嘉处瑕,以守桃林之塞。

【詹嘉】正杨詹氏,又为瑕氏,名嘉。晋大夫。文十三年起食采于瑕。【瑕】补见僖三十·三·二。

【桃林之塞】正杨补一说是河南灵宝以西、陕西潼关以东、黄河以南、小秦岭以北的一系列黄土塬,其西端即为后来的潼关(东汉末年始建),东端即为后来的函谷关(战国时期始建)。晋地。参见《图集》22—23⑪15。然而,关塞范围不应如此之大,有学者认为桃林之塞应是扼守殽函道(僖五·八·四)西段的一处具体关塞,就在瑕邑所在地,即河南灵宝南寨村。此说颇有理,本书示意图据此标注。瑕邑附近地理形势参见僖地形示意图 6,可扫码阅读。

○正桃林塞扼守秦与中原通路。去年秦西乞术聘鲁,应亦前往其他中原诸侯国。晋人担心秦结交外援,故使詹嘉守桃林塞,以断其来

往。据文七·五分析,文七年晋灵公年龄是一岁左右,所以文十三年时晋灵公年龄是七岁左右。因此,实际上是执政卿赵宣子使詹嘉处瑕,不过借晋灵公名义发令而已。

〔二〕晋人患秦之用士会范武子也,夏,六卿相见于诸浮。

【晋人患秦之用士会也】补秦人用范武子之事见文十二·五·三。

【六卿相见于诸浮】正六卿将欲密谋,恐怕消息漏泄,因此不在朝中,而出就外野,屏人私议。诸浮应是晋都城外近地。

赵宣子曰:"随会范武子在秦,贾季狐射姑在狄,难nàn日至矣,若之何?"

【随会在秦】补文七年范武子奔秦(文七·三·四)。

【贾季在狄】正文六年狐射姑奔狄(文六·四·五)。【狄】补晋东赤狄潞氏,参见文六·四·春秋。

中行桓子曰:"请复贾季:能外事,且由旧勋。"

【能外事】正补能办理外交事务。狐射姑的家族狐氏本为狄人,所以在与狄人打交道方面有专长。参见狐射姑在赤狄时为晋人传话之事(文七·四)。

【旧勋】正指其父狐偃之功。

郤xì成子曰:"贾季乱,且罪大,不如随会:能贱而有耻,柔而不犯,其知(智)足使也,且无罪。"

【贾季乱,且罪大】正杨补贾季好为乱,而且有大罪。指文六年狐射姑使人召公子乐而欲立之,同年又杀阳处父。相比之下,文七年范武子奔秦,仅是因为奉命作为先蔑的随从而被牵连。

【能贱……不犯】正杨补能够甘居贱位而有知耻之心,柔和而不冒犯〔他人〕。"能贱"是与狐射姑身居中军佐还心怀怨恨对比。

“有耻”是指范武子在秦三年而不与罪臣先蔑来往之事。“柔而不犯”是与狐射姑因为怨恨就采取最极端的方式冒犯他人（杀人）相对比。

【三】[晋人]乃使魏寿余伪以魏叛者以诱士会范武子，[晋人]执其魏寿余帑 nú(孥) 于晋，使[寿余]夜逸。[寿余]请自归于秦，秦伯秦康公许之。

【魏寿余】正 补 姬姓，魏氏，名寿余。魏武子(僖二十三—僖二十四·一·一)族人。晋魏邑大夫。【魏】正 见桓三·八。此时为晋邑。

【帑】正 杨 妻儿。【逸】补 逃。

【请自归于秦】正 杨 [魏寿余]请求自己归附秦国。从下文看，是指带着魏邑及其民众归附秦国。

[寿余]履士会之足于朝。

○正 杨 补 [魏寿余]在秦朝堂上踩了一下范武子的脚。魏寿余不便与范武子公开交谈，只得暗中踩脚以示意。

秦伯秦康公师于河西，魏人在东。

【河】见闵二·五·三。

○正 补 秦康公陈兵于河水西岸，是准备依靠魏寿余接收位于河水东岸的魏邑。而魏邑民众也如约出现在河水东岸，做出迎接魏寿余过河的样子。

寿余魏寿余曰：“请东人之能与夫 fú 二三有司言者，吾与之先。”

【东人】正 杨 补 晋人，因晋在秦东。由于此时在朝堂上的晋人除了魏寿余就是范武子，所以“东人”实际上就是指范武子。

○正 补 魏寿余说：“请选一位能与魏邑诸位官吏说上话的晋人，和我一同先渡河去魏地。"魏寿余这样提议的理由应该是,在秦定居的晋人对于到秦国以后将会得到的优厚待遇有切身体会,劝谕魏邑官吏时比较有说服力。

［秦伯］使士会范武子。士会辞曰:"晋人,虎狼也。若［晋人］背其言,臣死［于晋］,妻、子为［秦所］戮,无益于君,不可悔也。"

【辞】补推辞。

【晋人……悔也】正补晋人,是虎狼一样［不讲信义］的人。如果他们违背诺言［将我逮捕治罪,］我会死［在晋］,我［留在秦］的妻子、儿女也会被杀,对国君也没有任何益处,到时候就追悔莫及了。

○杨补范武子知道立刻答应去晋会引起秦康公怀疑自己与魏寿余合谋脱逃,又不愿自己脱身后妻儿被秦康公杀死,因此在准确把握秦康公性情的基础上走了一着"欲擒故纵"的险棋。范武子意思是,晋人先前背弃承诺,出兵截杀先蔑和自己请来的公子雍以及护卫秦军,足以证明晋人"像虎狼一样凶残不讲信义",所以这次完全可能是一个骗局,对岸的魏邑民众未必是真的等待魏寿余带他们一同叛离晋,而很可能会"反水"抓捕叛臣魏寿余,自己如果一起前去,恐怕会被当作叛臣同党一起逮捕并杀死。而秦康公看到自己和魏寿余被魏邑民众带走,会认为自己是与魏寿余合谋逃回晋,所以会杀掉自己留在秦的妻儿家人。自己不愿意冒这个家破人亡的风险,而且秦康公也得不到任何好处,所以推辞不想去。

秦伯曰:"若［晋］背其言,所不归尔帑(努)者,有如河!"

○正补秦康公说:"如果［魏邑的晋人］背弃了他们的诺言［逮捕了你］,我一定把你的妻儿归还给你［,若违背诺言必遭神谴］,有河水作证!"秦康公完全落入圈套,他见范武子先前三年都不与晋人先蔑来往,河曲之战时为秦积极出谋划策,现在又以畏惧晋人杀死自己为由而拒绝去晋,相信他是真的厌恶晋人,并没有借机逃回晋的意图。秦康公想要夺取魏邑，因此发誓以解除范武子的后顾之忧。

[士会]乃行。绕 rǎo 朝赠之[士会]以策，曰："子无谓秦无人，吾谋适不用也。"

【绕朝】正 秦大夫。【策】正 杜注认为赶马之策（参见《知识准备》"车马"），服注认为是简策。未知孰是。

○补 据下引《春秋事语》，绕朝因为上述举动暴露了自己，被范武子盯上，最终被归国后的范武子进谗言害死。范武子向秦人进谗言时，很可能就献上了这根马策/简策，作为绕朝勾结晋人的证据。

○补 李白《赠宣称宇文太守兼呈崔侍御》"敢献绕朝策"、杜甫《别苏徯》"赠尔秦人策"典出于此。

[寿余、士会]既济，魏人噪而还。秦人归其帑（孥）。其处者为刘氏。

【魏人噪而还】补 等在河水东岸的魏邑官民应该是演了一出突然变卦、大声痛骂魏寿余和范武子叛国、然后将二人逮捕押走的戏。

【秦人归其帑】补 秦康公已经失去了范武子，如果又违背自己在黄河边公开许下的诺言杀掉范武子的妻儿泄愤，就会落下不讲信义的骂名，这样对秦未来继续吸引晋国卿大夫叛逃非常不利，所以只能履行承诺，送回范武子妻儿。

【其处者为刘氏】正 杨 补 仍留在秦的范武子后代不再使用"范"作为氏，而是重新采用范氏祖先刘累的"刘"作为氏。笔者猜测，范武子为了保证密谋成功，并没有将密谋透露给自己的家人，所以他被魏邑官民押走之后，他在秦的家人发生了分裂，一部分同意被送回晋与范武子生死相守，一部分害怕回国后会被处死，所以选择留在秦。后来，留在秦的范氏后代为了避免秦人怀疑而放弃了范氏，改称刘氏。据昭二十九·四·二，则刘累为唐尧之后，为夏孔甲养龙不善，惧而迁于鲁县（今河南鲁山），其后为范氏。本年范武子归晋之后，其族留于秦者,复为刘氏。战国之时,此支刘氏徙居魏国大梁(今河南开封西北),秦灭魏之后,又迁于丰县(今江苏徐州西北)。汉高祖刘邦即为此支刘氏之后。可能"其处者为刘氏"并非先秦本文,而为汉朝治《左传》儒生添加,点出刘氏本源,以取媚于汉王室。汉明帝时,贾逵上疏云"五经皆无证图谶明刘氏为尧后者,而《左氏》独有明文",可见此处文辞之效用。

○ 杨 补 **出土文献对读:** 马王堆汉墓帛书《春秋事语》中对此事有记载,与《左传》多有不同,可扫码阅读。

文公十三年 · 二

地理 邾 1、邾 2(绎)见文地理示意图 4。

人物 邾文公(僖十九 · 二 · 二 · 一)、史

春秋 邾子蘧 qú 蒢 chú,邾文公卒。

左传 【一】邾文公卜迁于绎 yì。

【卜】补 见《知识准备》"卜"。【绎】正 杨 补 在今山东邹城东南二十五里。邾邑。文十三年后为邾都。参见《图集》26—27④4。

○ 补 邾都(邾 1)迫近于鲁都,自隐七年来,鲁屡次伐邾,见于《春秋》者即有隐七年、桓八年、桓十七年、僖二十一年、僖二十二年、僖三十三年、文七年数次。邾人很可能是为了躲避鲁的侵伐,因此想要南迁到绎。

史曰:"利于民而不利于君。"

邾子邾文公曰:"苟利于民,孤之利也。天生民而树之君,以利

之也。民既利矣,孤必与 yù 焉。"

【孤】 补 称孤之例见桓十二—桓十三·二·二。邾为小国,故其君自称"孤"。

左右曰:"命可长也,君何弗为?"

邾子曰:"命在养民。死之短长,时也。民苟利矣,迁也。吉莫如之!"

【死之短长】 补 死是表"生"义的偏义复词"死生"的省略。金泽文库本《左传》此句即为"死生之短长"。

遂迁于绎。

五月,邾文公卒。

[二] 君子曰:"[邾子]知命。"

文公十三年·三

地理 鲁见文地理示意图 1。

春秋 [我]自正月不雨,至于秋七月。

文公十三年·四

地理 鲁见文地理示意图 1。

春秋 [我]大(太)室屋坏。

○ 正 杨 补 太室,太庙(周公旦庙)当中之室。太室有两层,屋上有屋,谓之"重屋"。此处"屋坏",指二层之屋坍塌,而不是整座太室全坏。据上条《春秋》,鲁本年自年初干旱,至七月而止,则七月有雨。太室二层之屋坍塌,可能与此次突降雨水有关。

[左传] 秋,七月,大(太)室之屋坏。[《春秋》]书,不共(恭)也。

【书,不共也】[正]《春秋》书此事,是为了表明鲁执政怠慢宗庙,以致倾颓,对先君不恭。

文公十三年·五

[地理] 鲁、晋、卫、郑见文地理示意图 1。鲁、晋、卫、郑、棐见文地理示意图 3。

[人物] 鲁文公(文元·○)、卫成公(僖二十五—僖二十六·春秋)、晋灵公(文六·四·二)、郑穆公(僖三十·三·五)、公子归生(文二·六)、季文子(文六·二·春秋)

[春秋] 冬,公鲁文公如晋。卫侯卫成公会公于沓 tà。

【沓】[杨] 卫地,位于鲁文公由鲁至晋途中。

狄侵卫。

【狄】[补] 晋东狄,主力应为赤狄,见宣三·六·春秋。
○[正] 此条《春秋》无对应《左传》。

十有(又)二月己丑,公鲁文公及晋侯晋灵公盟。

【己丑】[杨] 根据王韬所推春秋历,十二月无己丑。若为"乙丑",则为十六日。

公鲁文公还自晋,郑伯郑穆公会公于棐 fěi。

【棐】[正][杨][补] 在今河南新郑东二十五里。郑地,位于鲁文公由晋归鲁途中。参见《图集》24—25④5。

左传【一】"冬，公如晋"，朝，且寻盟。"卫侯会公于沓"，请平于晋。公还，"郑伯会公于棐"，亦请平于晋。公皆成之。

【朝】补见隐四·二·七·一。

【且寻盟】杨重温文八年衡雍之盟（见文八·四）。

【请平于晋】杨请求［鲁从中斡旋，以使卫］与晋讲和。

【公皆成之】杨补鲁文公成功地将卫、郑请求讲和的信息带到晋。其中，鲁文公为卫请平，是在朝晋时顺便为之；为郑请平，则是回程中路过郑，被郑人说服（详见下节），然后折回晋而专程为之。此处《左传》终言二事结果。

○补文十三年楚穆王去世，是引发卫、郑谋求与晋讲和的关键事件。文元年晋襄公伐卫之后，文二年晋、卫已讲和，文八年晋归还所侵占卫地，文九年卫卿孔庄子随晋赵宣子救郑，晋、卫关系本来已经较为友好。卫本年又受到楚穆王去世刺激，进一步确定要在先前基础上请求与晋正式讲和。文九年郑与楚讲和，文十年郑穆公会楚穆王伐宋，本来的立场是服楚。然而，郑本年受到楚穆王去世刺激，又请求与晋讲和，也就是请求服晋。文十一年时晋卿郤成子与鲁卿叔仲惠伯会面，商议如何应对诸侯叛晋服楚危机（文十一·文十一·三），可见鲁深得晋信任，因此卫成公、郑穆公请鲁文公帮忙带话。

○补下启文十四年新城之盟（文十四·五）。

【二】郑伯郑穆公与公鲁文公宴于棐。子家公子归生赋《鸿雁》。季文子曰："寡君鲁文公未免于此。"

【宴】补参见文四·四。

【子家赋《鸿雁》】正补《毛诗·小雅》有《鸿雁》。公子归生取首章，首先慰问鲁文公一行劳苦，然后以鳏寡比喻郑，希望鲁文公怜惜郑，折返去晋为郑请和。

【寡君未免于此】|杨||补|我国君主（鲁文公）也不能避免这种处境。此乃推诿之辞，表示鲁国自顾不暇，无力为郑奔波。

文子季文子赋《四月》。

○|正||补|《毛诗·小雅》有《四月》。季文子取首章，谓鲁文公一行在外长时间奔波劳顿，希望早日归鲁，不愿返晋为郑请和。

子家公子归生赋《载驰》之四章。

○|正||补|《载驰》（全诗见闵二·五·四·二）第四章有"控于大邦，谁因谁极"，可译为"速速求告大国，谁能拯救危亡?"公子归生借此表示郑希望向大国（晋）寻求援助，希望通过鲁来和晋接触，以求达成和解。

○|杨|《毛诗》将《载驰》分为五章，其中"控于大邦，谁因谁极"分在第五章，也就是最后一章（卒章）。然而，此处以及襄十九·八·二两次记载"赋《载驰》之四章"，而不是"赋《载驰》之卒章"，而这两次取义都来自"控于大邦，谁因谁极"，说明这两句诗应该在第四章，而且第四章不是卒章。竹添光鸿《左氏会笺》认为《载驰》共分五章，首章六句，次八句，次六句，次四句，卒四句，则"控于大邦，谁因谁极"在第四章，又非卒章，可能与古时分章相符，因此本书闵二·五·四·二据此分章。

文子赋《采薇》之四章。

○|正||补|《毛诗·小雅·采薇》第四章为"彼尔维何? 维常之华。彼路斯何? 君子之车。戎车既驾，四牡业业。岂敢定居? 一月三捷"，可译为"什么花儿盛开? 棠棣的花朵。什么车子高大? 君子的战车。驾起兵车出征，四匹公马奔腾。怎敢贪图安居? 一月三回大胜"。季文子意谓，鲁方答应郑的请求，将不求安居，返晋为郑请和，争取达成改善鲁晋关系、卫晋关系、郑晋关系三项成果。

郑伯拜。公答拜。

○补 **传世文献对读**：《毛诗·小雅·鸿雁》《毛诗·小雅·四月》的原文，可扫码阅读。

文公十四年·一

地理 鲁、晋、周见文地理示意图 1。

人物 鲁文公（文元·○）、周顷王（文八—文九·二）、周公阅（僖三十·五·春秋）、王孙苏

春秋 十有（又）四年，春，王正月，公鲁文公至自晋。

　　○正 此条《春秋》无对应《左传》。

左传 十四年，春，顷王周顷王崩。周公阅与王孙苏争政，故不赴（讣）。凡崩、薨 hōng，不赴（讣），则〔《春秋》〕不书。祸、福，不告，〔《春秋》〕亦不书。惩不敬也。

　　【王孙苏】补 姬姓，名苏。周王室卿士。
　　【惩】正 戒。

文公十四年·二

地理 鲁见文地理示意图 1。邾 2、鲁见文地理示意图 4。

人物 叔仲惠伯（文七·六·三）、邾文公（僖十九·二·二·一）、鲁文公（文元·○）

春秋 邾人伐我南鄙。叔彭生叔仲惠伯帅师伐邾。

左传 邾文公之卒也，公鲁文公使吊焉，〔使人〕不敬。邾人来讨，伐我南鄙。故惠伯叔仲惠伯伐邾。

　　【邾文公之卒也】正 在文十三·二。

文公十四年·三

地理 齐见文地理示意图 1。

人物 齐昭公(僖二十五—僖二十六·春秋)、叔姬、太子舍、公子商人(僖十七—僖十八·一)

春秋 夏,五月乙亥,齐侯潘齐昭公卒。

【乙亥】正 杨 据杜预、王韬所推的春秋历,五月无乙亥,最近的一个乙亥为四月二十九日。若为"己亥",则为五月二十三日。

左传【一】子叔姬叔姬妃(配)齐昭公,生舍太子舍。叔姬无宠,舍无威。公子商人骤施于国,而多聚士,尽其家,贷于公有司以继之。

【子叔姬】补 叔姬。鲁女,姬姓,排行叔。齐昭公(僖二十五—僖二十六·春秋)夫人,太子舍之母。文十五年自齐归于鲁。

【舍】补 太子舍,后为齐君舍。姜姓,名舍。齐昭公嫡子,叔姬所生。文十四年即位,同年被公子商人所弑。

【骤】正 屡次。

【公、有司】杨 公室掌管财物的部门。

【二】夏,五月,昭公齐昭公卒,舍太子舍即位。

○补 下启本年公子商人杀太子舍(文十四·六)。

文公十四年·四

地理 齐、晋见文地理示意图1。邾2、齐、晋见文地理示意图3。

人物 邾文公(僖十九·二·二·一)、齐姜、邾定公、晋姬、公子捷菑

左传 邾文公元妃齐姜,生定公邾定公;二妃晋姬,生捷菑 zī,公子捷菑。文公邾文公卒,邾人立定公。捷菑奔晋。

【定公】杨补 邾定公。曹姓,名貜且,谥定。邾文公嫡子,齐姜所生。文十四年即位,在位四十年。成十七年卒。

【捷菑】 補 公子捷菑。曹姓,名捷菑。邾文公庶子,晋姬所生。文十四年奔晋。同年晋人纳之于邾,不克。

○ 補 下启本年晋人纳公子捷菑于邾(文十四·九)。

文公十四年·五

地理 鲁、宋、陈、卫、郑、曹、晋、楚见文地理示意图1。鲁、宋、陈、卫、郑、许、曹、晋、楚、邾2、新城见文地理示意图5。

人物 鲁文公(文元·○)、宋前昭公(文七·二·二)、陈灵公、卫成公(僖二十五—僖二十六·春秋)、郑穆公(僖三十·三·五)、许昭公(文七·五)、曹文公(文十一·二·春秋)、赵宣子(僖二十三—僖二十四·一·二)

春秋 六月,公鲁文公会宋公宋前昭公、陈侯陈灵公、卫侯卫成公、郑伯郑穆公、许男许昭公、曹伯曹文公、晋赵盾赵宣子。癸酉二十七日,同盟于新城。

【陈侯】 補 陈灵公。妫姓,名平国,谥灵。陈共公(僖二十七—僖二十八·春秋)之子。文十四年即位,在位十五年。宣十年被夏征舒所弑。

【新城】 正 杨 補 在今河南商丘西南。宋地。参见《图集》24—25 ④6。

左传 六月,"同盟于新城",从于楚者服,且谋邾也。

【从于楚者】 正 指陈、郑、宋。

○ 補 楚穆王于文十三年去世,楚处于权力更迭期,无暇外顾,晋应该是抓住了这个机会将陈、郑、宋重新拉回晋联盟。

文公十四年·六

地理 齐见文地理示意图1。

人物 公子商人(僖十七—僖十八·一)、齐君舍(文十四·三·一)、
公子元(僖十七—僖十八·一)

左传 秋,七月乙卯夜,齐商人公子商人杀舍齐君舍,而让[位于]元公子元。
元曰:"尔求之久矣。我能事尔。尔不可使多蓄憾。将免我
乎! 尔为之!"

【乙卯】正 杨 据杜预、王韬所推春秋历,七月无乙卯。

【元】正 补 公子商人异母兄。

【尔不可使多蓄憾】正 杨 补 不能让你这种人心中积蓄怨恨。公子
元言下之意,如果自己作国君,则公子商人心中必积蓄怨恨,随后将
再行弑君之事。

【将免我乎】杨 补 请放过我吧! 将,表祈请。

文公十四年·七

地理 周、宋、齐、晋见文地理示意图 1。

人物 叔服(文元·二·春秋)、宋前昭公(文七·二·二)、齐懿公(僖
十七—僖十八·一)、晋灵公(文六·四·二)

春秋 秋,七月,有星孛 bèi 入于北斗。

【孛】杨 动词,专用于彗星,描述彗星光芒蓬蓬孛孛划过天空。

○杨 据天文学家推算,此处应是世界上关于哈雷彗星的最早记载,
也是关于彗星行道的最早记载。

左传 [一]"有星孛入于北斗。"

[二] 周内史叔服曰:"不出七年,宋、齐、晋之君皆将死乱。"

【内史】补 见桓元—桓二·三·三。

○ 正 补 下启文十六年宋襄夫人弑宋前昭公（文十六—文十七），文十八年邴歜、阎职弑齐懿公（文十七—文十八·三），宣二年赵穿弑晋灵公（宣二·三）。昭十七·五·二申须云："彗，所以除旧布新也。天事恒象。"昭二十六·九·一晏平仲云："天之有彗也，以除秽也。"宋、齐、晋三国之君，皆为无道而有秽德。今彗出而七年内三君相继死于内乱，正是除旧、除秽之事。内史服如何推知彗星之验在此三君，如今已不可知，但也许运用了分野学说（襄二十八·一·二）。内史服如何推得七年之数亦不可知，也许与昭十·一·二提到的"天以七纪"有关。

文公十四年·八

地理 鲁见文地理示意图 1。

人物 鲁文公（文元·○）

春秋 公鲁文公至自会。

文公十四年·九

地理 晋、齐见文地理示意图 1。晋、邾 2、齐见文地理示意图 3。

人物 公子捷菑（文十四·四）、赵宣子（僖二十三—僖二十四·一·二）、邾定公（文十四·四）

春秋 晋人纳捷菑 zī，公子捷菑于邾，弗克纳。
　　【纳】 补 见隐四·二·四·一。
　　【克】 补 能。

左传 晋赵盾赵宣子以诸侯之师八百乘 shèng 纳捷菑公子捷菑于邾。邾人辞曰："齐出獂 jué 且 jū，邾定公长 zhǎng。"宣子赵宣子曰"辞顺，而弗从，不祥"，乃还。

【辞】 补 辞让不受。

【齐出】 杨 齐女所生。

【辞顺】 正 獂且为原配夫人所生嫡长子,顺乎宗法,故曰"辞顺"。

【而】 杨 如。

○ 杨 补 **传世文献对读:**《公羊传·文公十四年》叙此事与《左传》不同,可扫码阅读。

文公十四年·十

地理 周、晋见文地理示意图 1。周、晋、尹见文地理示意图 3。

人物 周公阅(僖三十·五·春秋)、王孙苏(文十四·一)、周匡王、尹氏、聘启、赵宣子(僖二十三—僖二十四·一·二)

左传 周公周公阅将与王孙苏讼于晋,王周匡王叛王孙苏,而使尹氏与聘 nán 启讼周公于晋。赵宣子平王室而复之。

【王叛王孙苏】 杨 叛指背弃诺言。周匡王先前助王孙苏,本年改助周公阅,故曰"叛"。【王】 正 补 周匡王。姬姓,名班,谥匡。周顷王(文八—文九·二)之子。文十五年即位,在位六年。宣二年卒。

【尹氏】 正 周王室卿大夫。【聘启】 正 周王室大夫。【讼周公】 杨 替周公阅诉冤求理。

【赵宣子平王室而复之】 正 杨 赵宣子调停王室对立两派,使双方和解,各复其位。

文公十四年·十一

地理 楚、秦见文地理示意图 1。楚(郢)、群舒(舒、舒蓼、舒庸、舒鸠)、商密、庐见文地理示意图 5。

人物 楚庄王、成嘉(文十二·三)、潘崇(文元·四·二)、王子燮(文

<u>五·四·一</u>）、斗克（<u>僖二十五·三</u>）、庐戢梨、叔麇

[左传]【一】楚庄王立。

【楚庄王】[正][补]芈姓，熊氏，名旅，谥庄。楚穆王（<u>僖三十三·九·二·二</u>）之子。文十四年正式即位，在位二十三年。宣十八年卒。

【二】<u>子孔</u>成嘉、<u>潘崇</u>将袭群舒，使<u>公子燮</u> xiè，王子燮<u>与子仪</u>斗克守[郢]，而伐舒蓼 liǎo。二子作乱，城郢 yǐng，而使贼杀<u>子孔</u>，[贼]不克[杀子孔]而还。

【使公子燮与子仪守】[正][补]据《国语·楚语上》，此时王子燮为楚庄王师，斗克为楚庄王傅，因此使二人居守。

【舒蓼】[正][杨][补]周时国，偃姓。始封君为皋陶之后。在今安徽舒城南。宣八年被楚所灭。参见《图集》29—30⑤8。

【二子】[补]在城中的王子燮、斗克。

【城郢】[补]修筑郢都的外城墙（郭）。【郢】[补]见<u>僖十二·二</u>。文十四年即楚庄王元年，据《楚居》，此时楚都可能在樊郢或同宫之北。

○[补]除本年楚王子燮、斗克为作乱而城郢之外，还有襄十四年楚令尹王子贞伐吴归来、死前遗言城郢（<u>襄十四·十二·一</u>）、昭二十三年楚令尹囊瓦为防备吴而城郢（<u>昭二十三·五·一</u>）。有学者认为，春秋时期楚奉行"守在四竟（境）"的军事防御战略，在国家强盛、对外扩张时期郢都并没有外城墙（郭城），而在发生内乱或者防备邻国入侵时才会"城郢"。南方大国楚的都城郢没有外城墙的状况，与北方大国晋的都城（<u>成六·五·二</u>）类似。此外，商代殷墟遗址（<u>定三—定四·五·四</u>）、夏代二里头遗址（<u>襄四·八</u>）也发现了类似的"大都无城"现象。

【三】八月，二子以<u>楚子</u>楚庄王出，将如商密。[过庐]，<u>庐戢</u> jí 梨及<u>叔麇</u> jūn 诱之，遂杀<u>斗克</u>及<u>公子燮</u>。

【商密】⟦补⟧见僖二十五·三。此时应该是被秦人控制，参见文四·三"秦人入郡"。

【庐戢梨】⟦正⟧⟦补⟧楚庐大夫，名戢梨。【庐】见桓十二—桓十三·二·二"卢戎"。

【叔麇】⟦正⟧庐戢梨佐官。

○⟦正⟧⟦杨⟧⟦补⟧《国语·楚语上》亦叙此事，参见襄二十六·八·二。

【四】初，斗克囚于秦。秦有殽 xiáo 之败，而使[斗克]归求成[于楚]。[秦、楚]成，而[斗克]不得志[于楚]。公子燮王子燮求令尹而不得。故二子作乱。

【斗克囚于秦】⟦正⟧见僖二十五·三。

【秦有殽之败】⟦正⟧见僖三十三·三。

【求成】⟦补⟧请求[与楚]讲和修好。

【成，而不得志】⟦杨⟧⟦补⟧[秦、楚]修好之事成，而之后[斗克在楚]并不得志。成十三·一·四："我襄公未忘君之旧勋，而惧社稷之陨，是以有殽之师。[我襄公]犹愿赦罪于穆公。穆公弗听，而即楚谋我。天诱其衷，成王殒命，穆公是以不克逞志于我。"据本段及成十三·一·四，可推定斗克归楚求成时间在僖三十三年殽之战后，文元年楚太子商臣弒楚成王之前。据成十三·一·四，则斗克归楚使秦、楚修好之后，由于楚成王被弒，楚内政不稳，秦、楚联手伐晋之事最终没有实现。据文四·三，则文四年秦穆公曾经为被楚人灭掉的江而大肆哀悼，此时秦楚关系应该已经有了裂痕。又据文五·三，则秦楚因为郡起了直接冲突，文五年秦人攻占了原本已成为楚人商县的郡。斗克成秦、楚之好而不得志于楚，可能与秦楚同盟并未有实质性成果、一度濒临破裂有关。

【令尹】⟦补⟧见庄四·二·二。

文公十四年·十二

⟦地理⟧鲁、齐见文地理示意图 1。鲁、齐、莒见文地理示意图 4。

人物 孟穆伯（僖十五・二・春秋）、己氏（文七・六・二）、孟文伯（文元・二・一）、东门襄仲（僖二十五—僖二十六・春秋）、孟献子、孟惠叔（文元・二・一）

春秋 九月甲申，公孙敖_{孟穆伯}卒于齐。

　　〇 正 杨 补 《春秋》常例，出奔之卿不书"卒"，如共仲（庄二・二・春秋）、臧武仲（成十八・十・二）皆是。孟穆伯虽为出奔之卿，因鲁已许其返国，故《春秋》依国内之卿例书卒。

左传 【一】穆伯_{孟穆伯}之从己氏也，鲁人立文伯_{孟文伯}。

　　【穆伯之从己氏也】 正 见文八・五。

　　【二】穆伯_{孟穆伯}生二子于莒_{ㄐㄩˇ}，而求复。文伯_{孟文伯}以为请，襄仲_{东门襄仲}使〔穆伯〕无朝。〔穆伯〕听命，复而不出，三年，而尽室以复适莒。

　　【复】 杨 返回鲁。
　　【襄仲使无朝】 正 杨 补 东门襄仲提出禁止〔孟穆伯回国后〕入朝〔参与政事〕。东门襄仲怨孟穆伯夺其妻，参见文七・六及文八・五。
　　【尽室】 杨 带上全部家财。

　　【三】文伯_{孟文伯}疾，而请曰："谷_{孟文伯之子}_{孟献子}弱，请立难_{孟惠叔}也。"〔鲁人〕许之。文伯卒，立惠叔_{孟惠叔}。

　　【谷之子】 正 补 孟献子。姬姓，孟氏，名蔑，谥献。孟文伯（文元・二・一）之子。鲁大夫，官至执政卿（继季文子），任司空（卿职）。襄十九年卒。【弱】 正 年少。
　　【难】 正 孟穆伯之子，孟文伯之弟。

　　【四】穆伯_{孟穆伯}请重赂以求复。惠叔_{孟惠叔}以为请，〔鲁人〕许之。

[穆伯]将来，九月，卒于齐。[穆伯从者]告丧，[惠叔]请葬，[鲁人]弗许。

【请葬】杨 请使孟穆伯归葬于鲁。

○补 下启文十五年孟穆伯归葬于鲁（文十五·四）。

文公十四年·十三

地理 齐、宋、鲁见文地理示意图 1。齐、宋、鲁、萧见文地理示意图 4。

人物 公子商人/齐懿公（僖十七—僖十八·一）、齐君舍（文十四·三·一）、高哀、宋前昭公（文七·二·二）、公子元（僖十七—僖十八·一）

春秋 齐公子商人弑其君舍齐君舍。

宋子哀高哀来奔。

左传【一】宋高哀为萧封人，[宋公]以[哀]为卿，[哀]不义宋公宋前昭公而出，遂来奔。《春秋》书曰"宋子哀来奔"，贵之也。

【封人】杨 补 宋外朝地方官，镇守边疆城邑、附庸国。

【以为……而出】杨 补 [宋前昭公]让[高哀]做卿，[高哀]认为宋前昭公[行事]不合道义而出走。

【书曰……之也】正 他国卿大夫来奔，依常例《春秋》书其名氏。此处《春秋》书"宋子哀来奔"，在名前加尊称"子"，表明对高哀的尊重，因为他不食污君之禄。

【二·一】齐人定懿公齐懿公，使来告难 nàn，故[《春秋》]书以"九月"。

○正 据文十四·六，此事发生在本年七月。齐人确立了齐懿公国君地位后，才派使者前来告知太子舍被杀之事。通告上所书时间为九月，故《春秋》因而书之。

【二·二】齐公子元不顺懿公齐懿公之为政也，终不曰"公"，曰"夫己氏"。

【夫己氏】正杨相当于"那个人"。

○补齐懿公与其异母兄公子元的关系，与鲁宣公与其同母弟叔肸（宣十七·二引《穀梁传》）、卫献公与其同母弟公子鱄（襄二十七·三·一·三）、季武子与其族人公冶（襄二十九·三·三·二）的关系类似，可参看。

文公十四年—文公十五年(文公十五年·一)

地理 周、齐、鲁、晋见文地理示意图 1。周、单、齐、鲁、晋见文地理示意图 3。

人物 单伯、叔姬(文十四·三·一)、季文子(文六·二·春秋)、东门襄仲(僖二十五—僖二十六·春秋)、周匡王(文十四·十)、太子舍(文十四·三·一)

春秋 冬,单伯如齐。

【单伯】正 补 姬姓,单氏。周王室卿大夫。文十四年被齐人所执。文十五年获释。

○正 单伯为鲁事而如齐,故鲁史《春秋》书之。

齐人执单伯。

齐人执子叔姬_{叔姬}。

十有(又)五年,春,季孙行父_{季文子}如晋。

左传 【一】襄仲_{东门襄仲}使告于王_{周匡王},请以王宠求昭姬_{叔姬}于齐,曰:"杀其子_{太子舍},焉用其母_{叔姬}?请受[昭姬]而罪之。"

【请以王宠求昭姬于齐】补 叔姬为鲁女,其子太子舍已被齐懿公所杀,因此鲁卿东门襄仲请求利用周王对鲁的尊宠向齐求取叔姬,使其回国。

【请受而罪之】补 请接受[叔姬]并惩办她。

【二】"冬,单伯如齐",请子叔姬_{叔姬}。齐人执之_{单伯},又执子叔姬。

○正齐人怨鲁仗恃周王室之宠以求其女，故执王使，又执叔姬，以羞辱鲁。

【三】十五年，春，季文子如晋，为单伯与子叔姬_{叔姬}故也。

文公十五年·二

地理 宋、鲁见文地理示意图1。

人物 华耦（文九·二·二）、鲁庄公（桓六·七·春秋）、宋前昭公（文七·二·二）、华父督（桓元—桓二·春秋）、宋殇公（隐三·六·一·一）

春秋 三月，宋司马华孙_{华耦}来盟。

【司马】补 见隐三·六·一·一。

左传 三月，宋华耦来盟，其官皆从之。——[《春秋》]书曰"宋司马华孙"，贵之也。——公_{鲁文公}与之宴。[华耦]辞曰："君之先臣督_{华父督}，得罪于宋殇公，名在诸侯之策。臣承其祀，其敢辱君_{鲁文公}？请承命于亚旅。"鲁人以为敏。

【宋华……从之】正 补 据定三—定四·五·四祝佗所叙，"若嘉好之事，君行师从，卿行旅从"，则根据礼制规定，卿大夫出国参与会盟之事，属下相关旅级官员应随行。此处华耦来盟，其司马属下全部相关官员都随行，则有可能是在正礼之上更加隆重殷勤。这里翻译强调"相关官员"，是因为司马为国家要职，必然要有属官留守维持部门正常运转，不可能废弃职守倾巢出动。

【书曰……之也】正 补 《春秋》书"宋司马华孙"，称其官"司马"，且不直呼其名"华耦"而称"华孙"，是表明对他的珍视。古时盟会，讲究"卿行旅从"，威仪齐备。春秋之时盟会频繁，各国正卿疲于奔命，大多减损随员,不能备仪。华耦在此时代背景下,能率全部相关属官来盟,遵古制而加殷勤,敬事而自重,故《春秋》点明其官,又尊称其人,以表达对他的珍视。

【宴】 补 参见文四·四。

【先臣】 补 臣子对其曾为卿大夫的祖父以上祖先的称呼。

【请承命于亚旅】 杨 补 请在亚旅那里承受[饮宴的]命令。华耦推辞不敢与鲁君饮宴,而请与亚旅级的大夫饮宴。据《尚书·牧誓》"司徒、司马、司空、亚旅",则西周时,亚旅在三司之后。据成元—成二·十六,鲁成公"赐[晋]三帅先路三命之服,司马、司空、舆帅、候正、亚旅皆受一命之服",则晋之亚旅在舆帅、候正之后,为大夫职,且位次较低。据此推测,鲁之亚旅位次也应不高。

【鲁人以为敏】 正 补 敏,审慎恰当。华耦在宴会上无故显扬先祖之罪,作为自己的谦辞,这是非常不审慎恰当的。《左传》说"鲁人以为敏",是表示君子不以为敏。

文公十五年·三

地理 曹、鲁见文地理示意图 1。

人物 曹文公(文十一·二·春秋)

春秋 夏,曹伯₍曹文公₎来朝。

【朝】 补 见隐四·二·七·一。

左传 "夏,曹伯来朝",礼也。诸侯五年再相朝,以修王命,古之制也。

【诸侯五年再相朝】 正 杨 补 诸侯国君五年之间相互朝见两次。文十一年曹文公来朝,本年又来朝,故举此西周古礼以当之。

○ 正 下启文十五年齐伐曹(文十五—文十六·一·一)。

文公十五年·四

[地理] 齐、鲁见文地理示意图 1。齐、鲁、堂阜、卞见文地理示意图 4。

[人物] 孟穆伯（僖十五·二·春秋）、孟惠叔（文元·二·一）、共仲（庄二·二·春秋）、声己（文七·六·一）、东门襄仲（僖二十五—僖二十六·春秋）、叔仲惠伯（文七·六·三）、史佚（僖十五·八·一·七）、孟献子（文十四·十二·三）、季文子（文六·二·春秋）

[春秋] 齐人归公孙敖孟穆伯之丧。

[左传]【一】齐人或为孟氏谋，曰："鲁，尔亲也。饰棺，置诸（之于）堂阜fù，鲁必取之。"[孟氏]从之。

【孟氏】从下文"鲁，尔亲也"可以推断出，这里的"孟氏"应该是指跟随孟穆伯、此时滞留在齐国的孟氏成员，而不是以孟惠叔为首的鲁国孟氏。

【饰棺】[正][杨][补]装饰孟穆伯的棺柩。古人根据死者身份地位，在棺柩外加上相应装饰，称为"饰棺"，其主要目的是不让他人直接看到亲人棺柩而产生厌恶感。传世文献及考古发现的棺饰概况详见下。从《春秋》记载"齐人归公孙敖之丧"来看，孟穆伯的棺柩应该是按照卿的级别装饰的。

【堂阜】[正][补]参见庄八—庄九—庄十·八，齐邑，靠近齐、鲁边境。

卞人以告。惠叔孟惠叔犹毁，以为请，立于朝以待命。[鲁人]许之。[惠叔]取[穆伯之棺]而殡之，齐人送之。

【卞人以告】[正]卞人，鲁卞邑大夫。卞邑靠近堂阜，其官员在边境发现了孟穆伯灵柩，或者是得到了堂阜官员传递的消息，于是向鲁执政报告。【卞】[补]见僖十七·三·春秋。

【惠叔犹毁以为请】 正 杨 孟惠叔仍然悲伤憔悴，以此请求［取回其父孟穆伯的灵柩］。毁，指居丧哀伤过度以至于对身体容颜有所损害。孟穆伯卒于去年九月，至今已有数月，哀伤应当有所减退，而孟惠叔仍哀毁如其父初死之时，故曰"犹毁"。

【殡】 补 见隐元·五。

［《春秋》］书曰"齐人归公孙敖之丧"，为孟氏且国故也。

○ 正 补 《春秋》常例，卿在外去世，丧还不书，如"仲遂卒于垂"（宣八·一·春秋）、"公孙婴齐卒于狸脤"（成十七·七·春秋）。孟穆伯奔莒而不归，本已非鲁卿，更不应书。文十四年《春秋》书"九月甲申，公孙敖卒于齐"（文十四·十二·春秋），则已将其视同于国内之卿。此处《春秋》特书"齐人归公孙敖之丧"，从孟氏角度说是感念其子惠叔孝心，从国家角度说是敦公族之恩、崇仁孝之教，所以说"为孟氏且国故也"。

○ 正 补 **传世文献对读：**《礼记·丧大记》详细描述了国君、大夫、士的棺饰，在此录其原文以备参考："饰棺，君龙帷，三池，振容。黼荒，火三列，黼三列。素锦褚，加伪荒。纁纽六。齐，五采五贝。黼翣二，黻翣二，画翣二，皆戴圭。鱼跃拂池。君纁戴六，纁披六。大夫画帷二池，不振容。画荒，火三列，黻三列。素锦褚。纁纽二，玄纽二。齐，三采三贝。黻翣二，画翣二，皆戴绥。鱼跃拂池。大夫戴前纁后玄，披亦如之。士布帷布荒，一池，揄绞。纁纽二，缁纽二。齐，三采一贝。画翣二，皆戴绥。士戴前纁后缁，二披用纁。"

○ 补 **考古所见棺饰：**据传世文献记载，棺饰包括"荒帷""池""振容""翣"等。近年来在一些西周或春秋时期墓葬（如河南三门峡上村岭虢国墓地、陕西韩城梁带村芮国墓地、山西绛县横水倗国墓地）中发现了棺饰遗迹，结合传世文献记载，可简述"荒帷""池"及"振容"形制如下：

一、荒帷：是棺饰的主要部分，是先以木竹类材料构成框架，侧框称为"墙"，顶架称为"柳"。然后在墙柳之外罩以布帛，四周部分形似帷幕的称为"帷"，棺顶部分称为"荒"。梁带村墓地发现的织物印痕上可见的荒帷纹饰图案多为几何形纹饰，而在横水墓地 M1（墓主为女性）发现的帷织物印痕上还发现了凤鸟纹图案。荒帷就是民间俗称的"棺罩"，至今在陕西、山西一些农村丧葬活动中还能见到。

二、池：是用竹木制成的长方形框架，长宽比荒（柳）要大一些，架设在棺顶部、荒（柳）之上，中间以竹/木条隔断成方形单元，从上方看有"目"形（四单元，梁带村 M27"中"字形大墓）、"田"字形（四单元，上村岭 M2011 號太子墓）、"目"字形（三单元，梁带村 M28、M502"甲"字形大墓）、"日"字形（两单元，梁带村 M35、M586 中型墓）、长方形（无隔断，梁带村 M2、M17、M18 中型墓），与传世文献中的天子"四池"，诸侯"三池"，大夫"二池"，士"一池"相呼应，并可能有僭越的现象。在池架四周及隔条下悬挂铜鱼、玛瑙珠/陶珠串、海贝/石贝串等饰物，在池架四角以及纵横条交界处往往还有一或两件铜铃，在池架上覆盖有青色布。

三、振容：应是系垂于池架下的草绿色薄纱条带，并可能画有其他色彩。由于在池架下挂有"鱼"（铜鱼）及"水草"（振容），上有"水"（青布），因此柩车行进中会出现《礼记·丧服大记》所述"鱼跃拂池"的景象。

四、翣：详见襄二十五·一·七。翣并不是在送葬前就直接安装在灵柩外的棺饰，而是送葬时由人持举随行、用以遮蔽灵柩的仪仗器具，下葬时则放置在椁内的外棺顶上，或者竖立、倚靠在棺旁。

上海博物馆根据梁带村墓地考古资料制作的周代饰棺复原图见文器物图1。

文器物图 1.1　周代饰棺复原图,显示外棺、墙柳、池架(《饰棺之仪——对陕西韩城梁带村芮国墓地考古所见葬仪资料的复原》,2012 年)

文器物图 1.2　周代饰棺复原图,显示荒帷、串饰、振容、池(《饰棺之仪——对陕西韩城梁带村芮国墓地考古所见葬仪资料的复原》,2012 年)

【二】[穆伯]葬视共 gōng 仲。声已 jì 不视[棺],帷堂而哭。襄仲东门襄仲欲勿哭。惠伯叔仲惠伯曰:"丧,亲之终也。虽不能始,善终可也。史佚有言曰:'兄弟致美、救乏,贺善、吊灾,祭敬、丧哀，情虽不同，毋绝其爱，亲之道也。'子无失道，何怨于人？"
<u>襄仲</u>说(悦)，帅兄弟以哭之。

【葬视共仲】正 补 比照孟穆伯父亲共仲的葬礼规格安葬孟穆伯，父
子皆因其罪而比卿礼有所降低。闵二年共仲弑鲁闵公之后奔莒，同
年自缢而死；孟穆伯为己氏两次出奔莒，最终客死于齐。

【声己不视，帷堂而哭】正 补 声己不看［孟穆伯的灵枢］，将其置于
堂中，四周围上帷幕，而自己［则在帷幕外］哭泣。《礼记·杂记上》：
"朝夕哭，不帷。"声己不看其夫之枢，朝夕哭时仍帷堂，是怨恨孟穆伯
奔莒而从己氏。【声己】正 补 孟穆伯夫人戴己之娣，孟惠叔之母。
戴己在文七年前已卒。

【襄仲欲勿哭】正 杨 东门襄仲为孟穆伯从父兄弟，依礼应在孟穆伯
去世后服小功之丧五月（包括哭泣），此时已除丧。然而，此时孟穆伯
停棺待葬，依礼东门襄仲应重服其丧服，并率兄弟在堂下北面哭殡。
东门襄仲怨孟穆伯夺其妻（参见<u>文七·六</u>及<u>文八·五</u>），因此打算违
礼而不为孟穆伯哭泣。

【致美】补 致送美衣美食。

[三] 他年，其二子来。<u>孟献子</u>爱之，闻于国。或谮 zèn 之，曰：
"［二子］将杀子<u>孟献子</u>。"<u>献子</u>孟献子以告<u>季文子</u>。二子曰："夫子孟
献子以爱我闻，我以将杀子孟献子闻，不亦远于礼乎？远礼不如
死。"一人门于句鼆 měng，一人门于戾丘，皆死。

【其二子】正 孟穆伯在莒时与己氏生的两个儿子，参见<u>文十四·十
三·二</u>。

【谮】补 诬陷，中伤。

【一人……皆死】正 两人分别守卫鲁邑句鼆、戾丘城门，皆战死。

文公十五年·五

地理 鲁见文地理示意图1。

春秋 六月辛丑朔初一，日有食之。[我]鼓、用牲于社。

【朔】补 见桓三·五·春秋。

【日有食之】补 见隐三·一·春秋。

左传 "六月辛丑朔，日有食之。鼓、用牲于社"，[《春秋》书之，]非礼也。日有食之，天子不举，伐鼓于社；诸侯用币于社，伐鼓于朝，以昭事神、训民、事君，示有等威，古之道也。

【不举】杨 见庄十九—庄二十一庄二十一·六。

【等威】正 补 威仪的等级差别。指天子、诸侯地位不同，威仪应有差别。社为土地神坛。土为阴，故社主阴气。日食为阴侵阳，天子位尊于土地神，故可击鼓于社，以责阴而救阳。诸侯为天子守土之臣，位卑于土地神，不敢击鼓责阴，故用币于社，以请阴止而勿侵阳；在朝廷击鼓以示自责，并申明君臣尊卑大义。

○正 庄二十五年也发生了日食，鲁国也采用了与本年同样的救日食之礼。那年《左传》说"'六月辛未朔，日有食之。鼓、用牲于社'，[《春秋》书之，]非常也"，而本年《左传》说"[《春秋》书之，]非礼也"。杜预认为，这是由于庄二十五年日食实际上发生在七月辛未，七月不是常鼓之月，所以说"非常也"。本年日食的确发生在正阳之月，但是所行的不是诸侯之礼，而是僭用了周王之礼，所以说"非礼也"。

文公十五年·六

地理 周、齐、鲁见文地理示意图 1。周、单、齐、鲁见文地理示意图 3。

人物 单伯（文十四—文十五·春秋）

春秋 单伯至自齐。

左传 齐人许单伯请而赦之，使来致命。[《春秋》]书曰"单伯至自齐"，贵之也。

○ 正 补 文十四年单伯为鲁向齐请求遣送叔姬,被齐人扣留。今年齐人答应了单伯的请求,释放了他,使他能来鲁传达使命。据 桓二·五·二,则鲁君自外归国,若告于宗庙,则《春秋》书"公至自某"。单伯为鲁事而被齐人扣留,守节不移;获释之后,又不废礼,来鲁完成使命。鲁人珍视单伯,故将单伯之事告于宗庙,《春秋》因而书"单伯至自齐"。

文公十五年·七

地理 晋、蔡见文地理示意图 1。

人物 郤成子(僖三十三·五·一·一)、晋灵公(文六·四·二)

春秋 晋郤缺郤成子帅师伐蔡。戊申六月八日,入蔡。

左传 新城之盟,蔡人不与 yù。晋郤缺郤成子以上军、下军伐蔡,曰"君晋灵公弱,不可以怠"。"戊申,入蔡",以城下之盟而还。凡胜国,[《春秋》书]曰"灭之";获大城焉,曰"入之"。

【新城之盟,蔡人不与】 正 杨 新城之盟在文十四年(见 文十四·五)。先前从楚的陈、宋、郑都参加了这次盟会,表示转而从晋。只有蔡未参加,仍然为楚属国。

【君弱】 杨 晋君年少。据 文七·五分析,文七年晋灵公年龄是一岁左右,因此文十五年时晋灵公年龄是九岁左右。

【城下之盟】 杨 见 桓十二—桓十三·一。

文公十五年·八

地理 齐、鲁、晋、宋、卫、蔡、陈、郑、曹见文地理示意图 1。齐、鲁、晋、宋、卫、蔡、陈、郑、许、曹、扈见文地理示意图 3。

人物 季文子(文六·二·春秋)、晋灵公(文六·四·二)、宋前昭公

（<u>文七·二·二</u>）、卫成公（<u>僖二十五—僖二十六·春秋</u>）、蔡庄公（<u>僖二十一·三·春秋</u>）、陈灵公（<u>文十四·五·春秋</u>）、郑穆公（<u>僖三十三·五</u>）、许昭公（<u>文七·五</u>）、曹文公（<u>文十一·二·春秋</u>）、鲁文公（<u>文元·○</u>）

|春秋| 秋，齐人侵我西鄙。

<u>季孙行父</u><small>季文子</small>如晋。

冬，十有<small>（又）</small>一月，诸侯盟于扈。
【扈】|杨| 见<u>文七·五·春秋</u>。

|左传|【一】"秋，齐人侵我西鄙"，故<u>季文子</u>告于晋。

【二】冬，十一月，<u>晋侯</u><small>晋灵公</small>、<u>宋公</u><small>宋前昭公</small>、<u>卫侯</u><small>卫成公</small>、<u>蔡侯</u><small>蔡庄公</small>、<u>陈侯</u><small>陈灵公</small>、<u>郑伯</u><small>郑穆公</small>、<u>许男</u><small>许昭公</small>、<u>曹伯</u><small>曹文公</small>"盟于扈"，寻新城之盟，且谋伐齐也。齐人赂晋侯，故不克而还。于是[我]有齐难 nàn，是以公<small>鲁文公</small>不会。[《春秋》]书曰"诸侯盟于扈"，[诸侯]无能为故也。凡诸侯会，公不与 yù，[《春秋》]不书，讳君恶也；[公]与 yù 而[《春秋》]不书，[公]后也。

【寻新城之盟】|补| 重温文十四年新城之盟（见文十四·五）。
【书曰……故也】|正||补|《春秋》书"诸侯盟于扈"，不详细列举与会诸侯，是表明诸侯由于接受了齐人财礼，未能就伐齐达成一致，最终不能有所作为。
【后也】|正| 晚到。

文公十五年·九
|地理| 齐、鲁、周见文地理示意图 1。

人物 叔姬(文十四·三·一)

春秋 十有(又)二月,齐人来归子叔姬_{叔姬}。

左传 "齐人来归子叔姬",王故也。

　　○正 周王室卿大夫单伯守节不移,终达王命,使叔姬得归,故曰"王故也"。

文公十五年—文公十六年(文公十六年·一)

地理 齐、鲁、曹见文地理示意图 1。齐、鲁、曹、阳谷见文地理示意图 4。

人物 齐懿公(僖十七—僖十八·一)、季文子(文六·二·春秋)、鲁文公(文元·〇)、东门襄仲(僖二十五—僖二十六·春秋)

春秋 齐侯齐懿公侵我西鄙。[齐侯]遂伐曹,入其郛 fú。

【郛】补 见隐五·八·一。

十有(又)六年,春,季孙行父季文子会齐侯齐懿公于阳谷。齐侯弗及[季孙]盟。

【阳谷】杨 见僖三—僖四·春秋。

夏,五月,公鲁文公四不视朔。

【视朔】杨 见僖五·一。
〇正 鲁文公从正月开始有疾,缺席二月、三月、四月、五月视朔,故曰"四不视朔"。

六月戊辰四日,公子遂东门襄仲及齐侯齐懿公盟于郪 xī 丘。

【郪丘】正 杨 补 当在今山东淄博临淄区。齐地。

左传 [一·一] "齐侯侵我西鄙",谓诸侯不能也。"遂伐曹,入其郛",讨其来朝也。

[一·二] 季文子曰:"齐侯其不免[于难]乎!己则无礼,而讨于有礼者,曰'女(汝)何故行礼!'礼以顺天,天之道也。己则反天,而又以讨人,难以免矣。《诗》曰:'胡不相畏?不畏于天。'君

子之不虐幼贱，畏于天也。在《周颂》曰：'畏天之威，于时保之。'不畏于天，将何能保？[齐侯]以乱取国，奉礼以守，犹惧不终；多行无礼，弗能在矣！"

【胡不相畏？不畏于天】正补《毛诗·小雅·雨无正》有此句，可译为"为什么不互相敬畏？因为不敬畏上天"。

【畏天之威，于时保之】杨见文四·一·三·二。

【以乱取国】杨指文十四年齐懿公杀公子舍而自立。

【在】杨善终。

○正下启文十八年齐邴歜、阎职弑齐懿公(文十七一文十八·三)。

〖二〗十六年，春，王正月，[我]及齐平。公鲁文公有疾，使季文子会齐侯齐懿公于阳谷。[季文子]请盟，齐侯不肯，曰："请俟君鲁文公间 jiàn。"

【及齐平】补[鲁]与齐讲和。

【俟】补待。【间】正病愈。

〖三〗"夏，五月，公四不视朔"，[公]疾也。

〖四〗公鲁文公使襄仲东门襄仲纳赂于齐侯，故"盟于郪丘"。

文公十六年·二

地理鲁见文地理示意图 1。

人物声姜(僖十一·二·春秋)

春秋秋，八月辛未，夫人姜氏声姜薨。

【姜氏】正鲁僖公夫人，鲁文公之母。

[我]毁泉台。

【泉台】 杨 见庄三十一—庄三十一·春秋"台"。

左传 有蛇自泉宫出，入于国，如先君之数。秋，八月辛未八日，声姜薨 hōng。[我]"毁泉台。"

【泉宫】 补 位于郎邑，宫内有泉台。

【入于国】 杨 进入鲁都。

【如先君之数】 正 杨 补 蛇的条数与鲁先君数目相同。鲁自伯禽至僖公凡十七君，如此则入国之蛇亦应为十七条。

【毁泉台】 正 鲁人认为出自泉台的蛇妖导致了声姜去世，因此拆毁泉台。

文公十六年·三

地理 楚、秦见文地理示意图 1。楚、庸、麇、百濮、选、申、息、阪高、庐、方城（近庸）、临品、仞、阜山、句澨、石溪见文地理示意图 5。

人物 芳贾（僖二十七—僖二十八·一）、庐戢梨（僖二十七—僖二十八·三）、子扬窗、潘尪、蚡冒、楚庄王（文十四·十一·一）、斗椒（僖二十七—僖二十八·十一）

春秋 楚人、秦人、巴人灭庸。

【庸】 正 杨 补 商、周时国，是参加过武王伐纣的"《牧誓》八国"之一。在湖北竹山上庸镇北。文十六年被楚所灭，地入于楚为县。参见《图集》17—18③3、29—30④2。

左传 [一] 楚大饥。戎伐其西南，至于阜 fù 山，师于大林。[戎]又伐其东南，至于阳丘，以侵訾 zǐ 枝。庸人帅群蛮以叛楚。麇 jūn 人率百濮聚于选，将伐楚。于是申、息之北门不启。

【戎】正山夷。

【阜山】杨补山名,在今湖北房县西南。楚地。参见《图集》29—30⑤2。

【大林】正杨在今湖北荆门西北。楚邑。

【阳丘】正楚邑。【訾枝】正杨补楚邑。

【群蛮】杨补"蛮"是华夏诸国对于非华夏部族的通称之一。此群蛮,散居于湖北境内,其中靠近庸的一部蛮人为庸人所率伐楚。

【百濮】正补濮人为南方古族之一,商代已存在,是参加过武王伐纣的"《牧誓》八国"之一。濮人可能长期处于离散状态,各以邑落自聚,故称"百濮"。春秋时期可能分布在今湖北武当山区及周围地区,距麇不远。《图集》标注不准确,本书根据考证成果标注。

【于是……不启】正杨申、息为楚北境边防重镇,其北门不开,是为了防备中原诸国伺机进犯。

[二] 楚人谋徙于阪 bǎn 高。芳 wěi 贾曰:"不可。我能往,寇亦能往。不如伐庸。夫 fú 麇与百濮,谓我饥,不能师,故伐我也。若我出师,必惧而归。百濮离居,将各走其邑,谁暇谋人?"[楚]乃出师。

【楚人谋徙于阪高】补从《楚居》记载可知(见桓二·三),春秋时期,楚人都邑郢迁徙十分频繁,本来就没有固守一个都邑的思维定式,因此谋划迁都也在情理之中。【阪高】正杨补在今湖北当阳东北。楚地。参见《图集》29—30⑥4。

【离居】杨散居。

○补如桓二·三所述,春秋时期郢都位置有争论,有蛮河下游周代聚落群(文地理示意图5"楚?")、沮漳河中游周代聚落群(文地理示意图5"睢水""漳水"中游)两派主要观点。本段提到,楚人受到来自西北方向的庸、麇等国的逼迫,考虑把郢都迁徙到阪

高以避祸;另外,阜山位于楚国核心区西南。如果郢都在沮漳河
中游聚落群,该地与阪高邻近,迁徙到阪高基本上起不到什么躲
避的作用,而且阜山无论如何不可能在楚国核心区西南,而是在
西北。如果郢都在蛮河下游聚落群,那么迁徙到阪高的确是长
距离南迁以避祸,而且阜山也完全有可能在楚国核心区西南。
因此,这段所描述的郢都方位支持蛮河下游聚落群说。

【三】旬有五日,百濮乃罢。［楚师］自庐以往,振廪 lǐn 同食。［楚师］
次于句 gōu 澨 shì,使庐戢 jí 梨侵庸,及庸方城。

【自庐以往,振廪同食】 正 杨 楚师自郢都伐庸,必经庐邑。楚师自
郢至庐,食用的是自备军粮。自庐之后,则一路上打开粮仓让将士们
一起食用。振,散。**【庐】** 补 见桓十二—桓十三・二・二"卢戎"。
【句澨】 正 杨 补 在今湖北丹江口均县镇西。楚地,在楚西界。参
见《图集》29—30④3。
【方城】 正 杨 补 在湖北竹山东。庸地。参见《图集》29—30④2。

庸人逐之,囚子扬窗,[子扬窗]三宿而逸,曰:"庸师众,群蛮聚
焉。不如复大师,且起王卒,合而后进。"师叔潘尪曰:"不可。
[我]姑又与之庸人遇以骄之。彼骄、我怒,而后可克,先君蚡 fén
冒所以服陉隰 xí 也。"

【子扬窗】 正 庐戢梨属官。
【复大师】 杨 重新起用驻扎在句澨的楚师主力。
【王卒】 补 楚王直属部队。
【师叔】 正 补 潘尪。潘氏,名尪,字师,排行叔。潘崇(文元・四・
二)之子。楚大夫。
【遇】 补 战。
【蚡冒】 杨 补 芈姓,熊氏,名率(据清华简一《楚居》),号蚡冒。若敖
(僖二十七—僖二十八・十一)之子(据《楚居》)。隐元年前三十五年

即位,在位十七年。隐元年前十九年卒。【陉隰】正 补古国,可能在蚡冒"筚路蓝缕"开拓的地区(参见宣十二・一・七)。

[楚师]又与之遇,七遇[楚师]皆北,唯裨 bì、鯈 chóu、鱼人实逐之。庸人曰"楚不足与战矣",遂不设备。

【北】正 杨败北。

【裨、鯈、鱼】正 杨皆为庸邑,或为庸所率群蛮。

○补见于《左传》的"滋"有楚句滋、楚漳滋(宣四・五・三)、宋睢滋(成十五・六・四)、楚薳滋(昭二十三・三)、楚雍滋(定三—定四・十二)。有学者认为,"滋"是一个有楚地域特色的地名命名方式,其本义可能是河水弯曲处受侵蚀而形成的高台地,多位于两条河流交汇处。

【四】楚子楚庄王乘驲 rì,会师于临品,分为二队——子越斗椒自石溪,子贝自仞——以伐庸。秦人、巴人从楚师。群蛮从楚子盟。遂灭庸。

【驲】正 补运送人员、传递信息的快车,参见僖三十二—僖三十三・四。

【临品】正 杨 补在今湖北丹江口南。参见《图集》29—30④3。

【石溪】正 杨 补入庸之道。在今湖北丹江口西南。参见《图集》29—30④3。

【仞】正 杨 补入庸之道。在今湖北丹江口西。参见《图集》29—30④2。

○补笔者对灭庸之役的重要意义有详细分析,请见专著《不服周:楚国的奋斗与沉沦》(出版中,暂定书名)相关章节。

文公十六年—文公十七年(文公十七年·一)

地理 宋、晋、卫、陈、郑见文地理示意图 1。宋、晋、卫、陈、郑、孟诸泽见文地理示意图 3。

人物 宋前昭公(文七·二·二)、公子鲍/宋文公、宋桓公(庄十一·二·二·二)、宋襄夫人(文八·七)、华元、公孙友(文七·二·一)、华耦(文九·二·二)、鳞瞤(文七·二·一)、荡意诸(文八·七·春秋)、公子朝、公子荡(文七·二·一)、公孙寿、公子须、荡虺、中行桓子(僖二十七—僖二十八·三)、孔庄子(文元·三·一)、孔宁、石楚

春秋 冬,十有(又)一月,宋人弑其君杵臼^{宋前昭公}。

十有七年,春,晋人、卫人、陈人、郑人伐宋。

左传 【一·一】宋公子鲍礼于国人。宋饥,[公子鲍]竭其粟而贷之。年自七十以上,[公子鲍]无不馈诒也,时加羞珍异。[公子鲍]无日不数 shuò 于六卿之门。国之材人,[公子鲍]无不事也;亲,自桓^{宋桓}公以下,[公子鲍]无不恤也。**公子鲍美而艳,襄夫人**^{宋襄夫人}**欲通之,而不可,乃助之施。昭公**^{宋前昭公}**无道,国人奉公子鲍以因夫人。**

【公子鲍】正 补 后为宋文公。子姓,名鲍,谥文。宋成公(僖二十四·四)之子、宋前昭公(文七·二·二)之弟。文十七年即位,在位二十二年。成二年卒。【国人】补 见《知识准备》"国野制"。

【粟】补 见僖十三·二,此处不能确定是狭义还是广义。

【馈诒】正 补 近义词连用,都是赠予的意思。

【羞】正 进献。

【数】正 杨 屡次造访。

【六卿】补 右师、左师、司马、司徒、司城、司寇。

【材人】正 有贤才之人。

【桓】正宋桓公,公子鲍曾祖。

【美而艳】参见桓元—桓二·一·一。

【襄夫人】正宋襄公夫人,公子鲍嫡祖母。

【国人……夫人】补国人拥护公子鲍以依附于宋襄夫人。

[一·二] 于是华元为右师,公孙友为左师,华耦为司马,鳞矔_{guàn}为司徒,荡意诸为司城,公子朝为司寇。

【华元】正补子姓,华氏,名元,华御事(文七·二·一)之子,华耦(文九·二·二)之弟。宋大夫,官至执政卿(继华耦)。文十七年已任右师(卿职)。宣二年被郑人所俘,同年逃归于宋。成十五年奔晋,同年归于宋。【右师】补见文七·二·一。

【左师】补见僖九·三。

【司马】补见隐三·六·一·一。

【司徒】补见文七·二·一。

【司城】补见文七·二·一。

【公子朝】补子姓,名朝。宋大夫,官至卿位。文十七年已任司寇(卿职)。【司寇】补见文七·二·一。

初,司城荡_{公子荡}卒,公孙寿辞司城,请使意诸_{荡意诸}为之。既而_[寿]告人曰:"君_{宋前昭公}无道,吾官近,惧及_[于难]焉。_[吾]弃官,则族无所庇。子_{荡意诸},身之贰也,姑纾死焉。虽亡子,犹不亡族。"

【公孙寿】正补子姓,名寿。公子荡(文七·二·一)之子,宋桓公(庄十一·二·二·二)之孙。

【子,身……死焉】正杨补儿子(荡意诸),是我的陪贰,姑且[让他代替我,从而]缓解我的死难。陪贰参见昭三十二·六·二。纾,缓。

[二·一] 既,夫人_{宋襄夫人}将使公_{宋前昭公}田孟诸而杀之。公知之,尽以宝行。荡意诸曰:"盍_(何不)适诸侯?"公曰:"_[寡人]不能其

大夫至于君祖母宋襄夫人以及国人，诸侯谁纳我？且既为人君，而又为人臣，不如死。"[公]尽以其宝赐左右而使行。

【田】补打猎。【孟诸】杨见僖二十七—僖二十八·二十二·一。

【适】补往。

【不能】杨不得，与诸人不睦。能，得。【君祖母】正杨宋襄夫人为宋前昭公嫡祖母。

【尽以……使行】正补［宋前昭公没有出奔，而是］将全部财宝赐予左右侍从，使他们离去。

[二·二] 夫人使谓司城荡意诸去公。[司城]对曰："臣之而逃其难nàn，若后君何？"

【去公】补离开宋前昭公。

【臣之】补做［君主的］臣子。

[三] 冬，十一月甲寅二十二日，宋昭公宋前昭公将田孟诸。[公]未至，夫人王姬宋襄夫人使帅甸攻而杀之。荡意诸死之。[《春秋》]书曰"宋人弑其君杵臼"，君无道也。

【帅甸】杨补宋外朝官。

【书曰……道也】正补据宣四·三·一·二，则《春秋》书"宋人弑其君杵臼"，只书被杀国君之名，而弑君者以"宋人"代之，是表明国君无道。

[四] 文公宋文公即位，使母弟须公子须为司城。华耦卒，而使荡虺huǐ为司马。

【母弟须】补公子须。子姓，名须。宋成公之子，宋文公同母弟。宋大夫，官至卿位。文十七年任司城（卿职）。文十八年被宋文公所杀。

【母弟】补同母弟，胞弟。

【荡虺】正补子姓，荡氏，名虺。公孙寿之子，荡意诸（文八·七·

春秋)之弟。宋大夫，官至卿位。任司马(卿职)。

○杨 宋文公即位在文十七年，此处《左传》为探后而终言之。

【五】十七年，春，晋荀林父 fù，中行桓子、卫孔达 孔庄子、陈公孙宁 孔宁、郑石楚伐宋，讨曰："何故弑君 宋前昭公！"[诸侯]犹立文公 宋文公而还。卿不书[于《春秋》]，失其所也。

【公孙宁】补 孔宁。妫姓，孔氏，名宁。陈大夫，官至卿位。宣十年奔楚。宣十一年楚庄王纳之于陈。

【石楚】补 石氏，名楚。郑大夫，官至卿位。文十年为质于晋。

【卿不书，失其所也】正 杨 补《春秋》没有记载诸国卿大夫的名氏，是因为他们失去了伐宋的本来立场。

○补 据宣元·五·一·一，此次"宋及晋平，宋文公受盟于晋"，晋人"受赂而还"。

○补 传世文献对读：《国语·晋语五》叙赵宣子请师伐宋之事，可扫码阅读。

○补 笔者对于此次晋伐宋背后赵宣子与晋灵公之间的博弈有详细分析，请见专著《虎变：晋国大族的兴盛与衰亡》(出版中，暂定书名)相关章节。

文公十七年·二

地理 鲁、齐见文地理示意图 1。

人物 声姜(僖十一·二·春秋)

春秋 夏，四月癸亥 四日，葬我小君声姜。

【小君】补 见庄二十二·二·春秋。

[左传]夏,四月癸亥[四日],[我]葬声姜。有齐难[nàn],是以缓。

【有齐难,是以缓】[正][杨]声姜薨于文十六年八月,依礼制应在五个月内安葬。由于当时齐屡次伐鲁,因此拖延至九个月后方才安葬,于礼为缓。

文公十七年·三

[地理]齐、鲁见文地理示意图 1。齐、鲁、谷见文地理示意图 4。

[人物]齐懿公([僖十七—僖十八·一])、鲁文公([文元·○])、东门襄仲([僖二十五—僖二十六·春秋])

[春秋]齐侯[齐懿公]伐我西鄙。

○[正]下文《左传》引《春秋》作"齐侯伐我北鄙"。杜注认为,"西"为"北"之误。齐懿公伐鲁北鄙,鲁文公因与齐懿公盟于谷,谷正在鲁北。孔疏引服注认为,齐懿公曾两次伐鲁,《春秋》书伐西鄙之役,《左传》书伐北鄙之役。

六月癸未,公[鲁文公]及齐侯[齐懿公]盟于谷。

【谷】[杨]见庄七·四·春秋。

[左传]"齐侯伐我北鄙",襄仲[东门襄仲]请盟。六月,"盟于谷"。

○[正]晋不能救鲁,故鲁请服于齐。

文公十七年·四

[地理]晋、宋、鲁、齐、郑、楚、蔡、陈见文地理示意图 1。晋、宋、鲁、齐、郑、蔡、陈、黄父、扈见文地理示意图 3。

[人物]晋灵公([文六·四·二])、鲁文公([文元·○])、郑穆公([僖三十·

三·五)、公子归生(文二·六)、赵宣子(僖二十三—僖二十四·一·二)、蔡庄公(僖二十一·三·春秋)、晋襄公(僖三十三·三·一)、侯宣多(僖二十四·五·二)、太子夷、陈共公(僖二十七—僖二十八·春秋)、陈灵公(文十四·五·春秋)、烛之武(僖三十·三·二)、郑文公(庄十九—庄二十一—庄二十一·十一·二)、巩朔、赵穿(文十二·五·三)、公婿池(文七—文八·二)

春秋 诸侯会于扈。

【扈】 补 见文七·五·春秋。

左传 【一】 晋侯晋灵公蒐 sōu 于黄父，遂复合诸侯于扈，平宋也。公鲁文公不与 yù 会，齐难 nàn 故也。[《春秋》]书曰"诸侯"，无功也。

【蒐】 补 见僖二十七—僖二十八·三。【黄父】 杜 杨 补 在今山西翼城东北六十五里。晋地。参见《图集》22—23⑥9。

【平宋也】 补 这是为了平定宋乱的缘故。

【书曰"诸侯"，无功也】 正 补 《春秋》书"诸侯"，不列出与会诸侯名氏，是表明扈之会没有取得实质性成果。

【二】 于是，晋侯晋灵公不见郑伯郑穆公，以为贰于楚也。郑子家公子归生使执讯而与之书，以告赵宣子，曰：

【执讯】 正 补 郑外朝官，掌管传递文书信件。

"寡君郑穆公即位三年文二年，召蔡侯蔡庄公而与之事君晋襄公。九月，蔡侯入于敝邑以行。敝邑以侯宣多之难，寡君是以不得与蔡侯偕。十一月，[寡君]克减侯宣多，而随蔡侯以朝于执事。

【蔡侯入于敝邑以行】 正 补 蔡侯进入我国，以与[我国君主一起]出发[前往贵国朝见]。

【侯宣多之难】 正 杨 补 侯宣多有拥立郑穆公之功，参见僖三十·

三·五及宣三·八·二·五。应是郑穆公即位后，侯宣多恃宠专权，进而作乱，故称"侯宣多之难"。此事详情《左传》不载。

【偕】 补 同行。

【克】 补 成功。【减】 杨 绝。

【朝】 补 见隐四·二·七·一。

"十二年文十一年六月，归生公子归生佐寡君之嫡夷太子夷，以请陈侯陈共公于楚，而朝诸君晋灵公。十四年文十三年，七月，寡君又朝，以蒇chǎn陈事。十五年文十四年五月，陈侯陈灵公自敝邑往朝于君。

【夷】 正 杨 补 太子夷，后为郑灵公。姬姓，名夷，字貉（昭二十八·四·四），一字蛮，初谥幽，后改谥灵。郑穆公（僖三十·三·五）之子，姚（昭二十八·四·四）所生。宣四年即位，同年被公子宋、公子归生所弑。

【诸】 补 于。

【寡君又朝，以蒇陈事】 杨 补 我国君主又来贵国朝见，以完成［使］陈［臣服于晋之］事。蒇，完成。

"往年文十六年正月，烛之武往，朝夷也。八月，寡君又往朝。

【烛之武往，朝夷也】 正 补 烛之武前往贵国（晋），陪同太子夷前往朝见贵国君主。

"以陈、蔡之密迩于楚，而不敢贰焉，则敝邑之故也。虽敝邑之事君，何以不免［于难］？［寡君］在位之中，一朝于襄晋襄公，而再见于君。夷与孤之二三臣相及于绛。虽我小国，则蔑以过之矣。今大国曰：'尔未逞吾志。'敝邑有亡，无以加焉。

【密迩】 正 补 紧邻。

【一朝于襄】 正 指文三年十一月郑穆公朝见晋襄公。

【再见于君】正指文十四年七月、文十六年八月郑穆公两次朝见晋灵公。

【夷与……于绛】正杨补太子夷和我国君主的诸位大臣（如公子归生、烛之武等）都相继前往晋都［朝见］。【孤】正补称孤之例在桓十二—桓十三·二·二。郑穆公对晋以小国自居，故称"孤"。

【绛】正补晋都，见庄二十五—庄二十六·二。

【蔑】杨无。

【尔未逞吾志】杨补你还是没能让我快意。

"古人有言曰'畏首畏尾，身其余几'，又曰'鹿死不择音。'小国之事大国也，[大国]德，[小国]则其人也；[大国]不德，[小国]则其鹿也，铤而走险，急，何能择？[君]命之罔极，[敝邑]亦知亡矣。[敝邑]将悉敝赋，以待于鯈 chóu。唯执事命之。

【畏首畏尾，身其余几】正补怕头怕尾，剩下来的身子还有多少？

【鹿死不择音】正补服注解"音"为本字，整句解为"鹿在临死时顾不上选择［美好的］鸣叫声"。这句话是先秦谚语，参见《庄子·人间世》"兽死不择音，气息茀然，于是并生心厉"。

【小国……能择】正杨补小国事奉大国，[如果大国]以德相待，[小国]就是大国的人；[如果大国]不以德相待，[小国]就是大国的鹿，狂奔冒险，急迫的时候哪里还能选择？铤，疾速奔跑貌。

【命之罔极，亦知亡矣】正杨补[贵国的]命令毫无准限，[我们]也知道面临灭亡了。

【将悉敝赋，以待于鯈】正补将调动我国全部军队，在鯈地驻扎。此为外交辞令，言下之意是将以军队拒晋。赋，军赋，引申为军队。鯈，郑地，位于晋、郑边境。

"文公郑文公二年庄二十三年六月壬申二十日，[敝邑]朝于齐。四年庄二十五年二月壬戌，[敝邑]为齐侵蔡，亦获成于楚。[敝邑]居大国之间，而从于强令，岂其罪也？大国若弗图，无所逃命。"

【壬戌】 正 杨 据杜预、王韬所推春秋历,庄二十五年二月无壬戌。

【为齐……于楚】 补 我国为齐人侵蔡,也从楚获得和解[的结果]。此事庄二十五年《春秋》《左传》不载。

【居大……罪也】 杨 补 我国处于大国之间,而屈从于强加的命令[而不能专一事奉某国],难道是我们的罪过吗? 本段追引齐桓公为霸主时之事,表明当时郑虽事齐,却也与楚和解。当时齐桓公既不怪罪郑,则如今晋灵公亦不应强求郑一心事晋。

晋巩朔行成于郑,赵穿、公婿池为质焉。

【巩朔】 杨 补 巩氏,名朔,排行伯。晋大夫,官至卿位。宣十二年任上军大夫,成三年任新上军帅(卿职),成八年可能已任新中军帅(卿职)。

【行成】 补 请求讲和修好。霸主向小国"行成"非常罕见,此次晋刻意放低身段,求和纳质,应该是为了取得郑国的归顺。参见隐六·一。

○ 补 下启本年郑太子夷、石楚为质于晋(文十七·六)。

○ 补 笔者对于此次黄父之会背后赵宣子与晋灵公之间的博弈有详细分析,请见专著《虎变:晋国大族兴衰启示录》(出版中,暂定书名)相关章节。

文公十七年·五

地理 鲁、周见文地理示意图 1。鲁、周、甘、谷、邧垂见文地理示意图 3。

人物 鲁文公(文元·○)、甘歜

春秋 秋,公鲁文公至自谷。

○ 正 此条《春秋》无对应《左传》。

左传 秋，周甘歜 chù 败戎于邥 shěn 垂，乘其饮酒也。

【甘歜】 正 杨 补 姬姓，甘氏，名歜。甘昭公（僖七—僖八·一）之后。周王室大夫。

【邥垂】 正 杨 补 在今河南伊川平等乡古城村西南、银河以北。周地。参见《图集》22—23⑪17。

○ 正 下启成元年晋景公使詹嘉平戎于王（成元·一·一）。

文公十七年·六

地理 郑、晋见文地理示意图1。

人物 太子夷（文十七·四·二）、石楚（文十六—文十七·五）

左传 冬，十月，郑大（太）子夷太子夷、石楚为质于晋。

文公十七年—文公十八年(文公十八年·一)

地理 鲁、齐、秦、蔡见文地理示意图1。

人物 东门襄仲(僖二十五—僖二十六·春秋)、鲁文公(文元·〇)、秦康公(僖十五·八·一·六)、齐懿公(僖十七—僖十八·一)、叔孙庄叔(文元·二·四)、太子恶、出姜(文四·一·春秋)、叔仲惠伯(文七·六·三)、卜楚丘(闵二·三·四·一)、邴歜、阎职、公子元/齐惠公(僖十七—僖十八·一)、敬嬴、鲁宣公、公子视、公冉务人

春秋 冬,公子遂东门襄仲如齐。

十有(又)八年,春,王二月丁丑二十三日,公鲁文公薨于台下。
〇杨《春秋》书"公薨于台下",表明鲁文公去世不在路寝(见庄三十二·四·春秋),应是非正常死亡。

秦伯罃 yīng,秦康公卒。
〇正 此条《春秋》无对应《左传》。

夏,五月戊戌十五日,齐人弑其君商人齐懿公。
〇正 补 据宣四·三·一·二,则臣弑君,若《春秋》只书国君之名(商人),而弑君者则以"某人"代之,则表明国君齐懿公无道。邴歜、阎职非卿,其名本不得书于《春秋》,如果《春秋》要归罪于这两人,则应书"盗杀其君商人",如同哀四年"盗杀蔡侯申"(哀四·一·春秋)。

六月癸酉二十一日,葬我君文公鲁文公。

秋,公子遂东门襄仲、叔孙得臣叔孙庄叔如齐。
〇正 二卿至齐各有使命,互相没有从属辅佐关系,故《春秋》并书二

人名氏。

冬，十月，子_{太子恶}卒。

【子】楊 補太子恶。姬姓，名恶。鲁文公（文元·〇）嫡长子，出姜（文四·一·春秋）所生。文十八年被东门襄仲所杀。

夫人姜氏_{出姜}归于齐。

左传【一】襄仲_{东门襄仲}如齐，拜谷之盟。［襄仲］复，曰："臣闻齐人将食鲁之麦。以臣观之，将不能。齐君_{齐懿公}之语偷。臧文仲有言曰：'民主偷，必死'。"

【谷之盟】補见文十七·三。
【偷】正苟且。

【二】十八年，春，齐侯_{齐懿公}戒师期，而有疾。医曰："不及秋，将死。"公_{鲁文公}闻之，卜，曰："尚无及期！"惠伯_{叔仲惠伯}令龟。卜楚丘占之曰："齐侯不及期［而死］，非疾也。君_{鲁文公}亦不闻。令龟_{叔仲惠伯}有咎。"二月丁丑_{二十三日}，公薨 hōng。

【戒师期】正 楊发令下达了出兵伐鲁日期。
【医】補齐内朝官，掌诊治疾病。
【卜】補见《知识准备》"补"。
【尚无及期】正 楊 補但愿［他］不到出师日期［就死］！尚，表希冀的副词。
【令龟】正 補即命龟，占卜前将要卜问的事情致告龟甲。《仪礼·士丧礼》载卜葬命龟之辞曰："哀子某，来日某，卜葬其父某甫，考降，无有近悔。"为周时命龟之辞一例。参见《知识准备》"卜"。
【齐侯不及期，非疾也】補齐侯不到出师日期［就会死去］，但不是由于疾病。这暗示齐懿公将死于内乱。

【君亦不闻】正补 国君也听不到[齐侯的死讯了]。这暗示鲁文公会先于齐懿公去世。

【令龟有咎】正 命龟之人(叔仲惠伯)将有灾祸。

〔三·一〕齐懿公之为公子也,与邴 bǐng 歜 chù 之父争田,弗胜。及[公]即位,乃掘[邴歜之父墓]而刖 yuè 之,而使歜邴歜仆。[公]纳阎职之妻,而使职阎职骖乘 chéng。

【争田】杨 争夺田地。《史记·齐太公世家》解读成田猎争夺猎物,误。

【及即……歜仆】正杨 等到[齐懿公]即位以后,就挖出[邴歜父亲的尸体]并砍断双脚,之后又使邴歜做他的御者(驾车人)。

【骖乘】补 见《知识准备》"车马"。

〔三·二〕夏,五月,公齐懿公游于申池。二人浴于池,歜以扑抶 chì 职,职怒。歜曰:"人夺女(汝)妻而不怒,一抶女(汝),庸何伤!"职曰:"与刖其父而弗能病者何如?"[二人]乃谋,弑懿公齐懿公,纳诸(之于)竹中。[二人]归,舍 shě 爵而行。齐人立公子元。

【申池】正杨 齐都临淄南城西门名申门,门外附近有池,当即此地。在今山东淄博临淄区西。

【二人】补 邴歜、阎职。

【扑】正杨 打马用的竹鞭。【抶】正 笞击。

【庸何】杨 近义词连用,庸,何。

【与刖……何如】正补 比砍了他父亲的脚而不敢怨恨的人怎么样?

【归,舍爵而行】正杨 [二人]回去,以爵盛酒祭告宗庙,然后出走。这说明齐人厌恶齐懿公,无人讨贼,因此二人得以从容出奔。舍爵参见定八·七·五·二"辨舍爵于季氏之庙"。

【齐人立公子元】杨 据《史记·齐太公世家》,则公子元是少卫姬之子,先前避齐乱而出奔在卫,此时齐人废齐懿公之子,而迎公子元于卫而立之。

○[补]传世文献对读：《论语·八佾》："子曰：'居上不宽，为礼不敬，临丧不哀，吾何以观之哉？'"此为"居上不宽"之例。

【四】六月，葬文公_{鲁文公}。

【五·一】秋，襄仲_{东门襄仲}、庄叔_{叔孙庄叔}如齐。惠公_{齐惠公}立故，且拜葬也。

【惠公立故，且拜葬也】[正]鲁二卿至齐，各有使命，东门襄仲贺齐惠公立，叔孙庄叔拜谢齐人参加鲁文公葬礼。

【五·二】文公_{鲁文公}[元妃出姜，生恶及视]，二妃敬嬴，生宣公_{鲁宣公}。敬嬴嬖 bì，而私事襄仲。宣公长 zhǎng，而[敬嬴]属（嘱）诸（之于）襄仲。襄仲欲立之_{鲁宣公}，叔仲_{叔仲惠伯}不可。仲_{东门襄仲}见于齐侯_{齐惠公}而请之。齐侯新立，而欲亲鲁，许之。

【敬嬴】[杨][补]嬴姓，谥敬。鲁文公（文元·○）妾，鲁宣公、叔肸（宣十七·二·春秋）之母。文十八年鲁文公原配夫人出姜（文四·一·春秋）大归于齐后升为夫人。宣八年卒。

【宣公】[正][杨][补]鲁宣公。姬姓，名俀（或作倭），谥宣。鲁文公庶子，敬嬴所生。宣元年即位，在位十八年。宣十八年卒。

【嬖】[补]得宠。

【仲见于齐侯而请之】[补]东门襄仲见齐惠公时，请求[齐认可其废太子恶而立公子俀的图谋]。

【齐侯……许之】[正][补]鲁太子恶为齐女出姜之子，齐惠公之所以愿意废掉他而立公子俀，是因为太子恶于礼本应即位，不需齐惠公拥立。公子俀若得齐惠公拥立而即位，无论是公子俀，还是权臣东门襄仲，都会格外感激齐惠公。齐惠公自己也刚即位，君位尚未稳定，因此不愿也不能继续齐懿公用武力制服鲁的政策，而是希望转变为亲近鲁国君主和掌握实权的东门襄仲,成为他们的外援和恩主,因此答应支持东门襄仲废太子而立公子俀。

【六】冬,十月,仲_{东门襄仲}杀恶_{太子恶}及视_{公子视},而立宣公_{鲁宣公}。[《春秋》]书曰"子卒",讳之也。

【视】正 补 公子视。姬姓,名视。鲁文公之子,太子恶同母弟,出姜(文四·一·春秋)所生。文十八年被东门襄仲所杀。

【书曰"子卒",讳之也】正 补 新君称"子"之例参见僖八—僖九·二。此时鲁文公已葬,按例太子恶应称君。《春秋》记载为"子卒",好像太子恶尚未成君,而且是自然死亡,这是为了避讳国恶。

【七】仲_{东门襄仲}以君命召惠伯_{叔仲惠伯}。

其宰公冉务人止之,曰:"入,必死。"

【宰】杨 补 家宰,鲁卿大夫家臣之长,其职掌事务有:一、掌率卿大夫私家军;二、辅佐家主参与政治;三、为家主安排葬礼。

叔仲_{叔仲惠伯}曰:"死君命可也。"

公冉务人曰:"若君命,可死;非君命,何听?"

[惠伯]弗听,乃入。[仲]杀[惠伯],而埋之马矢(屎)之中。公冉务人奉其_{叔仲惠伯}帑 nú(孥)以奔蔡,既而复叔仲氏。

【帑】补 妻儿。

【八】"夫人姜氏归于齐",大归也。[姜氏]将行,哭而过市曰:"天乎! 仲_{东门襄仲}为不道,杀嫡立庶!"市人皆哭。鲁人谓之"哀姜"。

【大归】正 杨 出嫁女回娘家而不复还为"大归"。出姜夫君已去世，两子皆已被东门襄仲所杀，故出姜不得不大归。

【不道】补 无道。

○ 杨 补 据昭三十二·六·二，"鲁文公薨，而东门遂杀适立庶，鲁君于是乎失国，政在季氏"，则鲁公室从此一蹶不振，政权下移至卿大夫，最终归于三桓，而以季氏为首。下文太史克把季文子与虞舜相比，声称季文子驱逐莒太子仆，"于舜之功，二十之一也"，其上升势头可见一斑。

○ 补 **传世文献对读**：《公羊传·成公十五年》亦叙此事，其中东门襄仲（公子遂）与叔仲惠伯谈判细节为《左传》所无，可扫码阅读。

文公十八年·二

地理 鲁、齐见文地理示意图1。

人物 季文子（文六·二·春秋）

春秋 季孙行父季文子如齐。

文公十八年·三

地理 鲁见文地理示意图1。莒、鲁见文地理示意图4。

人物 莒纪公、太子仆、公子佗、鲁宣公（文十七—文十八·五·二）、季文子（文六·二·春秋）、太史克、臧文仲（庄十一·二·二·二）、周公旦（隐八·二）、颛顼、苍舒、隤敳、梼戭、大临、尨降、庭坚、仲容、叔达、帝喾、伯奋、仲堪、叔献、季仲、伯虎、仲熊、叔豹、季狸、唐尧、虞舜（僖三十三·五·二·一）、黄帝（僖二十五·二·一）、浑敦、少暤、穷奇、梼杌、缙云氏、饕餮

|春秋| 莒 jǔ 弑其君庶其莒纪公。

【庶其】|补| 莒纪公。己姓,名庶其,号纪。莒兹丕公(僖二十五—僖二十六·春秋)之子。文十八年被太子仆所弑。

○|正||补| 据宣四·三·一·二,则臣弑君,《春秋》只书国君之名,而弑君者则以其国代之,则表明莒纪公无道。

|左传|【一】 莒纪公生大(太)子仆,又生季佗公子佗。[纪公]爱季佗而黜仆太子仆,且多行无礼于国。仆因国人以弑纪公莒纪公,以其宝玉来奔,纳诸(之于)宣公鲁宣公。公鲁宣公命与之邑,曰:"今日必授。"季文子使司寇出诸(之于)竟(境),曰:"今日必达。"

【大子仆】|补| 太子仆。己姓,名仆。莒纪公之子。文十八年奔鲁,被逐出。

【季佗】|杨||补| 公子佗,后为莒渠丘公。己姓,名佗(一说名朱),号渠丘,排行季。莒纪公之子,太子仆之弟。宣元年即位,在位三十二年。成十三年卒。

【黜】|杨| 废。【国人】|补| 见《知识准备》"国野制"。

【季文子使司寇出诸竟】|杨||补| 季文子命令司寇[将太子仆]逐出鲁境。【司寇】|补| 鲁外朝官,卿职,分管刑罚,其职掌事务有:一、掌管刑罚,纠察寇盗;二、驱逐罪臣;三、掌管狱讼;四、率师征伐;五、礼仪职能。

【今日必达】|杨||补| 今天一定要执行。

【二】 公问其故。季文子使大(太)史克对曰:

【大史克】|杨||补| 太史克。里氏,名克(《国语》曰名"革")。鲁太史。【大史】|补| 太史,鲁内朝官,其职掌事务有:一、在祭祀时掌祭辞;二、掌档案文书,三、掌历法;四、做鲁君顾问,为之出谋划策;五、参与外交事务。

"先大夫臧文仲教行父〔fǔ，季文子〕事君之礼——行父奉以周旋，弗敢失队（坠）——曰：'见有礼于其君者，事之，如孝子之养父母也；见无礼于其君者，诛之，如鹰鹯〔zhān〕之逐鸟雀也。'

【鹰鹯】杨 补 皆为猛禽。杜甫《秋日夔府咏怀奉寄郑监李宾客一百韵》"戮力效鹰鹯"典出于此。

"先君周公〔周公旦〕制《周礼》曰：'则以观德，德以处事，事以度〔duó〕功，功以食〔sì〕民。'作《誓命》曰：'毁则为贼，掩贼为藏，窃贿为盗，盗器为奸。主藏之名，赖奸之用，为大凶德，有常无赦，在《九刑》不忘（妄）。'

【先君周公】补 从太史克称周公旦为"先君"，可见鲁始封君为周公旦，而并不是他的儿子伯禽。

【则以……食民】正 杨 补 准则用来观察德行，德行用来处理事务，事务〔成效〕用来度量功劳，功劳用来养育民众。德为中性词，有吉有凶，见下文。度，量。食，养。

【掩】正 匿。【贿】正 财。【器】正 杨 宝物。

【主藏……不忘】正 杨 补 有隐匿贼人的名声，以奸人的宝器为利，这是很大的凶德，〔国家对此〕有规定的刑罚，不能赦免，根据《九刑》〔定罪〕而不过度。【九刑】正 杨 据昭六·三·二"周有乱政，而作《九刑》"，则《九刑》是西周刑律，今已不存。九刑，包括墨、劓、刖、宫、大辟五刑，以及流、赎、鞭、扑四刑。

"行父还〔xuán〕观莒仆〔太子仆〕，莫可则也。孝、敬、忠、信为吉德，盗、贼、藏、奸为凶德。夫莒仆，则其孝敬，则弑君父矣；则其忠信，则窃宝玉矣。其人，则盗贼也；其器，则奸兆（佻）也。〔君若〕保而利之，则主藏也。以训则昏，民无则焉。〔莒仆〕不度（宅）于善，而皆在于凶德，是以〔行父〕去之。

【莫可则也】补 没有什么可以取法的。

【则其孝敬,则弑君父矣】补[如果]取法他的孝敬,那么[他是]杀了君父的[,不可取法]。

【奸兆】杨 即奸佻,盗器为奸,偷为佻。

【保而利之,则主藏也】杨 补 如果保护[这个人]而以[他进献的器物]为利,那就是隐匿贼人。

【以训则昏,民无则焉】杨 补 以此来训导[民众,]就会造成昏乱,使民众失去准则了。

【不度……去之】正 杨 补[太子仆的这些行为]都不在吉德一类,而都属于凶德,因此[我下令]把他赶走。度,居。

"昔高阳氏颛顼有才子八人,苍舒、陨 tuí 敳 ái、梼 táo 戭 yǎn、大临、龙 máng 降、庭坚、仲容、叔达,齐、圣、广、渊、明、允、笃、诚,天下之民谓之'八恺 kǎi'。

【高阳氏】正 杨 补 颛顼。昌意之子,黄帝(僖二十五·二·一)之孙。上古帝王。其居处相传在今河南濮阳西南,即春秋时卫国国都所在地帝丘(参见昭十七·五·二)。然而本文下又有"颛顼氏",所以高阳氏是否真是颛顼尚不能确定。【才子】正 杨 补 有才能的儿子。

【齐】正 率心由道,举措皆中。【圣】正 博达众务,庶事尽通。【广】正 器宇宏大,度量宽弘。【渊】正 知能周备,思虑深远。【明】正 晓解事务,照见幽微。【允】正 终始不愆,言行相副。【笃】正 志性良谨,交游款密。【诚】正 秉心纯直,布行贞实。

【恺】正 和。

"高辛氏帝喾有才子八人,伯奋、仲堪、叔献、季仲、伯虎、仲熊、叔豹、季狸,忠、肃、共(恭)、懿、宣、慈、惠、和,天下之民谓之"八元"。

【高辛氏】正 杨 补 帝喾。颛顼族子,黄帝曾孙。上古帝王。

【忠】正 与人无隐,尽心奉上。【肃】正 应机敏达,临事恪勤。【共】

正治身克谨,当官理治。【懿】正保己精粹,立行纯厚。【宣】正应受多方,知思周遍。【慈】正爱出于心,思被于物。【惠】正性多哀矜,好拯穷匮。【和】正体度宽简,物无乖争。

【元】正善。

"此十六族也,世济其美,不陨其名,以至于尧唐尧,尧不能举。舜虞舜臣尧,举八恺,使主后土,以揆 kuí 百事,莫不时序,地平天成;举八元,使布五教于四方,父义、母慈、兄友、弟共(恭)、子孝,内平外成。

【世济其美】正后世承继前世的美德。济,成。

【尧】补唐尧。陶唐氏,名放勋,号尧。帝喾之子。上古帝王。陶唐氏后代所居的唐国(僖十五·九·三·一)即春秋时晋国始封地。参见《知识准备》。

【后土】正补上古官,掌管土地。

【揆】正度。【时序】杨承顺。

【内】正诸夏。【外】正夷狄。

"昔帝鸿氏黄帝有不才子,掩义隐贼,好 hào 行凶德;丑类恶物,顽、嚚 yín、不友,是与比周,天下之民谓之'浑敦'。

【帝鸿氏】正补指黄帝,参见僖二十五·二·一。

【掩义隐贼】杨补掩蔽道义,隐藏奸贼。

【好行凶德】补喜好做盗、贼、藏、奸等属于凶德的事。

【丑类恶物】杨与恶物混为一类。丑、类,近义词连用,都是类比的意思。

【顽、嚚……比周】正心不则德义之经、口不道忠信之言、不友爱兄弟之人,都和他相亲近。比、周,近义词连用,都是亲近的意思。

【浑敦】正不开通貌。

"少皞 hào 氏少皞有不才子,毁信废忠,崇饰恶言,靖谮 zèn 庸回,服(伏)谗蒐 sōu(廋)慝 tè,以诬盛德,天下之民谓之'穷奇'。

【少皞氏】正 杨 补 少皞。金天氏,名挚,黄帝之子。上古帝王。其居处相传在今山东曲阜一带,即春秋时鲁都城所在地(参见定三—定四·五·四)。

【崇饰恶言】杨 补 粉饰恶言。崇、饰,近义词连用,都是粉饰的意思。

【靖谮庸回】正 安于谗言,信用奸邪。靖,安。庸,用。回,邪。

【服谗蒐慝】正 杨 补 隐藏谗言和罪恶[之人]。服,《文选》李善注引作"伏",应为正字,隐藏的意思。蒐,日本藏《玉篇》古写本残卷作"廋",应为正字,是隐藏的意思。

【以诬盛德】正 以诬陷盛德[之贤人]。

【穷奇】正 补 行为极端,嗜好怪异。

"颛 zhuān 项 xū 氏颛顼有不才子,不可教训,不知话言;告之则顽,舍之则嚚;傲很明德,以乱天常,天下之民谓之'梼 táo 杌 wù'。

【告之则顽,舍之则嚚】正 补 告以德义,他就顽愚不化;放纵不管,他就大放厥词。

【傲很明德,以乱天常】杨 补 蔑视美德,搅乱天之常道。傲,轻侮。很,不听从。

【梼杌】正 凶顽无比。

"此三族也,世济其凶,增其恶名,以至于尧,尧不能去。

"缙云氏有不才子,贪于饮食,冒于货贿;侵欲崇侈,不可盈厌;聚敛积实,不知纪极;不分孤寡,不恤穷匮,天下之民以比三凶,谓之'饕 tāo 餮 tiè'。

【缙云氏】正 杨 炎帝苗裔。黄帝时大臣,以官名缙云为氏。

【冒】正 贪。

【侵欲崇侈】杨 补 侵占的欲望高大奢侈。参见昭八·一·二"宫室崇侈"。

【盈厌】正 杨 近义词连用,都是满足的意思。

【积实】正 杨 补 粮食财物。积,禾粟。实,财。

【纪极】杨 近义词连用,都是标准、限度的意思。

【以比三凶】正 天下的民众把[他]与[出自帝室的]三凶相比。

【饕餮】正 杨 贪财贪食。

"舜臣尧,宾于四门,流四凶族,浑敦、穷奇、梼杌、饕餮,投诸(之于)四裔,以御魑 chī 魅。是以尧崩而天下如一,同心戴舜以为天子,以其举十六相 xiàng,去四凶也。故《虞书》数舜之功,曰'慎徽五典,五典克从',无违教也;曰'纳于百揆 kuí,百揆时序',无废事也;曰'宾于四门,四门穆穆',无凶人也。

【宾于四门】正 补 打开四方之门,以宾礼款待天下贤人。

【四裔】正 杨 补 四方荒远之处。裔,远。

【御】补 抵抗。【魑魅】正 补 山林异气所生、能害人的精怪。杜甫《天末怀李白》"魑魅喜人过"典出于此。

【以其举十六相】补 杜甫《述古三首》其二"舜举十六相"典出于此。

【慎徽五典,五典克从】正 杨 补 此举八元之功。今本《尚书·舜典》有此句,可译为"谨慎地尊美五常之教,五常之教都能被人们所顺从"。徽,美。五典,五常之教,即父义、母慈、兄友、弟恭、子孝。

【纳于百揆,百揆时序】正 杨 补 此举八恺之功。今本《尚书·舜典》有此句,可译为"[把他们]放在各种事务之中,各种事务都能有条理而妥帖"。百揆,百事。

【宾于四门,四门穆穆】正 杨 补 此去四凶之功。今本《尚书·舜典》有此句,可译为"[打开]四方之门款待宾客,四门[的宾客]都恭敬肃穆"。

○正 据《尚书·舜典》,则虞舜"流共工于幽州,放驩兜于崇山,窜三苗于三危,殛鲧于羽山",于是一说浑敦即驩兜,穷奇即共工,梼杌即鲧，饕餮即三苗，四裔即幽州、崇山、三危、羽山。按，《史记·五帝纪》作"謹兜"。

"舜有大功二十而为天子。今行父虽未获一吉人，去一凶矣，于舜之功，二十之一也，庶几免于戾乎！"

【大功二十】正指虞舜举十六相、去四凶。

【庶几免于戾乎】杨补差不多可以免于罪过了吧！戾，罪。

○补笔者对季文子通过太史克发表这番论述的真实目的有详细分析，请见专著《陵迟：鲁国的困境与抗争》（出版中，暂定书名）相关章节。

○杨补传世文献对读：《国语·鲁语上》载里革逐莒太子仆之事，与《左传》有异，可扫码阅读。

文公十八年·四

地理宋见文地理示意图1。

人物宋武公（隐元·一·一）、宋前昭公（文七·二·二）、公子须（文十六—文十七·四）、宋文公（文十六—文十七·一·一）、宋戴公（庄十二—庄十三·二）、宋庄公（隐三·六·一·一）、宋桓公（庄十一·二·二·二）、华耦（文九·二·二）、宋穆公（隐三·六·春秋）、公孙师、公子朝（文十六—文十七·一·二）、乐吕

左传宋武氏之族道（导）昭公宋前昭公子，将奉司城须公子须以作乱。十二月，宋公宋文公杀母弟须公子须及昭公子，使戴宋戴公、庄宋庄公、桓宋桓公之族攻武氏于司马子伯华耦之馆，遂出武、穆宋穆公之族。〔宋公〕使公孙师为司城。公子朝卒，〔宋公〕使乐吕为司寇，以靖国人。

【宋武……作乱】正 补 文十七年宋襄夫人之徒弑宋前昭公,宋文公即位。因此武氏族人引导宋前昭公之子,准备尊奉宋文公同母弟公子须作乱。道,引导。司城见文七·二·一。【宋武氏之族】补 宋武公之族。

【戴、庄、桓之族】正 杨 宋戴公族,包括皇、乐、华三氏。宋庄公族,包括仲氏。宋桓公族,包括向、鱼、荡、鳞四氏。【司马】补 见隐三·六·一·一。

【武、穆之族】正 杨 宋武公之族为叛乱倡导者,而宋穆公之族为胁从。

【公孙师】正 补 子姓,名师。公子成(文二·六)之子,宋庄公之孙。宋大夫,官至卿位。任司城(卿职)。

【乐吕】正 杨 补 子姓,乐氏,名吕。宋戴公(庄十二—庄十三·二)之子公子衎(字乐)曾孙。宋大夫,官至卿位。任司寇(卿职)。宣二年被郑人所获。【司寇】补 见文七·二·一。

○正 下启宣三年宋师围曹(宣三·七)。

宣 公 |

扫描二维码，
阅读参考资料

宣公元年·一

地理 鲁、齐见宣地理示意图 1。

人物 鲁宣公（文十七—文十八·五·二）、东门襄仲（僖二十五—僖二十六·春秋）、穆姜、季文子（文六·二·春秋）

春秋 元年，春，王正月，公_{鲁宣公}即位。

○正 此条《春秋》无对应《左传》。

公子遂_{东门襄仲}如齐[为君]逆女。

○正 补 鲁宣公丧期未尽便娶齐女，此为违礼。据文十七—文十八·五，则此违礼之举背景，应是东门襄仲废嫡立庶之后，急于通过联姻与齐结好，以求依靠齐尽早稳定鲁宣公君位。

三月，遂_{东门襄仲}以夫人妇姜_{穆姜}至自齐。

【妇姜】补 穆姜。齐女，姜姓，谥穆。鲁宣公（文十七—文十八·五·二）夫人，鲁成公（成元·○）及共姬（成八·四·一）之母。襄九年卒。

○正 称"妇"（媳妇），表明鲁君母亲（姑，婆婆）尚在。不称"姜氏"，应是鲁史阙文。

夏，季孙行父_{季文子}如齐。

左传 【一】元年，春，王正月，"公子遂如齐逆女"，[《春秋》称"公子遂"，]尊君命也。

【尊君命也】正 补 《春秋》称全名"公子遂"，是表示对鲁君之命的尊重。

【二】"三月,遂以夫人妇姜至自齐",[《春秋》舍"公子",]尊夫人也。

【三】夏,季文子如齐,纳赂以请会。

○ 正 杨 鲁宣公篡立,尚未作为国君出席过诸侯盟会,因此君位尚未稳定(参见隐四·二·春秋)。因此季文子如齐纳赂,请齐召集盟会,以使鲁宣公获得诸侯承认,稳定君位。赂即下文"济西之田"。

宣公元年·二

地理 晋、卫、齐见宣地理示意图 1。

人物 胥甲(文十二·五·二)、胥克、先辛

春秋 晋放其大夫胥甲父忱,胥甲于卫。

左传 晋人讨不用命者,放胥甲父胥甲于卫,而立胥克。先辛奔齐。

【不用命者】正 指文十二年河曲之役,赵穿擅自出战,以及赵穿和胥甲不肯迫秦师于险之事(文十二·五)。赵穿大概因为是赵宣子族人,又是晋襄公女婿,且未担任三军帅佐职务,因此未与下军佐胥甲一同接受处罚。

【胥克】正 补 姬姓,胥氏,名克。胥甲(文十二·五·二)之子,胥午(襄二十三·六·一·二)之弟。晋大夫,官至卿位。宣元年任下军佐(卿职)。宣八年因病被废。

【先辛】正 补 姬姓,先氏,名辛。胥甲属大夫。宣元年奔齐。

宣公元年·三

地理 鲁、齐见宣地理示意图 1。鲁、齐、平州、济水见宣地理示意图 4。

人物 鲁宣公(文十七—文十八·五·二)、齐惠公(僖十七—僖十

八·一)、东门襄仲(僖二十五—僖二十六·春秋)

春秋 公鲁宣公会齐侯齐惠公于平州。

【平州】 正 杨 补 在今山东济南莱芜区西。齐地。参见《图集》26—27③4。

公子遂东门襄仲如齐。

六月,齐人取济西田。

【取】 正 补 据昭四·四,"凡克邑不用师徒曰'取'"。得土田不用师徒同理可知。【济西田】 正 杨 见僖三十一·一·春秋。僖三十一年鲁从晋人手中取得曹济西之田,如今将其作为财礼送给齐。

左传 [一] 会于平州,以定公鲁宣公位。

[二] 东门襄仲如齐拜成。

[三] "六月,齐人取济西之田",为立公鲁宣公故,[我]以[济西之田]赂齐也。

宣公元年·四

地理 鲁见宣地理示意图 1。鲁、邾见宣地理示意图 4。

人物 邾定公(文十四·四)

春秋 秋,邾子邾定公来朝。

【朝】 补 见隐四·二·七·一。

宣公元年·五

地理 楚、郑、陈、宋、晋、卫、曹、齐、秦见宣地理示意图 1。郑、陈、宋、晋、卫、曹、齐、棐林(棐)见宣地理示意图 3。

人物 楚庄王(文十四·十一·一)、赵宣子(僖二十三—僖二十四·一·二)、宋文公(文十六—文十七·一·一)、陈灵公(文十四·五·春秋)、卫成公(僖二十五—僖二十六·春秋)、曹文公(文十一·二·春秋)、赵穿(文十二·五·三)、宋前昭公(文七·二·二)、中行桓子(僖二十七—僖二十八·三)、郑穆公(僖三十·三·五)、陈共公(僖二十七—僖二十八·春秋)

春秋 楚子楚庄王、郑人侵陈，遂侵宋。晋赵盾赵宣子率师救陈。宋公宋文公、陈侯陈灵公、卫侯卫成公、曹伯曹文公会晋师于棐 féi 林，伐郑。

【遂】补 又。

【棐林】补 即棐，见文十三·五·春秋。

○正 楚、郑侵陈，遂侵宋，《春秋》只书"救陈"，《左传》则书"救陈、宋"，可能是《春秋》阙"宋"。

冬，晋赵穿帅师侵崇。

【崇】杨 见僖十九·三·二·二。秦属国，应距晋不远。

晋人、宋人伐郑。

左传 [一·一] 宋人之弑昭公宋前昭公也，晋荀林父fú,中行桓子以诸侯之师伐宋，宋及晋平，宋文公受盟于晋；[晋人]又会诸侯于扈，将为鲁讨齐，皆取赂而还。郑穆公曰"晋不足与也"，遂受盟于楚。

【宋人……伐宋】⊞见文十六—文十七。

【宋及……于晋】⊞见文十七·四·一。

【又会……讨齐】⊞在文十五·八。

【与】㊿从。

【一·二】陈共 gōng 公之卒，楚人不礼焉。陈灵公受盟于晋。

【陈共公之卒】⊞见文十三·一·春秋。

【楚人不礼焉】㊉应指楚不吊丧、会葬。

【二】秋，楚子楚庄王侵陈，遂侵宋。晋赵盾赵宣子帅师救陈、宋。

【遂】㊿又。

【三】会于棐林，以伐郑也。楚芳 wěi 贾救郑，遇于北林，囚晋解扬。晋人乃还。

【北林】⊞㊉㊿在今河南中牟西南张庄镇境。郑地。本书示意图依据《图志》标注。

【四】晋欲求成于秦。赵穿曰："我侵崇，秦急崇，必救之。吾以求成焉。"冬，赵穿侵崇。秦弗与成。

【晋欲求成于秦】㊿晋想要请求秦与之讲和修好。此举是为了拆散殽之战后形成的秦—楚联盟（参见文十四·十一·四），从而改变晋—楚争霸的力量对比格局。

○㊿下启宣二年秦师伐晋（宣二·二）。

【五】晋人伐郑，以报北林之役。

【六】于是晋侯晋灵公侈，赵宣子为政，骤谏而不入，故不竞于楚。

【侈】 补 自多以陵人。

【骤】 杨 数，屡次。

【竞】 正 强。

○ 正 下启宣二年郑师伐宋（宣二·一）。

宣公二年·一

地理 宋、郑、楚见宣地理示意图 1。宋、郑、楚、大棘见宣地理示意图 5。

人物 华元(文十六—文十七·一·二)、公子归生(文二·六)、乐吕(文十八·四)、狂狡、羊斟

春秋 二年,春,王二月壬子,宋华元帅师及郑公子归生帅师,战于大棘。宋师败绩。[郑人]获宋华元。

【壬子】杨 据王韬所推春秋历,二月无壬子。
【大棘】正 杨 补 在今河南睢县平岗镇。宋地。参见《图集》24—25④6。

左传 【一·一】 二年,春,郑公子归生[受]命于楚伐宋,宋华元、乐吕御之。二月壬子,战于大棘,宋师败绩。[郑人]囚华元,获乐吕,及甲车四百六十乘 shèng,俘二百五十人,馘 guó 百。

【囚】正 囚禁,此释《春秋》之"获"为生获。
【获】杨 此为死获,获其尸。
【甲车】杨 配备披甲马匹的战车。
【馘】补 见僖二十二—僖二十三·四·一。

【一·二】 狂狡辂 yà 郑人。郑人入于井,[狂狡]倒戟而出之。[郑人]获狂狡。

【辂】正 杨 迎战。
○正 杨 补 宋大夫狂狡迎战郑人。郑人掉入井中,[狂狡]于是倒授[郑人]戟柄,而将[郑人]从井中救出。[郑人出井后反而]将狂狡俘获。

君子曰："[狂狡]失礼违命,宜其为禽(擒)也。戎,昭果毅以听之之谓礼。杀敌为果,致果为毅。易之,戮也。"

【戎……谓礼】 正 补 战争中,明晓"果"和"毅"[的精神]以服从命令叫作"礼"。

【易】 正 补 反易,违背。

【一·三】将战,华元杀羊食sì士,其御羊斟不与yù。及战,[羊斟]曰:"畴昔之羊,子华元为政;今日之事,我为政。"与入郑师,故[宋师]败。

【羊斟】 补 羊氏,名斟,字牂,排行叔。华元御者。宣二年奔鲁。

【畴昔】 正 前日。

【为政】 杨 补 做主。

【与入郑师】 杨 补 [羊斟故意驾驶兵车]与[华元]一同冲入郑师。○ 补 华元与其御羊斟之间应该是发生了误会:华元这边可能是考虑到羊斟以羊为氏,临战前给他吃羊肉不吉利,但没有明白告诉羊斟;羊斟则认为华元是故意冷落他,因而心怀怨恨。

君子谓:"羊斟非人也。以其私憾,败国殄tiǎn民,于是刑孰大焉?《诗》所谓'人之无良'者,其羊斟之谓乎!残民以逞。"

【人之无良】 正 杨 《毛诗·小雅·角弓》有此句,而"人"作"民"。

【二·一】宋人以兵车百乘、文马百驷以赎华元于郑。[宋略]半入[于郑],华元逃归。[华元]立于[宋]门外,告[宋人]而入。

【文马】 杨 毛色有纹彩的马。**【百驷】** 正 四马为"驷"。百驷即四百匹。

【半入】 杨 补 [车、马]刚送进去一半。

【二·二】[华元]见叔牂zāng,羊斟,曰:"子之马然也?"[叔牂]对曰:

"非马也，其人也。"[叔㸑]既合而来奔。

【子之马然也】 正 杨 补 ［您驾兵车入郑师，是因为］您的马匹不受使唤的缘故么？ 杜注认为这是华元宽慰羊斟、替他开脱，杨注认为这是华元故意试探羊斟。笔者认为，从下段描述华元不与筑城者计较来看，这几段有关华元的描述应该都是在体现华元宽宏大量的美德，所以杜注的揣测比较符合《左传》作者想要表达的原意。

【既合而来奔】 正 ［羊斟］回答完就出奔到鲁。合，对答。

○ 补 **古文字新证**："合"字字形演变情况如宣字形图 1 所示。商代甲骨文"合"字从亼、从口，会上下两口对答之意。商以后字形演变情况在此不再详述。总之，从古文字学证据看，"合"应为"答"的本字。

1 商.前 7.36.1《甲》	2 商.合 14365	3 商.合 22066	4 周晚.召伯簋《金》	5 春.秦公鎛《金》
6 戰.齊.陳侯因咨敦《金》	7 戰.晉.古幣 295	8 戰.晉.廿三年葉朝鼎《集成》	9 戰.楚.包 83《楚》	10 戰.楚.包 166《楚》
11 戰.楚.包 210《楚》	12 秦.璽彙 3343	13 漢印徵	14 東漢.曹全碑《篆》	

宣字形图 1（《说文新证》，2014 年）

[三] 宋城，华元为植，巡功。

【宋城】 补 宋都修筑城墙。

【植】 正 杨 补 将主，工程负责人。

城者讴曰："睅 hàn 其目，皤 pó 其腹，弃甲而复。于思 sāi（腮）于思（腮），弃甲复来。"

【讴】 补 无音乐伴奏的歌唱。

【睅其目】 正 杨 补 瞪着眼。睅，大目。

【皤其腹】 正 补 挺着肚子。皤，大腹。

【于思】 正 杨 思，多须貌。于，语助词，无义。

[华元]使其骖乘 chéng 谓之役人曰："牛则有皮，犀、兕 sì 尚多，弃甲则那 nuó，（奈何）？"

【骖乘】 补 见《知识准备》"车马"。

【牛】 补 黄牛（*Bos taurus domestica*），偶蹄目牛科家畜，皮毛黄褐色，皮可制甲衣。

【犀】 补 见庄十二—庄十三·三。皮可制甲衣。【兕】 正 补 野水牛（*Bubalus arnee*），偶蹄目牛科野兽，皮毛黑褐色，皮可制甲衣。兕是商代卜辞中经常出现的田猎对象，在商代考古发掘中也经常发现其遗骸。兕毛色与犀接近，而且都是野生动物，因此古人将其视为一类，而与牛相区分。

【弃甲则那】 正 杨 补 丢了甲衣又能奈何？那，奈何之合音。

役人曰："从（纵）其有皮，丹漆若何？"

【从其有皮，丹漆若何】 杨 补 纵使有兽皮，又去哪里找红漆？红漆应为制甲衣原材料。

华元曰："去之！夫其口众，我[口]寡。"

○ 补 华元身为上卿向筑城者主动认输离去，足见华元宽宏大量的美德。

宣公二年·二

地理 秦、晋、宋、卫、陈、郑、楚见宣地理示意图1。秦、晋、宋、卫、郑、焦、阴地见宣地理示意图2。

人物 赵宣子(僖二十三—僖二十四·一·二)、斗椒(僖二十七—僖二十八·十一)

春秋 秦师伐晋。

夏,晋人、宋人、卫人、陈人侵郑。

左传 【一】"秦师伐晋",以报崇也。[秦师]遂围焦。

【以报崇也】正 以报复宣元年崇之役(见宣元·五·四)。

【焦】杨 见僖二十二—僖二十三·八·一。

【二】夏,晋赵盾赵宣子救焦,遂自阴地,及诸侯之师侵郑,以报大棘之役。

【阴地】正 杨 晋地。广义之阴地,指自今陕西洛南至河南嵩县,凡在河水以南、秦岭以北的广大地区。狭义之阴地,指晋国在阴地的戍所,在河南卢氏东北故阴地城。此处应指狭义之阴地。

【三】楚斗椒救郑,曰:"能欲诸侯而恶 wù 其难 nàn 乎?"遂次于郑,以待晋师。赵盾赵宣子曰:"彼宗竞于楚,殆将毙矣。姑益其疾。"[晋师]乃去之。

【彼宗】正 即斗椒所属的若敖氏。【竞】正 强。

【毙】补 跌倒,引申为失败。

【乃去之】补 [晋师]于是撤离郑。

○正 下启宣四年楚灭若敖氏(宣四·五)。

○补 赵宣子此处宣称的对待斗椒的策略,与《老子》"将欲弱之,必故强之"正相合。然而,这可能只是赵宣子避战的一个借口,晋国此时不敌楚国、而且内乱即将爆发才是真正原因。

宣公二年·三

地理 晋、周见宣地理示意图 1。晋、周、曲沃、首山见宣地理示意图 2。

人物 赵宣子(僖二十三—僖二十四·一·二)、晋灵公(文六·四·二)、周匡王(文十四·十)、范武子(僖二十七—僖二十八·二十四·二)、锄麑、提弥明、灵辄、赵穿(文十二·五·三)、董狐、孔子(僖二十七—僖二十八·二十五·三)、公子黑臀/晋成公、骊姬(庄二十八·二·一)、赵姬(僖二十三—僖二十四·十三·二)、赵括(僖二十三—僖二十四·十三·二)

春秋 秋,九月乙丑二十六日,晋赵盾赵宣子弑其君夷皋晋灵公。

○ 补 据宣四·三·一·二,则臣弑君,《春秋》称臣之名(赵盾),则表明赵宣子有罪。赵宣子之罪见宣二·三·四·一太史董狐之言。

冬,十月乙亥六日,天王周匡王崩。

○ 正 此条《春秋》无对应《左传》。

左传 [一] 晋灵公不君:厚敛以雕墙;从台上弹人,而观其辟(避)丸也;宰夫胹 ér 熊蹯 fán 不熟,[公]杀之,置诸(之于)畚 běn,使妇人载以过朝。赵盾赵宣子、士季范武子见其宰夫手,问其故,而患之。

【雕墙】 正 补 在墙上画图案。雕,画。

【宰夫】 杨 补 晋内朝官,其职掌事务有:一、为国君及其家族烹调食物;二、在国君为卿大夫准备的宴礼中充当主人,为宾献酒。

【胹】 杨 煮。

【畚】 正 杨 蒲、草所制器具,一般用来盛粮或盛土。

【使妇人载以过朝】 杨 据《史记·晋世家》,则晋灵公使妇人抬装有宰夫尸体的畚经过朝廷,是准备抛弃到宫外去。

[赵盾、士季]将谏，士季曰："谏而不入，则莫之继也。会范武子请先，不入，则子赵宣子继之。"

【谏而……继也】 正 补 [您]进谏如果不被采纳，就没有人接着进谏了。赵宣子为执政卿，若赵宣子进谏不成功，则没有更高级别卿大夫可以进谏。

[士季]三进，及溜 liù(雷)，而后[公]视之，曰："吾知所过矣，将改之。"

【三进……视之】 正 杨 补 [范武子]三次进入，[第一次到门口，第二次到庭中，第三次]到屋檐下，[晋灵公]才抬眼看他。溜，屋檐下滴水处。

[士季]稽 qǐ 首而对曰："人谁无过？过而能改，善莫大焉。《诗》曰：'靡不有初，鲜 xiǎn 克有终。'夫如是，则能补过者鲜 xiǎn 矣。君能有终，则社稷之固也，岂唯群臣赖之？[《诗》]又曰'衮 gǔn 职(适)有阙 quē，惟仲山甫 fǔ 补之'，能补过也。君能补过，衮不废矣。"

【稽首】 补 见僖五·二·二·一。

【靡不有初，鲜克有终】 正 杨 补 《毛诗·大雅·荡》有此句，可译为"事情无不有个好开始，却很少能有个好结果"。靡，无。鲜，少。克，能。

【赖之】 补 以之为利。

【衮职……补之】 正 杨 补 《毛诗·大雅·烝民》有此句，而"惟"作"维"。可译为"周王偶有过失，仲山甫就来弥补"。衮，天子以及上公礼服，借指周王。职，适，偶尔。阙，衣服破损，借指周王过失。**【仲山甫】** 杨 补 樊穆仲。姬姓，樊氏，名或字山，谥穆，排行仲。周太王(僖五·八·一)之后。周宣王卿士。食采于樊。

【二】[公]犹不改。宣子赵宣子骤谏，公晋灵公患之，使锄麑 ní 贼之。[锄麑]晨往，寝门辟矣，[宣子]盛服将朝。尚早，[宣子]坐而假寐。麑锄麑退，叹而言曰："不忘恭敬，民之主也。贼民之主，不忠。弃君之命，不信。有一于此，不如死也。"触槐而死。

【骤】补数，屡次。

【贼】杨刺杀。

【辟】补开。

【假寐】正不解衣冠打瞌睡。

【有一于此】杨两件事（不忠、不信）中只要犯一件。

【三·一】秋，九月，晋侯晋灵公饮 yìn 赵盾赵宣子酒，伏甲，将攻之。其右提 chí 弥明知之，趋登，曰："臣侍君宴，过三爵，非礼也。"遂扶[盾]下。公晋灵公嗾 sǒu 夫獒 áo 焉，明提弥明搏而杀之。盾赵宣子曰："弃人用犬，虽猛何为！"[盾众]斗且出，提弥明死之。

【其右】正赵宣子车右。参见《知识准备》"车马"。

【臣侍……礼也】正杨补臣下侍奉国君饮酒，[饮酒]超过三杯，就不合礼仪了。君宴臣，其礼有二：一为正燕礼（参见文四·四），一为小燕礼，即小饮酒礼。若为正燕礼，则将行无算爵（不计数目的敬酒），过三爵不为非礼。小饮酒礼则不过三爵。此处所行应为小饮酒礼，所宴者唯赵宣子一人，因此提弥明以"非礼也"为言，促使赵宣子速退。

【嗾】正补指使狗。【獒】正善知人心可供驱使的狗。

【三·二】初，宣子赵宣子田于首山，舍 shè 于翳 yì 桑。[宣子]见灵辄饿，问其病。[灵辄]曰："不食三日矣。"[宣子]食 sì 之，[灵辄]舍半。[宣子]问之。[灵辄]曰："[余]宦三年矣，未知母之存否。今近焉，请以遗 wèi 之。"[宣子]使尽之，而为之箪 dān 食与肉，置诸（于）橐 tuó 以与之。

【田】正打猎。【首山】正杨补即首阳山,山名,在今山西永济蒲州镇南。晋地。参见《图集》22—23⑦7。

【翳桑】杨首山间地名。

【舍其半】杨留下一半食物放在旁边。

【宦】正杨为人臣隶。杜注、孔疏则认为是学习仕宦之事。

【遗】补给予。

【箪】正古代盛饭食的圆形竹筐。

【橐】杨见僖二十七—僖二十八·二十五·二。

既而[灵辄]与 yù 为公介。[公攻宣子,灵辄]倒戟以御公徒,而免之赵宣子。[宣子]问何故,[灵辄]对曰:"翳桑之饿人也。"[宣子]问其名居,[灵辄]不告而退,遂自亡也。

【公介】正晋灵公甲士。

【御】补抵抗。【公徒】杨晋灵公伏兵。

【名居】杨姓名和住处。

【自亡】正杨[灵辄]自行逃亡。

○补杜甫《奉赠韦左丞丈二十二韵》"常拟报一饭"典出于此。

【四·一】乙丑二十六日,赵穿杀灵公晋灵公于桃园。宣子赵宣子未出山而复。

【赵穿】补赵氏族人,赵宣子从父弟。

【宣子未出山而复】正赵宣子当时正在出奔路上,还未出晋边境山区,就折返回来。

○补文十二年河曲之役,赵穿擅自出战,又伙同胥甲阻止晋师偷袭秦师,造成晋师无功而返(文十二·五)。宣元年晋人讨不用命者,罪过较轻的胥甲被流放,而罪行较重的赵穿却安然无恙(宣元·二)。笔者以为,赵穿得以脱罪是由于族长赵宣子的庇护,而报答赵宣子可能是赵穿杀晋灵公的重要原因之一。

大(太)史董狐书曰"赵盾弑其君",以示于朝。

【大史】补太史,晋内朝官,其职掌包括:一、掌记事;二、掌历法时朔;三、掌册立家族;四、掌图书典籍;五、随军出行,预测吉凶;六、掌占筮。董狐,姒姓,董氏,出自辛氏,名狐。辛有(僖二十二·三·一)之后。周人,后至晋,宣二年已任太史。

○补据宣四·三·一·二,则鲁史《春秋》体例,臣弑君,称臣之名,则臣有罪。晋史书体例疑与鲁史类似,书"赵盾弑其君",则表示赵宣子有罪,故赵宣子欲为己辩解。

宣子曰:"不然。"

[大史]对曰:"子为正卿,亡不越竟(境),反(返)不讨贼,非子而谁?"

宣子曰:"呜呼!《诗》曰'我之怀矣,自诒伊戚',其我之谓矣!"

【我之怀矣,自诒伊戚】正 杨 补可译为"正因为我的怀恋,给自己带来了忧伤"。诒,遗。伊,是。《毛诗·邶风·雄雉》有"我之怀矣,自诒伊阻",《毛诗·小雅·小明》有"心之忧矣,自诒伊戚"。赵宣子意谓,他是因为舍不得离开祖国,所以还没出国境就折返回来,从而背上了弑君的骂名。

【四·二】孔子曰:"董狐,古之良史也,书法不隐。赵宣子,古之良大夫也,为法受恶。惜也,[宣子]越竟(境)乃免。"

【书法】补史家笔法。

【惜也,越竟乃免】正 补可惜啊,[赵宣子出奔需要]越过国境才能免除［罪过］。越境则君臣之义绝，可以不讨贼。

> ○补 笔者对赵宣子弑晋灵公的原因和真相有详细分析，请见
> 《虎变：晋国大族的兴盛与衰亡》（出版中，暂定书名）相关章节。
> ○补 杜甫《写怀二首》其二"厉阶董狐笔"典出于此。

【五】 <u>宣子</u>赵宣子使<u>赵穿逆公子黑臀</u>于周而立之。<u>壬申</u>十月三日，
［公子黑臀］朝于<u>武宫</u>。

【公子黑臀】 正 补 后为晋成公。姬姓，名黑臀，谥成。晋文公（庄二
十八·二·一）之子，晋襄公（僖三十三·三·一）之弟，晋灵公（文
六·四·二）之叔。宣三年即位，在位 7 年。宣九年卒。黑臀之名来
由，据《国语·周语下》（成十七—成十八·三·一）"……<u>成公</u>之生
也，其母梦神规其臀以墨曰'使有<u>晋国</u>'，故名之曰'<u>黑臀</u>'"。
【武宫】 杨 见僖二十三—僖二十四·九·三。

> ○补 **传世文献对读**：《公羊传·宣公六年》叙此事与《左传》多有
> 不同，可扫码阅读。

【六·一】 初，<u>丽</u>lí姬骊姬之乱，诅无畜群公子，自是晋无公族。

【初……公子】 正 杨 当初，在尽杀曲沃桓叔及曲沃庄伯族群公子、
太子申生"畏罪自杀"、公子重耳和公子夷吾"畏罪潜逃"之后，骊姬成
功地让晋献公认为群公子是致乱之源，促使晋献公及诸大夫盟誓不
畜养除了太子之外的其他群公子（参见僖四·二所引《国语》）。这些
群公子不能留在晋国都城里，而是要到他国客居担任卿大夫。晋献
公之后，惠、怀、文、襄、灵诸君一直维持此禁令，如晋惠公不纳群公子
（僖十五·八·一·一），晋文公之子公子雍在秦、公子乐在陈（文
六·四·二）、公子黑臀在周（宣二·三·五），晋襄公之曾孙在周（成
十七·十·一·二）。

【自是晋无公族】 补 从此晋没有了近支公族。所谓近支公族,就是由在世的公子担任族长的家族。在晋献公"诅咒无畜群公子"之后的晋,在任国君除了被立为太子的那个公子(一般为嫡长子)之外,身边再没有其他的在世群公子,晋的卿大夫体系里面也就没有了群公子。因此,晋后来的卿族/大夫族要么是远支公族,要么是非公族(详见下)。

及成公晋成公**即位,乃宦卿之適**(嫡)**而为之田,以为公族;**

○ 补 到了本年,晋公室决定重建"公族"。以前的公族(准确说是近支公族)是由群公子(国君的儿子们)组成,而现在这个"新公族"则由各卿的嫡长子组成。由于各卿在朝廷担任卿职,而他们的嫡长子等着他们去世后再接班,因此,各卿的嫡长子在朝廷往往是没有官职的,而以前的群公子在公室往往都是有官职的。因此,公室特地让这些嫡长子们到朝廷任职,并分给他们土田,使他们获得了类似于以前群公子的地位。从下文赵氏的情况看,所谓"卿的嫡长子"可以向前追溯,比如说前任卿的嫡长子也算作新公族。

又宦其余子,亦为余子;

○ 补 晋公室又重建了"余子"。以前的公族余子可能包括:(1)太子嫡子的同母弟;(2)群公子嫡子的同母弟。而现在这个"新公族余子"的成员则由各卿的余子(卿的嫡长子的同母弟)组成。卿的余子一般不在朝廷担任官职,而以前的公族余子在朝廷往往是有官职的。因此,公室也让这些卿的余子们到朝廷任职,让他们获得了类似于以前公族余子的地位。

其庶子为公行 háng。

○ 补 晋又重建了"公行"。"公行"是指国君的直属亲兵,以前应该是由群公子的庶子担任,而现在这个"新公行"则由卿的庶子组成。

晋于是有公族、余子、公行 háng。

○补 晋公室于是又有了公族、余子、公行,然而这些组织的成员都换成了卿族人士,环伺在晋君周围,晋君被进一步孤立。

【六·二】赵盾 赵宣子 请以括 赵括 为公族,曰:"[括,]君姬氏 赵姬 之爱子也。微君姬氏,则臣狄人也。"公 晋成公 许之。

【微君……人也】 正 补 [赵括是]赵姬的最爱的儿子。如果没有赵姬,那么臣下就是狄人了。赵成子在狄时先娶了叔隗,生赵宣子。僖十六年赵成子跟随公子重耳离开狄地时,将叔隗和赵宣子留在了狄地。赵成子回国后,娶晋文公女儿赵姬,生赵同、赵括、赵婴齐三子。赵姬本为嫡妻,赵同、赵括、赵婴齐本为嫡子。然而,赵姬坚决请求赵成子迎接叔隗和赵宣子回晋,并立叔隗为嫡妻,赵宣子为嫡子,而让自己降为庶妾,三子成为庶子。参见 僖二十三—僖二十四·十三·二。

○补 赵成子去世后,赵宣子继位成为赵氏族长,统率赵氏各族,并在朝廷担任中军帅。按照前面关于新公族的规定,应该是赵宣子以及赵宣子的嫡长子成为新公族成员。如今赵宣子请求让赵姬次子赵括成为新公族成员,并且担任管理公族事务的公族大夫,其实也就是重新认定赵括是嫡子,而赵宣子重新成为庶子。赵宣子强调赵括是赵姬最爱的儿子,是为了解释他为什么选择了赵姬次子赵括,而不是长子赵同。

冬,赵盾为旄 máo 车之族,使屏季 赵括 以其故族为公族大夫。

○正 补 赵宣子既然是庶子,根据上文所述的规定,则应该加入公行。"旄车"可能是指公行中插有旄旗的战车,所谓"赵盾为旄车之族",应该是赵宣子在名义上加入公行在旄车上担任职务,在赵氏内称"旄车之族"。当然,赵宣子身为晋国执政卿,不大可能真的和其他卿族庶子一起在公行里服务,上述安排主要是宗法名分层面的。
○补 **"晋无公族"后的晋国卿大夫家族**:在绝大多数中原诸侯国,近支公族的成员（非太子的群公子）是国家官僚体系中卿大夫的当然人选。晋献公驱逐近支公族之后，大量的卿大夫职位就空了出来，而填补这些空缺的人才，只可能来自两类家族：

一类是不在禁令驱逐范围内的姬姓公族。这类公族在禁令发布时的族长已经是晋君的孙子、重孙，不会像在世的群公子那样对晋献公的君位造成威胁。这类公族立族时间已经比较长，与现任国君的亲缘关系已经比较远，我们可以笼统地用"远支公族"来称呼他们。纵观春秋时期的晋卿大夫家族，属于远支公族的主要有韩氏、栾氏、郤氏、狐氏、先氏、胥氏、续氏（狐氏分支）、庆氏、伯氏、羊舌氏、祁氏、贾氏、解氏、籍氏。

另一类是始祖根本不是公族成员、不受此禁令影响的非公族。纵观春秋时期的晋卿大夫家族，属于非公族的有荀氏（姬姓，分出中行氏、知氏）、魏氏（姬姓）、士氏（祁姓，分出范氏、彘氏）、赵氏（嬴姓）、梁氏（嬴姓）、里氏（偃姓）、董氏（姒姓）、女氏（族姓不明）。

○补 笔者对赵宣子"重建公族"改革有详细分析，请见专著《虎变：晋国大族的兴盛与衰亡》（出版中，暂定书名）相关章节。

宣公三年·一

地理 鲁见宣地理示意图1。

春秋 三年,春,王正月,[我]郊牛之口伤,改卜牛。牛死,乃不郊。犹三望。

○正 杨 补 三年,春,周正正月,准备用于郊祭的牛口部有伤,于是通过占卜换了另外一头牛。替换的牛又死去,于是取消了郊祭。仍然举行望祭,祭祀东海、泰山、淮水。郊祭前,需要选择牛而占卜吉凶,吉则养之,然后占卜郊祭之日。未卜日之前称为"牛",卜日之后称为"牲"。此处称"郊牛",说明已占卜吉凶,养为郊祭用牛,但还未卜日。

左传 三年,春,不郊,而望,皆非礼也。望,郊之属也。不郊,亦无望可也。

○正 牛虽伤死,当更改卜牛,而不可废郊祭,故"不郊"为非礼。既不郊,则不应再行作为郊祭组成部分的望祭,故"而望"亦为非礼。不郊则不应望,已见于僖三十一·二。

宣公三年·二

地理 周见宣地理示意图1。

人物 周匡王(文十四·十)

春秋 葬匡王周匡王。

宣公三年·三

地理 晋、郑见宣地理示意图1。

人物 晋成公(宣二·三·五)、范武子(僖二十七—僖二十八·二十

四·二）

左传 晋侯晋成公伐郑，及郔 yán。郑及晋平，士会范武子入盟。

【郔】 正 杨 在今河南郑州境。郑地。在宣地理示意图 5"管"地附近。

【郑及晋平】 补 郑与晋讲和。

○ 正 下启本年楚人侵郑（宣三·五）。

宣公三年·四

地理 楚、周见宣地理示意图 1。楚、陆浑之戎、周、雒水见宣地理示意图 5。

人物 楚庄王（文十四·十一·一）、周定王、王孙满、夏桀（庄十一·二·二·二）、商纣（庄十一·二·二·二）、周成王（僖二十五—僖二十六·四·二）

春秋 楚子楚庄王伐陆浑之戎。

左传 "楚子伐陆浑之戎"，遂至于雒 luò，观兵于周疆。定王周定王使王孙满劳楚子。楚子问鼎之大小、轻重焉。［王孙满］对曰：

【雒】 补 见僖十一·二·一。

【观兵】 杨 见僖三—僖四·七。

【定王】 补 周定王。姬姓，名瑜，谥定。周顷王（文八—文九·二）之子，周匡王（文十四·十）之弟。宣三年即位，在位二十一年。成五年卒。【劳】 补 慰劳。

"在德不在鼎。

○ 杨 据《史记·楚世家》，则王孙满言此句后，"庄王曰：'子无阻九鼎！楚国折钩之喙，足以为九鼎。'王孙满曰：'呜呼！君王其忘之乎？'"然后有下面的话。

"昔夏之方有德也，远方图物，贡金九牧，铸鼎象物，百物而为之备，使民知神、奸。故民入川泽、山林，不逢不若。螭 chī 魅罔 wǎng 两 liǎng，莫能逢之，用能协于上下，以承天休。桀夏桀有昏德，鼎迁于商，载 zǎi 祀六百。商纣商纣暴虐，鼎迁于周。

【远方……奸】 正 补 把远方的各种事物画成图像，让九州之牧进贡金属（应是铜料），铸造九鼎并把事物图像铸在鼎上，各种事物都在上面，使民众认识神物和恶物。九州参见襄四·八。

【不若】 正 杨 不顺，指不利于自己的事物。

【螭魅】 杨 即魑魅，见文十八·三·二。【罔两】 正 山川之精物。

【用】 杨 因。

【天休】 杨 补 天赐之福。休，赐。

【载祀六百】 杨 商朝共存续六百年。《汉书·律历志》："自伐桀至武王伐纣，六百二十九岁。"《汉书》说法应有先秦古史依据，与《左传》说法大致相符。

【载祀】 正 近义词连用，都是"年"的意思。

○ 补 杜甫《荆南兵马使太常卿赵公大食刀歌》"魑魅魍魉徒为耳"典出于此。

"德之休明，[鼎]虽小，重也。其奸回昏乱，[鼎]虽大，轻也。天祚 zuò 明德，有所厎 zhǐ 止。成王周成王定鼎于郏 jiá 鄏 rǔ，卜世三十，卜年七百，天所命也。周德虽衰，天命未改。鼎之轻重，未可问也。"

【德……重也】 杨 君德如果美善光明，九鼎虽小，也重而不可迁。休，美。

【回】｜补｜邪。

【祜】｜杨｜｜补｜福佑。

【厎止】｜杨｜｜补｜定限。厎,定,至。厎止意义相近。

【郏鄏】｜正｜｜杨｜即郏,见桓七·三·二。

【卜世三十,卜年七百】｜补｜占卜结果显示,周朝将传王位三十代,存续七百年。根据周王世系,从周武王到周赧王,共传国君三十代、三十七君,与《左传》说法大致相符。据古本《竹书纪年》,从周武王灭商至周幽王被杀,共 257 年。如果减去周武王灭商至周成王定鼎的二三十年,加上东周从前 770 年至前 256 年共 514 年,则周朝共存续 734 年,与《左传》说法大致相符。【卜】｜补｜见《知识准备》"卜"。

○｜补｜楚庄王问鼎说明,楚长期以来争夺的并不是齐、晋先后拥有的霸主地位,因为霸主的正式称呼是"侯伯",是周王之下的诸侯之长,霸政的基本理念是"尊王攘夷",其中"王"指周王。楚所追求的是打败代表周王管控天下的霸主晋,从而彻底推翻周王,迁移九鼎至南方,从自封的南方之王升格为天下的新王。

宣公三年·五

｜地理｜楚、郑、晋见宣地理示意图 1。

｜春秋｜夏,楚人侵郑。

｜左传｜"夏,楚人侵郑",郑即晋故也。

【即】｜补｜亲附。

宣公三年·六

｜地理｜齐见宣地理示意图 1。赤狄、齐见宣地理示意图 3。

春秋 秋,赤狄侵齐。

【赤狄】 杨 补 此部狄人,隗姓(又作媿姓、怀姓、归姓),应是鬼族(定三—定四·五·四)后裔。位于晋国以东,大致分布在山西东部、河北西部的太行山区。其别种见于《左传》者有东山皋落氏(闵二·七·一)、廧咎如(僖二十三—僖二十四·一·二)、潞氏(文六·四·春秋)、甲氏、留吁、铎辰(三者皆见宣十六·一)等。闵二年,赤狄在其君长留吁率领下攻破卫都城,卫人南迁。同年冬,晋献公使太子申生讨伐东山皋落氏得胜。文七年,赤狄潞氏入侵鲁西部边境。宣三年,赤狄入侵齐。宣六年,赤狄讨伐晋,围怀及邢丘。宣七年,赤狄入侵晋,夺取向阴的庄稼。宣十一年,众狄苦于赤狄驱使,于是转而服从晋。宣十三年,赤狄讨伐晋,到达清。宣十五年,晋中行桓子率师在曲梁击败赤狄,随后灭赤狄潞氏。宣十六年,晋范武子率师灭赤狄甲氏、留吁、铎辰。至此,位于今山西长治附近的赤狄主体已被消灭。成三年,晋郤献子、卫孙桓子讨伐位于今山西昔阳境的赤狄之余廧咎如,廧咎如溃,赤狄基本被消灭。晋与赤狄的战争,始于距离晋都最近的东山皋落氏,终于距离晋都最远的廧咎如,而廧咎如很可能正是被击败后北迁的皋落氏(参见闵二·七·一)。

除了上述明确为赤狄的史事之外,下列史事中的狄人主力也应该是晋东赤狄:僖元年,狄人攻破邢都城,邢人南迁。僖十年,狄人攻破温,温子奔卫。僖十三年,狄人侵卫。僖十四年,狄人侵郑。僖十八年,狄人救援齐四公子之徒。同年冬,邢人、狄人讨伐卫。僖二十年,齐人、狄人盟于邢。僖二十一年春,狄人侵卫。僖二十四年,狄人讨伐郑。僖三十年,狄人侵齐。僖三十一年,狄人围卫。僖三十二年,卫人侵狄地。秋,卫人与狄人盟。僖三十三年,狄人侵齐。文四年,狄人侵齐。文九年,狄人侵齐。文十年,狄人侵宋。文十三年,狄人侵卫。

宣公三年·七

地理 宋、曹见宣地理示意图 1。

人物 宋文公(文十六—文十七・一・一)、公子须(文十六—文十七・四)、宋前昭公(文七・二・二)、宋武公(隐元・一・一)、宋戴公(庄十二—庄十三・二)、宋桓公(庄十一・二・二・二)、华耦(文九・二・二)

春秋 宋师围曹。

左传 [一] 宋文公即位三年,杀母弟须公子须及昭公宋前昭公子,武宋武公氏之谋也。[文公]使戴宋戴公、桓宋桓公之族攻武氏于司马子伯华耦之馆,尽逐武、穆宋穆公之族。武、穆之族以曹师伐宋。

【宋文……之族】 正 事见文十八・四。

[二] 秋,"宋师围曹",报武氏之乱也。

宣公三年・八

地理 郑、陈、宋、楚、晋见宣地理示意图 1。郑、燕(南燕)、陈、宋、楚、晋、叶见宣地理示意图 5。

人物 公子兰/郑穆公(僖三十・三・五)、燕姞、伯儵、郑文公(庄十九—庄二十一—庄二十一・十一・二)、郑子婴(桓十八・二・一)、陈妫、太子华(僖六—僖七・春秋)、公子臧(僖二十四・三・一)、公子士、公子瑕(僖三十一・六)、堵俞弥(僖六—僖七・五・三)、晋文公(庄二十八・二・一)、石癸(僖二十四・五・二)、后稷(僖二十四・三・一)、孔将锄(僖二十四・五・二)、侯宣多(僖二十四・五・二)

春秋 冬,十月丙戌二十三日,郑伯兰郑穆公卒。

葬郑穆公。

○ 正 杨 据隐元·五，诸侯五月而葬。郑穆公不足三月而葬，于礼为速。此条《春秋》无对应《左传》。

左传 【一】冬，郑穆公卒。

【二·一】初，郑文公有贱妾曰燕姞 jí，梦天使与己兰，曰："余为伯鯈 tiáo。余，而(尔)祖也。以是为而(尔)子。以兰有国香，人服媚之如是。"

【燕姞】 正 补 南燕女，姞姓。郑文公(庄十九—庄二十一—庄二十二·十一·二)妾，郑穆公(僖三十·三·五)之母。

【伯鯈】 补 南燕始祖。姞姓，名鯈，排行伯。黄帝之后。

【以是为而子】 杨 把这[兰花]作为你的儿子。

【人服媚之如是】 正 补 人们服事爱戴你的儿子就像[佩戴喜爱]这[兰花]一样。

既而文公郑文公见之，与之兰而御之。[燕姞]辞曰："妾不才，幸而有子，[或]将不信，敢征兰乎？"公郑文公曰："诺。"[燕姞]生穆公郑穆公，名之曰"兰"。

【御之】 杨 临幸燕姞。

【辞曰……兰乎】 正 杨 补 燕姞说："我地位低贱，如果侥幸怀了国君的孩子，[别人]将会质疑孩子的身份，到时是否可以征引[国君赠我的]兰花[作为我得国君宠幸的信物]？"征，征引。

○ 补 杜甫《同豆卢峰贻主客李员外贤子棐知字韵》"梦兰他日应"典出于此。

【二·二】文公郑文公报郑子郑子婴之妃，曰陈妫 guī，生子华太子华、子臧公子臧。子臧得罪而出。[公]诱子华而杀之南里，[公]使盗杀子臧于陈、宋之间。

【报】正补旧注谓"报"为奸淫。然而,陈妫所生之子得立为太子,则陈妫实有夫人之尊。有学者认为,"报"与"烝"(桓十六—桓十七·一·一)相似,是春秋时期贵族阶层中存在的一种与乱伦通奸有别的特殊婚姻行为,是指不依常礼从异姓国新娶女子为妻,而是娶去世叔伯之妾为妻。【郑子】正郑文公叔父。

【陈妫】补陈女,妫姓。本为郑子婴(桓十八·二·一)妾,后郑文公报之,生太子华及公子臧。

【子臧得罪而出】杨见僖二十四·三。

【诱子华而杀之南里】正见僖十六·六。【南里】正杨补郑都南道里弄,从内城延伸至远郊。在今河南新郑南。

【使盗……之间】正见僖二十四·三。

[二·三][公]又娶于江,生公子士。[公子士]朝于楚,楚人鸩zhèn之,及叶shè而死。

【朝】补见隐四·二·七·一。用"朝"字,说明公子士此时已被立为太子,摄行君事而朝于楚。参见桓九—桓十·春秋。

【鸩】补见庄三十二·四·三。

【叶】正杨补在今河南叶县叶邑镇旧县村已发现其遗址(详见下)。楚县。成十五年至昭九年为许都。参见《图集》29—30③5。

○杨文四年楚灭江。可能楚人害怕江女所生之公子士日后为害,故杀之。

> ○补**叶邑故城遗址**:遗址位于澧河南岸,城址平面呈长方形,周长约九千米。城址周围已发现包括叶公墓、许灵公墓在内的多处春秋战国墓葬。

[二·四][公]又娶于苏,生子瑕公子瑕、子俞弥公子俞弥。俞弥公子俞弥早卒。泄驾恶wù瑕,文公郑文公亦恶之,故不立也。

【苏】杨补见隐十一·三·一。郑文公娶苏女时间应在庄二十二年郑文公即位之后,僖十年狄灭苏之前。

【泄驾……恶之】杨见僖三十一·六。

〔二·五〕公郑文公逐群公子,公子兰奔晋,从晋文公伐郑。石癸曰:"吾闻姬、姞耦,其子孙必蕃 fán:姞,吉人也,后稷之元妃也。今公子兰,〔姬姓而〕姞甥也。天或启之,必将为君,其后必蕃。〔吾〕先纳之,可以亢宠。"〔石癸〕与孔将锄、侯宣多纳之,盟于大(太)宫而立之,以与晋平。

【蕃】杨蕃衍。参见僖二十三—僖二十四·六。

【姞……妃也】正补姞,就是吉人的意思,〔周远祖〕后稷的原配夫人〔也是姞姓〕。

【启】补开,引申为赞助。

【纳】补见隐四·二·四·一。

【亢宠】杨保持宠幸〔而不衰落〕。亢,保卫。

【大宫】正补太宫,见隐十一·二·二。

○正补此事又见于僖三十·三·五,叙述较此处为简。郑穆公共有十三子,其中公子喜(字罕)、公子騑(字驷)、公子去疾(字良)、公子发(字国)、公子偃(字游)、公子騟(字印)、公子平(字丰)及其后代罕氏、驷氏、良氏、国氏、游氏、印氏、丰氏长期把持郑国政事,史称"七穆",此乃石癸预言之验。

〔二·六〕穆公郑穆公有疾,曰:"兰死,吾其死乎,吾所以生也。"刈兰而卒。

【刈兰而卒】杨刈,割。不知是郑穆公自刈,或是郑穆公使他人刈,抑或是他人误刈。

宣公四年·一

地理 鲁、齐见宣地理示意图1。鲁、齐、莒、郯、向见宣地理示意图4。

人物 鲁宣公（文十七—文十八·五·二）、齐惠公（僖十七—僖十八·一）

春秋 四年，春，王正月，公鲁宣公及齐侯齐惠公平莒 jǔ 及郯 tán。莒人不肯。公伐莒，取向。

【公及齐侯平莒及郯】 补 鲁宣公与齐惠公出面斡旋调停，促使莒、郯二国讲和修好。**【郯】** 杨 补 周时国，子爵，嬴姓。始封君为少皞之后。在今山东临沂郯城县北已发现其遗址（详见下）。战国时被越所灭。参见《图集》17—18②7、26—27⑤5。

【向】 正 杨 见隐二·二·春秋。此时为莒邑。

> ○ 补 **郯国故城遗址**：遗址先后为春秋时期郯国都城、汉代郯县县城。遗址包括古城址、制陶作坊遗址、冶铁作坊遗址、墓葬区。城址平面呈不规则四边形，东墙长1 370米，西墙1 260米，南墙780米，北墙1 260米。城址内出土了西周、春秋、战国、秦汉时期的遗物。城址内外发现了春秋、战国时期墓葬。

左传 四年，春，"公及齐侯平莒及郯。莒人不肯。公伐莒，取向。"非礼也。平国以礼，不以乱。伐而不治，乱也。以乱平乱，何治之有？无治，何以行礼？

○ 补 齐、鲁是东土两个主要诸侯国，齐为大国，鲁为中等国，而莒、郯等为小国。鲁宣公是由齐惠公拥立的，即位后就已经带着鲁叛离晋而投靠齐。宣二年赵宣子弑君之后，鲁宣公研判晋在短期内忙于稳定内部政局，无暇作为霸主管控国际局势，因此更加坚定地跟从一直有复霸志向的齐，成为齐管控东土国际局势的帮手。本年鲁宣公陪同齐惠公出面调停莒、郯二小国之间争端,而莒人竟然不识相拒绝调停,因此鲁宣公主动出手攻打莒,夺取城邑,大概有三个目的:一是通过教训莒来树立齐的区域性霸主权威,因此齐不会来干涉;二是仗着齐的威势来树立鲁的霸主帮手权威,使得莒这样的小国顺服自己;三是趁机为鲁开疆拓土。

宣公四年·二

地理 秦见宣地理示意图 1。

人物 秦共公

春秋 秦伯稻秦共公卒。

【秦伯稻】杨 补 秦共公。嬴姓,名稻,谥共。秦康公(僖十五·八·一·六)之子。宣元年即位,在位四年。宣四年卒。

宣公四年·三

地理 郑、楚见宣地理示意图 1。

人物 公子归生(文二·六)、郑灵公(文十七·四·二)、公子宋、公子去疾、公子坚/郑襄公(文九·二·一)、郑穆公(僖三十·三·五)

春秋 夏,六月乙酉二十六日,郑公子归生弑其君夷郑灵公。

左传 【一·一】楚人献鼋 yuán 于郑灵公。公子宋与子家公子归生将见[公]。子公公子宋之食指动,以示子家,曰:“他日我如此,必尝异味。”及入,宰夫将解鼋,[子公、子家]相视而笑。公郑灵公问之,子家以告。及食 sì 大夫鼋,[公]召子公而弗与也。子公怒,染指于鼎,尝之而出。

【鼋】杨 补学名 *Pelochelys cantorii*,潜颈龟目鳖科爬行动物,淡水鳖中形体最大的一种,成年体重可达五十至一百千克。

【公子宋】正 补姬姓,名宋,字公。郑大夫。其名(宋)、字(公)相应,宋国为公爵。

【异味】补杜甫《李监宅二首》"且食双鱼美,谁看异味终"典出于此。

【宰夫】补郑内朝官,负责为国君与其家人烹调饮食。

公怒,欲杀子公。子公与子家谋先。子家曰:"畜老,犹惮杀之,而况君乎?"[子公]反谮 zèn 子家[于公]。子家惧而从之。夏,弑灵公郑灵公。

【畜老】补牲畜老了。

【反谮子家】正 补[公子宋]反过来[在郑灵公那里]诬陷公子归生。参见隐十一·六·一公子翚反谮鲁隐公之事。

【一·二】[《春秋》]书曰"郑公子归生弑其君夷",[子家]权不足也。君子曰:"仁而不武,无能达也。"凡弑君,[《春秋》]称君,君无道也;称臣,臣之罪也。

【书曰……足也】正 补《春秋》记载成"郑公子归生弑其君夷",按下文"称臣,臣之罪也",则表示公子归生有罪。公子归生权柄不足以抵御祸乱,因惧怕大夫公子宋而跟随他作出弑君之举,故《春秋》书其名氏以示罪。《春秋》为何不书公子宋,则不知。

【仁而不武,无能达也】正 补有仁爱而没有勇武,总是行不通的。公子归生始称"畜老",可见其仁;不讨公子宋,可见其"不武"。

【称君,君无道也】正 补《春秋》只称被弑君名,而弑君者则以"某人"代之,则表明其君无道,如文十六—文十七·春秋"冬,十有一月,宋人弑其君杵臼"。

【称臣,臣之罪也】正 补《春秋》点明弑君者名氏,则表明弑君之臣有罪,如本章。

○ 补 **传世文献对读**：《论语·八佾》："子曰：'居上不宽，为礼不敬，临丧不哀，吾何以观之哉？'"此为"居上不宽"之例。

【二】郑人立子良公子去疾。[子良]辞曰："以贤，则去疾公子去疾不足；以顺，则公子坚长 zhǎng。"乃立襄公郑襄公。

【子良】正 杨 补 公子去疾。姬姓，名去疾，字良。郑穆公（僖三十·三·五）庶子，公子坚（文九·二·一）庶弟。郑大夫，官至执政卿（继公子归生）。成二年已任执政卿。宣十二年为质于楚。宣十四年归于郑。其后为"七穆"之一的良氏。其名（去疾）、字（良）相应，人去疾则良。

【三】襄公将去穆氏郑穆公，而舍子良。子良不可，曰："穆氏宜存，则固[吾]愿也。若将亡之，则亦皆亡，去疾何为？"[公]乃舍之，皆为大夫。

【去】正 驱逐。【穆氏】正 郑穆公诸子，郑襄公兄弟。
【亦】补 语助词，无义。

宣公四年·四

地理 齐见宣地理示意图 1。赤狄、齐见宣地理示意图 3。

春秋 赤狄侵齐。

宣公四年·五

地理 鲁、齐、楚、宋见宣地理示意图 1。鲁、楚、郧、宋、辕阳、烝野、漳水、漳澨、皋浒、云梦泽见宣地理示意图 5。

人物 鲁宣公（文十七—文十八·五·二）、子良、斗椒（僖二十七—僖

二十八・十一）、斗穀於菟（庄三十・二）、斗般、芳贾（僖二十七—僖
二十八・一）、楚庄王（文十四・十一・一）、楚文王（庄六・二・一）、
若敖（僖二十七—僖二十八・十一）、斗伯比（桓六・二・二）、郧子、
斗克黄

春秋 秋，公鲁宣公如齐。

○ **正** 此条《春秋》无对应《左传》。

公鲁宣公至自齐。

○ **正** 此条《春秋》无对应《左传》。

左传【一】 初，楚司马子良子良生子越椒斗椒。子文斗穀於菟曰："必杀
之。是子也，熊虎之状，而豺狼之声，弗杀，必灭若敖氏矣。
谚曰：'狼子野心。'是乃狼也，其可畜乎？"子良不可。子文以
为大戚。及[子文]将死，聚其族，曰："椒斗椒也知政，乃速行矣，
无及于难。"且泣曰："鬼犹求食，若敖氏之鬼不其馁 něi 而？"

【司马】 **补** 见僖二十六・三。【子良】 **正** **补** 芈姓，斗氏（若敖氏大
宗），字良。斗伯比（桓六・二・二）之子，斗穀於菟（庄三十・二）之
弟。楚大夫，宣四年已任司马。

【若敖氏】 **补** 楚先君若敖（僖二十七—僖二十八・十一）之后形成的
卿大夫家族。斗氏、成氏都是若敖之后，斗氏为大宗，成氏为小宗。
据本段描述，则似乎当时楚人所认为的"若敖氏"就是斗氏，由此可见
斗氏之强盛。

【其】 **杨** 岂。

【戚】 **杨** 忧。

【若敖氏之鬼不其馁而】 **正** **杨** **补** 若敖氏祖先的鬼魂不是要挨饿了
吗？意谓若敖氏将灭绝，祖先无人祭祀。馁，饿。而，语助词。

【二】及令尹子文_{斗穀於菟}卒，斗般为令尹，子越_{斗椒}为司马。芳_{wěi}贾为工正，譖_{zèn}子扬_{斗般}而杀之，子越为令尹，己_{芳贾}为司马。

【令尹】见庄四·二·二。

【斗般】正 杨 补 芈姓，斗氏，名般，字扬。斗穀於菟（庄三十·二）之子。楚大夫，官至执政（继成嘉）。任令尹。宣四年前被芳贾所譖杀。

【工正】补 应即工尹，见文十·二·二。

【譖子扬而杀之】补 ［芳贾向楚庄王］进斗般的谗言，［使楚庄王下令］杀死了斗般。

【三】子越又恶_{wù}之_{芳贾}，乃以若敖氏之族，圉_{yǔ}伯嬴_{芳贾}于轑_{lǎo}阳而杀之。［子越］遂处烝_{zhēng}野，将攻王_{楚庄王}。王以三王之子为质焉，［子越］弗受，师于漳澨_{shì}。

【圉】正 囚。【轑阳】正 杨 补 楚邑，在今河南南阳西北。参见《图集》29—30③4。

【遂】补 又。【烝野】正 杨 补 楚邑，在今河南新野境。参见《图集》29—30④4。

【三王】正 楚文王、楚成王、楚穆王。

【漳澨】正 杨 补 楚地。如果依照传统说法，古漳水即今漳河（宣地理示意图5"漳水"），那么漳澨可能在湖北荆门西，漳水东岸（宣地理示意图5"漳澨"）。参见《图集》29—30⑤3。然而，如果漳水是今清凉河，那么漳澨可能在今蛮河、清凉河交汇区域，即湖北南漳谢家台附近（宣地理示意图5"雎水?""漳水?"交汇处）。本书示意图采用传统说法，同时提醒读者注意。【漳】正 杨 补 水名，传统说法认为即今漳河，源出今湖北南漳西南蓬莱山洞，东南流经湖北钟祥、当阳，在当阳两河口镇与沮河汇合，以下称沮漳河，流经枝江、荆州，在荆州李埠镇临江寺入长江。参见《图集》29—30⑤3至⑥3。有学者认为，漳水应该是今蛮河支流清凉河，即宣地理示意图5"漳水?"，详见桓十二—桓十三·二·二。本书示意图"漳水"采用传统说法,同时标出"漳水?"提醒读者注意。

【四】秋,七月戊戌九日,楚子楚庄王与若敖氏战于皋浒。伯棼 fén,斗椒射王楚庄王,汏 tài 辀 zhōu,及鼓跗 fū,著 zhuó 于丁宁。[伯棼]又射,汏辀,以贯笠毂 gǔ。[王]师惧,退。王使巡师曰:"吾先君文王楚文王克息,获三矢焉。伯棼窃其二,尽于是矣。"[王]鼓而进之,遂灭若敖氏。

【皋浒】正 杨 补 在今湖北襄阳西,汉水南岸。楚地。传统说法皋浒参见《图集》29—30④3,位于汉水北岸。有学者认为,"皋"指的是今湖北襄阳西的汉皋山(今名方山),"浒"指的是水岸,"皋浒"就是汉皋山和汉水岸边之间的地区,位于汉水南岸。本书示意图采用新说,以"皋浒?"表示,与传统说法皋浒隔汉水相望。

【汏辀……丁宁】正 杨 补 [斗椒的箭]擦过车辀,到达鼓架支足处,射在铜钲上。汏,激而过之。辀参见《知识准备》"车马"。丁宁,快读即钲,军中用器,类似铃,鸣以收兵。铜钲是主帅执掌的器物,说明这第一箭差一点射中楚庄王。

【笠毂】杨 笠即车盖,形似大伞,竖立在车上,用以遮雨蔽日。笠由多根弓(即伞骨,《周礼·考工记·辀人》说共二十八根)撑起,这些弓在笠柄上的汇聚之处就是笠毂,如同车轮辐条汇聚之处为车毂一样。主帅在车盖下,说明这第二箭也差一点射中楚庄王。车盖参见《知识准备》"车马"。

【吾先君文王克息】杨 见庄十四·三·一。

○杨 补 若敖氏是楚先君若敖(僖二十七—僖二十八·十一)后代形成的氏族,主支大宗为斗氏,后分出小宗成氏。从庄三十年(楚成王八年)斗縠於菟担任令尹,至本年楚庄王灭若敖氏(楚庄王九年),五十九年间,楚可考的八位令尹为斗縠於菟、成得臣、蒍吕臣、斗勃、成大心、成嘉、斗般、斗椒。除成得臣城濮战败自杀后短暂换为蒍氏之外,楚令尹之职一直被若敖氏所垄断,此外若敖氏还有多位族人担任司马(斗子良、斗宜申)、箴尹(斗克黄)、申公(斗克)等官职。可以说，这一时期楚政坛出现了若敖氏一家独大的局面。这一局面的出现，应该是源于斗穀於菟的长期执政(楚成王八年至三十五年)和卓越政绩。然而，本年楚庄王灭斗氏终结了这一局面，此后楚没有再出现某一大族长期占据令尹之位的情况。

○補 **本节军事地理分析：**传统说法认为，楚郢都位于今湖北江陵北约五公里处纪南城(宣地理示意图 5"楚")。若真是如此，那当斗椒叛军处于汉水以北烝野之时，距离郢都还非常遥远，还谈不上准备"攻王"，楚庄王似乎也没有必要在这时就以三王之子为质以求和。然而，如果楚郢都位于蛮河下游聚落群的话(宣地理示意图 5"楚?"，参见桓二·三"春秋时期楚郢都地望")，那么当斗椒叛军处于烝野之时，与郢都距离已经较近，可以说是准备"攻王"，楚庄王以三王之子为质以求和较为合理。所以，本段的军事地理形势支持郢都位于蛮河下游聚落群的说法。

传统说法中，漳澨位于今湖北荆门市西(宣地理示意图 5"漳澨")。然而斗椒叛军已经渡过汉水到达漳澨屯兵，又在并未遭受失败的情况下大举北撤至皋浒(宣地理示意图 5"皋浒?")与楚庄王军队决战，非常不合事理。这样看来，漳澨位于今湖北南漳县谢家台附近更为合理(宣地理示意图 5"雎水?""漳水?"交汇处)。

综合以上分析，本段《左传》较为合乎事理的军事地理描述如下：

斗椒在轑阳(宣地理示意图 5"轑阳?")杀蒍贾之后，纠集叛军南下，在烝野(宣地理示意图 5"烝野")集结，准备渡过汉水攻打居于楚郢都(宣地理示意图 5"楚?")的楚庄王。楚庄王以三王之子为质以求和，斗椒不从，南渡汉水，屯兵于漳澨(宣地理示意图 5"雎水?""漳水?"交汇处)，应该已在郢都附近。楚庄王率军出郢都迎敌，斗椒退却至汉水南岸的皋浒(宣地理示意图 5"皋浒?")，双方在此决战。

【五·一】初,若敖娶于郧_{yún(鄖)},生斗伯比。若敖卒,[斗伯比]从其母畜于郧,淫于郧子之女,生子文斗榖於菟焉。郧夫人使弃诸(之于)梦中。虎乳之斗榖於菟。郧子田,见之,惧而归。夫人以[其女之事]告,[郧子]遂使收之。楚人谓乳"榖_{gòu}",谓虎"於_{wū}菟_{tú}",故命之曰"斗榖於菟",实为令尹子文。[郧子]以其女妻_{qì}伯比斗伯比。

【郧】正 杨 补即鄖,见桓十一·二。

【梦】正 杨 补楚谓草泽为"梦"。此处应指云梦泽,传统说法认为是指古代江汉平原上包括湖泊、沼泽、山林等多种地貌形态在内的广阔区域,绝大部分在江水以北,小部分在江水以南,江水以南称为"江南之梦"。参见《图集》29—30⑦4 至⑥5。有学者认为,春秋时期的"云梦"就是《尚书·禹贡》所记载的"云土梦",得名于分布于此地的云(郧)人,其位置并不在宣地理示意图5"云梦泽"所在的位置,而是位于汉晋云杜县境,即湖北钟祥、京山之间,也就是宣地理示意图5"郧"(邧)以西,"汉水"和"清发水"之间。至于"江南之梦",则是另外一个"梦",并不是"云梦"的一部分(参见昭三·十二)。本书示意图仍然采用传统说法,同时提醒读者注意。

【田】补打猎。

【故命之曰"斗榖於菟"】杨遍检《左传》,凡言"命之曰……",除此处外,都只言名而不言氏。据此,则"斗"疑为衍文。

○补通行本中,"实为令尹子文"原在本小节"以其女妻伯比"之后。遍检《左传》,凡有"实某某",都是紧接在所说明的名称之后。"实为令尹子文"为补充说明"斗榖於菟"之文,因此应紧接其后。据上述理由,因而有此调整。

○补杜甫《戏作俳谐体遣闷二首》"於菟侵客恨"典出于此。

【五·二】其斗榖於菟孙箴尹克黄斗克黄使于齐,还,及宋,闻乱。其人曰:"不可以入矣。"箴尹_{斗克黄}曰:"弃君之命,独谁受之?君,天也。天可逃乎?"遂归,复命,而自拘于司败。王_{楚庄王}思子文_{斗毅於菟}之治楚国也,曰:"子文无后,何以劝善?"使[_{箴尹}]复其所,改命曰"生"。

【箴尹克黄】 |正| |补| 斗克黄,后为斗生。芈姓,斗氏(若敖氏大宗),原名克黄,宣四年改名生。斗般之子,斗毅於菟之孙。楚大夫,宣四年前已任箴尹。【箴尹】 |正| |杨| |补| 楚外朝官,职掌进谏。

【独】 |杨| 语气词。

【司败】 |杨| 见文十·二·二。

○|补|笔者对若敖氏之乱的可能真相有详细分析,请见专著《不服周:楚国的奋斗与沉沦》(出版中,暂定书名)相关篇章。

宣公四年·六

|地理| 楚、郑见宣地理示意图 1。

|人物| 楚庄王(文十四·十一·一)

|春秋| 冬,楚子_{楚庄王}伐郑。

|左传| "冬,楚子伐郑",郑未服也。

○|正|宣三年楚侵郑(宣三·五),未能迫使郑与楚讲和,故曰"郑未服也"。

宣公五年·一

地理 鲁、齐见宣地理示意图1。

人物 鲁宣公（文十七—文十八·五·二）、高宣子、叔姬、叔孙庄叔（文元·二·四）、齐惠公（僖十七—僖十八·一）

春秋 五年，春，公_{鲁宣公}如齐。

夏，公_{鲁宣公}至自齐。

秋，九月，齐高固_{高宣子}来逆叔姬。

【高固】正 杨 补 高宣子。姜姓，高氏，名固，谥宣。高顷子之子，高庄子之孙，高敬仲（庄八—庄九—庄十·八）曾孙。齐大夫，官至卿位。

【叔姬】补 鲁女，姬姓，排行叔。高宣子夫人。宣五年归于齐高氏。

叔孙得臣_{叔孙庄叔}卒。

○正 此条《春秋》无对应《左传》。据隐元·十三，则由于国君没有出席小敛，故《春秋》不书卒日。

冬，齐高固_{高宣子}及子叔姬_{叔姬}来。

左传 [一] "五年，春，公如齐。"高固_{高宣子}使齐侯_{齐惠公}止公，请叔姬焉。

【请叔姬焉】正 补 请求[鲁宣公将]叔姬[嫁给高宣子]。所谓"请求"，其实是强迫。

[二] "夏，公至自齐。"[《春秋》]书，[公]过也。

○ 正 据桓二·五·二，鲁君出访某国完毕回到国都，如果在太庙祭告了先祖，那么《春秋》就记载"公至自某"。然而，这里《春秋》记载"夏，公至自齐"，则是为了显示鲁宣公的过错。鲁宣公被齐国扣留，被迫将女儿嫁给齐国臣子，这是很大的耻辱，鲁宣公归国后应该反省罪己，而不应再行祭告先祖的嘉礼。鲁宣公却不以为耻，仍然将出行经历祭告先祖，这就是他的过错。《春秋》书"公至自齐"，显示鲁宣公归国后祭告了先祖，正是彰显他的过错。

【三】秋，九月，齐高固来逆女，自为也。故 [《春秋》] 书曰"逆叔姬"，卿自逆也。

【故书……逆也】 正 补《春秋》书"逆叔姬"，即"逆某某"而非"逆女"，表明是卿大夫为自己前来迎娶新妇。相关书法参见隐二·五·春秋。

【四】冬，"来"，反 (返) 马也。

○ 正 补 古代大夫以上娶妇，新妇乘妇家车，驾妇家马。新妇到达夫家之后，将妇家车马留在夫家，表示不敢自认为一定能长住在夫家，如果不幸被夫家休弃，则将乘妇家车马返回。结婚三个月后，新妇至夫家宗庙拜祭祖先，婚姻已经稳固，此时夫家将妇家车留下，而返还妇家马，表示将与其妻偕老，不会发生休妻之事，称为"反马"。依礼，夫家应遣使者行返马之事，此次高宣子因叔姬归宁，而亲自前来返马。归宁参见庄二十七·四。

宣公五年—宣公六年(宣公六年·一)

地理 楚、郑、晋、卫、陈见宣地理示意图1。

人物 赵宣子(僖二十三—僖二十四·一·二)、孙免、楚庄王(文十四·十一·一)、中行桓子(僖二十七—僖二十八·三)

春秋 楚人伐郑。

六年,春,晋赵盾赵宣子、卫孙免 wèn 侵陈。

【孙免】补 姬姓,孙氏,名免。卫大夫,官至卿位。

左传【一】 楚子楚庄王伐郑。陈及楚平。晋荀林父 fǔ,中行桓子救郑,伐陈。

【陈及楚平】补 陈与楚讲和。

【二】 六年,春,晋、卫侵陈,陈即楚故也。

【即】补 亲附。

宣公六年·二

地理 周、齐见宣地理示意图1。

人物 周定王(宣三·四)、子服

春秋 夏,四月。

左传 夏,定王周定王使子服求后于齐。

【子服】正 补 字服。周王室大夫。

宣公六年·三

[地理] 鲁、晋见宣地理示意图 1。鲁、赤狄、晋、怀、邢丘见宣地理示意图 3。

[人物] 晋成公（宣二·三·五）、中行桓子（僖二十七—僖二十八·三）

[春秋] 秋，八月，[我]螽 zhōng。

○ [正] [补] 参见桓五·五·春秋。此条《春秋》无对应《左传》。

[左传] 秋，赤狄伐晋，围怀及邢丘。晋侯晋成公欲伐之。中行桓子曰："使[赤狄]疾其民，以盈其贯，将可殪 yì 也。周书曰'殪戎殷'，此类之谓也。"

【怀】[杨] 见隐十一·三·一。【邢丘】[正] [杨] [补] 又作"邢"，在河南温县北平皋村已发现其遗址（详见下）。本为宝鸡之邢东迁之后居地（参见隐四·二·八）。宣六年已为晋邑，曾先后为奔晋楚大夫屈巫臣采邑、韩氏族人邢带采邑。参见《图集》22—23⑪18。

【使疾其民，以盈其贯】[正] [杨] [补] 使[赤狄]导致自己的民众疾苦，最终恶贯满盈。贯，古代穿钱绳索。中行桓子的意思是，晋国应故意示弱，使赤狄得胜而骄，这样就会促使赤狄穷兵黩武、频繁出战。多一次战争，狄人就多遭受一次疾苦，如此累积，如同在贯上穿钱，终有满盈之日。

【殪】[杨] 一举而灭绝。

【殪戎殷】[正] 今本《尚书·康诰》（见定三—定四·五·四）有此句，可译为"灭绝大国殷商"。戎，大。【此类之谓也】[杨] 说的就是这类情况。中行桓子意谓，周文王、周武王等待商纣恶贯满盈，而后一举灭之。如今对待赤狄，也应该采取这个策略。

○ [正] 下启宣十五年晋灭赤狄潞氏（宣十五·三）。

○ [补] 宣六年赵宣子率军侵陈（宣五—宣六），是他生前最后一次率军出征。从宣七年赵宣子去世倒推，此时的中军帅赵宣子已经是风烛残年,晋六卿领导班子随时面临调整。因此,中军佐中行桓子所说的话在表面上与宣二年赵宣子弑晋灵公前回避与楚军决战时所说的话大同小异(参见宣二·二·三),而实际上的功用也差不多,都是为了遮掩诸卿当下关注重点是国内政治、不愿在此时离开都城主动出击的政治盘算。

○ 补 **邢丘故城遗址**：遗址呈梯形,东西宽 840 至 1 200 米,南北长 1 230 至 1 400 米。城内陶窑遗址出土多件印有"邢""邢公"文字。发掘者认为此处即是申公巫臣奔晋之后的采邑。

○ 杨 补 **古文字新证**：贯字形演变情况如宣字形图 2 所示。周代金文"贯"字会以绳穿二贝之意。总之,从古文字学证据看,"以绳穿贝"应为"贯"之造字本义。

1 周早.中方鼎《集成》	3 周晚.
𩵋簋(實)《金》	2 春早.晋姜鼎《集成》	4 春.國差𦉜(實)《金》

宣字形图 2(《说文新证》,2014 年)

宣公六年·四

地理 周、齐见宣地理示意图 1。

人物 召桓公、姜氏

春秋 冬,十月。

左传 冬,召桓公逆王后姜氏于齐。

【召桓公】 正 补 姬姓,召氏,谥桓。召昭公(文四—文五·春秋)之子。周王室卿士。

【王后】 补 姜氏。齐女,姜姓。周定王(宣三·四)后。宣六年归于周。

宣公六年·五

地理 楚、郑见宣地理示意图1。

左传 楚人伐郑，取成而还。

【取成】 补 取得了[郑]求和[的结果]。

宣公六年·六

地理 郑见宣地理示意图1。

人物 公子曼满、王子伯廖

左传 [一] 郑公子曼满与王子伯廖 liáo 语，欲为卿。伯廖王子伯廖告人曰："[公子曼满]无德而贪，其在《周易》《丰》☲☳之《离》☲☲，弗过之矣。"

【公子曼满】 正 补 姬姓，名曼满。郑大夫。宣八年被郑人所杀。

【王子伯廖】 正 补 王子氏，名伯廖。郑大夫。

【《丰》☲☳之《离》☲☲】 正 补 此为引用《周易》筮例来表达观点、阐明事理。本筮例为本卦一爻变，得之卦，而主要以《周易》本卦变爻爻辞占之。《丰》☲☳，本卦，《离》☲下《震》☳上。《丰》☲☳上六阴爻变为阳爻，则变成《离》☲☲。《离》☲☲，之卦，《离》☲下《离》☲上。按《左传》占筮常例，应主要以《丰》卦上六爻辞占之。其辞为"丰其屋，蔀其家。窥其户，阒其无人，三岁不觌，凶"，可译为"增修扩建屋子，屋顶盖了草席。从门缝里窥视，却空无一人，直到三年都看不到，这是凶兆"。

【其在……之矣】 正 补 王子伯廖意谓，如《丰》之《离》上六爻辞所预示，公子曼满无德而居卿之大屋，三年之内会有祸难。

[二] 间 jiàn 一岁，郑人杀之公子曼满。

【间一岁】 杨 中间间隔一年，连前带后，正好三年。

宣公七年·一

地理 卫、鲁、晋见宣地理示意图 1。

人物 卫成公(僖二十五—僖二十六·春秋)、孙桓子

春秋 七年,春,卫侯卫成公使孙良夫孙桓子来盟。

【孙良夫】杨 补 孙桓子。姬姓,孙氏,名良夫,谥桓。孙宣子之子,孙庄子(哀二十六·三)之孙。卫大夫,官至卿位。

左传 七年,春,卫孙桓子来盟。始通,且谋会晋也。

○补 下启同年黑壤之会(宣七·五)。

宣公七年·二

地理 鲁、齐见宣地理示意图 1。鲁、齐、莱见宣地理示意图 4。

人物 鲁宣公(文十七—文十八·五·二)、齐惠公(僖十七—僖十八·一)

春秋 夏,公鲁宣公会齐侯齐惠公伐莱。

【莱】正 杨 补 周时国,子爵。此时应在今山东临朐、昌乐一带,其国都应靠近襄二·四·二的"东阳"。襄六年齐灭莱,迁莱人于郳,可能在今山东济南莱芜区境,参见襄六·六·二·四。除了临朐、昌乐之莱,在山东胶东半岛另有一莱国,即所谓"东莱",其都城遗址应即是龙口东南的归城遗址(详见下)。两莱国之间关系如何,学界有多种说法,比如并存说、迁徙说,未知孰是。

○补 归城遗址:遗址位于莱山之阴,鸦鹊河从东部穿城而过。城址分内城、外城。内城平面呈长方形,南北长 780 米,东西宽 450 米。外城沿山围筑,平面呈不规则椭圆形,面积 351 000 平方米。

秋，公_{鲁宣公}至自伐莱。

○ 正 此条《春秋》无对应《左传》。

左传 "夏，公会齐侯伐莱"，[公]不与 yù 谋也。凡师出，与谋[《春秋》书]曰"及"，不与谋曰"会"。

【凡师……曰会】正 补 凡是鲁出兵与他国会师征伐，鲁事先参与了谋划，《春秋》书"及"；鲁事先没有参与谋划，只是出兵助战，《春秋》书"会"。

宣公七年·三

地理 鲁见宣地理示意图 1。

春秋 [我]大旱。

宣公七年·四

地理 晋见宣地理示意图 1。赤狄、晋、向见宣地理示意图 3。

左传 赤狄侵晋，取向阴之禾。

【向阴】杨 在向邑（隐十一·三·一）以南。
【禾】补 见隐三·四·二，此处应为狭义。

宣公七年·五

地理 鲁、晋、宋、卫、郑、曹、周见宣地理示意图 1。鲁、晋、宋、卫、郑、曹、周、黄父见宣地理示意图 3。

人物 鲁宣公（文十七—文十八·五·二）、晋成公（宣二·三·五）、宋文公（文十六—文十七·一·一）、卫成公（僖二十五—僖二十六·春秋）、郑襄公（文九·二·一）、曹文公（文十一·二·春秋）、公子宋

（宣四·三·一·一）、王叔桓公（文三·五·二·二）

春秋 冬，公鲁宣公会晋侯晋成公、宋公宋文公、卫侯卫成公、郑伯郑襄公、曹伯曹文公于黑壤。

【黑壤】杨 即黄父，见文十七·四·一。

左传【一】郑及晋平。公子宋之谋也，故[公子宋]相 xiàng 郑伯郑襄公以会。

【郑及晋平】补 郑和晋讲和。

【二·一】冬，盟于黑壤。王叔桓公临之，以谋不睦。

【王叔桓公临之】正 王叔桓公[衔天子之命]监临盟誓[，而自己不参与歃血]。

【二·二】晋侯晋成公之立也，公鲁宣公不朝焉，又不使大夫聘。晋人止公于会。盟于黄父，公不与 yù 盟。[公]以赂免。故黑壤之盟[《春秋》]不书，讳之也。

【晋侯……夫聘】杨 补 晋成公即位时（在宣二·三·五），鲁宣公没有亲自前往朝见（朝礼参见隐四·二·七·一），又不派大夫前往聘问（聘礼参见隐七·四·春秋）。据襄元·五，"凡诸侯即位，小国朝之，大国聘焉，以继好、结信、谋事、补阙，礼之大者也"。相对于晋，鲁实为小国，晋成公即位，鲁宣公应亲自前往朝见。即使鲁成公不亲自前往朝见，也至少应派大夫前往聘问。鲁宣公不朝，又不使大夫聘，因此晋人在黑壤之会上以此为由扣留鲁宣公。

宣公八年·一

地理 鲁、齐、晋、秦见宣地理示意图1。晋(绛)、白狄、秦见宣地理示意图2。

人物 鲁宣公(文十七—文十八·五·二)、东门襄仲(僖二十五—僖二十六·春秋)、敬嬴(文十七—文十八·五·二)

春秋 八年,春,公鲁宣公至自会。

○正 此条《春秋》无对应《左传》。

夏,六月,公子遂东门襄仲如齐,至黄乃复。

【黄】 杨 齐邑,见桓十六—桓十七·一·一。

○正 东门襄仲半路返回,应是由于突发疾病。据聘礼,使团已进入受聘国境,使者即使去世,使团也应该抬着尸体继续前行,完成使命(参见哀十五·二·二)。东门襄仲生病就折回,属于非礼。此条《春秋》无对应《左传》。

辛巳十六日,[我]有事于大(太)庙。仲遂东门襄仲卒于垂。壬午十七日,犹绎。万入,去籥 yuè。

【有事】 正 有祭祀之事。【大庙】 补 见桓元—桓二·春秋。

【垂】 正 齐地。

【绎】 正 正祭后一日,重复举行的祭祀。正祭时有人扮作受祭者,称为"尸"。绎祭则陈昨日正祭之礼以宾敬此人。

【万入,去籥】 正 杨 补 万舞(文舞)队伍进入时,[编制中]去掉了执籥的舞者。万,见隐五·七。籥,古代管乐器,形状像笛。据《礼记·檀弓下》,"仲遂卒于垂,壬午犹绎,万入,去籥。仲尼曰:'非礼也。卿卒不绎'"。鲁人知正卿去世,乐舞应有所减损,因此去除发声之籥,然而并未停止绎祭,仍为非礼。

戊子二十三日，夫人嬴氏敬嬴薨。

○ 正 此条《春秋》无对应《左传》。

晋师、白狄伐秦。

○ 正 补 《春秋》书东门襄仲卒在前，晋、白狄伐秦在后，而《左传》反之。可能《春秋》所据为事件发生时间（东门襄仲卒）和诸侯通告上所书时间（晋、狄伐秦），而《左传》为叙述平顺，先叙晋、秦事毕，然后叙述鲁事。

左传 【一】八年，春，白狄及晋平。夏，［白狄］会晋伐秦。晋人获秦谍，杀诸（之于）绛市，六日而苏。

【绛】 补 晋都，见庄二十五—庄二十六·二。

【苏】 杨 死而复生。

【二】"有事于大庙。"襄仲东门襄仲卒而绛，非礼也。

宣公八年·二

地理 楚、吴、越见宣地理示意图 1。楚、群舒（舒、舒蓼、舒庸、舒鸠）、吴、越见宣地理示意图 5。

人物 楚庄王（文十四·十一·一）

春秋 楚人灭舒蓼 liǎo。

左传 楚为众舒叛故，伐舒蓼，灭之。楚子楚庄王疆之。［楚子］及滑汭 ruì，盟吴、越而还。

【众舒】 补 即群舒，见文十二·三。

【楚子疆之】 正 补 楚庄王重新划定楚东部疆界［，将舒蓼划入楚版图〕。

【滑汭】 正 杨 补 一说是滑水入其他某水之处,一说是滑水隈曲之处,未知孰是。滑水应在安徽安庆以东。

【越】 正 杨 补 夏、商、周时国,始封君为夏少康之庶子无余(有争议,详见下)。周时为子爵(金文资料显示其自称为"王"),姒姓,都会稽,在今浙江绍兴城区(有争议,详见下)。越王勾践在灭吴后北迁于琅琊,可能即今江苏连云港锦屏山九龙口古城址(传统说法在山东青岛黄岛区西南的琅琊台),迁都时间应该在勾践二十五年(哀二十三年,参见哀二十三·三),也有学者认为在勾践二十九年(哀二十七年)。越王翳时又南迁于吴旧都,在今江苏苏州。约获麟之岁(哀十四年)后 147 年(前 306?)楚大败越,越遂衰微,服于楚。又 112 年被秦所灭。会稽参见《图集》29—30⑦12"越 1"。胶南之琅邪参见《图集》29—30①11"越 2"、45—46②6"越 1"。吴旧都参见 45—46④7"越 2"。

○ 补 **越人族属**:传统说法认为越王族以及越人是夏王族后裔。然而,有学者认为,这个说法很可能是春秋晚期越国强大、北进中原争霸之时,由越人自己编造、并由越王勾践之口散布出来的,其目的是使越人跻身华夏后裔的正统,从而提高自身的地位,赢得中原华夏诸侯的认同。即使越王族真是夏朝分封的王族后裔,也不代表越国民众是夏人后代。从考古和文献研究来看,越王族所统治的越人主体应该来源于长江下游太湖、钱塘江流域的土著民族,这一区域的马桥文化可能是越文化的先驱。

○ 补 **越国都城地望**:传统说法认为,春秋时期越国国都为会稽,即今天的浙江绍兴城区。然而,会稽最多可能是春秋晚期越都,而越国此前都邑应该另有所在。比如,有学者认为,无余时都嶕岘,可能在浙江绍兴平水镇五星村一带;越王允常时都埤中,可能在浙江诸暨与绍兴交界处的店口、阮市一带;越王勾践早期都埤中,哀元年夫差败越之后短暂都平阳,在浙江绍兴平水镇一带;之后才定都会稽。还有学者认为,越国早期都邑在安吉、萧山等地。浙江本书示意图仍采用《图集》观点,而在此提醒读者注意。

○ 补 **印山越王大墓**:1996 年在绍兴县城(今柯桥区)西南约十三公里的印山发掘出一座单墓道长方形大墓,年代在春秋晚期,墓主人应是越国君主,可能是越王勾践之父允常。

宣公八年·三

地理 晋见宣地理示意图 1。

人物 郤克(宣元·二)、郤成子(僖三十三·五·一·一)、赵庄子

春秋 秋,七月甲子,日有食之,既。

【七月】 杨 七月无日食,十月甲子朔有日全食,故"七月"当为"十月"。

【日有食之,既】 补 见桓三·五·春秋。

○ 正 此条《春秋》无对应《左传》。

左传 晋郤克有蛊疾,郤 xì 缺 郤成子 为政。秋,[郤缺]废郤克,使赵朔 赵 庄子 佐下军。

【蛊疾】 正 杨 精神错乱,好像被鬼物所迷惑。

【使赵朔佐下军】 正 以代替郤克。【赵朔】 正 补 赵庄子。嬴姓,氏,名朔,谥庄,赵宣子(僖二十三—僖二十四·一·二)之子。晋大夫,官至卿位。宣八年任下军佐(卿职),宣十二年已任下军帅(卿职)。宣十六年前已告老或去世。

○ 正 下启郤童怨郤氏(成十七·十)。

宣公八年·四

地理 鲁见宣地理示意图 1。

人物 敬嬴（文十七—文十八・五・二）

春秋 冬，十月己丑二十六日，葬我小君敬嬴。雨，不克葬。庚寅二十七日，日中而克葬。

【小君】 补 见庄二十二・二・春秋。

【克】 正 成。

○ 补 敬嬴本为鲁文公妾，由于是鲁宣公生母，母以子贵，文十八年鲁文公原配夫人出姜大归于齐后即升为夫人，因此本年丧葬用夫人礼。参见文四—文五・春秋。

左传 冬，葬敬嬴。旱，无麻，始用葛茀 fú。"雨，不克葬"，礼也。礼，卜葬，先远日，避不怀也。

【麻】 补 大麻（Cannabis sativus L.），大麻科一年生高大草本植物，茎皮纤维为重要纺织原料，麻子为重要粮食。

【葛茀】 正 杨 即葛绋。绋为牵引灵柩的绳索，出殡时用于牵引柩车，下葬时用于放下灵柩。据《周礼・地官・遂人》《礼记・丧大记》《礼记・杂记》，天子葬用六绋挽车，挽者可能有上千人；诸侯葬用四绋，挽者五百人；大夫葬用二绋，挽者三百人。据《礼记・曲礼上》，"助葬必执绋"，因此下文《左传》以"执绋"来指代送葬，如昭三十・二・二。【葛】 补 葛藤（Pueraria lobata（Willd.）Ohwi.），多年生藤本植物，藤蔓纤维可用于编制绳索、鞋子。

【礼……怀也】 正 杨 根据礼制，占卜下葬日期时，先选择较远的日子，为了避免[被别人认为]不怀念[死者]。《礼记・曲礼》："凡卜筮日……丧事先远日，吉事情先近日。"比如，本月下旬则先卜下月下旬，不吉则卜下月中旬，又不吉则卜下月上旬，由远而及近。古人认为父母安葬以后，怀念之心日益减退，而这不是孝子所希望的。由于下葬是不可回避的事，因此孝子卜葬期，先选远日，表示不急于进入哀思日减的境地。这句话的用意是在说明为何下雨不葬符合礼制：如果冒雨而葬，则表明孝子急于进入哀思日减的境地，因此下雨不葬符合礼制。

宣公八年·五

　　地理 鲁见宣地理示意图 1。鲁、平阳见宣地理示意图 4。

　　春秋 [我]城平阳。

　　　　【平阳】 正 杨 补 在今山东新泰。鲁邑。参见《图集》26—27④4。

　　左传 "城平阳。"[《春秋》]书,时也。

　　　　【书,时也】 补 参见桓十六·二。

宣公八年·六

　　地理 楚、陈、晋见宣地理示意图 1。

　　春秋 楚师伐陈。

　　左传 陈及晋平。"楚师伐陈",取成而还。

　　　　【陈及晋平】 补 陈和晋讲和。
　　　　【取成】 补 取得[陈]求和[的结果]。

宣公九年·一

地理 鲁、齐、周见宣地理示意图1。

人物 鲁宣公（文十七—文十八·五·二）、孟献子（文十四·十二·三）、周定王（宣三·四）

春秋 九年，春，王正月，公鲁宣公如齐。

○正 此条《春秋》无对应《左传》。

公鲁宣公至自齐。

○正 此条《春秋》无对应《左传》。

夏，仲孙蔑孟献子如京师。

【京师】见隐六·七。

○补 共仲（庄二·二·春秋）的后代，《春秋》称仲氏（如上文之仲孙蔑），而《左传》极少数情况下称仲氏（如成十六·八·二之仲孙蔑），绝大部分情况下称孟氏（如下文之孟献子）。窃疑仲氏为官方认定之氏，而孟氏为实际使用之氏。可能共仲后代得国君赐氏（参见隐八·十二）时，官方按照正礼，根据其祖共仲排行赐"仲氏"。仲氏为官方认定之氏，所以正史《春秋》以此为准。然而，共仲后代出于不明原因，不愿用"仲氏"，而根据共仲在未作国君的同母弟（共仲、僖叔、成季）最年长，称为"孟氏"。此为实际生活中此族人所用之氏，所以记录史实的《左传》以此为准。

左传 九年，春，王周定王使来征聘。夏，孟献子聘于周。王以［献子］为有礼，厚贿之。

【征聘】正补 召［鲁遣使至周］聘问。聘见隐七·四·春秋。

宣公九年·二

地理 齐见宣地理示意图1。齐、莱见宣地理示意图4。

人物 齐惠公(僖十七—僖十八·一)

春秋 齐侯_{齐惠公}伐莱。

宣公九年·三

地理 鲁见宣地理示意图1。鲁、根牟见宣地理示意图4。

春秋 秋,［我］取根牟。

【根牟】 正 杨 补 周时附庸国,在今山东沂南东南。宣九年被鲁所灭。参见《图集》26—27④5。

左传 "秋,取根牟",［《春秋》书"取",］言易也。

宣公九年·四

地理 滕见宣地理示意图4。

人物 滕昭公(文十二·四·春秋)

春秋 八月,滕子_{滕昭公}卒。

左传 滕昭公卒。

　　○ 正 下启本年宋围滕(宣九·七)。

宣公九年·五

地理 晋、宋、卫、郑、曹、陈见宣地理示意图1。晋、宋、卫、郑、曹、陈、扈见宣地理示意图 3。

| 人物 | 晋成公(宣二・三・五)、宋文公(文十六—文十七・一・一)、卫成公(僖二十五—僖二十六・春秋)、郑襄公(文九・二・一)、曹文公(文十一・二・春秋)、中行桓子(僖二十七—僖二十八・三)、陈灵公(文十四・五・春秋)

| 春秋 | 九月,晋侯晋成公、宋公宋文公、卫侯卫成公、郑伯郑襄公、曹伯曹文公会于扈。

【扈】 补 见文七・五・春秋。

晋荀林父中行桓子帅师伐陈。

辛酉,晋侯黑臀晋成公卒于扈。

【辛酉】 正 杨 据杜预、王韬所推春秋历,九月无辛酉。

○正《春秋》常例,他国君主卒,则书"某某卒"。晋成公卒于国外,故《春秋》特书其卒地。

| 左传 | "会于扈",讨不睦也。陈侯陈灵公不会。晋荀林父仇,中行桓子以诸侯之师伐陈。晋侯晋成公卒于扈,乃还。

【会于扈,讨不睦也】 杨 此时晋、楚争强,诸侯之从楚者,即不睦于晋。故晋为扈之会以讨之。

○ 补 **出土文献对读**:清华简二《系年》叙本年之事,颇能澄清《左传》,可扫码阅读。

又据《史记・十二诸侯年表》:"[晋成公七年,]使[中行]桓子伐楚,以诸侯师伐陈救郑。"楚庄王十四年、晋成公七年即宣九年。由此可见,宣九・八・二・一"楚子为厉之役故,伐郑",以及宣十二・一・一"厉之役,郑伯逃归"中提到的"厉之役",并非如杜注所言宣六年楚伐郑之役,而是宣九年早先由楚庄王召集的、《左传》没有记载的厉之会。郑襄公从厉之会逃归后,楚庄王出兵讨伐郑,晋召集诸侯在扈地会盟,陈灵公没有与会。晋中行桓子率师讨伐楚、陈以救郑,楚师还未退兵,晋成公就在扈地去世了。

宣公九年·六

地理 卫见宣地理示意图1。

人物 卫成公(僖二十五—僖二十六·春秋)

春秋 冬,十月癸酉十五日,卫侯郑卫成公卒。

宣公九年·七

地理 宋见宣地理示意图1。宋、滕见宣地理示意图4。

春秋 宋人围滕。

左传 冬,"宋人围滕",因其丧也。

宣公九年·八

地理 楚、郑、晋、陈见宣地理示意图1。

人物 楚庄王(文十四·十一·一)、郤成子(僖三十三·五·一·一)、泄冶、陈灵公(文十四·五·春秋)、孔宁(文十六—文十七·五)、仪行父、夏姬、孔子(僖二十七—僖二十八·二十五·三)、郑襄公(文九·二·一)、公子去疾(宣四·三·二)

春秋 楚子楚庄王伐郑。晋郤 xì 缺郤成子帅师救郑。

陈杀其大夫<u>泄冶</u>。

○ 正 补 据<u>文六·四·三</u>及<u>文七·二·三</u>,则《春秋》书国杀,又书被杀卿大夫之名氏,表明泄冶有罪。据下文《左传》,泄冶直言极谏,绝不至于有罪。应是陈灵公纵容孔宁、仪行父杀害泄冶之后,以泄冶有罪伏法而死通告于诸侯,《春秋》因而书之。孔子对泄冶直谏于淫乱之朝、死而无济于事的行为表示不赞同(见下文《左传》),因此未做改动。

左传 [一·一·一] 陈灵公与孔宁、仪行父fǔ通于夏姬,皆衷其衵rì服,以戏于朝。泄冶谏曰:"公卿宣淫,民无效焉,且闻不令。君其纳之!"公陈灵公曰:"吾能改矣。"公告二子。二子请杀之,公弗禁,遂杀泄冶。

【仪行父】 正 补 仪氏,名或字行。陈大夫,官至卿位。宣十年奔楚。宣十一年,楚庄王纳仪行父于陈。【夏姬】 正 杨 补 郑女,姬姓。郑穆公(僖三十·三·五)之女,郑灵公(文十七·四·二)之妹,姚子(昭二十八·四·四)所生。按照《左传》说法,夏姬先后为陈夏御叔(成二·四·一·二)、楚连尹襄老(宣十二·一·十四·三)、连尹襄老之子黑要(成二·四·三)、楚屈巫臣(宣十二·二·一)之妻,与夏御叔生夏征舒(宣十·四·春秋),与屈巫臣生邢侯(襄十八·三·七)及羊舌肸妻(昭二十八·四·四)。按照清华简二《系年》说法(详见成七·六·三),夏姬名为"少盉",先后为公子征舒(应即夏征舒)、申公巫臣、连尹襄老、黑要、申公巫臣之妻。

【衷其衵服】 正 杨 补 贴身穿着夏姬的内衣。衷,着于内。《说文》:"衵,日日所常衣也。"

【民无效焉,且闻不令】 杨 补 人民无所效法,而且名声不好。令,善。

【君其纳之】 正 补 国君请将夏姬内衣收起来。

【二子】 补 孔宁、仪行父。

【一·二】孔子曰："《诗》云'民之多辟 pì，无自立辟 bì'，其泄冶之谓乎。"

【民之多辟，无自立辟】正 杨 补《毛诗·大雅·板》有此句，可译为"民众多行邪恶，就不要再去自立法度"。辟（pì），邪。辟（bì），法。

○ 杨 补 传世文献对读：《孔子家语·子路初见》记载了孔子上述言论的上下文背景，可扫码阅读。
○ 杨 补 传世文献对读：《毛诗·陈风·株林》是讽刺陈灵公和夏姬淫乱的诗，可扫码阅读。
○ 杨 补 传世文献对读：《国语·周语中》详叙宣八年周王室卿士单襄公访问陈国，预言陈国必亡之事，可扫码阅读。

【二·一】楚子 楚庄王为厉之役故，伐郑。

【厉之役】补 参见宣九·五。【厉】补 见僖十五·四。

【二·二】晋郤缺 郤成子救郑。郑伯 郑襄公败楚师于柳棼 fén。国人皆喜，唯子良 公子去疾忧曰："是国之灾也，吾死无日矣。"

【柳棼】正 郑地。

【国人】补 见《知识准备》"国野制"。

○ 正 自此晋、楚交兵伐郑，宣十二年卒有楚庄王入郑之祸（宣十二·一）。

宣公十年·一

地理 鲁、齐见宣地理示意图1。鲁、齐、济水见宣地理示意图4。

人物 鲁宣公（文十七—文十八·五·二）、齐惠公（僖十七—僖十八·一）

春秋 十年,春,公鲁宣公如齐。

公鲁宣公至自齐。

○ 正 此条《春秋》无对应《左传》。

齐人归我济西田。

【济西田】 补 见僖三十一·一·春秋。

左传 "十年,春,公如齐。"齐侯齐惠公以我服故,归济西之田。

○ 正 杨 补 宣元年鲁用济西田赂齐,换取齐惠公与鲁宣公在平州会盟,帮助鲁宣公安定君位（宣元·三）。此后从宣元年到宣七年,鲁奉齐为盟主,鲁宣公于宣四年、宣五年两度朝见齐惠公（宣四·五·春秋、宣五·一）,形成了每年朝见的先例。然而,齐人在此期间开始仗势欺人,宣五年扣留鲁宣公逼婚（宣五·一）,宣七年又命鲁宣公率军助齐伐莱（宣七·二）。鲁君臣一度打算叛齐服晋,因此宣七年鲁君臣与卫卿孙桓子谋会晋（宣七·一）,宣八年鲁宣公参与晋人组织的黑壤会盟（宣七·五）。然而晋人没有抓住机会留住鲁,而是公开羞辱鲁宣公以"杀鸡儆猴",导致鲁君臣对晋失望,于是重新倒向齐。黑壤会盟结束后,执政卿东门襄仲同年就访齐修复关系,在途中病逝（宣八·一）。鲁宣公在宣九年、宣十年两次朝见齐惠公（宣九·一、宣十·一）,再次出现每年朝齐的情况。齐惠公此时已是"人之将死",一方面为鲁重新归服感到欣慰,一方面也意识到如果不加以善待,鲁恐怕又将叛离,因此主动归还济西田以示悔过和笼络。

宣公十年·二

春秋 夏,四月丙辰 初一,日有食之。

【日有食之】补 见隐三·一·春秋。

宣公十年·三

地理 齐、卫、鲁见宣地理示意图1。

人物 齐惠公(僖十七—僖十八·一)、崔武子、鲁宣公(文十七—文十八·五·二)、高宣子(宣五·一·春秋)、国武子

春秋 己巳 十四日,齐侯元 齐惠公 卒。

齐崔氏 崔武子 出奔卫。

【崔氏】补 崔武子。姜姓,崔氏,名杼,谥武。崔夭(僖二十七—僖二十八·十四·一)之子。齐大夫,官至执政卿。宣十年奔卫,成十七年前已归于齐。襄二十五年任右相(卿职)。襄二十七年自缢而死。

公 鲁宣公 如齐。

五月,公 鲁宣公 至自齐。

○正 此条《春秋》无对应《左传》。

左传【一】夏,齐惠公卒。

【二】崔杼 zhù,崔武子 有宠于惠公 齐惠公。高 高宣子、国 国武子 畏其逼也,公 齐惠公 卒而逐之。[崔杼]奔卫。[《春秋》]书曰"崔氏",非其罪也,且[齐]告[诸侯]以族不以名。凡诸侯之大夫违,告于诸侯曰:"某氏之守臣某,失守宗庙,敢告。"所有玉帛之使者,则

告;不然,则否。

【高、国畏其逼也】正 杨 补 高氏、国氏畏惧崔武子的逼迫。高、国世代为齐国上卿,参见僖十二—僖十三·二·一。【国】正 杨 补 国武子。姜姓,国氏,名佐,谥武。国庄子(僖二十七—僖二十八·二十)之子。齐大夫,官至卿位。成十七年以谷叛,同年齐灵公复之。成十八年被齐灵公指使士华免所杀。食采于宾媚。

【书曰……以名】正 杨 补 《春秋》书“崔氏”而不书“崔杼”,一是由于崔杼并无罪过,二是由于齐将此事通告诸侯之时,告书上本来就只称其氏而不称其名。《春秋》沿用告书文辞而不改,以示崔杼无罪。结合下文可以推知,此次齐人告诸侯文书辞称呼崔武子为“崔氏之守臣”,而不是“崔氏之守臣杼”。

【违】正 补 离开本国,包括出奔和被放逐。

【某氏之守臣某】正 补 守卫某氏族宗庙的大夫某。

【所有……则告】正 杨 补 凡是有友好往来的[国家],就发给通告。

〖三〗公鲁宣公如齐奔丧。

○正 补 据昭三十·二·二,“先王之制,诸侯之丧,士吊,大夫送葬”。据昭二—昭三·四,晋文、襄之霸时,“君薨,大夫吊,卿共葬事”。无论如何,则一国君主去世,他国君主亲自奔丧会葬为非礼。本年齐归济西之田于鲁,鲁宣公亦亲自前往齐奔齐惠公之丧,两国关系之亲密达到高峰。

宣公十年·四

地理 陈、楚见宣地理示意图 1。

人物 夏征舒、陈灵公(文十四·五·春秋)、孔宁(文十六—文十七·五)、仪行父(宣九·八·一·一)

春秋 癸巳八日,陈夏征舒弑其君平国陈灵公。

【夏征舒】正补妫姓,夏氏,名征舒,字南。夏御叔(成二·四·一·二)之子,公子少西(宣十一·五·一)(字夏)之孙,夏姬(宣九·八·一·一)所生。陈大夫,官至卿位。宣十年自立为君。宣十一年被楚人所杀。其名(征舒)、字(南)相应,舒为南方之国。清华简二《系年》则称夏征舒为陈公子、夏姬之夫,与《左传》不同。

○补据宣四·三·一·二,臣弒君,《春秋》称臣之名(夏征舒),则夏征舒有罪。

左传陈灵公与孔宁、仪行父饮酒于夏氏。公陈灵公谓行父仪行父曰:"征舒夏征舒似女(汝)。"[行父]对曰:"亦似君。"征舒病之。公出,[征舒]自其厩射而杀之。二子奔楚。

【病之】补以之为耻。

【二子】补孔宁、仪行父。

○补下启宣十一年楚人杀夏征舒而纳孔宁、仪行父(宣十一·五)。

宣公十年·五

地理宋、晋见宣地理示意图 1。宋、滕、晋见宣地理示意图 3。

春秋六月,宋师伐滕。

左传滕人恃晋而不事宋。"六月,宋师伐滕。"

○杨补此处首次点明宋以滕为其属国。襄二十七年宋之盟,宋人请滕,叔孙穆子谓滕为宋之私属(参见襄二十七·三·二·五)。定元年诸侯城成周,宋卿仲几欲使滕人代替宋服筑城劳役(定元·一·三·二)。可见宋、滕之间这种关系直至定元年仍未改变。

宣公十年·六

地理鲁、齐见宣地理示意图 1。

[人物]公孙归父、齐惠公(僖十七—僖十八·一)

[春秋]公孙归父如齐。葬齐惠公。

【公孙归父】[正][补]姬姓，名归，字家。东门襄仲(僖二十五—僖二十六·春秋)之子。鲁大夫，官至卿位。宣十八年奔齐。其后为子家氏。其名(归)、字(家)相应，家为人回归之所。

宣公十年·七

[地理]晋、宋、卫、曹、郑、楚见宣地理示意图1。

[春秋]晋人、宋人、卫人、曹人伐郑。

[左传]郑及楚平。诸侯之师伐郑，取成而还。

【郑及楚平】[正]宣九年郑败楚师(参见宣九·八·二·二)，害怕楚大举出兵报复，故于本年与楚讲和。
【取成】[补]取得[郑]求和[的结果]。
○[补]下启本年楚庄王伐郑(宣十·十五)。

宣公十年·八

[地理]周、鲁见宣地理示意图1。周、鲁、刘见宣地理示意图3。

[人物]周定王(宣三·四)、刘康公

[春秋]秋，天王周定王使王季子刘康公来聘。

【王季子】[正][杨][补]刘康公。姬姓，刘氏，谥康，排行季。周匡王(文十四·十)或周定王(宣三·四)之子。周王室卿大夫，成元年已为卿士。食采于刘。【聘】[补]见隐七·四·春秋。

|左传|秋，刘康公来报聘。

【刘】见隐十一·三·一。此时已为畿内国。

○|正|刘康公此行乃为回报宣九年孟献子之聘（参见宣九·一）。

○|杨||补|**传世文献对读**：《国语·周语中》叙刘康公返回周王室之后论鲁大夫俭侈之事，可扫码阅读。

宣公十年·九

|地理|鲁见宣地理示意图 1。鲁、邾、绎见宣地理示意图 4。

|人物|公孙归父（宣十·六·春秋）

|春秋|公孙归父帅师伐邾，取绎 yì。

【绎】|正||补|在邾都绎附近。邾邑。参见《图集》26—27④4。

|左传|"[我]师伐邾，取绎"。

○|正|下启本年公孙归父如齐（宣十·十二）。

宣公十年·十

|地理|鲁见宣地理示意图 1。

|春秋|[我]大水。

宣公十年·十一

|地理|鲁、齐见宣地理示意图 1。

|人物|季文子（文六·二·春秋）

春秋 季孙行父季文子如齐。

左传 季文子初聘于齐。

【初】补 指季文子在齐顷公即位后初次访问齐国。季文子在文十六年就曾访问齐（文十五—文十六）。【聘】补 见隐七·四·春秋。

○正 杜注认为,执政卿季文子此次访问的目的是庆贺齐顷公即位。

○补 下启本年国武子来报聘。

宣公十年·十二

地理 鲁、齐见宣地理示意图 1。鲁、齐、邾见宣地理示意图 4。

人物 公孙归父（宣十·六·春秋）

春秋 冬,公孙归父如齐。

左传 冬,子家公孙归父如齐,伐邾故也。

○正 补 杜注认为,鲁本年先前伐邾,恐因此被齐讨伐,故先行前往进行解释。笔者认为,也可能是先前季文子访问时,齐人已经就公孙归父伐邾一事向季文子提出质询,因此公孙归父专程至齐进行解释。

宣公十年·十三

地理 齐、鲁见宣地理示意图 1。

人物 齐顷公、国武子（宣十·三·二）

春秋 齐侯齐顷公使国佐国武子来聘。

【齐侯】补 齐顷公。姜姓,名无野,谥顷。齐惠公（僖十七—僖十八·一）之子,萧同叔子（宣十七·一·一）所生。宣十一年即位,在位十七年。成九年卒。

左传 国武子来报聘。

○ 正 补 国武子此行是回报本年季文子之聘,也是齐顷公即位后齐卿首次聘问鲁。

宣公十年·十四

地理 鲁见宣地理示意图 1。

春秋 [我]饥。

○ 正 鲁国饥荒,应是由于本年先前大水所致。

宣公十年·十五

地理 楚、郑见宣地理示意图 1。楚、郑、晋、颍水见宣地理示意图 5。

人物 楚庄王(文十四·十一·一)、范武子(僖二十七—僖二十八·二十四·二)

春秋 楚子楚庄王伐郑。

○ 补 晋、楚相争,本年郑与晋及其盟国讲和,故楚庄王伐郑。

左传 "楚子伐郑。"晋士会范武子救郑,逐楚师于颍 yǐng 北。诸侯之师戍郑。

【颍北】 杨 颍水以北,在今河南禹州北。郑地。【颍】 正 杨 补 水名,今名颍河,源出河南嵩山西南,流经河南登封、禹州、襄城、许昌、临颍、西华、周口、项城、沈丘等县市,至常胜沟口入安徽界首境,流经安徽太和、阜阳、颍上等县市,在颍上鲁口乡沫河口村注入淮河。春秋时颍水参见《图集》29—30②4 至④8。

○ 补 下启宣十一年陈、郑服于楚（宣十一·一）。

宣公十年·十六

地理 郑见宣地理示意图 1。

人物 公子归生（文二·六）、郑灵公（文十七·四·二）

左传 郑子家 公子归生 卒。郑人讨 幽公 郑灵公 之乱，斫 zhuó 子家之棺，而逐其族。［郑人］改葬 幽公，谥之曰"灵"。

【幽公之乱】 正 指宣四年公子归生弑郑灵公（宣四·三·一）。

【斫子家之棺】 正 补 削薄公子归生的棺材板，使其不得以上卿之礼下葬。详见后引上博简七《郑子家丧》（全文见宣十二·一·十九）。

【改葬幽公，谥之曰"灵"】 正 补 据谥法，动静乱常为"幽"，乱而不损为"灵"。同为恶谥，而"灵"稍优于"幽"。

○ 补 **出土文献对读**：据上博简七《郑子家丧》，则公子归生去世后，楚庄王以声讨其弑君罪行为由起兵伐郑，包围郑国都城，围城三月，郑人随后被迫用罪臣葬制埋葬公子归生。楚庄王伐郑，围城三月，《左传》亦有记载，在宣十二年（宣十二·一·一至三）。综合《郑子家丧》和《左传》的记载，有可能"郑人讨幽公之乱"并不在本年，而在宣十二年。

又据《郑子家丧》，公子归生下葬之时，"梨木三寸，疏索以纮，毋敢丁门而出，掩之城基"，可译为"用梨木制的三寸薄棺，用粗劣的缄绳捆绑，不敢从正门出城，埋在城墙底下"。"梨木三寸"，参见哀二·二·四·二"桐棺三寸"，应为有罪下卿葬制。强调"三寸"，则意味着比正常棺材板要薄。"毋敢丁门而出"，参见昭四—昭五·十一"葬鲜者自西门"，应为不得寿终之卿葬制。

宣公十一年·一

地理 楚、陈、郑、晋见宣地理示意图 1。楚、陈、郑、晋、栎、辰陵见宣地理示意图 5。

人物 楚庄王（文十四·十一·一）、陈灵公（文十四·五·春秋）、郑襄公（文九·二·一）、公子去疾（宣四·三·二）

春秋 十有（又）一年，春，王正月。

夏，楚子楚庄王、陈侯、郑伯郑襄公盟于辰陵。

【辰陵】正 杨 补 在今河南西华西北。陈地。参见《图集》29—30③6。

○ 杨 补 此处陈侯为谁，有两种可能性。

第一种可能性是陈成公，也就是宣十一·五·一所提到的在晋的"陈侯"。据襄二十五·四·一"夏氏之乱，成公播荡，又我之自入"，可知夏征舒杀陈灵公之后，公子午（陈成公）曾在外流亡，最后从郑回到陈复位。又据宣十一·五·一，则本年楚庄王入陈杀夏征舒之时，陈成公在晋。如果此处"陈侯"是陈成公的话，则事情始末大致如下：宣十年夏征舒杀陈灵公之后，立陈成公为君，而自己实际控制朝政。宣十一年，楚成王、陈成公、郑襄公盟于辰陵，陈成公迫于夏征舒压力表示陈顺服于楚，目的是获得国际承认，避免楚讨伐。此后，陈成公出奔至晋，试图依靠晋复辟。十月，楚庄王为了积攒争霸"政绩"，入陈杀夏征舒，但并未立陈成公为君，因为此时陈成公正流亡在晋。后来，陈成公从郑回到陈即位。

第二种可能性是夏征舒。据《史记·陈杞世家》，夏征舒杀陈灵公后，自立为陈侯。清华简二《系年》认为夏征舒是陈公子、夏姬之夫，如果真是如此，这就为他篡夺君位提供进一步的宗法依据。如果此处"陈侯"是夏征舒的话，则事情始末大致如下：宣十年夏征舒杀陈灵公后自立为君，公子午（陈成公）出奔至晋。宣十一年，楚成王、夏征舒、郑襄公盟于辰陵,夏征舒表示陈顺服于楚,目的是获得国际承认和大国认可。十月,楚庄王为了积攒争霸"政绩",入陈杀夏征舒,但并未立公子午为君,因为此时公子午(陈成公)正流亡在晋。后来,公子午(陈成公)从郑回到陈即位。

[左传]十一年,春,楚子_{楚庄王}伐郑,及栎_{lì}。子良_{公子去疾}曰:"晋、楚不务德而兵争,与其来者可也。晋、楚无信,我焉得有信?"乃从楚。夏,楚盟于辰陵,陈、郑服也。

【栎】[杨]见桓十五—桓十六·春秋。

【与】[补]从。

宣公十一年·二

[地理]楚、宋见宣地理示意图 1。楚、宋、郔、沂见宣地理示意图 5。

[人物]王子婴齐、楚庄王(文十四·十一·一)、芳艾猎

[左传]【一】楚左尹子重_{王子婴齐}侵宋,王_{楚庄王}待诸_(之于)郔_{yán}。

【左尹】[补]楚外朝官,令尹副手,其职掌事务有:一、担任军事统帅;二、处理政治、经济、司法事务。【子重】[正][杨][补]王子婴齐。芈姓,名婴齐,字重。楚穆王(僖三十三·九·二·二)之子,楚庄王(文十四·十一·一)之弟。楚大夫,官至执政(继芳艾猎,一说继子佩)。宣十一年已任左尹,成二年已任令尹。襄三年卒。

【郔】[正][杨][补]在今河南项城南。楚地。参见《图集》29—30③6。

○[补]有学者认为,在经历了斗氏一门七令尹、最终令尹斗椒于宣四年发动叛乱之后(参见宣四·五),楚庄王决定要从制度层面防范此类事件再度发生,于是设立左尹(首见于宣十一·二·一)、右尹(首见于成十六·三·四·二),分散令尹权力,形成制衡。

【二】令尹芳_{wěi}艾猎城沂,

【令尹】 补 见庄四·二·二。

【芳艾猎】 杨 补 芈姓,芳氏,名艾猎,字敖,时人又常尊称其为"孙叔敖""孙叔"。芳贾(僖二十七—僖二十八·一)之子。楚大夫,官至执政(继沈尹子牼)。宣十一年已任令尹。其后别为孙氏。据《墨子·所染》,"楚庄染于孙叔、沈尹",可见芳艾猎是楚庄王最重要的两位辅臣之一。

【沂】 正 杨 在今河南正阳境。楚邑。

使封人虑事,以授司徒。

【封人】 正 杨 补 楚外朝官,镇守边疆城邑,兼掌筑城。此时楚人城沂,因此请熟悉当地情况的沂邑封人考虑此事,制定规划。

【司徒】 正 补 楚外朝官,掌徒役。

○ 正 补 命令封人考虑工程规划,完成后交给司徒。传统说法认为,"使封人虑事"与下面"量功、命日"至"度有司"都是筑城项目全过程中完成的各项任务,有的是在筑城开始之前完成的,如"使封人虑事""量功命日",有的是在筑城过程中完成的,比如"平板干""略基趾"。

　　然而,有学者认为,"使封人虑事"是总起,下面的"量功命日"至"度有司"都是"封人虑事"的具体内容,所有这些都是在筑城开始前完成的;"虑"与下面"量""命""分""平""称""程""议""略""具""度"意义皆相近,都是"计算""量度"的意思(详见下文各条的"一说")。也就是说,封人的职责是帮助令尹预先统计测算"功""日""财用""板干""畚筑""土物""远迩""基趾""糇粮""有司"诸的种种数据,其事正与昭三十二·五·三"士弥牟营成周:计丈数、揣高卑、度厚薄、仞沟洫、物土方、议远迩、量事期、计徒庸、虑材用、书糇粮"诸事相仿佛。

量功命日,

○ 正 杨 补 [在筑城开始前]计算工程量大小,[从而]发布工程时日多少。一说，"命"是"计"的意思，"量功命日"就是"〔封人事先〕计算工程量大小以及工程时日"。

分财（材）用，

〇正 杨 补〔在筑城开始前〕分配材料和用具。一说，"分"是"赋""量"的意思，"分财用"就是"〔封人事先〕计算筑城所用材料和用具的数量"。

平板榦 gàn，

【板】正 杨 版筑法筑夯城墙时所用的模板。【榦】正 杨 补筑墙时竖立在模板外侧的支柱，两侧的称为"榦"，两端（或一端）的称为"桢"。版筑法详见下。

〇正 补〔在筑城过程中〕使模板和桢干高低平齐，从而使所筑城墙平正。一说，"平板榦"是"平"是"赋""计"的意思，"平板、榦"就是"〔封人事先〕计算筑城所用模板和支柱的数量"。

称 chèn 畚 běn 筑，

【畚】正运土之器。【筑】正夯土之杵。

〇正 杨 补〔在筑城过程中〕使运土之功与筑土之功相称〔，使得运土之人工作量饱满，同时现场没有土方堆积〕。一说，"称"是"度""计"的意思，"称畚筑"就是"〔封人事先〕计算筑城所用畚箕和杵的数量"。

程土物，

〇正 杨 补〔在筑城开始前〕计算土方与建筑材料的数量，作为〔筑城过程中的〕程限〔，使之预备不致停工待料〕。一说，"程"是"量计"的意思，"土物"就是"土事"，"程土物"就是"〔封人事先〕计算筑城取土任务的数量"。

议远迩，

○楊 补[在筑城开始前]研究[取土取材地点的]远近[，制定最佳方案]。一说，"议"是"计"的意思，"议远迩"就是"[封人事先]计算取土取材路程的远近"。

略基趾，

○正 楊 补[在筑城过程中]巡视城墙基址。趾，城足。略，行。一说，"略"是"数"的意思，"略基趾"就是"[封人事先]计算基趾的宽窄深浅"。

具糇 hóu 粮，

○正 楊 补[在筑城开始前及过程中]准备徒役的口粮。糇，干食。一说，"具"是"铨""度"的意思，"具糇粮"就是"[封人事先]计算筑城人所需粮食的数量"。

度 duó 有司。

○正 楊 补[在筑城开始前]审度筑城相关主管官吏的人选。一说，"度"是"计"的意思。"度有司"就是"[封人事先]统计筑城相关官吏的数目"。

事三旬而成，不愆 qiān 于素。

【愆】正过。【素】正 楊 本，原来计划。
○正 楊 补整个工程三十天完成，没有超过原定计划。

○补夯土筑城技术：春秋时期的城墙是夯土而成的。所谓夯土，就是用人力举夯杵向下砸土，尽量减少土中的空隙，使之变得密实坚固。夯土用的夯杵，也就是上文的"筑"，是由木质杆和石质/木质/铁质夯头组成。夯土筑城用的是"版筑法"，也就是用木质模板围成一个长方体空间，里面填土夯实直至与模板平齐，这样就筑成了一“版”。最开始时，长方体空间的两侧和两端都需要模板，在有了已夯筑好的墙体后，就可以利用它作为一端，只需要两侧、一端三面围模板即可。通过不断拆装模板，向垂直和水平两个方向不断扩展，最终筑成整个墙体。为了保持模板稳定，需要在模板外侧用垂直竖立的木棍把模板挡住，在施工面离开地面之后，还需要在模板底部用垂直于墙面的木棍从下面托住模板。其中，垂直竖立在两侧挡住模板的木棍叫“榦”，垂直竖立在两端（或一端）挡住模板的木棍叫“桢”。

在筑城时，一般是先由地面向下挖出浅槽，在槽内夯筑好墙的基础，出地面之后即用版筑法筑墙；考古发掘也发现了没有基槽、直接在平地上筑墙的情况。在劳动力充足的前提下，为了提高效率，筑墙工程一般分成若干个工段同时进行。定元年晋人率十一国为周王室修筑成周城，事先周密规划（昭三十二·五），一个月就完成了任务（定元·一），说明当时中原诸侯国在筑城工程组织方面已经达到了很高的水平。

宣公十一年·三

地理 鲁、齐见宣地理示意图 1。鲁、齐、莒见宣地理示意图 4。

人物 公孙归父（宣十·六·春秋）

春秋 公孙归父会齐人伐莒 jǔ。

宣公十一年·四

地理 晋见宣地理示意图 1。晋、赤狄见宣地理示意图 3。

人物 晋景公、郤成子（僖三十三·五·一·一）、周文王（僖五·八·一）

春秋 秋,晋侯晋景公会狄于攒cuán函。

【晋侯】补晋景公。姬姓,名獳,谥景。晋成公(宣二·三·五)之子。宣十年即位,在位十九年。成十年卒。

【狄】补晋东狄,参见宣三·六·春秋。

【攒函】正狄地。

左传【一】晋郤xì成子求成于众狄。众狄疾赤狄之役,遂服于晋。秋,会于攒函,众狄服也。

【求成】补求和。【众狄】正补应为居于赤狄附近的晋东诸狄。

【众狄疾赤狄之役】杨补狄人各部族憎恨赤狄对他们的役使。

○补据文十一·四·春秋,长狄鄋瞒就是隶属于赤狄的"众狄"之一。只不过本段所说的"众狄"已经背叛赤狄而服从晋,而长狄鄋瞒似乎仍然服从赤狄,因此宣十五年晋灭赤狄潞氏时,长狄君长焚如也被杀。

【二】是行也,诸大夫欲召狄。郤成子曰:"吾闻之,'非德,莫如勤'。非勤,何以求人?能勤,有继。[吾]其从之也!《诗》曰:'文王周文王既勤止。'文王犹勤,况寡德乎?"

【能勤……之也】正杨补能够勤劳,就有后继[之功]。[我们]还是[主动]到狄人那里去吧。

【文王既勤止】正杨补《毛诗·周颂·赉》有此句,可译为"周文王已经很勤劳了"。止,语助词。

宣公十一年·五

地理 楚、陈、晋、齐见宣地理示意图1。

人物 夏征舒(宣十·四·春秋)、楚庄王(文十四·十一·一)、孔宁(文十六—文十七·五)、仪行父(宣九·八·一·一)、公子少西、陈

成公、申叔时

春秋 冬,十月,楚人杀陈夏征舒。

丁亥十一日,楚子楚庄王入陈,纳公孙宁孔宁、仪行父fǔ于陈。

○ 正 杨 补 按事理,楚庄王须先入陈,然后方得杀夏征舒,而《春秋》
先书"杀夏征舒",后书"入陈"。究其缘由,楚庄王入陈杀夏征舒后,
本已灭陈为县。后因申叔时谏,乃复封陈而不占有其地,最终结果为
"入陈"而非"灭陈"。《春秋》因此在书"杀夏征舒"之后书"入陈",以
符合事情发展脉络。

左传 【一】冬,楚子楚庄王为陈夏氏夏征舒乱故伐陈。[楚子]谓陈人"无
动! 将讨于少西公子少西氏。"遂入陈,杀夏征舒,轘huàn诸(之于)
栗门。[楚人]因县陈。陈侯陈成公在晋。

【陈夏氏乱】 正 指宣十年夏征舒弑陈灵公(见宣十·四)。
【动】 杨 惊。
【少西】 正 补 公子少西。妫姓,名少西,字夏。其后为夏氏。其名
(少西)、字(夏)相应,春秋时以西方为夏。
【轘】 正 车裂。【栗门】 正 陈都城门。
【因县陈】 正 于是灭了陈,把它设置为一个楚县。
【陈侯】 正 杨 补 陈成公,此时尚未即位,为太子午。妫姓,名午,谥
成。陈灵公(文十四·五·春秋)之子。宣十年奔晋。宣十一年即
位,在位三十年。襄四年卒。

【二】申叔时使于齐,反(返),复命[于王]而退。
【申叔时】 杨 补 姜姓,申叔氏,名时。楚大夫。

王楚庄王使让之曰:"夏征舒为不道,弑其君陈灵公,寡人以诸侯

讨而戮之。诸侯、县公皆庆寡人，女(汝)独不庆寡人，何故？"

【让】补责备。

【不道】补无道。

【诸侯】补据清华简二《系年》，则入陈之前，"王命申公屈巫适秦求师，得师以来"。则楚庄王所谓"诸侯"至少应包括秦。

【县公】正见庄三十·二。【庆】补贺。

［申叔时］对曰："犹可辞乎？"

【犹可辞乎】补还可以申述理由么？

王曰："可哉！"

［申叔时］曰："夏征舒弑其君，其罪大矣。讨而戮之，君楚庄王之义也。抑人亦有言曰：'牵牛以蹊xī人之田，而[田主]夺之牛。'牵牛以蹊者，信有罪矣。而夺之牛，罚已重矣。诸侯之从[君]也，[君]曰'讨有罪也'。今[君]县陈，贪其富也。[君]以讨召诸侯，而以贪归之，无乃不可乎？"

【抑】正杨转折连词，表轻度反转，相当于"不过"。

【蹊】正杨径。此处作动词用，指从田中穿过作为捷径。

【已】杨太。

【归】杨终。

王曰："善哉！吾未之闻也。反(返)之，可乎？"

【吾未之闻也】补即"吾未闻之也"。

［申叔时］对曰："吾侪chái 小人所谓'取诸(之于)其怀而与之'也。"

【吾侪】杨补我等。

【取诸其怀而与之】正补从别人怀里拿走东西，又拿出来还给他[，总比不还好]。

【三】[楚子]乃复封陈,乡取一人焉以归,谓之"夏州"。故[《春秋》]书曰"楚子入陈,纳公孙宁、仪行父于陈",书有礼也。

【乡取……夏州】 正 补 [楚庄王从陈]每乡俘取一人带回楚,[为他们建立聚居地,]称之为"夏州"。由于此役本为讨伐夏氏,故称"夏州"。

【夏州】 杨 补 在今湖北武汉汉阳区以北。楚地。

【故书……礼也】 正 《春秋》书"楚子入陈,纳公孙宁、仪行父于陈",不记其县陈之事,似乎楚庄王仅入陈都而纳陈二卿,是赞许楚庄王此次伐陈,最终结果是讨乱臣夏征舒而存陈国,为有礼之举。

○ 杨 补 **传世文献对读**:《孔子家语·好生》记载了孔子对于楚复陈的评论,可扫码阅读。

宣公十二年·一

地理 陈、楚、郑、晋见宣地理示意图1。陈、楚、郑、晋、唐、许、郔、管、衡雍、敖山、江水、河水、荥泽见宣地理示意图5。

人物 陈灵公(文十四·五·春秋)、楚庄王(文十四·十一·一)、中行桓子(僖二十七—僖二十八·三)、郑襄公(文九·二·一)、周厉王(僖二十四·二·二·一)、周宣王(僖二十四·二·二·一)、鲁隐公(庄十四·二·二)、郑武公(隐元·四·一)、潘尪(文十六·三·三)、公子去疾(宣四·三·二)、先縠、范武子(僖二十七—僖二十八·二十四·二)、郤献子、赵庄子(宣八·三)、栾武子、赵括(僖二十三—僖二十四·十三·二)、赵婴齐(僖二十三—僖二十四·十三·二)、巩朔(文十七·四·二)、韩穿、知庄子首、赵同、韩献子、蒍艾猎(宣十一·二·二)、仲虺、沈尹子桱、王子婴齐(宣十一·二·一)、王子侧、伍参、皇戌、商纣(庄十一·二·二·二)、若敖(僖二十七—僖二十八·十一)、蚡冒(文十六·三·三)、狐偃(僖二十三·二·二·一)、少宰、周平王(隐元·五·春秋)、晋文侯(桓二—桓三·一·一)、晋景公(宣十一·四)、许伯、乐伯、摄叔、鲍癸、厨武子、潘党、赵旃、许偃、养由基、彭名、屈荡、工尹齐、唐狡、蔡鸠居、唐惠公、逢大夫、熊负羁、知武子、连尹襄老、王子縠臣、周武王(桓元—桓二·三·二)、石制、公子鱼臣、史佚(僖十五·八·一·七)、许昭公(文七·五)、士贞伯、晋文公(庄二十八·二·一)、成得臣(僖二十二—僖二十三·八·一)

春秋 十有(又)二年,春,葬陈灵公。

○正 补 据隐元·五,诸侯五月而葬。宣十年陈灵公被弑,至今已二十一月,国乱平息后方得下葬。此条《春秋》无对应《左传》。

楚子楚庄王围郑。

○杨 据《左传》,则楚实入郑,而《春秋》书"围"而不书"入"。究其缘由,应是楚虽暂入郑,终退师三十里而许之平,故《春秋》以"围"终言之。

夏,六月乙卯,晋荀林父中行桓子帅师及楚子楚庄王战于邲 bì,晋师败绩。

【乙卯】杨据王韬所推春秋历,六月无乙卯。最近一个乙卯在七月十三日。

【邲】正杨补在今河南郑州郑东新区商都路办事处古城村、东周村附近已发现其遗址(详见下)。郑邑。邲本为水名,是狼汤渠(详见下)从河水到荥阳的一段,因此《吕氏春秋》、上博简七《郑子家丧》、上博简九《陈公治兵》又称晋、楚交战之处为"两棠",两棠即狼汤。参见《图集》24—25④4。

> ○补**邲城遗址**:城址平面呈刀把形,东墙长 560 米,西墙长 440 米,北墙长 880 米,南墙向外凸出,长 980 米。城内发现大量东周时期遗物。
>
> ○补狼汤,又名蒗荡、阆簜、两棠等,是古代著名的沟渠,是《史记·河渠书》中所谓"鸿沟"的一部分。根据《水经注》的记载,鸿沟系统包括狼汤渠、汳水、睢水、鲁沟水、涡水等。最初从河水分流出来的是狼汤渠,狼汤渠继续前流,才先后分出其他诸水,而狼汤渠本流仍然单独存在。

秋,七月。

左传【一】厉之役,郑伯郑襄公逃归,自是楚未得志焉。郑既受盟于辰陵,又徼 yāo 事于晋。十二年,春,"楚子围郑"。

【厉之……志焉】正补宣九年厉之役(见宣九·五),郑襄公逃归,不服楚。同年,楚庄王伐郑,晋郤成子率师救郑,郑襄公击败楚师。

宣十年，郑与楚讲和，晋、宋、卫、曹伐郑，郑又与晋讲和。楚庄王伐郑，晋范武子救郑，逐楚师，诸侯成郑。数年之间，郑在晋、楚之间摇摆不定，未尝坚定服事楚，故曰"楚未得志焉"。

【郑既受盟于辰陵】 杨 补 宣十一年辰陵之盟，郑表示臣服于楚。

【微】 杨 求。

〔二〕旬有（又）七日，郑人卜行成，不吉；卜临 lìn 于大（太）宫，且巷出车，吉。国人大临 lìn，守陴 pí 者皆哭。楚子楚庄王退师。郑人修城。〔楚师〕进，复围之。

【旬有七日】 补 即"十七日"。十日为一旬。

【卜】 补 见《知识准备》"卜"。【行成】 补 求和。

【卜临……车】 正 补 卜问在太庙（郑桓公庙）号哭，马车出于街巷，结果吉利。临于太宫、且巷出车，这是准备弃国迁徙的举动。

【陴】 正 杨 补 城上矮墙。也称为"女墙"，俗称"城垛子"。

〇 正 补 郑人占卜弃国迁徙而吉，之后国人在太庙大哭，守城士兵也都哭泣，向楚人做出一副真要弃城迁徙的样子，因此楚庄王退师以待其出降。郑人见楚师退去，又修城固守，因此楚师再次包围郑都。

〔三〕三月，〔楚师〕克之。〔楚师〕入自皇门，至于逵路。

【三月】 正 杨 补 据清华简二《系年》，可确知此"三月"指围郑至攻克共经历三个月。

【皇门】 杨 补 郑都南门。

【逵路】 正 杨 郑都内城的九达大路。逵，九达大路，见隐十一·二·二。

郑伯肉袒牵羊以逆〔楚子〕，曰："孤郑襄公不天，不能事君楚庄王，使君怀怒以及敝邑，孤之罪也。敢不唯命是听？其俘诸江南，以实海滨，亦唯命。其翦以赐诸侯，使臣妾之，亦唯命。若〔君〕惠顾前好，徼 yāo 福于厉周厉王、宣周宣王、桓郑桓公、武郑武公，不泯其社稷,使改事君,夷于九县,君之惠也,孤之愿也,非所敢望也。[孤]敢布腹心,君实图之。"

【郑伯肉袒牵羊以逆】[正][杨][补]郑襄公去上衣露体,牵着羊去迎接[楚庄王]。这是表示愿服于楚为臣隶。据《史记·宋微子世家》"周武王伐纣克殷,微子乃持其祭器造于军门,肉袒面缚,左牵羊,右把茅",则肉袒牵羊为古礼。

【孤】[补]称孤之例在桓十二—桓十三·二·二。此处郑襄公以灭国为凶事而用凶礼,自我贬损,故称"孤"。【不天】[杨]不能承奉上天的旨意。

【其俘诸江南】[杨][补]如果[把我们郑人]俘虏了[流放]到江水以南。诸,于。【江】[补]见文十·二·二。

【翦】[杨]灭。

【徼福……武】[正][杨][补][楚若]寻求[先王]周厉王、周宣王和[先君]郑桓公、郑武公的福佑。郑始封君郑桓公为周厉王之子,周宣王之弟,郑武公之父。此外,郑桓公分封在周宣王时期。

【泯】[正]灭。

【夷于九县】[正][杨][补][地位上]等同于楚的诸县。夷,侪,等同。九,在这里用作虚数。

【敢布腹心】[杨][补]胆敢披露心里[的实话]。《尚书·盘庚下》:"今予其敷心腹肾肠,历告尔百姓于朕志。""布腹心"就相当于《尚书》里的"敷心腹肾肠",可见此种套话由来已久。

左右曰:"不可许也,得国无赦。"

王楚庄王曰:"其君郑襄公能下人,必能信用其民矣,[郑]庸可几乎?"

【庸可几乎】[杨][补][郑的国运]怎会就此完结呢? 庸,岂。几,尽。
○[补]《老子》:"江海之所以能为百谷王者,以其善下之,故能为百谷王。是以圣人欲上民,必以言下之;欲先民,必以身后之。"所述即楚庄王此句之意。

[楚师]退三十里,而许之平。潘尪 wāng 入盟,子良公子去疾出质。

【而许之平】补而答应与郑讲和。

【出质】杨 补出[郑都]作为[楚]人质。

【四】夏,六月,晋师救郑。荀林父 fǔ,中行桓子将中军,先縠 hú 佐之;士会范武子将上军,郤 xì 克郤献子佐之;赵朔赵庄子将下军,栾书栾武子佐之;赵括、赵婴齐为中军大夫;巩朔、韩穿为上军大夫;荀首知庄子首、赵同为下军大夫;韩厥韩献子为司马。

【先縠】正 杨 补姬姓,先氏,又为縠氏,又为原氏,名縠,排行季,先轸(僖二十七—僖二十八·二)之孙或曾孙。晋大夫,官至卿位。宣十二年已任中军佐(卿职)。宣十三年被晋人所杀。食采于原、縠。

【郤克】正 杨 补郤献子。姬姓,郤氏,名克,谥献,排行伯。郤成子(僖三十三·五·一·一)之子。晋大夫,官至执政卿(继范武子)。宣十二年已任上军佐(卿职),宣十三年可能已任上军帅(卿职),宣十六年可能已任中军佐(卿职),宣十七年任中军帅(卿职)。成三年至成四年间告老或去世。食采于驹。

【栾书】正 杨 补栾武子。姬姓,栾氏,名书,谥武,排行伯。栾盾(文十二·五·二)之子。晋大夫,官至执政卿(继郤献子)。宣十二年已任下军佐(卿职),成二年已任下军帅(卿职),成四年已任中军帅(卿职)。成十八年已告老或去世。【中军大夫】补见僖三十三·五·二·一。

【韩穿】补姬姓,韩氏,名穿。晋大夫,官至卿位。宣十二年已任上军大夫,成三年任新上军佐(卿职),成八年可能已任新中军佐(卿职)。【上军大夫】补见僖三十三·五·二·一。

【荀首】正 杨 补知庄子首。姬姓,知氏,出自荀氏,名首,谥庄,排行季。逝遨之子,中行桓子(僖二十七—僖二十八·三)之弟。晋大夫,官至卿位。宣十二年任下军大夫,宣十三年可能已任上军佐(卿职),宣十六年可能已任上军帅(卿职),宣十七年可能已任中军佐(卿职),成二年已任中军佐(卿职)。成十三年前已告老或去世。食采于知。【下军大夫】补见僖三十三・五・二・一。

【韩厥】正杨补韩献子。姬姓,韩氏,名厥,谥献。子舆(成元—成二・十一・一)之子,韩定伯(僖十五・八・一・三)之孙。晋大夫,官至执政卿(继栾武子)。文十二年已任司马,成三年已任新中军帅(卿职),成六年已任新中军帅(卿职)兼仆大夫,成八年可能已任下军佐(卿职),成十三年已任下军帅(卿职),成十七年可能已任中军佐(卿职),成十八年任中军帅(卿职)。襄七年告老还家。【司马】补见僖二十七—僖二十八・二十四・一。

【五】[晋师]及河,闻郑既及楚平。桓子中行桓子欲还,曰:"无及于郑而剿[晋]民,焉用之? 楚归而动,不后。"

【河】补见闵二・五・三。

【剿】正劳。

【楚归而动,不后】正杨待楚师归国后再发兵[伐郑,责其降楚],也不迟。

随武子范武子曰:

"善。

"会范武子闻用师,观衅而动。 德、刑、政、事、典、礼不易,不可敌也,不为是征。

【衅】杨补瑕隙,空子。

【易】杨改变,违反。

【不为是征】补不为了攻打这样的国家而出兵征战。

"楚君讨郑,怒其贰而哀其卑,叛而伐之,服而舍之,德、刑成矣:伐叛,刑也;柔服,德也,二者立矣。

【柔服】杨 补安抚顺服之人。柔,安。

"昔岁入陈,今兹入郑,民不罢(疲)劳,君无怨讟 dú,政有经矣。

【昔岁入陈】补见宣十一·五。
【今兹】杨今年。
【君无怨讟】正 杨 补国君没有[受到民众]怨恨的谤言。讟,谤。
【经】正常。

"荆尸而举,商、农、工、贾 gǔ 不败其业,而卒乘 shèng 辑睦,事不奸 gān 矣。

【荆尸】补见庄四·二·一。
【商】正行商,即商贩。【贾】正坐商,即店主。
【卒乘辑睦】正 杨 补步兵、车兵团结和睦。辑,和。

"芳 wěi 敖芳艾猎为宰,择楚国之令典,军行,右[军]辕,左[军]追蓐 rù,前[军]茅(旄)虑无,中[军]权,后[军]劲。百官象物而动,军政不戒而备,能用典矣。

【宰】正指令尹。
【令典】杨 补好的军政法典。令,善。
【右辕】杨右军[跟从主将]车辕[前进]。辕应即辀,参见《知识准备》"车马"。
【左追蓐】正左军追求草蓐[来为宿营作准备]。
【前茅虑无】杨前军以茅旄[开路引导后军,以]防备意外。茅,茅旄,一说即旄旌,是以牛尾为饰的旌旗;一说即是以茅为饰的旌旗,未知孰是。古代行军,前军探道,以旌旗为号将情况告知后军。据《礼记·曲礼》:"前有水,则载青旌;前有尘埃,则载鸣鸢;前有车骑,则载飞鸿;前有士师,则载虎皮;前有挚兽,则载貔貅。"

【中权】｜正｜中军谋划权衡。

【后劲】｜正｜后军[以]精兵[压阵]。

【百官象物而动】｜正｜｜杨｜｜补｜军中官长根据旌旗指示行事。物,本是旌旗的一种,这里借为旌旗通称。

【军政不戒而备】｜正｜军政不待敕令而自行备办。

【能用典矣】｜杨｜范武子认为楚师各部能如此齐整,盖非仓促索求,临事砌合,而是能用典章,训练有素,故曰"能用典矣"。

"其君之举也,内姓选于亲,外姓选于旧;举不失德,赏不失劳。老有加惠,旅有施舍。君子小人,物有服章;贵有常尊,贱有等威。礼不逆矣。

【举】｜杨｜选拔人才。

【内姓】｜正｜楚王室同姓宗亲。

【旅】｜正｜旅客。

【君子……等威】｜杨｜｜补｜君子与小人,所用物品各有规定的服饰文采;贵者享有确定的尊荣,贱者服从于有等级的威严。

"德立,刑行,政成,事时,典从,礼顺,若之何敌之?

"见可而进,知难而退,军之善政也。兼弱、攻昧,武之善经也。子姑整军而经武乎! 犹有弱而昧者,何必楚? 仲虺 huǐ 有言曰'取乱侮亡',兼弱也;《汋 zhuó》曰'於 wū 铄王师,遵养时晦',耆 zhǐ 昧也。

【兼弱、攻昧】｜正｜｜补｜兼并衰弱[的国家],攻击昏乱[的国家]。昧,昏乱。

【仲虺】｜正｜商汤左相,薛国祖先奚仲之后。

【於铄王师,遵养时晦】｜正｜｜杨｜｜补｜《毛诗·周颂·酌》有此句,可译为

"啊！壮美的周王军队,率领他们攻取这昏昧之国"。於,赞美词。铄,美。遵,率。养,取。时,是。晦,昧。

【耆昧】正即"攻昧"。耆,致讨,攻打。

"《武》曰:'无竞惟烈。'抚弱耆昧,以务烈所,可也。"

【无竞惟烈】正补《毛诗·周颂·武》有此句,而"惟"作"维"。本义为"他(周武王)的功业无法更加强盛"。竞,强。烈,业。笔者认为,此处范武子是将这句诗解释成"不竞争才能成就功业",这样才能与下文"抚弱耆昧,以务烈所,可也"相照应。

【抚弱……可也】正补[不须与楚决战,而是]兼并衰弱[的国家],攻讨昏乱[的国家],以致力于周武王功业所在,也就可以了。

彘 zhì 子先縠曰:"不可。晋所以霸,师武、臣力也。今失诸侯,不可谓力;有敌而不从,不可谓武。由我失霸,不如死。且成师以出,闻敌强而退,非夫也。命为军帅,而卒以非夫,唯群子能,我弗为也。"[彘子]以中军佐济。

【彘】补在今山西霍州东北。晋邑,曾先后为先縠、彘共子采邑。参见《图集》22—23⑤8。

【非夫】正不是大丈夫。

【以中军佐济】正补[中军佐先縠]率领着中军佐所属军队渡过[河水]。

知 zhì 庄子曰:

"此师殆哉!

"《周易》有之,在《师》☷☵之《临》☷☱,曰:'师出以律。否 pǐ 臧,凶'。

【《师》☷☵之《临》☷☱】正补此为引用《周易》筮例来表达观点、阐明事理。本筮例为本卦一爻变,得之卦,而主要以《周易》本卦变爻爻辞占之。《师》䷆,本卦,《坎》☵下《坤》☷上。《师》䷆初六阴爻变为初九阳爻,故《师》䷆变为《临》䷒。《临》䷒,之卦,《兑》☱下《坤》☷上。主要以《师》初六爻辞占之。

【师出以律。否臧,凶】正 杨 补《师》初六爻辞。可译为"军队出动要靠纪律。违背了行事顺理而有成的正道,凶险"。

"执事顺成为'臧',逆为'否 pǐ'。

○杨 补行事顺理而有成为"臧",反之为"否"。这是在解释《师》初六爻辞。

"众散为弱,川壅 yōng 为泽。

【众散为弱】正 补从卦象看,《师》之《临》,上卦《坤》不变,下卦《坎》变为《兑》。《坎》为众,《坎》变则众散。《兑》为少女,故为柔弱。《坎》变为《兑》,故曰"众散为弱"。对应于晋军现状,军众人心离散,则军力软弱无战力。

【川壅为泽】正 补从卦象看,《坎》为河流(川),《兑》为湖泊(泽)。《师》之《临》,上卦《坤》不变,下卦《坎》变为《兑》,河流变成湖泊,故曰"川壅为泽"。对应于晋军现状,军队意见不一,则盘踞不前。

"有律,以如己也,故曰'[师出以]律'。[今我师]否臧,且律竭也。

○杨 补要有纪律,以[使三军行止如同一人,指挥军队]如同[指挥]自己,所以爻辞说"[军队出动要靠]纪律"。[如今晋军]行事不顺理,而且纪律穷竭。晋讨伐有德且已与郑讲和的楚,于理为不顺,故曰"否臧";先縠竟敢擅自率师渡河,足见晋师军纪执行不力,穷竭而废,故曰"且律竭"。

"盈而以竭,夭且不整,所以凶也。

【盈而以竭】 正 补 从卦象看,《坎》为川,河川本应水量充盈,故曰"盈",参见哀九·六·一"如川之满,不可游也"。如上所言,《坎》变为《兑》,川壅为泽,则下游断流穷竭,因此说"盈而以竭"。对应人事,晋师三军尽出,兵力充足,为"盈";先縠不听从中军帅中行桓子的命令,纪律穷尽而废,为"竭"。

【夭且不整】 正 杨 补 夭,阻塞。从卦象看,川壅为泽,是水被阻塞;众散,是不整,因此说"夭而不整"。对应人事,晋师将领意见不一致,军队前行受阻,为"夭";中行桓子、范武子想要回国,而先縠已渡河,军队内部分裂,为"不整"。

"不行谓之《临》。[我师]有帅而不从,临孰甚焉! 此之谓矣。

【不行谓之《临》】 正 补 《临》下卦《兑》为泽,泽为不行之水,故《临》有停滞不行的意象。

【有帅而不从】 杨 补 指先縠有中军帅中行桓子而不遵从,如此则军中纪律号令不得推行,所以下文说"临孰甚焉"。

"[我师]果遇[楚师],[我师]必败,彘子先縠尸之。[彘子]虽免而归,必有大咎。"

【彘子尸之】 正 先縠将主此祸。尸,主。

【咎】 补 灾祸。

○ 正 下启宣十三年晋杀先縠(宣十三·三)。

韩献子谓桓子中行桓子曰:"彘子先縠以偏师陷,子罪大矣。子为元帅,师不用命,谁之罪也? 失属、亡师,为罪已重,不如进也。事之不捷,恶有所分。与其专罪,六人同之,不犹愈乎?"[晋]师遂济。

【偏师】 杨 补 见桓八·二·三。先縠所率仅为中军佐直接统领的中军部分军队,故曰"偏师"。

【失属】 正 补 失去属国(郑)。晋军主力如果不战撤兵,放任郑国投向楚国,则必然失去郑国。

【亡师】 补 晋军主力如果撤兵,任由先縠和楚军决战,必然造成先縠偏师全军覆没的后果。

【已】 杨 太。

【愈】 补 胜过,更好。

【六】楚子_{楚庄王}北师,次于邲 yán。沈尹_{沈尹子莖}将中军,子重_{王子婴齐}将左,子反_{王子侧}将右,将饮 yìn 马于河而归。闻晋师既济,王_{楚庄王}欲还,嬖 bì 人伍参 cān 欲战。

【邲】 杨 见宣三·三。

【沈尹】 补 杨注认为沈尹即沈县之尹,而沈县是楚灭沈国(文三·一·春秋)所建立的县。然而,下文成八年仍有沈国,因此杨又推断沈县仅包括楚国所占沈国部分土地,甚为迂曲可疑。近年来,古文字研究者认定包山楚简及上博简中“酖尹”即《左传》中提到的“沈尹”,酖是本字,沈是通假字。而包山楚简中另有氏称“邘”,“邘”氏方为《左传》沈国后裔。因此,“沈尹”应该不是沈县之尹,而与《左传》中诸如箴尹(宣四·五·五·二)、连尹(宣十二·一·十四·三)等楚国职官相似。有学者认为,沈尹本是内朝官,本职为卜箴,然而由于得到楚王亲信,因此得以超越其本职,执行率军征战等外朝官事务,甚至可以代王掌中军。沈尹子莖,芈姓,字莖。可能是楚穆王(僖三十三·八·九·一)之子。楚大夫,官至执政(继斗椒)。任令尹,后让贤于蒍艾猎(孙叔敖),宣十二年时任沈尹。据《墨子·所染》,“楚庄染于孙叔、沈尹”,可见沈尹子莖是楚庄王最重要的两位辅臣之一。

【子反】 正 补 王子侧。芈姓,名侧,字反。楚穆王(僖三十三·九·二·二)之子。楚大夫,任司马。成十六年兵败自杀而死。其名(侧)、字(反)相应,参见《毛诗·周南·关雎》“辗转反侧”。

【嬖人】 杨 爱臣。【伍参】 补 伍氏,名参。

令尹<u>孙叔敖</u>芳艾猎弗欲［战］，曰："昔岁入陈，今兹入郑，不无事矣。战而不捷，<u>参</u>伍参之肉其足食乎？"

【令尹】补见庄四·二·二。

【而】补如。

<u>参</u>伍参曰："若事之捷，<u>孙叔</u>芳艾猎为无谋矣。不捷，<u>参</u>之肉将在晋军，可得食乎？"

令尹芳艾猎南辕、反旆 pèi。

【辕】补即辀，参见《知识准备》"车马"。【旆】正补军前大旗，参见庄二十八·四·二。

○杨补令尹芳艾猎［不想再与伍参争辩，而是］调转车辀向南，并倒转军前大旗［，准备率师归国］。上文言沈尹子朁帅中军，而此处又言令尹芳艾猎向全军发布命令，可见芳艾猎应该是沈尹子朁之上的楚三军总指挥。

○补杜甫《别蔡十四著作》"若冯（凭）南辕使（吏）"典出于此。

<u>伍参</u>言于王曰："晋之从政者新，未能行令。其佐先縠刚愎不仁，未肯用命。其三帅者，专行不获。听而无上，众谁适 dí 从？此行也，晋师必败。且君而逃臣，若社稷何？"

【晋之从政者新】杨去年秋晋执政尚为郤成子，因此中行桓子执政不过数月，故伍参曰"晋之从政者新"。

【三帅】补中军帅中行桓子、上军帅范武子、下军帅赵庄子。

【专行不获】正补想要专权行事而不能做到。中军佐先縠不听中军帅命令而擅自出战，则是中军帅专行不获。

【听而无上】杨［众人］想要听从［命令］却没有上级。

【适】杨专，主。

王病之，告令尹改乘 shèng 辕而北之，次于管以待之。

【病之】补以之为耻。

【管】补见僖二十四・二・二・一。此时为郑邑。

【七】晋师在敖、鄗 qiāo 之间。郑皇戌使如晋师，曰："郑之从楚，社稷之故也，未有贰心。楚师骤胜而骄，其师老矣，而不设备。子击之，郑师为承，楚师必败。"

【敖、鄗】正杨补二山名，皆在今河南荥阳北。郑地。敖山参见《图集》24—25④4。

【皇戌】杨补子姓，皇氏，名戌。郑大夫，官至卿位。成五年被楚人所执。

【楚师骤胜而骄】杨楚师屡次胜利而骄傲。楚庄王自文十六年灭庸以后，屡伐陈、宋，宣三年又伐陆浑之戎而观兵于周疆，宣八年灭舒蓼，去年又伐陈，今年又伐郑，都取得了胜利。

【郑师为承】正补郑师跟在[晋师]后面[一起攻打楚师]。承，继。

蒍子先縠曰："败楚、服郑，于此在矣。必许之。"

栾武子曰：

"楚自克庸以来，其君楚庄王无日不讨国人而训之于民生之不易、祸至之无日、戒惧之不可以怠；在军，无日不讨军实而申儆 jǐng 之于胜之不可保、纣商纣之百克而卒无后，训之以若敖、蚡 fén 冒筚 bì 路蓝（褴）缕（缕）以启山林。[其君]箴之曰：'民生在勤，勤则不匮。'不可谓'骄'。

【克庸】正见文十六・三。

【讨】正治。

【军实】杨见隐五・一，这里特指军中将士。【申儆】杨再三告诫。

【筚路蓝缕以启山林】 正 补 乘柴车,着敝衣,开辟山林。筚,柴或竹。路,车。蓝缕,服虔、杜预、孔颖达都认为是破旧衣服的意思,今作"褴褛"。另有学者认为,"蓝"应读为"菅";"缕"在楚简中常见,常释为"屦"。因此,蓝缕即襄十七•六"菅屦",也就是用菅草编成的鞋子。筚路(柴车)为"筚之路",菅屦(草鞋)为"菅之屦",对仗工整。杜甫《山寺》"山僧衣蓝缕"典出于此。

"先大夫子犯_{狐偃}有言曰:'师直为壮,曲为老。'我则不德,而徼 yāo 怨于楚。我曲楚直,不可谓'老'。

【先大……为老】 杨 见僖二十七—僖二十八•十三。

【徼】 杨 求。

"其君之戎,分为二广 guàng,广有一卒,卒偏之两。右广初驾,数 shǔ 及日中。左[广]则受之,以至于昏。内官序当其夜,以待不虞。不可谓'无备'。

【其君……之两】 杨 楚君的兵车部队分为左右二广,每广有兵车三十辆(一卒),每卒又分左右两队(两偏)。

【数】 杨 数漏刻计时。

【内官序当其夜】 杨 楚王左右亲近之臣按次序值班守夜。

【不虞】 补 意外。虞,度。

"子良_{公子去疾},郑之良也;师叔_{潘尪},楚之崇也。师叔入盟[郑],子良在楚,楚、郑亲矣。[郑]来劝我战,我克则来[服],不克遂往[从楚],以我卜也。郑不可从。"

【楚之崇】 正 楚地位崇高的人物。

【以我卜也】 杨 拿我师[作战胜负作为龟甲]来占卜[从晋还是从楚]。

<u>赵括</u>、<u>赵同</u>曰："率师以来,唯敌是求。克敌、得属,又何俟？必从彘子_{先縠}!"

【唯敌是求】 补 即"唯求敌"。

【得属】 补 得到[郑]归属[晋]。

【俟】 补 等待。

<u>知季</u>_{知庄子首}曰："原_{赵同}、屏_{赵括},咎之徒也。"

【咎之徒也】 正 补 灾祸的徒众,即自取灾祸之人。徒,党。

<u>赵庄子</u>曰："<u>栾伯</u>_{栾武子}善哉! 实其言,必长晋国。"

【实其言,必长晋国】 杨 实践他的话,一定能让晋国长久。

○ 杨 赵庄子为赵同、赵括之侄,不便公开批评二人,故通过赞扬栾武子表达自己观点。

[八] 楚少宰如晋师,曰："寡君_{楚庄王}少遭闵凶,不能文:'闻二先君之出入此行 háng 也,将郑是训定,岂敢求罪于晋? 二三子无淹久!'"

【少宰】 正 杨 楚内朝官,太宰助手。

【寡君……能文】 正 杨 补 我国君主年轻时遭受忧患凶险,不善文辞,言语直率。闵,忧。楚庄王即位之后即被劫持之事参见<u>文十四·十一</u>。"不能文"参见<u>僖二十三</u>—<u>僖二十四·八·二</u>"吾不如衰之文也"。

【二先……于晋】 正 杨 补 听闻我国两位先君往来在这条道路上,是为了教导和安定郑,岂敢得罪晋? 言下之意,楚庄王此次前来,也是为了同样目的,与晋无关。行,道。"二先君之出入此行也",指庄二十八年楚成王时斗縠於菟伐郑,以及文九年楚穆王陈兵狼渊以伐郑。

【二三子】 补 诸位晋大夫。**【淹久】** 正 久留。

随季范武子对曰:"昔平王周平王命我先君文侯晋文侯曰:'与郑夹辅周室,毋废王命。'今郑不率,寡君晋景公使群臣问诸郑,岂敢辱候人? 敢拜君命之辱。"

【今郑不率】正 杨 如今郑不遵循[周王之命]。指郑不与晋亲善。率,循。

【候人】杨 补 楚外朝官,职掌看守国境,迎送宾客。这里指代少宰。

彘子先縠以为诌 chǎn,使赵括从而更之,曰:"行人失辞。寡君使群臣迁大国之迹于郑,曰:'无辟(避)敌!'群臣无所逃命。"

【彘子以为诌】补 先縠认为[范武子的回答过于礼敬,]是奉承[楚]。

【行人】杨 补 晋外朝官,其职掌事务有:一、接待来宾,应对使者;二、沟通宾主。行人有专官,亦有兼职,此处范武子为兼职。

【寡君……于郑】正 杨 补 我国君主命令我们把楚的足迹从郑挪出去。这是外交辞令,实际上就是将楚师驱逐出郑境。

【九】楚子楚庄王又使求成于晋。晋人许之,盟有日矣。楚许伯御乐伯,摄叔为右,以致晋师。

【求成于晋】补 请求与晋讲和。

【盟有日矣】正 杨 已经约定了盟会日期。

【楚许……晋师】正 杨 补 楚人许伯做御者,乐伯做车左,摄叔做车右,单车前往晋师营垒挑战。此时晋、楚约定讲和,楚忽然以单车挑战,表示不想媾和,使晋师统帅互相猜疑。

许伯曰:"吾闻致师者,御靡旌,摩垒而还。"

【许伯】正 杨 御者,在中驾车。

【御靡旌,摩垒而还】杨 补 御者[驾兵车疾驰,车辆倾斜,]旌旗偃倒,迫近敌人营垒,然后回来。旌见桓十六—桓十七·一·一。靡,倒。摩,迫近。杜甫《壮游》"气劘屈贾垒"典出于此。

乐伯曰："吾闻致师者,左射以菆 zōu,代御执辔 pèi,御下,两马、掉鞅而还。"

【乐伯】正 杨 车左,掌弓矢。

【左射……而还】正 杨 补 车左用利箭射敌,〔车右入敌营挑战,兵车在营外等待,此时,车左〕代替御者执掌马缰,御者下车,把马匹两两地排列整齐,又调整马颈上的鞅带,然后〔三人一起〕回来。御者两马、掉鞅,是为了向敌军显示镇定闲暇。菆,箭之善者,利箭。掉,正。辔、鞅参见《知识准备》"车马"。

摄叔曰："吾闻致师者,右入垒,折馘 guó、执俘而还。"

【摄叔】正 杨 车右,掌戈盾。

【右入……而还】正 杨 补 车右进入敌人营垒,〔杀死敌人〕割取左耳、擒获俘虏,然后回来。

〔三人〕皆行其所闻而复。晋人逐之,左右角之。乐伯左射马而右射人,角不能进。〔乐伯之〕矢一而已,麋 mí 兴于前,〔乐伯〕射麋,丽龟。晋鲍癸当其后,〔乐伯〕使摄叔奉麋献焉,曰:"以岁之非时,献禽之未至,敢膳诸(之于)从者。"鲍癸止之,曰:"其左乐伯善射,其右摄叔有辞,君子也。"〔许伯、乐伯、摄叔〕既免。

【晋人逐之,左右角之】正 杨 补 晋人追赶他们,左右两角夹攻。晋人实际上分成三路,中路就是后文提到的鲍癸,另张两角,左右夹攻。

【矢一而已】杨 〔乐伯〕只剩下一枝箭。

【麋】补 见庄十七·四·春秋。【兴】补 起。

【丽龟】正 杨 补 射中〔麋鹿〕背部。丽,着。龟,指禽兽背部。古代田猎,以箭先中背、然后达于腋下为善射。

【以岁……从者】正 杨 补 由于今年还不到时令,〔依据礼制〕进献的禽兽还没有送到,谨把它献给您的随从作为膳食。据《周礼·天官·兽人》云"夏献麋",则麋是夏季(气候)时物。此时为周正六月、夏正四月,气候上属于初夏,尚不到进献麋鹿之时,故曰"以岁之非时,献禽之未至"。

【鲍癸止之】杨 鲍癸阻止其他晋人[不要再追]。

【既免】杨 [乐伯等三人]全部免于[被俘]。既,尽。

○补 杜甫《从驿次草堂复至东屯茅屋二首》"野饭射麋新"典出于此。

【十·一】晋魏锜 yǐ,厨武子求公族未得,而怒,欲败晋师。[魏锜]请致师,弗许。[魏锜]请使,许之。[魏锜]遂往,请战而还。楚潘党逐之。及荥泽,[魏锜]见六麋,射一麋以顾献[潘党],曰:"子潘党有军事,兽人无乃不给 jǐ 于鲜,敢献于从者。"叔党潘党命去之魏锜。

【魏锜】正 杨 补 厨武子。姬姓,厨氏,又为吕氏,出自魏氏,名锜,谥武。魏武子(僖二十三—僖二十四·一·一)之子。成十六年被养由基射死。食采于吕、厨。【求公族】补 谋求成为公族一员。公族参见宣二·三·六·一。

【潘党】正 补 潘氏,名党,排行叔。潘尫(文十六·三·三)之子。

【荥泽】正 杨 补 泽名,即荥泽,在今河南郑州西北古荥镇一带、荥阳市以东。郑地。在王莽新朝大旱之后(公元一世纪初),荥泽主体已经干涸成为陆地。参见《图集》24—25④4。

【兽人】杨 补 楚外朝官,掌管田猎及野味。

【叔党命去之】杨 潘党命令[部下]离去不追。

【十·二】赵旃 zhān 求卿未得,且怒于失楚之致师者,请挑战,弗许。[赵旃]请召盟,许之,与魏锜厨武子皆命而往。

【赵旃】正 补 嬴姓,赵氏,名旃,赵穿(文十二·五·三)之子。晋大夫,官至卿位。成三年任新下军佐(卿职),成八年可能已任新上军佐

（卿职），成十三年已任新军帅（卿职）。成十六年已告老或去世。

【楚之致师者】 补 即许伯、乐伯、摄叔。

○ 正 杨 补 厨武子与赵旃皆受命，而一先一后前往楚师营垒。厨武子先往，在白天到达楚师营前，请战而归，被潘党所逐（见上文）。厨武子被逐后，后出发的赵旃夜晚到达楚师营前挑衅（见下文）。并非厨武子先往，返回后又与赵旃再次受命前往。

郤献子曰："二憾往矣，[吾]弗备，必败。"

【二憾】 杨 补 两个心怀不满的人，指厨武子、赵旃。

彘子先縠曰："郑人劝战，弗敢从也。楚人求成，弗能好也。师无成命，多备何为？"

士季范武子曰："[吾]备之善。若二子怒楚，楚人乘我，丧师无日矣。不如备之。楚之无恶，除备而盟，何损于好？若以恶来，有备，不败。且虽诸侯相见，军卫不彻，警也。"

【楚人乘我】 正 杨 补 楚师凭陵掩袭我师。乘，陵。

【彻】 正 补 撤除。

彘子不可。

士季范武子使巩朔、韩穿帅七覆于敖前，故上军不败。赵婴齐使其[中军之]徒先具舟于河，故败而先济。

【七覆】 正 七处伏兵。

潘党既逐魏锜厨武子，赵旃夜至于楚军，席于军门之外，使其徒入之。

【席于……入之】 正 杨 补 [赵旃]铺开席子坐在楚师营垒门外[表

示无所畏惧]，并派他的部下进入楚军营垒[袭扰]。

【十一】<u>楚子</u>楚庄王为乘 shèng 广 guàng 三十乘 shèng，分为左右：右广鸡鸣而驾，日中而说 shuì。左则受之，日入而说。<u>许偃</u>御右广，<u>养由基</u>为右；<u>彭名</u>御左广，<u>屈荡</u>为右。乙卯，王楚庄王乘左广以逐<u>赵旃</u>。<u>赵旃</u>弃车而走林，<u>屈荡</u>搏之，得其甲裳 cháng。

【楚子……左右】杨 楚庄王战车部队一广三十辆，分为左右两广[，共六十辆]。

【说】正 杨 舍，卸车。

【养由基】杨 补 养氏，名由基，排行叔。楚大夫，襄十五年任宫厩尹。可能本为养国（<u>桓九·二·二</u>）之人，或食采于养邑。

【彭名】补 彭氏，名名。楚大夫。彭仲爽（<u>哀十七·四·二</u>）之后。

【屈荡】杨 补 芈姓，屈氏，名荡。楚大夫，襄十五年任连尹，襄二十五年任莫敖。

【乙卯……赵旃】补 如上文所述，楚庄王随行有左右两广，每广三十乘兵车。按楚国常例，应是先乘右广戎车，楚庄王居中掌旗鼓，许偃御戎，养由基为右。至日中换乘左广，楚庄王居中掌旗鼓，彭名御戎，屈荡为右。本日，楚庄王乘左广戎车以逐赵旃，为何如此，有两种可能性：一、如果此时为上午，则楚庄王是出于不明原因反常例而为之，变成上午乘左广，下午乘右广（见下文）；二、如果此时为下午，则楚庄王是依循常例而为之。

【甲裳】正 杨 甲衣的下半部。

晋人惧二子之怒楚师也，使軘 tún 车逆之。<u>潘党</u>望其尘，使骋而告曰："晋师至矣！"楚人亦惧王之入晋军也，遂出陈。

【二子】补 厨武子、赵旃。

【軘车】正 用于屯守的兵车。

○补 到此时，一方面，晋、楚双方并没有下决心交战；另一方面，晋正是因为害怕厨武子、赵旃激怒楚师，所以派出軘车向楚师冲来，而楚师也正是因为害怕楚庄王冲入晋师,所以全部出来列阵,战斗已经一触即发。如果从战备角度来看,楚师实际上是占据上风的:楚师经过厨武子、赵旃反复挑战早已群情激昂,在楚庄王出去追赵旃时估计已经全军做好战备,在得到潘党的错误报信之后又已经全军开出营垒,马上可以投入战斗。晋师由于内部分歧严重,全军没有做好战备,此时也没有开出营垒,而营门前用来防守的輨车又已经派出,防守薄弱。

孙叔芳艾猎曰:"进之! 宁我薄人,无人薄我。《诗》云'元戎十乘,以先启行 háng',先人也。《军志》曰'先人有夺人之心',薄之也。"[楚人]遂疾进师,车驰、卒奔,乘晋军。

【薄】[杨]迫。

【元戎十乘,以先启行】[正][杨][补]《毛诗·小雅·六月》有此句,可译为"大型战车十辆,在前面开道"。元,大。启,开。行,军队行列。

【《军志》……之心】[补]据昭二十一·六·一,则这句引文更完整的版本是"先人有夺人之心,后人有待其衰"。

【乘晋军】[补]掩袭晋师。

桓子中行桓子不知所为,鼓于军中曰:"先济者有赏!"中军、下军争舟,舟中之指可掬也。

【中军……掬也】[正][杨][补]晋师中军、下军争夺渡河舟船,[后来的人攀着船舷想要上船,船上的人用剑斩攀船舷人的手,]舟中被斩断的手指[多到]可用手捧起。据上文,赵婴齐使其所属之中军在河水边准备舟船,以便在晋师败后抢先上船渡河。因此,在船上之人应主要为赵婴齐所帅中军,而与其相争者主要为中军其他士卒以及下军士卒。李白《南奔书怀》"舟中指可掬"典出于此。

[十二] 晋师右移,上军未动。工尹齐将右拒卒以逐[晋]下军。楚子楚庄王使唐狡与蔡鸠居告唐惠侯唐惠公曰:"不穀不德而贪,

以遇大敌,不毅之罪也。然楚不克,君唐惠公之羞也。敢藉 jiè
君灵,以济楚师。"[楚子]使潘党率游阙 quē 四十乘 shèng,从唐侯
唐惠公以为左拒,以从[晋]上军。

【晋师右移,上军不动】正 杨 河水应在战场之右,晋中军、下军溃,
故向右移动。上军设九覆于敖山,故未动。

【工尹齐】杨 楚工尹,名齐。【工尹】补 见文十·二·二。

【唐狡】【蔡鸠居】正 楚大夫。【唐】正 杨 补 周时国,侯爵,姬姓。
始封君应为山西姬姓唐国(僖十五·九·三·一)公族之后,大概在
西周初年南迁,地在今湖北随州唐县镇。定五年被楚所灭。据清华
简二《系年》,则唐灭之后成为楚县。参见《图集》17—18④4、29—30
⑤5。也有学者认为唐国不在随枣走廊的湖北随州唐县镇,而在南阳
盆地的河南唐河。本书仍然采用《图集》说法,而以此提醒读者注意。

【不毅】见僖二十三—僖二十四·七。

【敢藉君灵,以济楚师】正 杨 补 谨借重君王的福佑,以帮助楚师成
功。藉,借。灵,福。济,成。

【游阙】正 杨 补充缺额的流动兵车。

驹伯郤献子曰:"待诸乎?"随季范武子曰:"楚师方壮,若萃于我,
吾师必尽。不如收[上军]而去之。分谤、生民,不亦可乎?"[随
季]殿其卒而退,[上军]不败。

【驹】补 清华简二《系年》作"邾"。晋邑,曾为郤氏采邑。

【待诸乎?】杨 补 抵御他们吗? 郤献子为上军佐,询问其上级、上军
帅范武子。诸,之。

【分谤、生民】正 补 [一同撤退以]分担对失败的指责,[不继续作战
以]保全民众(指当兵的国人)的生命。

【殿其卒而退】正 补 [范武子]率领自己直属的军队担任上军殿后
[,与上军主力一同]撤退。

【十三】王楚庄王见右广 guàng,将从之乘 chéng。屈荡户之,曰:"君

以此始,亦必以[此]终。"自是楚之乘广先左。

【户】正止。【君以此始】补君王从左广开始[作战]。

【十四·一】晋人或以广队(坠)不能进,楚人惎 jì 之脱扃 jiōng。[晋人之广]少进,马还 xuán,[楚人]又惎之拔旆投衡,[晋人之广]乃出。[晋人]顾曰:"吾不如大国之数奔也。"

【广】正兵车。【队】杨陷在坑里。

【楚人惎之脱扃】正补楚人教晋人抽去车前横木[以便从坑里出来]。惎,教。扃,车前横木,用来约束车中兵器。

【马还】正马匹盘旋不进。

【又惎之拔旆投衡】正杨补杜注认为,这句话应该解为"楚人又教晋人拔掉旆旗,扔在车衡上[,使得旆旗不再兜风妨碍战车出坑]"。杨注则认为,这句话应该解为"楚人又教晋人拔掉旆旗,扔掉车衡[,使得车轻马便]"。笔者认为,杜注可能性更大。首先,如果扔掉车衡(参见《知识准备》"车马"),则中间两匹服马将不可能牵引战车,战车就更不可能从泥坑里出来。其二,据僖二十七—僖二十八·二十四·一,"城濮之战,晋中军风于泽,亡大旆之左旃,祁瞒奸命。司马杀之,以徇于诸侯",一则可见大旆的确会兜风,这会增加车马脱离泥坑的难度;二则可见大旆很重要,不能随便丢掉。这也都支持杜注的说法。

【吾不如大国之数奔也】杨我们(晋人)不像你们大国之人(楚人)屡次战败奔逃[富有经验]。

【十四·二】赵旃以其良马二济其兄与叔父,以他马反(返)。[赵旃]遇敌不能去,弃车而走林。逢大夫与其二子乘 chéng,谓其二子无顾。[二子]顾曰:"赵傁(叟)赵旃在后。"[逢大夫]怒之,使[二子]下,指木曰:"尸女(汝)于是。"[逢大夫]授赵旃绥,以免。明日,[逢大夫]以表尸之,皆重 chóng 获[二子之尸]在木下。

【济】补增援。

【遇敌……走林】杨 补［赵旃］遇到敌人无法逃脱,抛弃战车而跑入丛林。上文(宣十二·一·十一)赵旃被楚庄王左广追逐"弃车而走林"为第一次,而此处为第二次。

【逢大夫】正 补逢氏。晋大夫。

【无顾】补不要回头看。

【尸女于是】杨在这里收你们的尸骨。

【授赵旃绥】杨逢大夫［让他的两个儿子下车,然后］把上车拉索交给赵旃。绥参见《知识准备》"车马"。

【明日……木下】正 杨 补第二天,逢大夫按照标志(树木)去寻找尸体,在树下得到了两个儿子的重叠的尸体。表,标志。获,得。

【十四·三】楚熊负羁囚知罃 yīng,知武子。知庄子知庄子首以其族反(返)之,厨武子御,下军之士多从之。［知季］每射,抽矢,菆,纳诸(之于)厨子厨武子之房。厨子怒曰:"［尔］非子知武子之求,而蒲之爱,董泽之蒲,可胜既 gài,摡乎?"知季知庄子首曰:"不以人子,吾子其可得乎? 吾不可以苟射故也。"［知季］射连尹襄老,获之,遂载其尸;射公子穀臣王子穀臣,囚之,以二者还。

【熊负羁】正 补芈姓,熊氏,名负羁。楚大夫。【知罃】正 杨 补知武子。姬姓,知氏,出自荀氏,名罃,字羽,谥武,排行伯。知庄子首之子。晋大夫,官至执政卿(继韩献子)。宣十二年被楚人俘虏,成三年归于晋。成十三年已任下军佐(卿职),成十八年可能已任中军佐(卿职),襄七年可能已任中军帅(卿职),襄九年已任中军帅(卿职)。襄十三年前卒。

【知庄子以其族反之】正 杨 补知庄子首率领知氏亲兵返回战场。当时晋卿大夫皆有其宗族成员及家臣组成的亲兵,对外作战时往往编入国家军队,作为该卿大夫所率军队的骨干。

【每射……之房】正 杨 补知庄子首每次射箭,［如果从箭囊里抽出的是］好箭,就放到厨武子的箭囊里。厨武子箭囊应是空的,知庄子首拿出箭后,遇到好箭就分拣到厨武子箭囊中。蓛,好箭。房,箭囊。

【非子……既乎】 [正] [杨] [补] 即"非求子,而爱蒲,董泽之蒲,可胜既乎",可译为"不去寻找儿子,反而爱惜蒲柳,董泽的蒲柳,可以采得完吗?"蒲,蒲柳,枝是制箭杆的原料。胜,尽。既,通摡,取。【董泽】 [正] [杨] [补] 泽名,在今山西闻喜东北杨家园水库。晋地。参见《图集》22—23⑩16。

【连尹襄老】 [补] 名襄老。楚大夫,任连尹。宣十二年被知庄子射杀。

【连尹】 [杨] [补] 楚外朝官。有学者认为连尹即"环列之尹"(<u>文元·四·四</u>),平时列兵环卫王宫,战时则率王宫卫队随王出征。

【公子穀臣】 [正] [补] 王子穀臣。芈姓,名穀臣。楚庄王(<u>文十四·十一·一</u>)之子。宣十二年被知庄子所俘。成三年归于楚。

【二者】 [补] 连尹襄老之尸、王子穀臣。

○ [杨] 下启成三年楚人归知武子(<u>成三·九</u>)。

【十五】 及昏,楚师军于邲。晋之余师不能军,宵济,亦终夜有声。

【不能军】 [补] 溃不成军。

○ [补] 楚师对溃不成军的晋军不穷追猛打,放他们一条生路,这应该是楚庄王有意为之,目的是展现自己的好生之德,为入主中原积累人望。

【十六】 丙辰,楚重 zhòng 至于邲,遂次于衡雍。

【丙辰】 [杨] 乙卯后一日。据王韬所推春秋历,六月无乙卯,也就没有丙辰。如果乙卯是七月十三日,那么丙辰就是七月十四日。

【重】 [正] 辎重车。

【衡雍】 [杨] [补] 见<u>僖二十七—僖二十八·十八</u>。城濮之战晋文公率领晋师战胜楚师后,也是在衡雍驻扎,然后在践土修建王宫,接受周襄王任命成为霸主。此次楚师邲之役战胜晋师后次于衡雍,应该是有意为之,具有象征意义。

潘党曰："君盍(何不)筑武军而收晋尸以为京观guàn？臣闻克敌必示子孙，以无忘武功。"

【筑武军】 正 筑壁垒以彰显武功。

【收晋尸以为京观】 正 补 收集晋人尸体堆积起来，在上面封土。杜甫《夔府述怀四十韵》"京观且僵尸"典出于此。

楚子楚庄王曰：

"非尔所知也。

"夫文，止戈为'武'。武王周武王克商，作《颂》曰'载戢jí干戈，载櫜gāo弓矢。我求懿德，肆于时夏，允王保之'；又作《武》，其卒章曰'耆zhǐ定尔功'，其三曰'铺时绎思，我徂cú维求定'，其六曰'绥万邦，屡丰年'。

【夫文，止戈为"武"】 杨 补 "武"字字形演变情况如宣字形图 3 所示。甲骨文"武"字，从戈、从止(象脚之形，参见桓十二—桓十三·二·一)，会兵行威武之意。春秋时人已不知远古造字之人原意，而以当时观念解释"武"字，认为武为"止戈"，是以战止战之意。

1 商.鐵 67.4《甲》	2 商.甲 3946《甲》	3 周武王.利簋《金》	4 周早.作册大鼎《金》	5 周中.癲鐘《金》
6 戰.齊.古陶 136	7 戰.齊.璽彙 336	8 戰.燕.璽彙 1321	9 戰.晉.中山王壺《金》	10 戰.晉.璽彙 1575
11 戰.楚.包 169《楚》	12 秦.睡.日乙 241《張》	13 秦.古陶 136	14 秦.嶧山碑《篆》	15 西漢.孫臏 21《篆》

宣字形图 3《《说文新证》，2014 年）

【载戢……保之】正 杨 补《毛诗·周颂·时迈》有此句,可译为"收拾干戈,装好弓箭。我追求这美德,于是在这里壮大,成就王业而保有天下"。载,语首助词,无义。戢,藏。櫜,弓箭袋。懿,美。肆,故。时,是。夏,大,因此下文楚庄王称"保大"。允,语首助词。

【耆定尔功】正 杨 补《毛诗·周颂·武》卒章有此句,可译为"得以稳定你的功业"。耆,致。

【铺时……求定】正 杨 补《毛诗·周颂·赉》有此句,而"铺"作"敷"。《左传》以为在《武》之第三章,盖古《诗》与《毛诗》篇次不同。可译为"布陈先王美德而加以发扬,我前去征伐商纣只为求得安定"。铺,布。时,是。绎,陈。思,语助词,无义。徂,往。维,只。

【绥万邦,屡丰年】正 杨 补《毛诗·周颂·桓》有此句,而"屡"作"娄"。《左传》以为在《武》之第六章,亦古《诗》与《毛诗》篇次不同。可译为"安抚万邦,常有丰年"。绥,安。

○补本段所引诗均为周武王所作之诗,这应该是楚庄王刻意为之,是将自己比拟成建立周朝的周武王。

"夫武,禁暴、戢兵、保大、定功、安民、和众、丰财者也,故使子孙无忘其章。今我使二国暴pù(曝)骨,暴矣;观兵以威诸侯,兵不戢矣。暴而不戢,安能保大? 犹有晋在,焉得定功? 所违民欲犹多,民何安焉? 无德而强qiǎng争诸侯,何以和众? 利人之几jī,而安人之乱,以为己荣,何以丰财? 武有七德,我无一焉,何以示子孙? [我]其为先君宫,告成事而已。武非吾功也。

【夫武……者也】正"止戈为武",对应"禁暴"。"戢干戈""櫜弓矢",对应"戢兵"。"肆于时夏,允王保之",对应"保大"。"耆定尔功",对应"定功"。"我徂维求定",对应"安民"。"绥万邦",对应"和众"。"屡丰年",对应"丰财"。

【章】杨显著的功绩。

【观兵】杨见僖三—僖四·七。

【利人之几】正 补把别人的危难作为自己的利益。几,危。

【其为……而已】 正 补 为先君修建神庙，报告战争胜利就可以了。春秋时君主出征，奉已迁入太庙的先君神主随行。此处楚庄王意谓在战地修建神庙，在庙中将战胜之事向先君神主祭告。《礼记·大传》："牧之野，武王之大事也。既事而退，柴于上帝，祈于社，设奠于牧室。"可见周武王伐纣胜利之后也曾在战场牧野新作室祭奠随行的神主。也就是说，楚庄王此举也是将自己比拟为建立周朝的周武王。

"古者明王伐不敬，取其鲸鲵 ní 而封之，以为大戮，于是乎有京观以惩淫慝 tè。今[晋]罪无所，而[晋]民皆尽忠以死君命，又可(何)以为京观乎?"

【鲸鲵】 正 杨 补 海中大鱼，指元凶首恶。李白《赤壁歌送别》"鲸鲵唐突留余迹"典出于此。

【大戮】 补 大的讨伐。

【惩】 补 戒。【慝】 补 罪。

【今罪无所】 正 杨 补 即"今罪无所归"，可译为"如今找不到晋罪过的归宿"。楚庄王意谓，晋无大罪，楚虽战胜却找不到可以归罪之人。

[楚子]祀于河，作先君宫，告成事而还。

○ 补 笔者对于楚庄王这段武德宏论的性质和用意有详细分析，请见专著《不服周：楚国的奋斗与沉沦》(出版中，暂定书名)的相关章节。

【十七·一】 是役也，郑石制实入楚师，将以分郑，而立公子鱼臣。辛未七月二十九日，郑杀仆叔公子鱼臣及子服石制。

【石制】 正 补 石氏，名制，字服。郑大夫。宣十二年被郑人所杀。其名(制)、字(服)相应，人受制则顺服。【入楚师】 正 杨 补 即"使楚师入"。孔疏认为是把楚师引来围郑，杨注认为是在楚师攻城时作为内应,使得楚师攻入郑都。

【公子鱼臣】 正 补 姬姓,名鱼臣,字仆,排行叔。宣十二年被郑人所杀。其名(鱼臣)、字(仆)相应,臣的本义为奴仆。

【十七·二】君子曰:"史佚所谓'毋怙 hù 乱'者,谓是类也。《诗》曰'乱离瘼 mò 矣,爰 yuán 其适 dí 归',归于怙乱者也夫!"

【史】 补 太史,见僖十五·八·一·七。

【毋怙乱】 杨 即僖十五·八·一·七之"无怙乱"。

【乱离瘼矣,爰其适归】 正 杨 补 《毛诗·小雅·四月》有此句,可译为"动乱离散这么厉害,哪里是它专一的归宿?"瘼,病,这里作状语,形容乱离之甚。爰,焉,何处。其,语助词。适,专,主。

【十八】郑伯郑襄公、许男许昭公如楚。

○ 正 下启宣十四年晋伐郑(宣十四·三)。

【十九】秋,晋师归。桓子中行桓子请死,晋侯晋景公欲许之。士贞子士贞伯谏曰:

【士贞子】 正 补 士贞伯。祁姓,士氏,名渥浊,谥贞,排行伯。士穆子之子,士芳(庄二十三·七)之后。晋大夫,成十八年任太傅。

"不可。

"城濮之役,晋师三日谷,文公晋文公犹有忧色。左右曰:'有喜而忧,如有忧而喜乎?'公晋文公曰:'得臣成得臣犹在,忧未歇也。困兽犹斗,况国相 xiàng 乎!'及楚杀子玉成得臣,公喜而后可知也,曰:'莫余毒也已!'是晋再克而楚再败也,楚是以再世不竞。

【城濮之役】 正 见僖二十七—僖二十八。

【有喜……喜乎】正 杨 补 有了喜事却忧愁,如果有了忧愁反而喜悦吗? 左右不解,以为晋文公喜忧异于常人,故有此议论。

【国相】补 诸侯国的执政正卿。

【及楚……也已】杨 见僖二十七—僖二十八·二十二·三。

【是晋……不竞】正 杨 补 [城濮之役,晋击败楚,又使得楚令尹子玉被杀,因此]晋是双重胜利,楚是双重失败,楚因此历经[楚成王、楚穆王]两任国君都不能与晋争强。竞,强。

"今天或者大警晋也,而又杀林父 fǔ,中行桓子 以重 chóng 楚胜,[晋]其无乃久不竞乎? 林父之事君也,进思尽忠,退思补过,社稷之卫也,若之何杀之? 夫其败也,如日月之食焉,何损于明?"

晋侯使[桓子]复其位。

○ 补 **传世文献对读**:《公羊传·宣公十二年》载楚庄王伐郑、与晋战之事,与《左传》不同,可扫码阅读。

○ 补 **出土文献对读**:上博简七《郑子家丧》从楚人立场叙述邲之役,与《左传》所叙多有不同,比如楚庄王宣称起兵围郑的理由是作为霸主主持公道、清算子家之乱。可扫码阅读其甲本释文。

宣公十二年·二

地理 楚、宋、蔡见宣地理示意图 1。楚、宋、蔡、萧、申见宣地理示意图 5。

人物 楚庄王(文十四·十一·一)、华椒、熊相宜僚、王子丙、屈巫臣、还无社、司马卯、申叔展

春秋 冬,十有(又)二月戊寅八日,楚子楚庄王灭萧。

【萧】 正 补 宋附庸国,见庄十二—庄十三·一·二。

左传【一】冬,楚子楚庄王伐萧,宋华椒以蔡人救萧。萧人囚熊相宜僚及公子丙王子丙。王楚庄王曰"勿杀,吾退",萧人杀之。王怒,遂围萧。萧溃。申公巫臣屈巫臣曰:"师人多寒。"王巡三军,拊(抚)而勉之,三军之士,皆如挟纩 kuàng。[楚师]遂傅于萧。

【华椒】 补 子姓,华氏,名椒。宋大夫,官至卿位。

【熊相宜僚】 杨 补 熊相氏,名宜僚。楚先君熊霜(清华简一《楚居》"霜"本字正作"相")之后。楚大夫。宣十二年被萧人所囚,遂被杀。

【萧溃】 杨 此二字疑为衍文。

【申公巫臣】 杨 补 屈巫臣。芈姓,屈氏,名巫臣,单名巫,字灵。楚大夫,宣十二年已任申县公。成二年奔晋,任邢大夫。其名(巫)、字(灵)相应,巫为通灵之人。此外,有学者将新蔡葛陵楚简中的"晋"字读为"灵",如果这种解读正确的话,那么"巫"和"灵"之间的联系就更加直接了。【申】 补 见隐元·四·一。

【皆如挟纩】 正 补 [士卒心头暖意融融,]好像怀揣着丝绵一样。

【傅】 见隐十一·二·三。

【二】还 xuán 无社与司马卯言,号 háo 申叔展。

【还无社】 正 萧大夫,与申叔展素相识。

【司马卯】 正 补 楚大夫,任司马。名卯。【司马】 补 见僖二十六·三。

【申叔展】 正 补 姜姓,申叔氏,名展。楚大夫。

叔展申叔展曰:"有麦曲乎?"

【麦曲】 正 杨 补 用于酿酒的酒母,用麦子发酵制成,药用可御湿。

○ 正 申叔展希望还无社去水井中躲藏避难,故有此问。两军阵前,不能明言,故申叔展用隐语暗示还无社。

[无社]曰:"无"。

○[正]还无社不解申叔展之意,故曰"无"。

[叔展曰:]"有山鞠 jū 穷乎?"

【山鞠穷】[正][杨][补]即川芎(*Liqusticum chuanxiong Franch* Hort.),伞形科植物,其根茎入药,可御湿。

○[正]申叔展又提起另外一种御湿之药,再次暗示还无社。

[无社]曰:"无"。

○[正]还无社仍不解申叔展之意。

[叔展曰:]"河鱼腹疾奈何?"

【河鱼腹疾】[正][杨]应该是当时俗语,指因潮湿而患的腹部疾病。参见昭元·八·二"雨淫腹疾"。

○[正][杨]申叔展意谓,若无御湿药物,久处井中而得湿疾,将如何是好。

[无社]曰:"目于眢 yuān 井而拯之。"

【眢井】[正]废井。【拯】[正]救。

○[正]此时还无社已理解申叔展之意,因此告诉申叔展在城破后去枯井中搜救自己。

[叔展曰:]"若为茅绖 dié,哭井则己。"

○[正]申叔展又教还无社说,你(还无社)如果用茅绳标明枯井位置,那个到井边哭泣的人就是自己(申叔展)。

明日,萧溃。申叔[申叔展]视其井,则茅绖存焉。[申叔]号[还无社]而出之。

宣公十二年·三

[地理] 晋、宋、卫、曹、陈见宣地理示意图 1。晋、宋、卫、曹、陈、清丘见宣地理示意图 3。

[人物] 先縠(宣十二·一·四)、华椒(宣十二·二·一)、孔庄子(文元·三·一)、卫成公(僖二十五—僖二十六·春秋)

[春秋] 晋人、宋人、卫人、曹人同盟于清丘。

【清丘】[正][杨][补]在今河南濮阳梨园乡东。卫地。参见《图集》24—25③6。

宋师伐陈。卫人救陈。

[左传]【一】晋原縠 hú，先縠、宋华椒、卫孔达 孔庄子、曹人同盟于清丘，曰"恤病，讨贰"。于是卿不书[于《春秋》]，[诸侯]不实其言也。

【恤病、讨贰】[补]周济有困难[的国家]，讨伐有二心[的国家]。

【于是……言也】[正][杨][补]在这件事上《春秋》不书诸卿名氏，是因为虽有盟约，却没有实行。清丘之盟有名无实，参见宣十三·二·二。

【二】宋为盟故，伐陈。卫人救之。孔达 孔庄子曰："先君 卫成公有约言焉。若大国讨[卫]，我则死之。"

【宋为盟故，伐陈】[正][杨]陈此时亲附楚。清丘之盟有"讨贰"之义，宋据此伐陈。

【卫人救之】[杨]卫亦为清丘之盟参与国，不助宋，反救陈，违背了"讨贰"之义。

【先君……死之】[正][杨]先君卫成公与陈有约定[，所以要救援陈]。如果大国(晋)前来讨伐，我愿意承担责任而死。卫成公与陈共公有旧好,文元年晋伐卫,卫成公告于陈共公,陈共公为卫成公谋划,可为证。

○正下启宣十四年卫杀孔庄子(宣十三—宣十四)。

宣公十三年·一

齐、晋见宣地理示意图1。齐、莒见宣地理示意图4。

春秋 十有(又)三年,春,齐师伐莒 jǔ。

左传 十三年,春,"齐师伐莒",莒恃晋而不事齐故也。

宣公十三年·二

地理 楚、宋见宣地理示意图1。楚、宋、萧见宣地理示意图5。

人物 楚庄王(文十四·十一·一)

春秋 夏,楚子楚庄王伐宋。

左传 【一】"夏,楚子伐宋",以其救萧也。

○正补 宣十二年楚伐萧,宋救萧。楚于是今年伐宋。

【二】君子曰:"清丘之盟,唯宋可以免焉。"

○正杨补 宣十二年清丘之盟,与盟之国有晋、宋、卫、曹。其中卫救陈(见宣十二·三·二),违背"讨贰"之约;晋此次不来救宋,违背"恤病"之约;曹国违约之事不明。总之,四国之中,唯有宋可以免于讥议。

宣公十三年·三

地理 鲁、晋见宣地理示意图1。鲁、晋、赤狄、清(清原)见宣地理示意图3。

人物 先縠(宣十二·一·四)

春秋 秋,〔我〕螽 zhōng。

○ 补 见桓五·五·春秋。

○ 正 此条《春秋》无对应《左传》。

冬,晋杀其大夫先縠 hú。

○ 正 补 据文六·四·三及文七·二·三,则《春秋》书国杀,又书被杀卿大夫之名氏,表明先縠有罪于晋。先縠之罪,在于宣十二年邲之役时不听主帅之令,而本年又召赤狄作乱。

左传 【一】秋,赤狄伐晋,及清——先縠召之也。

【清】 正 补 即清原,见僖三十一·三。

○ 正 先縠邲之战不得志,故本年召赤狄欲作乱。

【二】冬,晋人讨邲 bì 之败与清之师,归罪于先縠而杀之,尽灭其族。

【邲之败】 补 在宣十二·一。

○ 补 **传世文献对读**:《史记·晋世家》:"四年,先縠以首计而败晋军河上,恐诛,乃奔翟,与翟谋伐晋。晋觉,乃族縠。"

【三】君子曰:"'恶之来也,己则取之',其先縠之谓乎!"

宣公十三年—宣公十四年(宣公十四年·一)

地理 卫、晋见宣地理示意图1。

人物 孔庄子(文元·三·一)、卫穆公、孔谷

春秋 十有(又)四年,春,卫杀其大夫孔达孔庄子。

　　○ **正** **补** 据文六·四·三及文七·二·三,则《春秋》书国杀,又书被杀卿大夫之名氏,表明孔庄子有罪。孔庄子之罪,据下文《左传》所引卫人通告,是离间卫、晋的同盟关系。又据下文《左传》,卫人"以为成劳,复室其子,使复其位",则卫人并不真以为孔庄子有罪,而是迫于晋压力,以孔庄子有罪被杀通告诸侯以给晋一个解说,《春秋》照通告书之而不改。

左传 〔一〕清丘之盟,晋以卫之救陈也,讨焉。使人弗去,曰:"罪无所归,将加而(尔)师。"孔达孔庄子曰:"苟利社稷,请以我说,罪我之由。我则为政,而亢大国之讨,将以谁任? 我则死之。"

【清丘……讨焉】 **正** **补** 卫救陈之事见宣十二·三·二。陈此时服事楚,卫救陈为对晋有二心,晋据清丘之盟"讨贰"约定,故派使者到卫责问。

【使人弗去】 **杨** 晋使者不肯离开,一定要卫正面回应。

【请以我说】 **杨** 请拿我作为解说。

【罪我之由】 **杨** 即"罪由我"。

【亢】 **杨** 当。

【将以谁任】 **补** 这个罪责还能由谁来承担?

〔二〕十四年,春,孔达孔庄子缢而死,卫人以〔孔达〕说于晋而免。〔卫人〕遂告于诸侯曰:"寡君卫穆公有不令之臣达孔庄子,构我敝邑于大国。〔达〕既伏其罪矣。敢告。"

【说】杨解说。

【寡君】补卫穆公。姬姓，名速，谥穆。卫成公（僖二十五—僖二十六·春秋）之子。宣十年即位，在位十一年。成二年卒。【不令】杨不善。

【构】杨离间。

〔三〕卫人以为成劳，复室其子孔谷，使复其位。

【成劳】正杨旧勋，指孔庄子辅佐卫成公复位之功，详见下。

【复室其子，使复其位】正杨又为孔庄子之子娶妻成家（孔疏认为是卫侯将女儿嫁给他），并使他承袭他父亲的禄位。【其子】杨补孔谷。姞姓，孔氏，名谷，排行叔。孔庄子（文元·三·一）之子。卫大夫，官至卿位。

〇杨孔庄子辅佐卫成公之事见于《礼记·祭统》所载孔悝之鼎铭："乃祖庄叔，左右成公，成公乃命庄叔随难于汉阳，即宫于宗周，奔走无射。""庄叔"即孔庄子。据此鼎铭，则孔庄子为卫成公股肱之臣（左右成公），僖二十八年卫成公出奔楚，孔庄子一同出奔（随难于汉阳），后来卫成公被囚禁于周王室，孔庄子又追随事奉卫成公（即宫于宗周），还为卫成公归国复位而四处奔走（奔走无射）。

宣公十四年·二

地理曹见宣地理示意图 1。

人物曹文公（文十一·二·春秋）

春秋夏，五月壬申十一日，曹伯寿曹文公卒。

宣公十四年·三

地理晋、郑、楚见宣地理示意图 1。

人物 晋景公(宣十一·四)、中行桓子(僖二十七—僖二十八·三)、公孙黑肱、公子去疾(宣四·三·二)、郑襄公(文九·二·一)

春秋 晋侯晋景公伐郑。

左传【一】夏,"晋侯伐郑",为邲 bì 故也。告于诸侯,蒐 sōu 焉而还——中行桓子之谋也,曰:"示之诸侯以整,使[诸侯]谋而来。"

【夏……故也】正 杨 宣十二年晋、楚邲之战因晋救郑而起。晋、楚交战之前,郑已与楚讲和。晋败于邲之后,郑更加亲附楚。晋侯伐郑是为了扭转邲之役后的这种局势,故曰"为邲故也"。

【蒐】补 见僖二十七—僖二十八·三。

【示之以整,使谋而来】杨 补 [向诸侯]显示我们的严整,使[他们]自行谋划而前来[归附]。

【二】郑人惧,使子张公孙黑肱代子良公子去疾于楚。郑伯郑襄公如楚,谋晋故也。郑以子良为有礼,故召之。

【子张】正 杨 补 公孙黑肱。姬姓,名黑肱,字张,排行伯。公子𬸚(成十三·二)之子,郑穆公(僖三十·三·五)之孙。郑大夫,官至卿位。宣十四年为质于楚,后归于郑。襄十年升为卿。襄二十二年卒。

【郑以子良为有礼】正 补 郑人认为公子去疾行为守礼[是个难得的贤臣]。应该是指宣四年公子去疾将君位让给长兄公子坚(郑襄公),符合宗法立长之礼(参见宣四·三·二)。

○补 据宣十二·一·七,此前楚大夫潘尪在郑,郑卿公子去疾在楚。二人皆为本国有名望的贤臣,因此栾武子认为这种安排意味着郑、楚关系亲密。本年郑召回公子去疾,而以声望较低的公孙黑肱代替,应是郑在晋压力下,做出企图淡化与楚关系的姿态。然而,与此同时,郑襄公又亲自前往楚,与楚庄王谋划如何应对晋的强势回归,这又是希望加强与楚关系的姿态。郑人在晋、楚之间试图左右逢源的情态跃然纸上。

宣公十四年·四

地理 楚、宋、齐、晋、郑见宣地理示意图1。

人物 楚庄王(文十四·十一·一)、申无畏(文十一—文十一·一)、王子冯、申犀、华元(文十六—文十七·一·二)

春秋 秋,九月,楚子楚庄王围宋。

左传【一】楚子楚庄王使申舟申无畏聘于齐,曰"无假道于宋"。亦使公子冯píng,王子冯聘于晋,不假道于郑。申舟以孟诸之役恶 wù宋,曰:"郑昭,宋聋。晋使王子冯不害,我则必死。"王楚庄王曰:"[宋人]杀女(汝),我伐之。"[申舟]见(现)犀申犀而行。

【楚子……于宋】 杨 补 假,借。宋在楚、齐之间,申无畏前往齐聘问,须过宋,依礼应向宋借道。楚庄王命令申无畏过宋而不借道,是故意向宋挑衅。假道之礼参见隐七·四·春秋。

【申舟以孟诸之役恶宋】 正 补 据文十一—文十一·一,文十年孟诸泽田猎期间,宋前昭公违反命令,作为田猎执法官的申无畏鞭打了他的御者(驾车人),因此得罪了宋。

【郑昭,宋聋】 正 补 郑明白[事理],宋昏聩[顽固]。所谓"聪明",本义即指耳聪目明,此处为避免重复,便偏取目明比喻郑,而取耳聋比喻宋。

【见犀而行】 正 补 [申无畏]把儿子申犀引见[给楚庄王]之后就上路了。这是将自己宗族继承人托付给国君,表明自己为国事死难的决心。**【犀】** 正 补 申犀。姜姓,申氏,名犀。申无畏之子。

【二】[申舟]及宋,宋人止之。华元曰:"[楚使]过我而不假道,鄙我也。鄙我,[我]亡也。[我]杀其使者,[楚]必伐我。伐我,[我]亦亡也。亡一也。"乃杀之。楚子楚庄王闻之,投袂 mèi 而起,[侍者从之,]屦 jù 及于窒 dié 皇,剑及于寝门之外,车及于蒲胥之市。

【鄙我也】正 杨 把我国当作楚的鄙野城邑。

【投袂】正 补 甩袖。

【屦及……之市】正 杨 补［随从追赶楚庄王，］到路寝门内窒皇处才送上鞋，到路寝门外才送上佩剑，到蒲胥街市才让他坐上车。【屦】补 见桓元—桓二·三·二。【窒皇】补 形制不明，应是寝门内靠近寝门的建筑。

> ○补 **出土文献对读：**清华简二《系年》也记载了申无畏被杀一事，说申无畏已经依礼向宋假道，却仍然因为先前得罪了宋前昭公而被宋人杀死，与《左传》不同，录以备考。

【三】"秋，九月，楚子围宋。"

宣公十四年·五

地理 曹见宣地理示意图 1。

人物 曹文公（文十一·二·春秋）

春秋 葬曹文公。

宣公十四年·六

地理 鲁、齐见宣地理示意图 1。鲁、齐、谷、晏见宣地理示意图 4。

人物 公孙归父（宣十·六·春秋）、齐顷公（宣十·十三·春秋）、晏桓子、高宣子（宣五·一·春秋）

春秋 冬，公孙归父fù 会齐侯齐顷公于谷。

【谷】补见庄七·四·春秋。

左传【一】"冬,公孙归父会齐侯于谷。"

【二·一】[子家]见晏桓子,与之言鲁,乐hè。

【晏桓子】正补姜姓,晏氏,名弱,谥桓。齐大夫,官至卿位。襄十七年卒。食采于晏。【晏】杨补在山东齐河晏城镇。齐邑,晏氏初封采邑。参见《图集》26—27③3。

【二·二】桓子晏桓子告高宣子曰:"子家公孙归父其亡乎! 怀于鲁矣。怀必贪,贪必谋人。谋人,人亦谋己。一国谋之,何以不亡?"

【子家……鲁矣】杨补子家恐怕要逃亡吧! 他怀恋鲁[侯对他的宠信]了。公孙归父有宠于鲁宣公参见宣十八·六·一。
○正下启宣十八年公孙归父奔齐(宣十八·六)。

宣公十四年—宣公十五年(宣公十五年·一)

地理 鲁、楚、宋见宣地理示意图1。

人物 公孙归父(宣十·六·春秋)、楚庄王(文十四·十一·一)、孟献子(文十四·十二·三)、鲁宣公(文十七—文十八·五·二)

春秋 十有(又)五年,春,公孙归父fù会楚子楚庄王于宋。

左传 孟献子言于公鲁宣公曰:"臣闻小国之免于大国也,聘而献物,于是有庭实旅百;朝而献功,于是有容貌采章,嘉淑而有加货——谋其不免也。诛而荐贿,则无及也。今楚在宋,君其图之。"公说(悦)。十五年,春,"公孙归父会楚子于宋"。

【聘】补 参见隐七·四·春秋。【献物】正 进献玉帛皮币之礼物。

【庭实旅百】杨 见庄二十二·三·四·二。

【朝】补 见隐四·二·七·一。【献功】正 进献其治国或征伐之功。

【容貌采章】杨 指玄纁玑组、羽毛齿革等物,用来作为衣服、旌旗装饰。

【嘉淑】杨 补 美善。【加货】正 额外礼物。

【谋其不免也】补 谋求免除本不能免除[的罪过]。

【诛而荐贿,则无及也】正 补 等到[被大国]责罚时再进奉财货,就来不及了。荐,进。

宣公十五年·二

地理 宋、楚、晋、郑见宣地理示意图1。

人物 乐婴齐、晋景公(宣十一·四)、伯宗、解扬(文七—文八·二)、楚庄王(文十四·十一·一)、申犀(宣十四·四·一)、申无畏(文十一—文十一·一)、申叔时(宣十一·五·二)、华元(文十六—文十七·一·二)、王子侧(宣十二·一·六)、宋文公(文十六—文十七·

一・一)

春秋　夏,五月,宋人及楚人平。

　　○正据《左传》,则宋人实与楚人盟。《春秋》书"平"而不书"盟",应是由于根据宋人通告文辞而不改。

左传[一]宋人使乐婴齐告急于晋。晋侯晋景公欲救之。伯宗曰:"不可。古人有言曰:'虽鞭之长,不及马腹。'天方授楚,未可与争。虽晋之强,能违天乎? 谚曰:'高下在心。'川泽纳污,山薮 sǒu 藏疾,瑾瑜匿瑕,国君含垢,天之道也。君其待之。"[公]乃止。

【伯宗】正杨补姬姓,伯氏,名宗。孙伯纠(或作伯起)之子。晋大夫。成十五年被郤氏所谮杀。

【天方授楚】杨参见桓六・二・三。

【川泽……含垢】正杨补河流湖泊容纳污浊,山林草泽隐藏毒害,美玉藏匿瑕疵,国君忍受耻辱。薮,多草沼泽。参见《老子》"受国之垢,是谓社稷主;受国不祥,是谓天下王"。

　　○补杜甫《上水遣怀》"吞声混瑕垢"、《入衡州》"君臣忍瑕垢"典出于此。

[二] [公]使解扬如宋,使[宋]无降楚,曰"晋师悉起,将至矣"。郑人囚[解扬]而献诸(之于)楚。楚子楚庄王厚赂之,使[解扬]反其言,[解扬]不许。[楚子]三[言之],而[解扬]许之。[楚人]登诸(之于)楼车,使[解扬]呼宋人而告之,[解扬]遂致其君命。

【郑人囚而献诸楚】杨解扬由晋至宋,途经郑。郑此时仍服于楚,因此囚禁了解扬献给楚人。

【楼车】正杨补一种兵车,上有楼可登高,此处是用来向城上守军喊话。应该与成十六・三・八的"巢车"相似。

【遂致其君命】杨 补［解扬］最终还是传达了晋景公［使宋无降楚］的命令。据《史记·晋世家》，则解扬之言为："晋方悉国兵以救宋，宋虽急，慎毋降楚，晋兵今至矣。"

楚子将杀之解扬，使与之言曰："尔既许不穀，而反之，何故？非我无信，女(汝)则弃之。速即尔刑！"

【不穀】补 见僖二十三—僖二十四·七。
【即】补 就。

［解扬］对曰：

"臣闻之，'君能制命为义，臣能承命为信，信载义而行之为利'。谋不失利，以卫社稷，民之主也。

"义无二信，信无二命。君楚庄王之赂臣，不知命也。［臣］受命以出，有死无霣(陨)，又可赂乎？

【义无二信，信无二命】正 欲为义者不行二信，欲行信者不受二命。
【不知命也】杨 不知道"信无二命"［的意义］。
【有死无霣】正 杨 宁死不可废命。霣，废坠。

"臣之许君，以成命也。死而成命，臣之禄也。寡君晋景公有信臣，下臣获考死，又何求？"

【禄】杨 福。
【考死】正 杨 死得其所。考，成。

楚子舍之以归。

○ 补 **传世文献对读**：《论语·卫灵公》："子曰：'君子贞而不谅。'"解扬所传晋侯之命实为谎言，而他又通过欺骗楚庄王来达到传命的目的，虽然这样却仍然不失为君子，因为他所守的不是说话算话的小信"谅"，而是不辱君命的大信"贞"。

【三】夏，五月，楚师将去宋。申犀稽 qǐ 首于王楚庄王之马前，曰："毋畏申无畏知死而不敢废王命，王弃言焉。"王不能答。申叔时仆，曰："筑室，反(返)耕者，宋必听命。"[王]从之。

【去宋】杨 补 离开宋。至此时楚师屯兵宋都城下已达九个月，《公羊传》(详见下)和《宋世家》都说楚师军粮已耗尽。

【稽首】补 见僖五·二·二·一。

【毋畏……言焉】正 杨 补 无畏知道必死而不敢废弃国君的命令，国君却抛弃了自己的诺言。实际上，据宣十四·四，楚庄王当年的诺言是"杀女，我伐之"，楚庄王已经伐宋，可以说已经兑现了诺言。申舟在这里其实是将"伐宋"偷换为"服宋"。然而，如果楚庄王开始和申犀辩论"伐宋"和"服宋"的差别，这也同样会有损楚庄王的形象。

【仆】正 做御者(驾车人)。

【筑室，反耕者】正 补 在围城营地建房，让士兵中的农夫回国耕田。这是作出准备长期围城的姿态。

宋人惧，使华元夜入楚师，登子反王子侧之床，起之，曰："寡君宋文公使元华元以病告，曰：'敝邑易子而食，析骸以爨 cuàn。虽然，城下之盟，有以国毙，不能从也。去我三十里，唯命是听。'"子反惧，与之盟，而告王。

【病】补 指宋被围后的困苦境况。

【易子而食，析骸以爨】正 杨 补 [没有食物，]交换子女杀了吃掉；

［没有燃料，］把尸骨拆开生火做饭。爨，炊。李白《南奔书怀》"城上骸争爨"、杜甫《别唐十五诫因寄礼部贾侍郎》"饥有易子食"典出于此。

【虽然】补虽然如此。

【城下之盟】补见桓十二—桓十三·一。

【去】补离开。

［楚师］退三十里。宋及楚平，华元为质。盟曰"我无尔诈，尔无我虞"。

【宋及楚平，华元为质】杨补据清华简二《系年》，则"宋人焉为成，以女子与兵车百乘，以华孙元为质"。据成二·二及成五·六，则华元在成二年前已被释放回国，之后由公子围龟代之。

【盟曰……我虞】正补盟辞上说"我不要欺诈你，你不要算计我"。虞，度。《左传》引用此句盟辞，是为了体现楚庄王有霸主之德，与宋两不相欺。参见桓元·一·一"渝盟，无享国"。

○补楚庄王牺牲忠臣申无畏挑起事端，并亲自率军包围宋都长达九个月。笔者对于楚庄王为何要花如此力气试图制服宋，以及围宋之役的历史意义有详细分析，请见专著《不服周：楚国的奋斗与沉沦》（出版中，暂定书名）的相关章节。

○杨补**传世文献对读**：《公羊传·宣公十五年》叙此事与《左传》不同，可扫码阅读。

宣公十五年·三

地理晋、卫见宣地理示意图 1。晋、潞氏、黎、卫、曲梁见宣地理示意图 2。

人物潞子婴儿、伯姬、晋景公（宣十一·四）、酆舒（文七·四）、伯宗（宣十五·二·一）、仲章、商纣（庄十一·二·二·二）、中行桓子（僖

二十七—僖二十八·三)

春秋 六月癸卯十八日，晋师灭赤狄潞氏，以潞子婴儿归。

【赤狄潞氏】补 见文六·四·春秋。

左传[一] 潞子婴儿之夫人伯姬，晋景公之姊也。酆 fēng 舒为政而杀之，又伤潞子潞子婴儿之目。

【潞子婴儿之夫人】补 伯姬。晋女，姬姓，排行伯。晋成公（宣二·三·五）之女，晋景公（宣十一·四）之姊，潞子婴儿夫人。宣十五年前被酆舒所杀。

[二] 晋侯晋景公将伐之。

诸大夫皆曰："不可。酆舒有三俊才，不如待后之人。"

【三俊才】正 补 三项特别出众的才能。俊，绝异。

伯宗曰：

"必伐之。

"狄有五罪，俊才虽多，何补焉？ 不祀，一也。耆（嗜）酒，二也。弃仲章而夺黎氏地，三也。虐我伯姬，四也。伤其君潞子婴儿目，五也。[酆舒]怙 hù 其俊才，而不以茂德，兹益罪也。

【弃仲章而夺黎氏地】正 杨 补 抛弃了[贤人]仲章而夺取了黎氏的土地。此处二事并举，可能是仲章曾谏勿夺黎氏之地，狄执政不听仲章谏言而夺之。【黎】正 杨 补 商、周时国，周时为侯爵，姬姓。商时可能在今山西长治上党区黎岭村一带。商末时，毕公高灭黎。周武王封毕公高于黎，毕公高使其支子就封，在今山西黎城东北十八里,附近已发现西周晚期黎国墓地(详见下)。春秋早期被狄人所灭,黎侯寓于卫。宣十五年晋复立之。商代之黎参见《图集》22—23⑤10"黎 1"。周代之黎参见《图集》22—23⑤10"黎 2"。

【虐】｜杨｜杀。

【怙其……罪也】｜杨｜｜补｜仗恃他自己的突出才能,而不用美德,这就更增加了罪过。怙,恃。以,用。兹,此。

> ○｜补｜**山西黎城黎国墓地**:2006 年,考古工作者在山西黎城西关村塔坡水库附近发掘出大型墓葬两座、中型墓葬五座及小型墓葬三座,时间应为西周晚期。出土器物中有一件青铜壶上有铭文"楷侯宰夔作宝壶永用","楷侯"即黎侯。

"〔酆舒〕后之人或者将敬奉德义以事神人,而申固其命——若之何待之? 不讨有罪,曰'将待后',后有辞而讨焉,毋乃不可乎?

【后之……待之】｜杨｜｜补｜〔酆舒的〕继任者或者将会敬奉德义以事奉神灵和民众,从而巩固国家的命运,〔从而没有事端可以讨伐,〕为什么要等到以后?

【不讨……可乎】｜杨｜｜补｜现在不抓住机会讨伐有罪之人,而说"将要等待以后",〔酆舒的〕后任或将有理,到时再去讨伐,恐怕不可以吧?

"夫恃才与众,亡之道也。商纣由之,故灭。

○｜正｜｜补｜据《史记·殷本纪》,"帝纣资辨捷疾,闻见甚敏;材力过人,手格猛兽;知足以距谏,言足以饰非;矜人臣以能,高天下以声,以为皆出己之下",则商纣有俊才。据桓十一·二"商、周之不敌"、昭二十四·一·一"纣有亿兆夷人",可知商纣人多。商纣仗恃俊才和人多,而卒为周武王所灭。由,依其道而行。

"天反时为灾,地反物为妖,民反德为乱。乱则妖灾生。故文,反'正'为'乏',尽在狄矣。"

【故文……狄矣】正 杨 补 因此文字中,"正"反过来就是"乏"[,意味着反正道而行必致乏绝,而各种反正道而行的乱象]都在狄人那里存在。

○补古文字新证:从"正"字字形演变情况看(宣字形图 4),春秋战国文字异形极多,常见反"正"之形(如△8),但这些例子中,仍当读为"正"而非"乏"。从"乏"字字形演变情况看(宣字形图 5),"乏"字不见于春秋及以前的古文字,战国文字从"正",但是把上一横笔打斜,造出另一个字,其意思当即为"不正"。目前所看到的可靠的"乏"字都不从反写的"正",只有《说文解字》中将"乏"字篆书写成"正"字篆书的反写,可能是许慎基于《左传》"反正为乏"的说法而生造的。

宣字形图 4(《说文新证》,2014 年)

宣字形图 5(《说文新证》,2014 年)

晋侯从之。

【三】六月癸卯十八日,晋荀林父仁,中行桓子败赤狄于曲梁。辛亥二十六日,[晋师]灭潞。酆舒奔卫,卫人归诸(之于)晋,晋人杀之。

【曲梁】正 杨 补 在今山西潞城西北。晋地。参见《图集》22—23⑤9。

宣公十五年·四

地理 秦、晋、周见宣地理示意图 1。秦、晋、周、毛、黎、辅氏、稷见宣地理示意图 2。

人物 王子捷、召戴公、毛伯卫(僖二十四·二·五)、王孙苏(文十四·一)、召襄公、秦桓公、晋景公(宣十一·四)、黎侯、魏颗、杜回、魏武子(僖二十三—僖二十四·一·一)、魏武子之嬖妾、嬖妾之父

春秋 秦人伐晋。

○补《春秋》书秦人伐晋在前,周王室卿大夫争政在后,而《左传》则反之。可能《春秋》所据为诸侯及周王室通告上所书时间,而《左传》所据为事件发生实际时间。

王札子王子捷杀召伯召戴公、毛伯毛伯卫。

【王札子】正 补 王子捷。姬姓,名捷。杜注认为王札子实为王子札,亦即王子捷。【召伯】补 召戴公。姬姓,召氏,谥戴。周王室卿士。宣十五年被王子捷所杀。
○正 此处《春秋》不书国杀,而点出杀人者之名,表明这是卿大夫之间的仇杀,杀人者有罪。

左传【一】王孙苏与召氏召戴公、毛氏毛伯卫争政,使王子捷杀召戴公

及毛伯卫,卒立召襄召襄公。

【卒立召襄】正最终立了召襄公。立召襄公不在本年,故曰"卒"。【召襄】正补召襄公。姬姓,召氏,谥襄。召戴公之子。周王室卿士。

{二·一} 秋,七月,秦桓公伐晋,次于辅氏。壬午二十七日,晋侯晋景公治兵于稷,以略狄土,立黎侯而还。[晋侯]及雏,魏颗败秦师于辅氏,获杜回,秦之力人也。

【秦桓公】补嬴姓,名荣,谥桓。秦共公(宣四·二)之子,秦康公(僖十五·八·一·六)之孙。宣五年即位,在位二十八年。成十四年卒。

【辅氏】正杨补在今陕西大荔东。晋邑,曾为知氏采邑。参见《图集》22—23⑦7。

【治兵】补讲武,演习。【稷】正杨补在今山西稷山南稷王山下。晋地。参见《图集》22—23⑥7。

【略】杨强取。【狄】杨补晋东狄,见庄二十八·二·二。此时已不包括赤狄潞氏。

【雏】正晋地。

【魏颗】正补姬姓,魏氏,名颗。魏武子(僖二十三—僖二十四·一·一)之子。食采于令狐。

○补晋景公东略狄土,而别遣魏颗西拒秦师。晋景公立黎侯之后,即回师向西以援魏颗,在抵达雏地之时,魏颗已败秦师。

{二·二} 初,魏武子有嬖bì妾,无子。武子魏武子疾,命颗魏颗曰:"[尔]必嫁是。"[武子]疾病,则曰:"[尔]必以为殉。"及[武子]卒,颗嫁之,曰:"疾病则乱,吾从其治也。"

【魏武子】正魏颗之父。【嬖妾】补得宠的妾。

【疾病】杨病危。

【乱】杨神志不清。

【治】杨相对于乱而言,此处指神志清醒。

及辅氏之役,颗见老人结草以亢杜回,杜回踬 zhì 而颠,故[颗]
获之。[颗]夜梦之曰:"余,而(尔)所嫁妇人之父也。尔用先人
之治命,余是以报。"

【颗见……杜回】杨 补魏颗看到一个老人把草结起来遮绊杜回。
亢,遮。

【踬】杨 补足被绊。【颠】杨仆倒。

宣公十五年·五

地理晋、周见宣地理示意图 1。晋、周、刘、瓜衍见宣地理示意图 2。

人物晋景公(宣十一·四)、中行桓子(僖二十七—僖二十八·三)、
士贞伯(宣十二·一·十九)、羊舌职、周文王(僖五·八·一)、赵同
(僖二十三—僖二十四·十三·二)、刘康公(宣十·八·春秋)

左传【一·一】晋侯晋景公赏桓子中行桓子狄臣千室,亦赏士伯士贞伯以瓜衍
之县,曰:"吾获狄土,子之功也。微子,吾丧伯氏中行桓子矣。"

【狄臣】杨被俘作为奴隶的狄人。【狄】补晋东狄,见庄二十八·
二·二。此时已不包括赤狄潞氏。

【瓜衍之县】杨 补在今山西孝义北大虢城村。晋县,曾为士贞伯采
邑。参见《图集》22—23④8。

【微子,吾丧伯氏矣】正 杨如果没有您,我[现在已经]失去伯氏了。
士贞伯救中行桓子之事见宣十二·一·十九。

【一·二】羊舌职说是赏也,曰:"《周书》所谓'庸庸祇 zhǐ 祇'者,
谓此物也夫。士伯庸中行伯中行桓子,君晋景公信之,亦庸士伯,
此之谓明德矣。文王周文王所以造周,不是过也。故《诗》曰

'陈锡哉(载)周',能施也。率是道也,其何不济?"

【羊舌职】正 补 姬姓,羊舌氏,名职。晋大夫,成十八年任中军尉佐。襄三年已卒。【说】杨 解说,阐明。

【庸庸祗祗】正 补 今本《尚书·康诰》(见定三—定四·五·四)有此句,此处根据下文译为"任用值得任用的人,尊敬值得尊敬的人"。庸,用。祗,敬。

【此物】杨 这一类。物,类。

【不是过也】补 即"不过是也",可译为"也不过如此了"。

【陈锡哉周】正 杨 补《毛诗·大雅·文王》有此句,可译为"把利益布施给天下,于是缔造了周朝"。陈,布。锡,赐。哉,创始,缔造。

【率】杨 循。【济】补 成功。

〔二·一〕晋侯晋景公使赵同献狄俘于周,不敬。

〔二·二〕刘康公曰:"不及十年,原叔赵同必有大咎——天夺之魄矣。"

【咎】补 灾祸。

【天夺之魄】杨 补 魄见昭七·七·四·二。当时人似乎认为魂、魄两者之中,主管肉体的魄与人的生死关系更加紧密,因此以"天夺之魄"作为人将横死的先兆。参见襄二十九·十四·二"天又除之,夺伯有魄"。

○正 下启成八年晋杀赵同(成八·五)。

○补 传世文献对读:《论语·八佾》:"子曰:'居上不宽,为礼不敬,临丧不哀,吾何以观之哉?'"此为"为礼不敬"之例。

宣公十五年·六

地理 鲁见宣地理示意图1。

春秋 秋，[我] 蟊 zhōng。

　　○ 补 见桓五·五·春秋。

宣公十五年·七

地理 鲁、齐见宣地理示意图 1。

人物 孟献子（文十四·十二·三）、高宣子（宣五·一·春秋）

春秋 仲孙蔑孟献子会齐高固高宣子于无娄。

宣公十五年·八

地理 鲁见宣地理示意图 1。

春秋 [我]初税亩。

左传 "初税亩"，非礼也。谷出不过藉 jí，以丰财也。

　　○ 正 杨 补 "鲁开始按照田地的亩数收税"，这是不合于礼的。[过去征收财物的方法是]国家所征收的谷物不超过藉法的规定，这样做的目的是丰裕[民众]财富。

　　鲁国郊野农业区分为由公室直接控制的公邑和属于卿大夫家族的私邑。公邑的田地分为公田和私田。公邑里的野人集体耕种公田，是无偿义务劳动，称为"藉"，传统说法将"藉"解为"借"，也就是借民力以耕田。实际上藉字的本义就是"耕田"，而所谓"借民力以耕田"是后代的引申（详见下）。公田产出的粮食上交公室，而余下的则收藏起来用于社区祭祀祖先、聚餐、救济等共同开支，这就是所谓的"藉法"。此外，野人各自耕种自己的私田，私田的收入归各户野人私有。

　　春秋时，主要依靠公邑中公田产出的鲁公室财政收入陷入增长停滞或负增长，同时，受到国内发展需求、国际形势变化的多重压迫,公室财政支出承受着越来越大的压力。鲁公室进行旨在增加公室财政收入的税制改革,"初税亩"表示鲁不再在公邑内区分公田、私田,而是统一按亩数乘以税率向野人征收田税。改革之后,大量原本不交税的私田被纳入税基之中,公室财政收入得到较大幅度增长。

本年鲁公室开始在公邑向私田征收田税之后,昭五年,三桓最终夺取了公室在公邑里的征税权(参见昭四—昭五·十·三)。哀十二年,季氏"用田赋",也就是依照"按田亩数乘以赋率"的原则征收军赋,并加重税赋负担,遭到孔子的强烈反对和批评(哀十二·一)。

笔者对于"初税亩"新政出台的财政背景、政治背景、实施过程以及后续影响有详细分析,请见《陵迟:鲁国的困境与抗争》(出版中,暂定书名)相关篇章。

○补 传世文献对读:《穀梁传·宣公十五年》对初税亩的具体内容有所描述,可扫码阅读。

○补 古文字新证:"耤"字形演变情况如宣字形图6所示。商代甲骨文从人持耒耕田,为会意字。周代金文在本字上加"昔"声,其义仍为"耕田"。"耤"应即为本段"藉"的本字。"藉"后来假借为"借",后人遂以此假借义反过来解释"藉",故许慎《说文》云"帝藉千亩也,古者使民如借,故谓之藉",实误。

1 商.乙 3155 反《甲》	2 商.前 7.15.3《甲》	3 周早.令鼎《金》	4 周晚.弭伯簋《金》
5 秦.睡.日甲 81 背《篆》			

宣字形图 6(《说文新证》,2014 年)

宣公十五年·九

地理 鲁见宣地理示意图 1。

春秋 冬，[我]蝝 yán 生。

【蝝】 补 田间害虫。

[我]饥。

左传 "冬，蝝生。饥。"[《春秋》书之，]幸之也。

【幸之也】 正 杨 补 《春秋》这样记载，是表示庆幸。此事有何可庆幸之处，实不可知。

宣公十六年·一

地理 晋、周、秦见宣地理示意图 1。晋、留吁、铎辰、周、秦见宣地理示意图 2。

人物 范武子（僖二十七—僖二十八·二十四·二）、晋景公（宣十一·四）、周定王（宣三·四）、羊舌职（宣十五·五·一·二）、夏禹（庄十一·二·二·二）

春秋 十有（又）六年，春，王正月，晋人灭赤狄甲氏及留吁。

【甲氏】 正 杨 补 赤狄别种，隗姓。在今山西屯留北百里内外。宣十六年被晋所灭。

【留吁】 正 杨 补 赤狄别种，隗姓。在今山西屯留古城村。宣十六年被晋所灭，地入于晋，改称"纯留"。参见《图集》22—23⑤9。

左传 【一】 十六年，春，晋士会 范武子 帅师灭赤狄甲氏及留吁、铎 duó 辰。

【铎辰】 正 杨 补 留吁之属，在今山西长治东。宣十六年被晋所灭。参见《图集》22—23⑤10。

【二·一】 三月，〔晋侯〕献狄俘〔于王〕。晋侯 晋景公 请于王 周定王，戊申 二十七日，以黻 fú 冕命士会 范武子 将中军，且为大（太）傅。于是晋国之盗逃奔于秦。

【黻冕】 正 杨 补 周王室命卿之礼服。黻，指上衣，上以青黑两色绣以亚形花纹（参见桓元—桓二·三·二），《礼记·礼器》所谓"天子龙衮，诸侯黼，大夫黻，士玄衣纁裳"是也。冕，礼帽，参见桓元—桓二·三·二。周王室任命诸侯之卿参见僖十二—僖十三·二·一。

【大傅】 杨 见文五—文六·二。

〔二·二〕羊舌职曰:"吾闻之,'禹_{夏禹}称善人,不善人远',此之谓也夫!《诗》曰'战战兢兢,如临深渊,如履薄冰',善人在上也。善人在上,则国无幸民。谚曰'民之多幸,国之不幸也',是无善人之谓也。"

【称】正举。

【战战……薄冰】补见僖二十二·六·一。

【善人在上也】正杨补说的就是善人居于上位时[民众谨守礼法、不敢妄为]的情态。

【幸民】杨补行险徼幸的小民。

宣公十六年·二

地理周见宣地理示意图 1。周、成周见宣地理示意图 3。

春秋夏,成周宣榭火。

【成周】杨见隐三·四·二。【宣榭】正杨建于夯土台上的厅堂式建筑,用来习射讲武。

左传"夏,成周宣榭火",人火之也。凡火,人火_[《春秋》书]曰"火",天火曰"灾"。

宣公十六年·三

地理鲁见宣地理示意图 1。郯、鲁见宣地理示意图 4。

人物郯伯姬

春秋秋,郯 tán 伯姬来归。

【郯伯姬】补鲁女,姬姓,排行伯。郯君夫人。宣十六年被休归于鲁。

○补 据庄二十七·四及下文《左传》，则《春秋》书"来归"，表明郯伯姬是被休弃送回娘家。

左传 "秋，郯伯姬来归"，出也。

宣公十六年·四

地理 鲁、周、晋见宣地理示意图1。

人物 毛伯卫（僖二十四·二·五）、召戴公（宣十五·四·春秋）、王孙苏（文十四·一）、晋景公（宣十一·四）、范武子（僖二十七—僖二十八·二十四·二）、周定王（宣三·四）、原襄公

春秋 冬，[我]大有年。

【有年】 补 见桓三·五·春秋。
○正 此条《春秋》无对应《左传》。

左传 【一】为毛毛伯卫、召 shào、召戴公之难故，王室复乱。王孙苏奔晋。晋人复之。

【毛、召之难】 正 见宣十五·四·一。
【复之】 补 使王孙苏返国复职。

【二】冬，晋侯晋景公使士会范武子平王室。

定王周定王享之，原襄公相 xiàng 礼。殽 yáo 烝 zhēng。

【享】 补 见桓九—桓十·一·二。
【原襄公】 正 补 姬姓，原氏，谥襄。原伯贯之后。周王室大夫。
【殽烝】 正 杨 补 殽，即肴，带骨肉，今所谓排骨。烝，升。古代祭祀、享、宴，杀牲升于俎上称为"烝"。烝分全烝、房烝（体荐）、殽烝（折

俎）：一、将整只牲体放在俎上，不可食，为"全烝"，仅用于禘、郊等最高等级的祭祀；二、将半只牲体放在俎上，不可食，为"房烝"，又称"体荐"，可用于享礼，招待前来朝觐的诸侯国君；三、分解牲体，连肉带骨放在俎上，可食，为"殽烝"，又称"折俎"，可用于宴礼，招待前来朝觐的诸侯国卿大夫。

<u>武季</u>范武子私问其故。王周定王闻之，召<u>武子</u>，曰："季氏范武子，而（尔）弗闻乎？王享有体荐，宴有折俎 zǔ。公当享，卿当宴，王室之礼也。"

【季氏】|杨|范武子排行季，因此周定王称其为"<u>季氏</u>"。周王称呼诸侯卿大夫，一种方式是称其排行，即伯、仲、叔、季，比如此处；另一种方式是称为"舅氏"，比如周襄王称管敬仲（<u>僖十二—僖十三·二·一</u>）。

【王享……礼也】|正||杨||补|周王设享礼时用体荐（房烝），设宴礼时用折俎（殽烝）。诸侯国君（公）应受享礼，诸侯之卿应受宴礼（参见<u>文四·四</u>），这是王室的礼制。若严格按照周王室礼制，则范武子应受宴礼，用折俎（殽烝）。此次周王室为范武子设高于范武子应受待遇的享礼，而在享礼中又采用符合范武子应受待遇的折俎（殽烝），是综合考虑晋国霸主地位和王室礼制之后采取的折中措施。

<u>武子</u>归而讲求典礼，以修晋国之法。

○|正||杨||补|**传世文献对读**：《国语·周语中》叙此事甚详，且与《左传》说法不同，可扫码阅读。

宣公十七年·一

地理 蔡、鲁、晋、卫、曹、齐见宣地理示意图 1。许、蔡、鲁、晋、卫、曹、邾、齐、敛盂、野王、原、温、河水见宣地理示意图 3。

人物 许昭公(<u>文七·五</u>)、蔡文公、鲁宣公(<u>文十七—文十八·五·二</u>)、晋景公(<u>宣十一·四</u>)、卫穆公(<u>宣十三—宣十四·二</u>)、曹宣公、邾定公(<u>文十四·四</u>)、郤献子(<u>宣十二·一·四</u>)、齐顷公(<u>宣十·十三·春秋</u>)、萧同叔子、栾京庐、高宣子(<u>宣五·一·春秋</u>)、晏桓子(<u>宣十四·六·二·一</u>)、蔡朝、南郭偃、苗贲皇、范武子(<u>僖二十七—僖二十八·二十四·二</u>)、范文子

春秋 十有(又)七年,春,王正月庚子二十四日,<u>许男锡我</u>许昭公卒。

○ 正 杨 据成二·七·一·二,则许灵公继位之时年龄尚小。此条《春秋》无对应《左传》。

丁未二月二日,**蔡侯申**蔡文公卒。

【蔡侯申】 补 蔡文公。姬姓,名申,谥文。蔡庄公(僖二十一·三·春秋)之子。文十六年即位,在位二十年。宣十七年卒。

○ 正 此条《春秋》无对应《左传》。

夏,葬许昭公。

○ 正 此条《春秋》无对应《左传》。

<u>葬蔡文公</u>。

○ 正 此条《春秋》无对应《左传》。

六月癸卯,日有食之。

【日有食之】 见隐三·一·春秋。

○[杨]据王韬所推春秋历,六月为乙巳朔,不当有癸卯,且是月无日食。王韬推算出宣七年六月癸卯朔有日食。本条可能本在宣七年。

○[正]此条《春秋》无对应《左传》。

己未六月十五日,公鲁宣公会**晋侯**晋景公、**卫侯**卫穆公、**曹伯**曹宣公、**邾子**邾定公同盟于**断道**。

【**曹伯**】[补]曹宣公。姬姓,名卢,谥宣。曹文公(文十一·二·春秋)之子。宣十五年即位,在位十七年。成十三年卒。

【**断道**】[正][杨]在今河南济源西南一带。晋地。

秋,公鲁宣公至自会。

○[正]此条《春秋》无对应《左传》。

[左传][一] 十七年,春,**晋侯**晋景公使**郤** xì **克**郤献子征会于齐。齐顷公帷妇人萧同叔子,使观之。**郤子**郤献子登,妇人笑于房。**献子**郤献子怒,出而誓曰:"所不此报,无能涉河!"

【**晋侯使郤克征会于齐**】[正][杨][补]晋景公想要于本年在断道召开诸侯大会,因此派郤献子至齐国,召其派代表参会。征会参见僖二十七—僖二十八·二十四·三。

【**帷妇人**】[补]用帷幕挡在萧同叔子前面。【**妇人**】[杨][补]萧同叔子。萧(同)女,子姓,排行叔。齐惠公(僖十七—僖十八·一)妾,齐顷公(宣十·十三·春秋)之母。

【**郤子登,妇人笑于房**】[正][杨][补]郤献子跛足(据《公羊传》),登阶姿势滑稽,因此萧同叔子在房间里笑出声来。《穀梁传》说郤献子的生理缺陷是瞎了一只眼,《史记·晋世家》说郤献子的生理缺陷是驼背,不过这两项缺陷在登台阶时并不会非常滑稽。

【**所不此报,无能涉河**】[正][杨][补]若不报复这次耻辱,绝不再渡过河水! 所,假设连词,若。河水见闵二·五·三。

○ 正 杨 补 **传世文献对读：**《公羊传·成公二年》《穀梁传·成公元年》也记载了此次会见，与《左传》不同，两者也有所不同，可扫码阅读。

【二】献子先归，使栾京庐待命于齐，曰："不得齐事，无复命矣。"

【栾京庐】 正 补 姬姓，栾氏，名京庐。郤献子副手。

【不得齐事】 杨 如果不能完成征召齐人参加盟会的使命。

【三】郤子至[于晋]，请伐齐，晋侯弗许。[郤子]请以其私属[伐齐]，[晋侯]又弗许。

【私属】 正 补 郤氏私家军队。

○ 正 下启成二年晋、齐鞌之役（成元—成二）。

○ 杨 **传世文献对读：**《史记·晋世家》："[郤克]至国，请君，欲伐齐。景公问知其故，曰：'子之怨，安足以烦国！'弗听。"

【四】齐侯齐顷公使高固高宣子、晏弱晏桓子、蔡朝、南郭偃会。及敛盂，高固逃归。

【及敛盂，高固逃归】 补 国、高二氏为齐上卿。据清华简二《系年》，则郤献子本年早先前往齐征会，晋景公要求他完成的使命就是"召高之固曰：'今春其会诸侯，子其与临之。'"由此可知，上卿高宣子是晋人点明要求的出席的卿大夫。高宣子之所以半路逃归，未必全是出于怯懦，还可能是考虑到如果齐上卿被晋扣留，会对齐非常不利。参见成元—成二·九·三所记叙的高宣子在鞌之战中的英勇表现。

【敛盂】 见僖二十七—僖二十八·七。清华简二《系年》作"高之固至莆池，乃逃归"。敛盂、莆池疑为一地二名。

【五】夏,会于断道,讨贰也。盟于卷楚,辞齐人。

【讨贰也】杨 补 声讨有二心的国家,其实就是声讨齐,因此接下来有辞齐人、执齐使的系列行动。这应该不是本年初征会于齐时的最初目的,而是郤献子在齐受辱之后更换的。

【卷楚】正 杨 晋地,可能就是断道,也可能与断道相距不远。

【辞齐人】杨 补 [晋人]拒绝齐人参与[盟誓仪式]。齐三大夫参与了断道之会,很可能在会上受到了郤献子的责备和刁难,然后又因为级别不够而被拒绝参加盟誓(其他国家参与盟誓的都是国君)。这是郤献子准备要逮捕三人的前兆。

【六】晋人执晏弱晏桓子于野王,执蔡朝于原,执南郭偃于温。

【野王】正 杨 补 在今河南沁阳市区老城已发现其遗址。晋地。参见《图集》22—23⑩17。

【原】杨 见隐十一·三·一。【温】补 见隐三·四·二。

○补 据清华简二《系年》,则主导此次执齐三大夫行动的"晋人"实为郤献子,而被执的晏桓子、蔡朝、南郭偃皆为"嬖大夫",即下大夫。由于晋人要求的齐代表团级别是国君级,必到代表是上卿高宣子,而如今到会的是三位下大夫,因此郤献子执齐三大夫的理由很可能是:齐代表团的级别和人选都与晋方要求完全不符。

苗贲 fén 皇使,见晏桓子。归,[苗贲皇]言于晋侯晋景公曰:

【苗贲皇使,见晏桓子】正 杨 补 苗贲皇出使他国[路过野王],见到了[被扣留在那里的]晏桓子。【苗贲皇】正 杨 补 芈姓,苗氏,原为贲氏,名皇。斗椒(僖二十七—僖二十八·十一)(字贲)之子。楚人,宣四年出奔晋,任大夫。食采于苗。【苗】正 杨 补 在今河南济源苗王战村附近。晋邑。参见《图集》22—23⑩17。

"夫晏子晏桓子何罪?

"昔者诸侯事吾先君,皆如不逮。[今]举言群臣不信,诸侯皆有贰志。齐君_{齐顷公}恐不得礼,故不出,而使四子来。左右或沮之,曰'君不出,[晋人]必执吾使',故高子_{高宣子}及敛盂而逃。夫三子者曰'若绝君好,宁归死焉',为是犯难 nàn 而来。

【昔者……不逮】 正 杨 补 昔日诸侯事奉我们的先君,都[积极得]像生怕赶不上的样子。不逮,与《论语·季氏》"见善如不及"的"不及"同义。

【举言……贰志】 正 杨 补 [如今诸侯]都抱怨说[晋]群臣不信任他们,[因此]诸侯都有了二心。

【齐君恐不得礼】 正 补 齐君恐怕[自己亲自前来]将得不到晋人以礼相待。齐顷公此前戏弄郤献子,因而有此担心。

【四子】 补 晏桓子、高宣子、蔡朝、南郭偃。

【沮】 正 止。

【三子】 补 晏桓子、蔡朝、南郭偃。

"吾若善逆彼,以怀来者。吾又执之,以信齐沮,吾不既过矣乎? 过而不改,而又久之,以成其悔,何利之有焉? 使反_(返)者得辞,而害来者,以惧诸侯,将焉用之?"

【吾若……来者】 杨 我们应该善意地迎接他们,以使前来的人对我们心存感念。若,应该。

【吾又执之,以信齐沮】 杨 我们[现在不仅不善待他们,而]又逮捕了三位齐大夫,以证实[先前]齐人的劝阻[是正确的]。

【反者】 正 补 半途折返之人,指高固。

【惧】 杨 使……惧怕。

晋人缓之,[晏弱]逸。

【七】秋,八月,晋师还。

○补据清华简二《系年》，则此"晋师"即参加断道之会的晋师，主帅为范武子。很可能范武子在断道之会期间目睹了郤献子批判、处罚、逮捕齐国三大夫以发泄私愤，深受震动，因此回国后随即请求告老致仕。

【八】范武子将老，召文子范文子曰："燮 xiè，范文子乎！吾闻之：'喜怒以类者鲜 xiǎn，易者实多。'《诗》曰：'君子如怒，乱庶遄 沮。君子如祉 zhǐ，乱庶遄 chuán 已。'君子之喜怒，以已乱也。弗已者，必益之。郤子郤献子其或者欲已乱于齐乎？不然，余惧其益之也。余将老，使郤子逞其志，庶有豸 zhì 乎！尔从二三子，唯敬。"[武子]乃请老。郤献子为政。

【老】正告老致仕。

【文子】正补范文子。祁姓，范氏，出自士氏，名燮，谥文，排行叔。范武子(僖二十七—僖二十八·二十四·二)之子。晋大夫，官至卿位。成二年已任上军佐(卿职)，成十三年已任上军帅(卿职)，成十六年已任中军佐(卿职)。成十七年卒。食采于随、范、郇、栎。

【喜怒……实多】杨补喜怒合于礼法的人很少，违背[礼法]的人却很多。类，法。易，改易，违背。

【君子……遄已】正杨补《毛诗·小雅·巧言》有此句，可译为"君子如果发怒，祸乱差不多可以很快阻住。君子如果喜悦，祸乱差不多可以很快停歇"。遄，速。沮，止。祉，喜。已，止。

【庶有豸乎】正[祸乱]差不多可以解除。豸，解。

【二三子】补诸位大夫。

○补传世文献对读：《国语·晋语五》载范武子将告老前告诫范文子之言，与《左传》不同，可扫码阅读。

○补笔者对范武子这番话有详细分析，请见《虎变：晋国大族的兴盛与衰亡》(出版中，暂定书名)相关篇章。

宣公十七年·二

地理 鲁见宣地理示意图1。

人物 鲁宣公(文十七—文十八·五·二)、叔肸

春秋 冬,十有(又)一月壬午十一日,公鲁宣公弟叔肸xī卒。

【叔肸】正 补 姬姓,名肸,排行叔。鲁文公(文元·〇)庶子,鲁宣公(文十七—文十八·五·二)同母弟,敬嬴(文十七—文十八·五·二)所生。鲁大夫,官至卿位。宣十七年卒。其后为子叔氏。

左传 冬,"公弟叔肸卒"——公母弟也。凡大(太)子之母弟,公在[《春秋》书]曰"公子",不在曰"弟"。凡[《春秋》]称"弟",皆母弟也。

【母弟】补 同母弟,胞弟。

【凡大……曰"弟"】补 凡是太子的同母弟,君父在世时《春秋》称母弟为"公子",君父已经去世之后《春秋》称母弟为"弟"。

○杨 补 传世文献对读:《穀梁传·宣公十七年》记载了叔肸不齿其兄篡位行为之事,可扫码阅读。

　　《春秋》记载了叔肸的名氏,说明叔肸是卿官。而《穀梁传》提供的信息表明,叔肸在鲁宣公时期坚决不接受鲁宣公给他的俸禄,也就是说,叔肸的卿官身份是鲁宣公强加给他的,他自己并没有真正上朝参与政事。这可以解释为何叔肸身为卿官,却没有出现在任何鲁内政外交活动中。

宣公十八年·一

地理 晋、卫、齐见宣地理示意图 1。晋、卫、齐、阳谷见宣地理示意图 3。

人物 晋景公(宣十一·四)、太子臧、齐顷公(宣十·十三·春秋)、公子强、蔡朝(宣十七·一·四)、南郭偃(宣十七·一·四)

春秋 十有(又)八年,春,晋侯晋景公、卫世子臧太子臧伐齐。

【世子臧】补 太子臧,后为卫定公。姬姓,名臧,谥定。卫穆公(宣十三—宣十四·二)之子,卫成公(僖二十五—僖二十六·春秋)之孙。成三年即位,在位十二年。成十四年卒。

左传 十八年,春,晋侯、卫大子臧伐齐,至于阳谷。齐侯齐顷公会晋侯盟于缯,以公子强为质于晋。晋师还。蔡朝、南郭偃逃归。

【阳谷】补 见僖三—僖四·春秋。

【蔡朝、南郭偃逃归】正 补 宣十七年晏桓子、蔡朝、南郭偃三人参加盟会被晋人扣留,晏桓子当年已经逃归齐。本年春,晋与齐盟,看守者松懈,故剩下的蔡朝、南郭偃得以逃归齐。

宣公十八年·二

地理 鲁见宣地理示意图 1。鲁、杞见宣地理示意图 4。

人物 鲁宣公(文十七—文十八·五·二)

春秋 公鲁宣公伐杞。

宣公十八年·三

地理 鲁、楚、齐见宣地理示意图 1。

人物 鲁宣公（文十七—文十八·五·二）

春秋 夏,四月。

左传 夏,公鲁宣公使如楚乞师,欲以伐齐。

○ 正 补 作为一个在大国之间周旋的诸侯国君主,参加了断道之盟、亲身体验了晋对齐高压举措的鲁宣公敏感地意识到,国际形势已经发生重大变化。当时摆在鲁君臣面前的外交形势大致如下:

第一,已经制服赤狄、后院无忧的晋是真的试图重振中原霸业,第一步应该是要制服"叛晋急先锋"齐,而齐顷公行事张狂鲁莽,齐前景很不乐观。

第二,楚在宣十五年制服宋之后再没有发动大的军事行动,非常可疑,有可能是楚国内政出了问题,也可能是楚庄王健康状况出了问题。

第三,试图重振霸业的晋和北上争霸接连取胜的楚还没有进行决战,还无法明确到底谁才是真正的中原霸主。

第四,齐顷公即位后,鲁在一方面仍然服从齐,但另一方面已经开始与楚联系。

根据上述国际形势,在鲁宣公在位最后一年,就在晋景公伐齐之后,鲁外交政策进行了重大调整:

第一步,通过擅自讨伐周边小国,向晋、楚做出想要与齐脱钩的姿态。鲁通过自作主张讨伐杞暗示晋、楚,鲁已经有叛齐另择霸主事奉的意愿。但是,既然是"讨伐",鲁必然是宣扬了正当理由,如果万一齐前来问罪,鲁也可以解释过关。

第二步,通过邀请楚讨伐齐,正式表明叛齐意愿,并借此侦测楚内部真实状况。在晋楚正面争霸尚未发生、胜败无法预判的情况下,鲁君臣决定不贸然改变先前亲近楚的策略,而是顺势请求楚讨伐齐,逼迫楚明确展现自己的争霸志向和能力。如果楚果真出兵讨伐距离遥远的齐并取得胜利,那么鲁就可以确认楚确实具备成为中原霸主

的志向和能力,就可以比较放心地倒向楚;如果楚不敢应承鲁的请
求,或者楚庄王在接待鲁使者的过程中暴露出健康状况恶化的迹象
(比如说在行礼过程中萎靡不振,或者临时取消依礼应该举行的外事
接待活动等),那么鲁就可以开始考虑放弃楚,转而投靠试图重振霸
业的晋。

宣公十八年·四

[地理] 邾、鄫见宣地理示意图 4。

[人物] 鄫子

[春秋] 秋,七月,邾人戕 qiāng 鄫 zēng 子于鄫。

[左传] 秋,"邾人戕鄫子于鄫。"凡自虐其君[《春秋》书]曰"弑",自外
曰"戕"。

【虐】[杨] 杀。

宣公十八年·五

[地理] 楚、鲁、晋见宣地理示意图 1。鲁、晋、蜀见宣地理示意图 3。

[人物] 楚庄王(文十四·十一·一)

[春秋] 甲戌七日,楚子旅楚庄王卒。

　　○[正][杨]《春秋》书楚君之卒始于此。遍检《春秋》,于楚君只书卒而
不书葬。可能是因为楚君僭越称王,若书葬,依《春秋》常例,则应书
"葬楚某王",这样便等于承认其王号,于是不书葬以避之。

[左传] 楚庄王卒,楚师不出。既而[我]用晋师,楚于是乎有蜀之役。

【既而……之役】 正 杨 补 楚庄王去世、楚师不出,使得晋楚争霸前景变得明朗,那就是晋大概率将胜过楚而重振霸业。鲁因此不再犹豫,决定放弃楚而亲附晋,于是成二年鼓动晋师伐齐。鲁从亲附楚到亲附晋的转变,是导致成二年楚发动阳桥之役、召集蜀之盟的重要原因之一。成二·七·一·一详细叙述了从鲁试图亲附楚而不成到楚召集蜀之盟的演变过程,可参看。【蜀】 正 杨 补 在今山东汶上南旺镇以东的蜀山遗址。鲁地。参见《图集》26—27③4。《图集》标注不准确,本书示意图依据《图志》标注。

○ 补 下启成二鞌之役(成元—成二)、阳桥之役、蜀之盟(成二·七)。

宣公十八年·六

地理 鲁、晋、齐见宣地理示意图1。

人物 公孙归父(宣十·六·春秋)、鲁宣公(文十七—文十八·五·二)、东门襄仲(僖二十五—僖二十六·春秋)、季文子(文六·二·春秋)、臧宣叔

春秋 公孙归父fù如晋。

冬,十月壬戌二十六日,公鲁宣公薨于路寝。

【路寝】 补 见庄三十二·四·春秋。

归父公孙归父还自晋,至笙,遂奔齐。

左传 [一] 公孙归父以襄仲东门襄仲之立公鲁宣公也有宠,欲去三桓以张公室。[归父]与公谋,而聘于晋,欲以晋人去之三桓。

【公孙……有宠】 正 杨 东门襄仲立鲁宣公之事见文十七—文十八·五。公孙归父为东门襄仲之子,有宠于鲁宣公。

【欲去三桓以张公室】 正 补 "三桓"指鲁孟氏、叔孙氏、季氏三个卿

族,因其始祖共仲、僖叔、成季皆为鲁桓公之子,故称"三桓"。当时三桓强盛而公室衰弱,鲁宣公宠臣公孙归父想要驱逐三桓,没收其封邑财产,从而扩张公室势力。当时鲁宣公已经决定要放弃楚而亲附晋,因此公孙归父提出要依靠晋的力量驱逐三桓。

【聘】[补]见隐七·四·春秋。

【二】冬,公鲁宣公薨。

○[补]公孙归父与鲁宣公合力驱逐三桓的计划本来应该是:公孙归父前往晋游说晋人,而鲁宣公在国内坐镇,到时君臣里应外合铲除三桓。按常理分析,鲁宣公此时的健康状况不应该太差。此时公孙归父正在晋进行游说工作,而鲁宣公却正好在这个时候去世。笔者认为,鲁宣公很可能不是正常死亡,而是被三桓谋杀。

季文子言于朝曰:"使我杀適(嫡)立庶以失大援者,仲东门襄仲也夫!"

○[杨][补]季文子在朝堂上宣言说:"使我国杀掉了嫡子(太子恶)而立庶子(鲁宣公),以至于失去大国(晋)援助的人,就是仲啊!"季文子完整的意思是:长期以来,鲁依靠晋这个重大外援来抵御强邻齐的欺凌。由于东门襄仲杀嫡立庶,导致鲁在很长一段时间失去了晋这个外援,因此长期遭受齐的欺凌。

臧宣叔怒曰:"当其时不能治也,后之人公孙归父何罪? 子欲去之,许臧宣叔请去之。"

【臧宣叔】[正][补]姬姓,臧氏,名许,谥宣,排行叔。臧文仲(庄十二·二·二·二)之子。鲁大夫,官至卿位。任司寇(卿职)。成四年卒。

○[正][杨][补]臧宣叔发怒说:"当年他在世时不能治[他的罪],[他的]后人有什么罪? 您想要驱逐东门氏,我请具体办理此事。"

遂逐东门氏。

【东门氏】正杨 以东门襄仲为始祖的卿族,现任族长是公孙归父,《国语·周语中》又作"东门子家"。

○杨补 **传世文献对读**:《公羊传·成十五年》载臧宣叔倡议驱逐公孙归父之事,为《左传》所不载,可扫码阅读。
○补 笔者对于季文子与臧宣叔这段对话有详细分析,请见《陵迟:鲁国的困境与抗争》(出版中,暂定书名)相关章节。

【三】子家公孙归父还[自晋],及笙,坛,帷,复命于介。既复命,[子家]袒、括发,即位哭,三踊而出。遂奔齐。[《春秋》]书曰"归父还自晋",善之也。

【坛、帷……而出】正杨补 [公孙归父]筑土为坛[作为行礼之处],四周围上帷幕,然后向其出使晋时的副手复命[,这是为了让副手代自己到已死国君鲁宣公棺前复命]。[公孙归父向副手]复命完毕之后,解去左边外衣,用麻把头发束起来,到场地中自己的位置号哭,顿足三次,然后出奔。关于公孙归父所行之礼细节的讨论详见下。

【书曰……之也】正 依照《春秋》常例,大夫归国不书。此处《春秋》书"归父还自晋",是表扬他能行礼而退。由于按常例本不记载,此处破例,因此只简略提及名,而不书氏。
○补《仪礼·聘礼》叙使者归国复命之礼云,"公南向""使者执圭""反命曰:'以君命聘于某君,某君受币于某宫。某君再拜,以享某君,某君再拜。'"如果国君在使者出使期间去世,"[使者]归,执圭,复命于殡。升自西阶,不升堂。子即位,不哭。辩复命,如聘,子臣皆哭。与介入,北向哭,出袒括发。入门右,即位踊"。公孙归父所行之礼,是在"向已去世国君复命之礼"基础上改造而成。综合《仪礼》及《左传》上述记述,可推测公孙归父行礼细节如下:

公孙归父使副手（介）面向南，自己在副手面前，面向北执圭向副手复命，让副手以复命之语告于国君殡前。既复命之后，公孙归父解衣，括发，上前即位，面向北哭，三次顿足，然后出奔。

成　公

扫描二维码，
阅读参考资料

成公元年·○

[人物] 鲁成公

【成公】 杜 补 鲁成公。姬姓,名黑肱,谥成。鲁宣公(文十七—文十八·五·二)之子,穆姜(宣元·一)所生。成元年即位,在位十八年。成十八年卒。

成公元年·一

[地理] 鲁、晋1、周见成地理示意图1。鲁、晋1、周、单、刘见成地理示意图3。

[人物] 鲁成公(成元·○)、鲁宣公(文十七—文十八·五·二)、晋景公(宣十一·四)、詹嘉(文十三·一·一)、周定王(宣三·四)、单襄公、刘康公(宣十·八·春秋)、叔服(文元·二·春秋)

[春秋] 元年,春,王正月,公鲁成公即位。

○ [正] 此条《春秋》无对应《左传》。

二月辛酉二十七日,葬我君宣公鲁宣公。

○ [正] 此条《春秋》无对应《左传》。

[我] 无冰。

○ [正] [杨] 据桓十三—桓十四·春秋,则古代在周正二月取冰、藏冰,以备本年其他时间使用。本年天气异常,冬季温暖,水泽不冻,不能取冰,故《春秋》书之。本年周正正月实际上在今农历十月(所谓建亥),比通常在今农历十一月(所谓建子)早一个月,不过即使这样,周正二月(今农历十一月)仍为气候上的冬季,无冰仍属异常。

○ [正] 此条《春秋》无对应《左传》。

[左传] 【一】 元年,春。晋侯晋景公使瑕嘉詹嘉平戎于王周定王,单襄公如

晋拜成。

【晋侯使瑕嘉平戎于王】正杨文十七年周甘歜败戎于邴垂（参见文十七·五）。詹嘉平戎于王，应为调和周王室与戎人之间因邴垂之役而引起的仇怨。此事应发生在成元年之前，因为要讲述下文茅戎之事，所以不得不追叙此事。

【单襄公如晋拜成】正杨单襄公到晋国拜谢［调停］成功。【单襄公】正杨补姬姓，单氏，名朝，谥襄。单伯之后。周王室卿士。

〔二〕刘康公徼 jiǎo 戎，将遂伐之。叔服曰：“背盟而欺大国，此必败。背盟，不祥；欺大国，不义。神、人弗助，将何以胜？”［公］不听，遂伐茅戎。三月癸未十九日，［王师］败绩于徐吾氏。

【徼戎】杨［趁讲和时期戎人不设防备，想要］侥幸［击败］戎人。

【背盟而欺大国】杨补背弃盟誓而欺骗大国。周王室与戎讲和，必有盟誓，故曰“背盟”。晋为大国，出力平戎于王，故曰“欺大国”。

【神、人弗助】杨补不祥，故神不助之；不义，故人不助之。

【茅戎】补此时周王室早已失去河水以北的“南阳”地区，王畿全在河水以南的王城周围。此时的茅戎应在河南王畿附近。

【徐吾氏】正补茅戎内部落，疑为商代余无之戎之后。其居地为交战之所。

成公元年·二

地理鲁、晋1、齐、楚见成地理示意图1。

人物臧宣叔（宣十八·六·二）、晋景公（宣十一·四）

春秋三月，［我］作丘甲。

【丘】正杨补国都外郊野农业地区的基层组织单位。据《周礼·小司徒职》，“乃经土地而井牧其田野，九父为井，四井为邑，四邑为丘"。【甲】正 补 本义是士兵穿戴的甲胄，这里用来指代"赋"，即军赋，包括军需物资（战车、兵器、甲胄、牛马等）和兵员。实际上，昭四年郑国推行类似的改革，就叫作"作丘赋"（参见昭四·五）。

○正 杨 补 先前，国家只向国都地区的卿大夫征收军赋，包括军需物资（兵器、甲胄、战车、牛马）和兵员（车兵和步兵）。卿大夫一方面征发依附于自己家族的、居住在国都地区的士人当兵，一方面要求居住在郊野地区卿大夫私邑中的野人直接或间接地生产各种军需物资。所谓"作丘甲"，应该是公室不仅继续向卿大夫家族征召士人当兵，还直接将交其他军赋的任务落实到郊野地区公邑和卿大夫私邑中野人聚居的"丘"，命令公邑和卿大夫私邑的野人以"丘"为单位直接向国家上交军需物资，并出男丁当兵（主要是步兵）。"作丘甲"充分发挥了郊野地区提供军赋的潜力，大幅提高了征收军需物资和征召男丁当兵的总量，所以能在较短时间内显著增强国家的军事实力。春秋时期兵书《司马法》里记载说，九夫为井，四井为邑，四邑为丘，每丘出戎马一匹、牛三头。四丘为甸，每甸出长毂兵车一乘、马四匹、牛十二头、甲士三人、步卒七十二人，以及配套的戈、盾。虽然不能肯定《司马法》里所记载的是不是鲁国"作丘甲"时的具体征收方法，但至少能让人据以想象此次新政实施方案的大概样貌。

笔者对于"作丘甲"新政的背景、内容、意义有详细分析，请见《陵迟：鲁国的困境与抗争》（出版中，暂定书名）相关章节。

夏，臧孙许臧宣叔及晋侯晋景公盟于赤棘。

【赤棘】正 晋地。

左传【一】为齐难故，"作丘甲"。

○正 杨 补 鲁宣公即位后，长期服从齐。宣十五年，鲁卿公孙归父与楚庄王会面，开始有叛齐迹象。宣十七年，鲁宣公参与晋人组织的断道之盟,意识到晋将重返中原、以制服齐为第一期目标,下决心要叛齐另投大国。宣十八年,鲁宣公派使者至楚,请求楚出兵伐齐,可以认为是公开叛齐的标志。然而,同年楚庄王去世,楚人未能出兵,而齐人已经知晓鲁意图,并联络楚反过来讨伐鲁,即下文所谓"齐将出楚师"。在同时面临齐、楚威胁的情况下,鲁一方面向晋请求援助,另一方面以防备齐入侵报复为名紧急推行"作丘甲"新政以扩军备战。

【二】［我］闻齐将出楚师,夏,"盟于赤棘"。

【齐将出楚师】 ［杨］意谓齐将发动楚师来讨伐鲁。

成公元年·三

［地理］周、鲁见成地理示意图1。

［春秋］秋,王师败绩于茅戎。

○［正］据上文《左传》,周师败绩为春三月之事,而《春秋》将其置于秋季。据下文《左传》,则《春秋》书"秋",是以周王室通告上所书时间为准。

［左传］秋,王人来告败。

成公元年—成公二年(成公二年·一)

地理 齐、鲁、卫、晋1、曹、楚见成地理示意图1。齐、鲁、卫、晋1、曹、新筑、鞌、袁娄、龙、莘、徐关、丘舆、马陉、上鄍、靡笄山、华不注山、汶水见成地理示意图3。

人物 齐顷公(宣十·十三·春秋)、孙桓子(宣七·一·春秋)、季文子(文六·二·春秋)、臧宣叔(宣十八·六·二)、叔孙宣伯(文十一·四·一)、子叔声伯、郤献子(宣十二·一·四)、公子首、国武子(宣十·三·二)、卢蒲就魁、卫穆公(宣十三—宣十四·二)、石成子、宁成子、向禽将、仲叔于奚、孔子(僖二十七—僖二十八·二十五·三)、晋景公(宣十一·四)、晋文公(庄二十八·二·一)、范文子(宣十七·一·八)、栾武子(宣十二·一·四)、韩献子(宣十二·一·四)、高宣子(宣五·一·春秋)、邴夏、逢丑父、解侯、郑丘缓、綦毋张、郑周父、宛茷、锐司徒、辟司徒、辟司徒之妻、宾媚人、萧同叔子(宣十七·一·一)、虞舜(僖三十三·五·二·一)、夏禹(庄十一·二·二·二)、商汤(庄十一·二·二·二)、周武王(桓元—桓二·三·二)、昆吾、大彭、豕韦、齐桓公(庄八—庄九—庄十·春秋)、晋文公(庄二十八·二·一)、禽郑、鲁成公(成元·〇)

春秋 冬,十月。

二年,春,齐侯齐顷公伐我北鄙。

夏,四月丙戌二十九日,卫孙良夫孙桓子帅师及齐师战于新筑,卫师败绩。

【新筑】 正 杨 补 在河北魏县南二十里。卫地。本书示意图根据《图志》标注。

六月癸酉十七日,季孙行父季文子、臧孙许臧宣叔、叔孙侨如叔孙宣伯、**公孙婴齐**子叔声伯帅师会晋**郤** xì **克**郤献子、卫**孙良夫**孙桓子、曹**公子首**及齐侯战于**鞌** ān，齐师败绩。

【公孙婴齐】杨 补子叔声伯。姬姓，子叔氏，名婴齐，谥声，排行伯。叔肸(宣十七·二·春秋)之子，鲁文公(文元·〇)之孙。鲁大夫，官至卿位。成十七年卒。

【鞌】正 杨 补在山东济南西北马鞍山下。齐地。参见《图集》26—27③3。

秋，七月，齐侯齐顷公使**国佐**国武子如师。己酉二十三日，及**国佐**盟于袁娄。

【袁娄】杨 补在今山东淄博临淄区西。齐地。参见《图集》26—27③5。

左传【一】冬，臧宣叔令修赋、缮完、具守备，曰："齐、楚结好，我新与晋盟。晋、楚争盟，齐师必至。虽晋人伐齐，楚必救之。是齐、楚同我也。知难 nàn 而有备，乃可以逞。"

【修赋】杨修治军赋，即推行上文所说的丘甲制度。【缮完】杨修缮甲兵、完善城郭。

【是齐、楚同我也】正 杨这样的话齐、楚将共同以我为敌。"齐师必至"，指齐伐鲁；"楚必救之"，指楚伐鲁以救齐。

【逞】杨解。

【二】"二年，春，齐侯伐我北鄙"，围龙。顷公齐顷公之嬖 bì 人卢蒲就魁门焉，龙人囚之。齐侯曰："勿杀！吾与而(尔)盟，无入而(尔)封。"[龙人]弗听，杀[就魁]而膊 pò 诸(之于)城上。齐侯亲鼓，士陵城。三日，取龙。[齐师]遂南侵，及巢丘。

【龙】正 杨 补在今山东泰安岱岳区北集坡街道附近。鲁邑。参见《图集》26—27③4。

【嬖人】 补 宠臣。【卢蒲就魁】 杨 补 姜姓,卢蒲氏,名就魁。齐桓公
(庄八—庄九—庄十·春秋)之后。

【门焉】 正 攻打城门。

【封】 正 境。

【膊】 正 杨 暴露、陈列。

【巢丘】 杨 鲁地,距龙不远。

[三] 卫侯卫穆公使孙良夫孙桓子、石稷石成子、宁 nìng 相 xiàng,宁成子、
向禽将侵齐,与齐师遇。石子石成子欲还。孙子孙桓子曰:"不
可。以师伐人,遇其师而还,将谓君何? 若知不能,则如无
出。今既遇矣,不如战也。"

【石稷】 正 补 石成子。姬姓,石氏,名稷,谥成。石碏(隐四·二·
一·二)四世孙。

【宁相】 正 补 宁成子。姬姓,宁氏,名相,谥成。宁武子(僖二十
七—僖二十八·二十三·二)之子。

【则如无出】 杨 补 则应该不出兵。如,应。

○ 杨 据《史记·卫世家》,"穆公十一年,孙良夫救鲁伐齐"。则司马
迁认为此次卫侵齐,应是为救鲁。

[四] 夏,有……

○ 正 此处《左传》原文应有阙,应有描述新筑之战的内容。

[五] ……石成子曰:"师败矣。子孙桓子不少须,众惧尽。子丧
徒,何以复命?"皆不对。[成子]又曰:"子孙桓子,国卿也。陨
(扔)子,辱矣。子以众退,我此乃止。"且告车来甚众。齐师乃
止,次于鞫 jū 居。

【石成……复命】 正 补 此时卫师已败,而主帅孙桓子想要帅余部再
战。石成子劝他稍作等待,不然恐怕卫师将要全军覆没。石成子提

醒孙桓子,如果鲁莽行事,导致惨重损失,将无法向国君复命。

【陨】 杨 《说文》引作"抎",应为古文正字,失去之意。

【我此乃止】 正 杨 补 即"我乃止此",可译为"我将留在这里抵御齐师"。

【且告车来甚众】 杨 而且通告[军中,]说来了很多增援的兵车[,以安定军心]。

【鞫居】 正 卫地。

[六·一] 新筑人**仲叔于奚**救孙桓子,**桓子**是以免。既,卫人赏之仲叔于奚以邑。[仲孙于奚]辞[邑],请曲县(悬)、繁 pán 缨以朝。[卫人]许之。

【仲叔于奚】 正 补 仲叔氏,名于奚。新筑大夫。

【邑】 补 这里所说的"邑",应该是《周礼》中所谓"九夫为井,四井为邑"的"邑",也就是一块有几十户农户及相应农田的土地,而不是城邑。

【曲县】 正 补 诸侯君主所用乐器规模及悬挂方式。据《周礼·小胥》及注,周王乐器四面悬挂,如同宫室四面有墙,为"宫悬"。诸侯君主乐器则去掉南面,三面悬挂,为"曲悬",亦称"轩悬"。大夫乐器仅两面悬挂,东西分判,为"判悬"。士乐器仅在东面或阶间悬挂,为"特悬"。有学者根据考古发现提出,西周中期至灭亡期间的实际情况是周王宫悬、三公轩悬、诸侯/卿大夫判悬、士特悬,而《周礼》所记的"诸侯轩悬"可能反映的是春秋时期的情形。

【繁缨】 正 补 见桓元—桓二·三·二,是诸侯君主所乘车的马胸前饰物。据《周礼·巾车》,则装饰有十二成繁缨的玉路车用来祭祀,其他装饰有不同数量和规格繁缨的金路车、象路车、革路车、木路车分别用来赐予同姓诸侯君主、异姓诸侯君主、四卫君主、蕃国君主,而正卿、卿、大夫、士所乘车都没有繁缨装饰。

○ 杨 仲孙于奚要求曲悬、繁缨,都是身为大夫而僭越用诸侯君主之礼。

【六·二】仲尼孔子闻之曰："惜也,不如多与之邑。唯器与名,不可以假人,君之所司也。名以出信,信以守器,器以藏礼,礼以行义,义以生利,利以平民,政之大节也。若以假人,与人政也。政亡,则国家从之,弗可止也已。"

【器与名】正补名,指周王或诸侯国君给予臣下的名分、头衔,如爵位(公、侯、伯、子、男等)、官秩(上卿、亚卿、上大夫、大夫、嬖大夫、士等)、官名(司马、司空、军尉等)等。器,指与"名"匹配的一整套器物及制度安排,比如采邑、宫室、车服、葬制等。【假】杨借。

【名以出信】杨补臣下具有某种名分头衔,则产生某种威信。【信以守器】正杨补臣下具有威信,才能保守其所得的相应器物。

【器以藏礼】正杨补器物显示出尊卑贵贱,蕴含着当时礼制。【礼以行义】补遵循礼制,是为了施行合于道义之事。【义以生利】杨补施行合于道义之事,然后能产生利益。【利以平民】杨补利益用来平治民众。

○补杜甫《哭韦大夫之晋》"春秋褒贬例,名器重双全"典出于此。

【七】孙桓子还于新筑,不入[国],遂如晋乞师;臧宣叔亦如晋乞师,皆主郤xì献子。晋侯晋景公许之郤献子七百乘shèng。郤子郤献子曰:"此城濮之赋也。有先君晋文公之明与先大夫之肃,故捷。克郤献子于先大夫,无能为役,请八百乘。"[公]许之。郤克郤献子将中军,士燮xiè,范文子佐上军,栾书栾武子将下军,韩厥韩献子为司马,以救鲁、卫。臧宣叔逆晋师,且道(导)之。季文子帅师会之。

【皆主郤献子】正杨补[两人]都以郤献子为成事之主。一则因为郤献子现为晋中军帅,主持国政(参见宣十七·一·八);二则因为宣十七年郤献子被齐顷公之母嘲笑,曾发誓报仇(见宣十七·二·一)。【此城濮之赋也】正补这是城濮之役(见僖二十七—僖二十八)的军队规模。赋,军赋,引申为军队。

【肃】杨 敏捷。

【克于……为役】正 杨 我和先大夫相比,还不够做[他们的]仆役。

【司马】补 见僖二十七—僖二十八·二十四·一。

【道】杨 作向导。

○正 杨 此时晋三军帅佐为:郤献子将中军,知庄子首佐之;中行宣子将上军,范文子佐之;栾武子将下军,其佐不明。此次出师,中军帅、上军佐、下军帅率军出动,而中军佐、上军帅、下军佐未出动。

○补 晋景公在宣十七年坚决不同意郤献子率军伐齐,甚至连只用私人武装也不允许(参见宣十七·一·三),而在成二年却爽快同意郤献子率军伐齐,并同意其增兵要求,这充分体现了晋景公的谋略。宣十七年时晋景公拒绝郤献子,不是因为晋景公没有意识到齐对晋已有叛离之心,也不是因为晋景公不想利用郤献子的复仇欲望去讨伐齐从而复兴霸业,而是因为郤献子上台阶时帘子后面传出了女人笑声,这虽然可以说是让晋卿受到了侮辱,但是这侮辱情形不够严重,而且没有坚实的证据,不足以成为晋伐齐的正当理由。成二年情况则完全不同了:晋应鲁、卫等盟国的正式请求,出兵讨伐欺凌盟国的齐,这完全符合霸道政治的原则,是一个非常正当的理由。在“师出有名”的前提下,郤献子自然是主帅的不二选择,不仅因为他本来就是中军帅,更重要的是因为他的复仇欲望会推动他全力做成此事。孔子说“君子之于天下也,无适也,无莫也,义之与比”(《论语·里仁》),晋景公在处理是否讨伐齐问题上就非常好地践行了“无适也,无莫也,义之与比”的中庸之道。

【八】及卫地,韩献子将斩人。郤献子驰,将救之。[郤子]至,则[韩子]既斩之矣。郤子郤献子使速以[尸]徇 xùn,告其仆曰:“吾以分谤也。”

【韩献子将斩人】杨 韩献子为司马,掌军法,故有此斩人之举。参见僖二十七—僖二十八·二十四·一“祁瞒奸命,司马杀之”。

【徇】｜补｜巡行示众。

【仆】｜补｜御者(驾车人)。

○｜杨｜补｜**传世文献对读**：《韩非子·难一》论及此事,可扫码阅读。

【九·一】[诸侯之]师从齐师于莘 shēn。六月壬申十六日,[诸侯之]师至于靡笄 jī 之下。

【莘】｜杨｜补｜见桓十六—桓十七·一·一,位于齐、卫间的交通要道上。

【靡笄】｜正｜杨｜补｜山名,今名开山,在今山东济南长清区。齐地。参见《图集》26—27③3。

【九·二】齐侯齐顷公使请战,曰："子郤献子以君晋景公师,辱于敝邑。不腆敝赋,诘朝 zhāo 请见。"

【子以……请见】｜正｜杨｜补｜您率领贵国君主的军队,屈尊来到我国。我国不多的军队,明早请求相见。这是外交辞令,实际是表示齐师将于明早迎战晋师。赋,军赋,这里指代军队。

[郤献子]对曰："晋与鲁、卫,兄弟也。[鲁、卫]来告曰:'大国朝夕释憾于敝邑之地。'寡君晋景公不忍,使群臣请于大国,无令舆师淹于君齐顷公地。[晋师]能进不能退,君无所辱命。"

【大国……之地】｜正｜补｜大国(指齐)不分早晚地在我国(指鲁、卫)的土地上释放愤恨。

【寡君……君地】｜正｜杨｜补｜我国君主不忍心[见到兄弟被欺凌],于是让群臣前来请求大国(指齐),不要让我军久留在贵国(指齐)君主的领地。此为外交辞令,实际意思是表示希望和齐师速战速决。舆,众。淹,久留。

【能进……辱命】杨我军只能前进而不能后退,贵国君主的命令将不会落空。

齐侯曰:"大夫之许,寡人之愿也。若其不许,亦将见也。"

【之】补若。

【九·三】齐高固高宣子入晋师,桀石以投人,禽(擒)之而乘 chéng 其车,系桑本焉,以徇齐垒,曰:"欲勇者,贾 gǔ 余余勇!"

【桀】杨举。

【系桑本焉】补将桑树根系在车尾[拖行]。参见僖二十七—僖二十八·十七及襄十八·三·六。

【徇】补巡行。

【贾】杨买。

○正杨补齐高宣子冲入晋师,举起石头投向晋人,抓住了[被砸伤的]晋人然后坐上他的战车,把桑树根系在缴获的兵车后[以制造扬尘],回到齐营巡行,声称:"要勇气的,来买我余下的勇气!"宣十七齐顷公在触怒郤献子之后,使高宣子、晏桓子、蔡朝、南郭偃至晋参加断道之会。及敛盂,高宣子逃归。疑此后高宣子在齐有怯懦之恶名,故此时欲以勇武之举洗刷前耻。

【十】癸酉十七日,师陈于鞌。邴 bǐng 夏御齐侯齐顷公,逢丑父 fǔ 为右。晋解 xiè 张解侯御郤克郤献子,郑丘缓为右。

【邴夏】杨补邴氏,名夏。邴歜(文十七—文十八·三·一)之后。齐大夫,成二年任戎御。

【逢丑父】补逢氏,名或字丑。齐大夫。成二年任戎右。【御】【为右】补见《知识准备》"车马"。

【解张】杨补解侯。姬姓,解氏,名侯,字张。晋大夫,成二年已任戎御。其后为张氏。其名(侯)、字(张)相应,侯本义为皮质/布质箭靶,张侯即撑开箭靶。《周礼·夏官·射人》:"若王大射,则以狸步张三侯。"

齐侯曰："余姑翦灭此而朝 zhāo 食！"不介马而驰之。

【朝食】 杨 补 吃早饭。

【介马】 正 杨 给马披甲。

郤克郤献子伤于矢，流血及屦 jù，未绝鼓音，曰："余病矣！"

【屦】 补 见桓元—桓二·三·二。

【病】 补 伤重不支。

○ 正 杨 郤献子为中军帅，掌旗鼓，故虽伤而击鼓不息。据《史记·齐太公世家》，则郤献子当时想要回到晋师营垒。

张侯解侯曰："自［两军］始合，而矢贯余手及肘，余折以御，左轮朱殷 yān。［余］岂敢言病？吾子郤献子忍之！"

【左轮朱殷】 正 补 左边的车轮［都被血］染成了黑红色。朱，血色。殷，血凝固后的赤黑色。**【轮】** 补 参见《知识准备》"车马"。

○ 补 解张为御戎，在车左掌驾车，故其血浸染戎车左轮。

缓郑丘缓曰："自［两军］始合，苟有险，余必下推车，子郤献子岂识 zhì 之？然子病矣！"

【识】 补 记。

○ 杨 补 郑丘缓为车右，掌戈盾，负责近战格斗以及遇险推车等事务。虽同在一车中，主帅郤献子竟不知车右郑丘缓屡次下推车，可见郤献子受伤甚重而又专注于击鼓。

张侯曰："师之耳目，在吾旗鼓，进退从之。此车，一人殿之，可以集事，若之何其以病败君晋景公之大事也？擐 huàn 甲执兵，固即死也。病未及死，吾子郤献子勉之！"

【师之……从之】杨《孙子·军争》引《军政》曰："言不相闻，故为之金鼓；视不相见，故为旌旗。夫金鼓、旌旗者，所以一人之耳目也。人既专一，则勇者不得独进，怯者不得独退，此用众之法也。"

【殿】正镇。

【集】正成。

【擐】正杨穿着。

【即死】正补赴死。即，就。

［解张］左并辔 pèi，右援枹 fú 而鼓。马逸不能止，师从之。齐师败绩。［诸侯之师］逐之，三周华不注。

【左并辔，右援枹而鼓】杨补［解张见中军帅郤献子受伤不支，鼓励亦不见效，于是］将两手握持的马缰绳并在左手，右手接过［郤献子的］鼓槌而［替他］击鼓。辔参见《知识准备》"车马"。

【三周华不注】正杨围着华不注山跑了三圈。【华不注】正杨补山名，今名华山、金舆山，在今山东济南东北。齐地。参见《图集》26—27③④。

【十一·一】韩厥韩献子梦子舆谓己曰："旦，辟（避）左右！"故［韩厥］中御而从齐侯齐顷公。邴夏曰："射其御者，君子也。"公齐顷公曰："谓之君子而射之，非礼也。"［邴夏］射其左，［其左］越于车下。［邴夏］射其右，［其右］毙于车中。

【子舆】正补姬姓，韩氏，字舆。韩定伯（僖十五·八·一·三）之子，韩献子（宣十二·一·四）之父。【旦，辟左右】杨补早上，避开车左或车右的位置。

【中御】正杨居中做御者（驾车人）。韩献子为司马，本应在车左，掌弓矢。参见《知识准备》"车马"。

【越】正坠。

【毙】补仆倒。

<u>綦 qí 毋 wú 张</u>丧车，从<u>韩厥</u>，曰："请寓乘 chéng！"[綦毋张]从左右，[韩厥]皆肘之，使[綦毋张]立于后。

【綦毋张】　正　晋大夫。

【请寓乘】　正　杨　补　请[允许我]搭乘[您的]兵车。

【从左……于后】　正　杨　补　[綦毋张]站到车左或者车右的位置，[韩献子]都用肘推綦毋张，让[綦毋张]站在自己身后。韩献子信梦中其父之言，不欲綦毋张死，故有此举。

<u>韩厥俛(俯)</u>，定其右。<u>逢丑父与公易位</u>。

【韩厥俛,定其右】　正　杨　韩献子身向下俯,稳住车右[中箭仆倒之人使之不至于坠车]。

【逢丑父与公易位】　正　杨　补　本来齐顷公作为主帅居中掌旗鼓,逢丑父为车右。此时逢丑父与齐顷公交换位置,逢丑父居中伪装齐顷公,而齐顷公作车右。古代军服,国君与其将佐相同(僖五·八·二),因此不易分辨。韩献子此时正俯身稳定车右尸体,因此没有看到这次换位。綦毋张应是在韩献子身后帮助他稳住车右,因此也没有看到。韩献子和綦毋张以前都没有见过齐顷公和逢丑父的相貌,一直在后面追赶也没有看到齐顷公和逢丑父的正脸,因此后面对话时也没有发现。

将及华泉，[齐侯戎车之]骖 cān 絓 guà,挂于木而止。<u>丑父</u>逢丑父寝于辖 zhàn 中,蛇出于其下,[丑父]以肱击之,[蛇]伤[丑父]而[丑父]匿之,故[丑父]不能推车而及[华泉]。

【将及……而止】　正　杨　补　将要到达华不注山下的泉水时,齐顷公戎车的骖马被树木绊住无法前行。骖见《知识准备》"车马"。

【丑父……匿之】　正　杨　补　[战前某天,]逢丑父在栈车中睡觉,有蛇爬到他身下,[丑父]用大臂击打蛇,被[蛇]咬伤而没有声张。这是在补述逢丑父不能推车的缘由。逢丑父不想因此失去担任车右的机会,因此隐瞒了伤情。輆,即栈车,竹木制造,士所乘用。

【故不能推车而及】 补 与上文"将及华泉"相呼应,可译为"因此[逢丑父]不能推车到达[华泉]"。传统说法认为这句意思是"因此[逢丑父]不能推车,而[被韩厥]赶上",然而遍检《左传》及其他先秦典籍辞例,"及"无此被动用法。

【十一·二】 韩厥执絷 zhí 马前,再拜稽 qǐ 首,奉觞加璧以进,曰:"寡君晋景公使群臣为鲁、卫请,曰:'无令舆师陷入君齐顷公地。'下臣韩献子不幸,属 zhǔ 当戎行 háng,无所逃隐。且惧奔辟(避),而忝 tiǎn 两君。臣韩献子辱戎士,敢告不敏,摄官承乏。"

【韩厥执絷马前】 正 杨 补 韩献子拿着绊马索走到[齐顷公]马前。絷,绊马索。此句,《说文》引《春秋传》曰:"韩厥执曏前。"曏即絷。今本《左传》作"韩厥执絷马前",有可能许慎所见为《左传》古文,而在传抄过程中将"曏"误抄为"馬",而增"絷"字以补足文义。

【再拜稽首】 补 见僖五·二·二·一。

【觞】 补 已盛酒的饮具。**【璧】** 补 见桓元·一·春秋。

【无令舆师陷入君地】 不要让[晋国的]战车军队陷入贵国君主的土地里[不走]。这句话的实际意思是说,晋景公要求晋军与齐军速战速决。

【属当戎行】 正 杨 补 恰好处在军队行列中。属,适。

【且惧奔辟,而忝两君】 正 杨 补 而且恐怕奔走逃避,侮辱了两国君主[,所以不敢不努力作战]。忝,辱。两君,齐顷公、晋景公。

【臣辱……承乏】 正 杨 补 下臣勉强充当战士,敢向您报告我的无能,摄行[射礼中的]职责,承担[在]"乏"[后收获箭矢的任务]。韩献子这句话的实际意思是要履行职责收获战果,也就是俘虏齐顷公。摄,代。乏,射礼中用来保护收矢人的掩体。

丑父逢丑父使公齐顷公下,如华泉取饮。郑周父 fǔ 御佐车,宛茷

_{fá} 为右，载齐侯_{齐顷公}以免。

【丑父……取饮】杨 补［假扮成齐顷公的］逢丑父命令［假扮成车右的］齐顷公下车，去华泉取水来喝。逢丑父此举是制造机会让齐顷公逃跑，而齐顷公也因此逃脱。《公羊传》所叙此事版本中，逢丑父派齐顷公去取水，齐顷公果真取水归来，逢丑父不得不再命令他"再去取清澈的来"，齐顷公此时方醒悟，于是逃逸而不再回来。

【佐车】正 副车。

○正据襄二十五·二·三，郑师入陈之后，郑卿公孙舍之见陈哀公，亦有"执絷""再拜稽首""承饮而进献"，唯无加璧，可见当时诸侯国之间，战胜国卿大夫见战败国君有通用礼仪。彼虽战败，仍为国君，因此战胜国之卿大夫仍以臣礼事之，不加屈辱，所以申明贵贱之义。

【十一·三】韩厥献丑父_{逢丑父}。郤献子将戮之，［丑父］呼曰："自今无有代其君任患者！有一于此，将为戮乎！"

【自今……戮乎】补 从今［以后］不会有代替国君受难的人了！［因为很难得］有一个在这里，就要被杀掉了！

郤子_{郤献子}曰："人不难以死免其君，我戮之，不祥。赦之，以劝事君者。"乃免之。

【人不难以死免其君】补 一个人不怕用死来使其国君免于祸患。

【劝】补 勉励。

○杨 据《公羊传》，则逢丑父被郤献子所"斩"（斩杀），与《左传》不同，录以备考。

【十二·一】齐侯_{齐顷公}免，求丑父_{逢丑父}，三入三出。［齐侯］每出，齐师以帅退。［齐侯］入于狄卒，狄卒皆抽戈、楯_(盾)冒之_{齐顷公}，以

［齐侯］入于卫师。卫师免之。

【每出，齐师以帅退】杨［齐顷公］每次从敌师出来，齐师士兵都簇拥保护他撤退。

【入于……免之】杨［齐顷公］进入狄师中，狄人都抽出戈和盾拥蔽他，并将他送入卫师中。卫人也放过了他。狄人、卫人本是跟随晋人伐齐，却都不敢伤害齐顷公。冒，覆。

【十二·二】［齐侯］遂自徐关入［国］。

【徐关】杨补在今山东淄博淄川区昆仑镇。齐地。参见《图集》26—27③4。

齐侯见保者，曰："勉之！齐师败矣。"

【保者】正保守城邑之齐人。

［齐侯之前驱］辟 bì 女子。

【辟】正杨辟除行人。古代统治者外出，有前驱开道，使行人避开。

女子曰："君齐顷公免乎？"

［前驱］曰："免矣。"

［女子］曰："锐司徒免乎？"

【锐司徒】正补齐外朝官，掌锐兵器。

［前驱］曰："免矣。"

［女子］曰："苟君与吾父免矣，可若何！"乃奔。

齐侯以为有礼。既而问之，辟 bì(壁) 司徒之妻也。[齐侯]予之石
窌 liù。

【齐侯以为有礼】正 女子先问国君，后问家父，故齐顷公以为有礼。

【辟司徒】正 补 齐外朝官，掌壁垒。

【石窌】正 杨 补 在今山东济南长清区五峰山镇石窝村。齐邑。参
见《图集》26—27③3。

[十三] 晋师从齐师，入自丘舆，击马陉 xíng。

【丘舆】正 补 在今山东淄博博山区东、淄川区南。齐邑。参见《图
集》26—27③4。

【马陉】正 补 在今山东淄博淄川区王子山村附近。齐地。参见《图
集》26—27③5。

[十四·一] 齐侯齐顷公使宾媚人赂以纪甗 yǎn、玉磬与地，[曰：]"不
可，则听客之所为。"

【宾媚人】正 补 齐大夫。昭十三·二·十三有"宾须无"，为齐桓公
股肱之臣，宾媚人疑为其后人。杜注认为宾媚人即国武子。

【纪甗】正 齐灭纪时所得宝器。【甗】杨 补 是一种复合式蒸食器，
作用类似于今天的蒸锅。考古报告中的铜"甗"是一种三足或四足铜
器，全器分上下两个部分，上部为"甑"，用以盛食物；下部为"鬲"，用
以煮水产生蒸汽；中间的"箅"上有通气小口。由于一些器壁上铭文
自名为"䜐"或"膚"，可以认为即是传世文献中所提到的甗。考古发
现春秋时期铜甗实例见成器物图 1。

【玉磬】补 清华简二《系年》作"玉笭（或筴）"，为筒形（或管形）玉器，
与《左传》不同。

【地】补 据清华简二《系年》，则此地应为"淳于之田"。淳于参见桓
五—桓六·一。

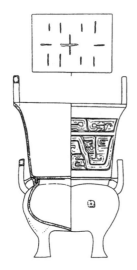

成器物图 1.1　河南三门峡上村岭虢国墓 M2001 出土方甗,春秋早期偏早(《三门峡虢国墓(第一卷)》,1999 年)

成器物图 1.2　河南登封告城郑国墓地 M3 出土方甗,春秋早期偏晚至中期初(《河南登封告成东周墓地三号墓》,2006 年)

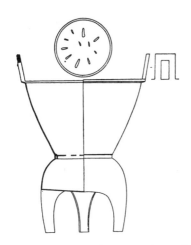

成器物图 1.3　山西侯马上马村晋国墓地 M1010 出土圆甗,春秋中期偏晚至晚期初(《上马墓地》,1994 年)

成器物图 1.4　山西侯马上马村晋国墓地 M2008 出土圆甗,春秋晚期偏早(《上马墓地》,1994 年)

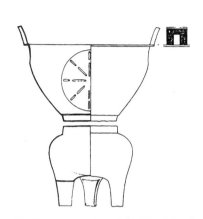

成器物图 1.5　山西临猗程村晋国墓地 M1072 出土圆甗，春秋晚期偏晚（《临猗程村墓地》，2003 年）

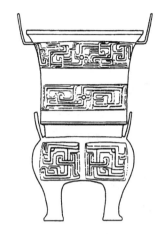

成器物图 1.6　甘肃礼县圆顶山秦国墓地 M4 出土方甗，春秋早期偏晚（《甘肃礼县圆顶山 98LDM2、2000LDM4 春秋秦墓》，2005 年）

【十四·二】宾媚人致赂。晋人不可，曰："必以萧同叔子为质，而使齐之封内尽东其亩。"

【晋人】杨补实为郤献子，从下文鲁、卫谏言可知。

【必以萧同叔子为质】正补一定要把萧同叔子（齐顷公之母）〔送到晋〕作人质。郤献子提出这个条件，是为了报复宣十七年被萧同叔子嘲笑之耻。

【而使……其亩】正杨使齐境内田垄方向全部变成东西向。晋在齐西，晋人提出这个条件，是为了日后侵齐时兵车行驶方便。参见僖二十七—僖二十八·五晋文公伐卫后迫使卫将田垄改成东西向。亩，田垄。田垄上有可以通车的道路，诸侯进军时，齐人很可能会堵塞主要道路，届时诸侯军队可以通过田间道路进军。

［宾媚人］对曰：

"萧同叔子非他，寡君齐顷公之母也。若以匹敌，则亦晋君晋景公之母也。吾子郤献子布大命于诸侯，而曰'必质其母以为信'，其若王命何？且是以不孝令也。《诗》曰：'孝子不匮，永锡尔类。'若以不孝令于诸侯，其无乃非德类也乎？

【匹敌】补对等。晋、齐皆为大国。

【孝子不匮，永锡尔类】杨见隐元·四·六·四。

【德类】杨道德法则。

"先王疆理天下，物土之宜，而布其利。故诗曰：'我疆我理，南东其亩。'今吾子疆理诸侯，而曰'尽东其亩'而已，唯吾子戎车是利，无顾土宜，其无乃非先王之命也乎？反先王则不义，何以为盟主？其晋实有阙 què。

【疆理】正 杨定其疆界，分其地理。

【物】杨相，考察。

【我疆我理，南东其亩】正 杨 补《毛诗·小雅·信南山》有此句，可译为"我划定疆界、分别地理，酌情以南[北]向或东[西]向开辟田亩"。

【唯吾子戎车是利】补即"唯利吾子戎车"，可译为"只顾自己兵车方便"。

【无顾土宜】杨 补不顾土田的实际情况。

【阙】正 杨过失。

"四王之王 wàng 也，树德而济同欲焉。五伯之霸也，勤而抚之，以役王命。今吾子求合诸侯，以逞无疆之欲。《诗》曰：'布政优优，百禄是遒 qiú(揂/㪻)。'子实不优，而弃百禄，诸侯何害焉！

【四王】正虞舜、夏禹、商汤、周武王（或周文王）。

【济】正成。

【五伯】正夏伯昆吾，商伯大彭、豕韦，周伯齐桓公、晋文公。

【役】[正]事。

【布政优优，百禄是遒】[正][杨][补]《毛诗·商颂·长发》有此句，而"布"作"敷"。可译为"推行政事宽大和缓，各种福禄都将积聚"。优优，宽和貌。遒，聚。

"不然，寡君之命使臣[宾媚人]，则有辞矣。曰：'子[郤献子]以君[晋景公]师辱于敝邑。不腆敝赋，以犒从者。畏君之震，[敝邑]师徒桡náo败。吾子[郤献子][若]惠徼yāo齐国之福，不泯其社稷，使继旧好，[敝邑]唯是先君之敝器、土地不敢爱。子[若]又不许。[敝邑]请收合余烬，背城借一。敝邑之幸，亦云从也。况其不幸，敢不唯命是听？'"

【不然】[正][补]如果贵国不肯答应我国的要求。

【子以君师辱于敝邑】[补]您带着贵国君主的军队屈尊来到我国。

【不腆敝赋，以犒从者】[杨][补][我国用]很少的军赋，来犒劳您的随从。这句话实指齐先前调动军队与晋交战。

【震】[杨]威。

【桡败】[正][杨]失败。桡，曲。

【徼】[补]求。

【敝器】[补]指纪甗、玉磬。【爱】[杨]惜。

【余烬】[正][杨]残师剩卒。烬，物体燃烧后的残余。

【背城借一】[正][补]背靠国都城墙，借得许可，进行最后一战。

【敝邑之幸，亦云从也】[正][杨]我国即使有幸[战胜]，也会顺从[贵国]。云，语助词，无义。

鲁、卫谏曰："齐疾我矣！其死亡者，皆亲昵也。子[郤献子]若不许，仇我必甚。唯子，则又何求？子得其国宝，我亦得地，而纾于难nàn，其荣多矣。齐、晋亦唯天所授，岂必晋？"

【疾】[杨]怨恨。【我】[补]指鲁、卫。

【死亡】⬚补死去的和逃亡的。

【唯子】⬚杨纵使是您。唯，虽。

【纾】⬚正缓。

【齐、晋……必晋】⬚补齐、晋[相争，谁能取得胜利]全靠上天授予[，而天命不可知]，难道一定是晋[常胜不败]？

晋人许之，对曰："群臣帅赋舆，以为鲁、卫请。若苟有以藉 jiè 口而复于寡君晋景公，君齐顷公之惠也。敢不唯命是听？"

【赋舆】⬚正⬚补兵车。赋，军赋，引申为军队。舆，车。

【若苟……寡君】⬚正⬚杨⬚补如果能稍有所得，向我国君主复命。藉，荐，托垫。"藉口"直解是"托垫着口中言语[的菲薄收获]"，引申为稍有所得。

【十五】禽郑自师逆公鲁成公。

【禽郑】⬚正⬚补禽氏，名郑。鲁大夫。鲁始封君伯禽之后。

○⬚杨鲁成公自鲁国来与晋师会合，禽郑从军中前往迎接。

【十六】秋，七月，晋师及齐国佐国武子盟于爰 yuán 娄，使齐人归我汶阳之田。公鲁成公会晋师于上鄍 míng，赐三帅先路三命之服，司马、司空、舆帅、候正、亚旅皆受一命之服。

【爰娄】⬚补即袁娄。

【使齐人归我汶阳之田】⬚杨僖元年鲁将汶阳之田赐予季氏。之后被齐所取，如今晋又使齐将其归还给鲁。

【上鄍】⬚杨⬚补在山东阳谷北。齐邑，位于齐、卫边境。参见《图集》24—25②6。

【三帅】⬚正郤献子、范文子、栾武子。【先路】⬚正⬚杨路，亦作辂。古代周王、诸侯乘坐的车称为路，卿大夫接受周王、诸侯所赐予的车也称为路。路有三等：大路、先路及次路。大路参见桓元—桓二 ·

三·二。【三命之服】杨最高品级任命所对应的车服。三命见僖三十三·五·二·二。

【司马】补见僖二十七—僖二十八·二十四·一。

【司空】补见庄二十五—庄二十六·二。

【舆帅】补即舆尉,见襄十九·一·一·二。

【候正】正杨补晋外朝官,斥候(侦察兵、巡逻兵)之长,在军中主管侦察巡逻工作。

【亚旅】正补晋外朝官,应为武职。

○正上述晋卿、大夫在其本国接受任命之时,已分别受三命、一命之车服。此次鲁文公是根据晋卿大夫原有车服新作一套相赠以示感激,而并非代替晋君重新进行任命。

○补**传世文献对读**:《公羊传·成公二年》叙述齐、晋讲和之事与《左传》有所不同,可扫码阅读。

成公二年·二

地理宋见成地理示意图1。

人物宋文公(文十六—文十七·一·一)、华元(文十六—文十七·一·二)、乐举

春秋八月壬午二十七日,宋公鲍宋文公卒。

左传【一】八月,宋文公卒。始厚葬:用蜃 shèn 炭,益车、马,始用殉,重 chóng 器备,椁 guǒ 有四阿,棺有翰、桧 guì。

【用蜃、炭】正杨用蜃、炭填充墓穴。蜃是用大蚌蛤烧成的生石灰,炭就是木炭,这两种材料被放置在墓穴中的目的是吸收潮气。用蜃、炭应为周王之礼,宋文公僭用之。

【益车、马】杨补增加了随葬车马,超过了周礼规定。

【始用殉】 正 杨 补 开始用活人殉葬。人殉是殷商时期的丧葬常礼,而为周礼所不容,然而在周代也未能完全禁绝,比如秦穆公去世用三良殉葬(文六·三),魏武子病重时想用嬖妾殉葬(宣十五·四·二·二)。从《左传》文义推测,宋国在宋文公之前遵守周礼不用人殉,而从宋文公开始则用人殉。宋公室是商王室后代,得到周王室特殊优待(参见僖二十四·四),在一些场合可用商王室礼乐(参见襄十·一·三·一),此处用人殉可能就是进一步扩大用商礼的范围。

【重器备】 正 杨 增多了丧葬用品,超过了周礼规定。重,多。

【椁有四阿】 正 杨 外棺有四阿。四阿本为周王宫室宗庙的建筑样式,周王外棺上也用类似样式,宋文公僭用之。

【棺有翰桧】 正 杨 内棺有翰桧。翰、桧分别为周王内棺旁边、上方装饰,宋文公僭用之。

【二】君子谓:"华元、乐举于是乎不臣。臣,治烦、去惑者也,是以伏死而争。今二子者,君宋文公生则纵其惑,死又益其侈,是弃君于恶也,何臣之为?"

【乐举】 杨 补 子姓,乐氏,名举。宋大夫,官至卿位。

【侈】 补 自多以陵人。

成公二年·三

地理 卫、晋 1 见成地理示意图 1。

人物 卫穆公(宣十三—宣十四·二)、郤献子(宣十二·一·四)、范文子(宣十七·一·八)、栾武子(宣十二·一·四)

春秋 庚寅九月五日,卫侯速卫穆公卒。

左传 九月,卫穆公卒。晋三子自役吊焉,哭于大门之外。卫人逆之,妇人哭于门内。[卫人]送[晋人]亦如之。[卫]遂常以[此礼]葬。

【晋三子】杨 指郤献子、范文子、栾武子。

【卫人逆之】杨 卫人[到大门外]接待三人。

【遂常以葬】正 杨 [后面他国卿大夫前来正式凭吊,]也都以上述变礼为常例,直至卫穆公下葬。

○正 杨 补 据《礼记·杂记》,国君去世,邻国卿大夫奉命来吊,吊者应进门升堂哭吊。但此次晋三卿未奉君命,而是率师返国途经卫时,顺便吊唁,因而不能依常礼行之,而只在大门之外哭吊。据《礼记·丧大记》,君之丧,妇人哭于堂。因吊客哭于大门之外,故卫人亦变礼"哭于门内"以应之。晋三卿所行之礼,是在常礼基础上有所减损。晋新胜齐,霸业大盛,卫及前来凭吊的其他诸侯不敢逾越晋而用常礼,因此沿用晋之变礼以示恭顺。

成公二年·四

地理 楚、陈、郑、晋 1、齐见成地理示意图 1。陈、郑、晋 1、齐、申、阳桥、邢见成地理示意图 3。

人物 夏征舒(宣十·四·春秋)、楚庄王(文十四·十一·一)、夏姬(宣九·八·一·一)、屈巫臣(宣十二·二·一)、周文王(僖五·八·一)、王子侧(宣十二·一·六)、子蛮、夏御叔、陈灵公(文十四·五·春秋)、孔宁(文十六—文十七·五)、仪行父(宣九·八·一·一)、连尹襄老(宣十二·一·十四·三)、黑要、知武子(宣十二·二·十四·三)、知庄子首(宣十二·一·四)、晋成公(宣二·三·五)、中行桓子(僖二十七—僖二十八·三)、皇戌(宣十二·一·七)、王子榖臣(宣十二·一·十四·三)、郑襄公(文九·二·一)、楚共王、申叔跪、申叔时(宣十一·五·二)、郤昭子

左传【一·一】楚之讨陈夏氏夏征舒也,庄王楚庄王欲纳夏姬。申公巫臣屈巫臣曰:"不可。君召诸侯,以讨罪也。今纳夏姬,贪其色

也。贪色为淫,淫为大罚。《周书》曰'明德慎罚',文王_{周文王}所以造周也。明德,务崇之之谓也;慎罚,务去之之谓也。若兴诸侯,以取大罚,非慎之也。君其图之!"王_{楚庄王}乃止。

【楚之讨陈夏氏也】 正 见宣十一·五。

【周书……周也】 正 杨 补 今本《尚书·康诰》中,周公旦对康叔封的告诫中有"惟乃丕显考文王克明德慎罚;不敢侮鳏寡,庸庸,祗祗,威威,显民,用肇造我区夏",可译为"你的伟大显明的父亲文王能昭明道德,慎用刑罚,不敢欺侮无依无靠的人,任用值得任用的,尊敬值得尊敬的,畏惧应该畏惧的,让民众知情,所以能开始缔造我华夏地区"。本句应是概括改写之辞。

【明德,务崇之之谓也】 正 补 "明德",是致力于崇尚道德的意思。

【慎罚,务去之之谓也】 正 补 "慎罚",是致力于去除刑罚的意思。周公旦的本意是称颂周文王慎用刑罚,而屈巫臣作了新的解读,认为"慎罚"的意思是"务去罚",所谓致力于去除刑罚,其实是致力于去除应受刑罚的罪过,也就是不要娶夏姬而犯淫罪。

【一·二】 子反_{王子侧}欲取之。巫臣_{屈巫臣}曰:"是不祥人也!是夭子蛮_{郑灵公},杀御叔_{夏御叔},弑灵侯_{陈灵公},戮夏南_{夏征舒},出孔_{孔宁}、仪_{仪行父},丧陈国。何不祥如是? 人生实难,其有不获死乎! 天下多美妇人,何必是?"子反乃止。

【子蛮】 正 补 即昭二十八·四·四所说的"早死无后"的子貉,亦即郑灵公。

【御叔】 正 杨 补 夏御叔。妫姓,夏氏,字御,排行叔。公子少西(宣十一·五·一)(字夏)之子,夏姬初夫。

【弑灵……陈国】 杨 补 弑灵侯、出孔、仪见宣十·四。戮夏南、丧陈国见宣十一·五。

【人生……死乎】 杨 补 人生在世实在是艰难[,如果娶了夏姬],恐怕会不得好死吧! 李白《雪谗诗赠友人》"人生实难,逢此织罗"典出于此。

【何必是】补为什么一定[要挑]这个[女人]？

【一·三】王楚庄王以[夏姬]予连尹襄老。襄老连尹襄老死于邲 bì，不获其尸。其子黑要 yāo 烝 zhēng 焉。

【连尹】补见宣十二·一·十四·三。

【襄老死于邲】正见宣十二·一·十四·三。

【其子黑要烝焉】补此句，清华简二《系年》作"其子黑要也又室少盉"（相关章节见成七·六·三），以中性的"室"（纳为妻室）来解释"烝"，进一步佐证"烝"在先秦时并不是"下淫上"，而是一种特殊的婚姻形式。烝参见桓十六—桓十七·一·一。

【二】巫臣屈巫臣使道(导)[夏姬]焉，曰："[汝]归[郑]，吾聘女(汝)。"[巫臣]又使自郑召之，曰："[襄老之]尸可得也，[汝]必来逆之。"

【巫臣……聘女】正补屈巫臣使人引导[夏姬，]说："回到[郑]，我[去郑]提亲娶你。"道，引导。此聘为提亲，参见文七·六·一。

【又使……逆之】正杨补[屈巫臣]又让人从郑来楚召唤夏姬，说："[连尹襄老的]尸首可以得到，[你]一定要亲自来迎接。"

姬夏姬以[郑人之言]告王楚庄王。王问诸(之于)屈巫屈巫臣，[屈巫]对曰："其信。知 zhì 罃 yīng，知武子之父知庄子首，成公晋成公之嬖 bì 也，而中行伯中行桓子之季弟也，新佐中军，而善郑皇戌。[知罃之父]甚爱此子知武子，其必因郑而归王子王子毂臣与襄老连尹襄老之尸以求之知武子。郑人惧于邲之役，而欲求媚于晋，其必许之。"

【其信】补恐怕是可信的。

【成公之嬖】杨补晋成公的宠臣。晋成公是当时晋君景公的父亲。

【而中行伯之季弟也】正补中行桓子与知庄子首皆为晋大夫逝遨之子，知庄子首排行季，所以是"中行伯之季弟也"。

【甚爱……求之】正 杨 补 [知罃的父亲]很爱这个孩子,他一定是想依靠郑[作为中间人]归还王子榖臣和连尹襄老的尸体而要求交换他。宣十二年邲之役知武子被俘,其父知庄子首为了日后赎回他,俘虏了王子榖臣,并保存了连尹襄老的尸体,参见宣十二·一·十四·三。

[三] 王遣夏姬归[郑]。[夏姬]将行,谓送者曰:"不得[襄老之]尸,吾不反(返)[楚]矣。"巫臣聘诸(之于)郑,郑伯郑襄公许之。

【巫臣聘诸郑】正 补 屈巫臣[派人]到郑公室提亲要娶夏姬。

[四] 及共 gōng 王楚共王即位,将为阳桥之役,使屈巫屈巫臣聘于齐,且告师期。巫臣屈巫臣尽室以行。申叔跪从其父申叔时,将适郢 yǐng,遇之,曰:"异哉!夫子屈巫臣有三军之惧,而又有《桑中》之喜,宜将窃妻以逃者也。"

【共王】补 楚共王。芈姓,熊氏,名审,谥共。楚庄王(文十四·十二·一)之子,楚庄夫人(襄九·五·六)所生。宣八年生,成元年即位,在位三十一年。襄十三年卒。

【阳桥之役】杨 见成二·七·一·一。【阳桥】杨 补 在今山东泰安西北。鲁地。参见《图集》26—27③3。

【聘】补 此聘为外交访问,参见隐七·四·春秋。

【巫臣尽室以行】正 杨 屈巫臣带上全部家人和财产上路。

【申叔跪】正 补 姜姓,申叔氏,名跪。申叔时(宣十一·五·二)之子。

【郢】补 见僖十二·二。成二年即楚共王二年,据清华简一《楚居》,此时楚都在为郢。

【桑中之喜】正 杨 《毛诗·鄘风》有《桑中》。《桑中》为男女幽会恋歌,此处指屈巫臣因与女子私约而喜悦。

【宜将窃妻以逃者也】杨 补 恐怕是要偷窃妻子并且逃亡吧。宜,殆。

○补 **传世文献对读**：《毛诗·鄘风·桑中》的原文，可扫码阅读。

【五】［巫臣］及郑，使介反（返）币，而以夏姬行。［巫臣］将奔齐。齐师新败，［巫臣］曰"吾不处不胜之国"，遂奔晋，而因郤至郤昭子，以臣于晋。晋人使［巫臣］为邢大夫。

【及郑……姬行】正 杨 补 ［屈巫臣出使齐，］到达郑［之后与夏姬会合］，命副使将［楚赠齐］财礼带回，而［自己］则带着夏姬出奔。介，副使。币，财礼。

【郤至】正 补 郤昭子。姬姓，郤氏，又为温氏，名至，谥昭，排行季。蒲城鹊居之子，步扬（僖十五·八·一·二）之孙，郤豹玄孙，郤献子（宣十二·一·四）族侄。晋大夫，官至卿位。成八年可能已任新下军帅（卿职），成十三年已任新军佐（卿职）。成十七年被晋厉公指使长鱼矫所杀。食采于温。

【邢】正 杨 即邢丘，见宣六·三。

【六】子反王子侧请以重 zhòng 币锢之。王楚共王曰："止！其自为谋也则过矣，其为吾先君楚庄王谋也则忠。忠，社稷之固也，所盖多矣。且彼屈巫臣若能利国家，虽重币，晋将可乎？若无益于晋，晋将弃之，何劳锢焉？"

【子反请以重币锢之】正 杨 补 子反请求送重礼给晋，让晋保证永不录用屈巫臣。锢，本义为用铸铁堵塞铁器漏洞，引申为禁止。

【盖】正 杨 覆，这里是护卫的意思。

○正 下启成七年楚灭屈巫臣之族，及屈巫臣为晋通吴以害楚（成七·六）。

成公二年·五

地理 晋 1 见成地理示意图 1。

人物 范文子(宣十七・一・八)、范武子(僖二十七—僖二十八・二十四・二)、郤献子(宣十二・一・四)、晋景公(宣十一・四)、中行宣子、栾武子(宣十二・一・四)

左传【一】晋师归，范文子后入。

武子范武子曰："[尔]无为吾望尔也乎？"

○ 正 补 范武子(范文子之父)说："你不认为我在[城门口]望着你嘛？"窃疑晋师回城队形，按规定应该是上军在前，中军在中间，下军在后。上军帅中行宣子此次留守，上军最高阶将领为上军佐范文子，他本应在队伍最前面。范文子自己改道跟着最后面的下军入城，范武子在队伍最前面没有发现范文子，担心儿子可能出了状况，在见到儿子之后又喜又气，所以有此一问。

[文子]对曰："师有功，国人喜以逆之。[吾]先入，必属(瞩)耳目焉，是代帅受名也，故不敢。"

【先入……不敢】 杨 补 [我如果按照常规]先进入国都，一定会使众人耳目集中到我身上，这就是代替主帅接受[美]名了，因此[我]不敢[先进入]。这里所说的"帅"，可能是指范文子的直接领导、留守都城的上军帅中行宣子，也可能是指范文子的大领导、在上军之后进城的中军帅郤献子。考虑到范武子先前告诫范文子要避让郤献子(宣十七・一・八)，又考虑到下文中范文子首先归功于中行宣子，笔者认为这里的"帅"兼指这两人。

武子曰："吾知免[于难]矣。"

○ 正 杨 补 范武子意谓，儿子能领会先前自己对他的告诫，行事如此谨慎小心，自己必然能免于祸患，寿终正寝。

○ 补 **传世文献对读**：《国语·晋语五》记叙范武子教子之事，可与此处合观，可扫码阅读。

【二】 郤伯郤献子见。公晋景公曰："子之力也夫！"[郤伯]对曰："君之训也，二三子之力也，臣何力之有焉！"

【二三子】 补 诸位大夫。

○ 补 如果我们回想先前晋景公如何准确把握伐齐时机（参见成元—成二·七）、战斗过程中解侯在危机时刻如何果断顶替郤献子指挥全军（参见成元—成二·十），我们就可以感受到，郤献子上面这番"颁奖感言"是有真情实感在里面的，并非只是故作谦虚。

范叔范文子见，[公]劳之如郤伯郤献子。[范叔]对曰："庚中行宣子所命也，克郤献子之制也，燮范文子何力之有焉！"

【庚所命也】 正 杨 中行宣子为上军帅，此次没有出征，范文子为上军佐，应该是受命于中行宣子而后出征。【庚】 正 杨 补 中行宣子。姬姓，中行氏，出自荀氏，名庚，谥宣，排行伯。中行桓子（僖二十七—僖二十八·三）之子。晋大夫，官至卿位。宣十六年可能已任上军佐（卿职），宣十七年可能已任上军帅（卿职），成二年已任上军帅（卿职），成十三年已任中军佐（卿职）。成十六年已告老或去世。

【克之制也】 正 杨 郤献子为中军帅，范文子率领的上军受其节制。

栾伯栾武子见，公晋景公亦如之。[栾伯]对曰："燮范文子之诏也，士用命也，书栾武子何力之有焉！"

【燮之诏也】 正 杨 栾武子为下军帅，受命于上军佐范文子。诏，告。

成公二年·六

地理 鲁、齐见成地理示意图 1。鲁、齐、汶水见成地理示意图 4。

春秋[我]取汶阳田[于齐]。

○ **正** **补** 本年秋七月爰娄之盟,晋人使齐归汶阳之田于鲁。至此时鲁正式接收土田,故《春秋》书之。

成公二年·七

地理 楚、郑、卫、鲁、秦、宋、陈、齐、曹、晋 1、蔡见成地理示意图 1。郑、卫、鲁、宋、陈、齐、曹、邾、薛、鄫、晋 1、蔡、许 1、蜀、阳桥见成地理示意图 3。

人物 鲁成公(成元·○)、王子婴齐(宣十一·二·一)、楚庄王(文十四·十一·一)、楚共王(成二·四·四)、周文王(僖五·八·一)、彭名(宣十二·一·十一)、蔡景公、许灵公、臧宣叔(宣十八·六·二)、孟献子(文十四·十二·三)、公衡、右大夫说、华元(文十六—文十七·一·二)、孔宁(文十六—文十七·五)、孙桓子(宣七·一·春秋)、公子去疾(宣四·三·二)

春秋 冬,楚师、郑师侵卫。

十有(又)一月,公鲁成公会楚公子婴齐王子婴齐于蜀。

【蜀】见宣十八·五。

丙申十二日,公鲁成公及楚人、秦人、宋人、陈人、卫人、郑人、齐人、曹人、邾人、薛人、鄫人盟于蜀。

左传 【一·一】宣公鲁宣公使求好于楚。庄王楚庄王卒,宣公薨 hōng,不克作好。公鲁成公即位,受盟于晋,会晋伐齐。卫人不行使于楚,而亦受盟于晋,从于伐齐。故楚令尹子重王子婴齐为阳桥之役以救齐。

【宣公……作好】正见宣十八·五。

【公即……伐齐】正 杨鲁宣公去年与晋有赤棘之盟，今年会晋伐齐。

【令尹】补见庄四·二·二。【阳桥】补见成二·四·四。

[一·二] 将起师，子重王子婴齐曰：“君楚共王弱，群臣不如先大夫，师众而后可。《诗》曰：‘济济多士，文王周文王以宁。’夫文王犹用众，况吾侪 chái 乎？且先君庄王楚庄王属(嘱)之曰：‘无德以及远方，莫如惠恤其民而善用之。’”

【君弱】正 杨 补弱，年幼。据襄十三·四·一，楚共王生十岁而楚庄王卒。楚庄王卒于宣十八年，则楚共王此时仅十二三岁。

【济济多士，文王以宁】正 杨 补《毛诗·大雅·文王》有此句，可译为“人才众多，文王靠他们得到安宁”。

【吾侪】正我等。

[子重]乃大户、已责(债)、逮鳏 guān、救乏、赦罪。悉师，王卒尽行，彭名御戎，蔡景公为左，许灵公为右。二君弱，皆强冠之。

【大户】正 补清查户口。有学者认为，这是楚开启“编户齐民”改革的文献证据。

【已责】杨免除[人民拖欠国家的]债务。

【逮鳏】正 杨施舍及于鳏夫。逮，及。

【悉师，王卒尽行】杨发动全部军队，楚王直属部队也全部出动。

【彭名……为右】正 补此次楚共王虽未出征，但由于楚王直属部队（王卒）全数出动，而且有意安排蔡景公、许灵公乘坐楚王戎车（见下文），因此楚王戎车亦随行。若楚王在戎车上，应居中，御戎在车左，戎右在车右（参见《知识准备》“车马”）。由于楚王不在，因此参照普通兵车配置，即彭名御戎（御者）居中，另置蔡景公、许灵公为车左、车右。【蔡景公】补姬姓，名固，谥景。蔡文公（宣十七·一·春秋）之子。宣十八年即位，在位四十九年。襄三十年被太子般（蔡灵公）

所弑。

【许灵公】补姜姓,名宁,谥灵。许昭公(文七·五)之子。宣十八年即位,在位四十五年。襄二十六年卒。

【二君弱,皆强冠之】杨蔡景公、许灵公尚未成年,都勉强给[未成年的二人]行冠礼。担任车左、车右,须在行冠礼成年之后。

○补冠礼:西周、春秋时,贵族二十岁时要在宗庙举行"冠礼"。由于实际政治需要,周王、诸侯国君可以低至十二岁,大夫可以低至十六岁左右。冠礼标志着成年,此后方可从政、从军、参加宗族祭祀、继承宗族以及结婚生子。《仪礼·士冠礼》所记乃为士者自行冠礼及为士者为其子行冠礼。诸侯、卿大夫冠礼应是在士冠礼的基础上而更加繁复、隆重。比如,在"加冠"环节,士人三加冠,而诸侯国君则在三加冠之后,再加玄冕。士冠礼之主要礼节有:

一、筮日、戒宾、筮宾、宿宾及赞者。筮日:主人(即冠者之父)朝服,于庙门占筮行冠礼之吉日。戒宾:主人邀请众僚友参加冠礼。筮宾:占筮选定宾之贤者为子加冠。宿宾及赞者:行礼前二日,主人再次邀请宾及助宾之赞者。

二、陈设、迎宾。行礼之日,在房中陈设冠服及酒尊等物。主人服玄端,出门迎宾及赞者。冠者在房中采衣结发。

三、三加冠。冠礼在宗庙中举行。宾及赞者为冠者三次加冠,初加缁布冠,再加皮弁,三加爵弁。每次加冠,宾均有祝辞,如初次加冠之祝辞曰:"令月吉日,始加元服。弃尔幼志,顺尔成德。寿考惟祺,介尔景福。"

四、宾醴冠者。宾向冠者敬一觯酒。冠者拜,宾答拜。

五、宾字冠者。古时男子生后三月,父为子取"名"。行冠礼时,宾为冠者取"字"。取"字"之法详见《知识准备》"称谓"。

六、醴宾、送宾、归俎。主人为答谢宾之辛劳,行一献之礼,并酬宾束帛俪皮,即五匹绸,两张鹿皮。醴毕,主人送宾门外,并将俎上之肉送至宾家。

　　七、冠者见母、兄弟、姑姊。冠者服爵弁，取脯，出闱门拜母，母拜受。冠者又见兄弟、姑姊，均拜，兄弟、姑姊答拜。

　　八、冠者见君及卿大夫、乡先生。冠者易服，服玄冠、玄端，以雉为见面礼，往见君及卿大夫、乡中老人。

[二] 冬，楚师侵卫，遂侵我，师于蜀。［我］使臧孙臧宣叔往。［臧孙］辞曰：“楚远而久，固将退矣。无功而受名，臣不敢。”楚侵及阳桥，孟孙孟献子请往，赂之以执斫 zhuó、执针、织纴皆百人，公衡为质，以请盟。楚人许平。

【执斫】杨木工。

【执针】正杨女缝工。

【织纴】正杨织布帛工。

【公衡】正杨补姬姓，字衡。鲁成公（成元·〇）之子，或说为鲁宣公（文十七—文十八·五·二）之子。成二年为质于楚，未至楚而逃归。

【楚人许平】补楚人答应［与鲁人］讲和。

[三·一] 十一月，公鲁成公及楚公子婴齐王子婴齐、蔡侯蔡景公、许男许灵公、秦右大夫说 yuè、宋华元、陈公孙宁孔宁、卫孙良夫孙桓子、郑公子去疾及齐国之大夫盟于蜀。卿不书［于《春秋》］，匮盟也。于是乎畏晋而窃与楚盟，故曰“匮盟”。蔡侯、许男不书［于《春秋》］，乘楚车也，谓之失位。

【右大夫说】杨补秦右大夫，名说。

【卿不书，匮盟也】正杨《春秋》不书各国卿之名氏，表明这是次缺乏诚意的会盟。匮，乏。

【三·二】君子曰:"位其不可不慎也乎! 蔡、许之君,一失其位,不得列于诸侯,况其下乎?《诗》曰'不解(懈)于位,民之攸墍 xì (呬)',其是之谓矣。"

【不解于位,民之攸墍】正 杨 补《毛诗·大雅·假乐》(见文三·五·三·二)有此句,可译为"在高位者不懈怠,民众就可以得到休息"。攸,所。墍,休息。

【四·一】楚师及宋,公衡逃归。

【四·二】臧宣叔曰:"衡父 fǔ,公衡 不忍数年之不宴,以弃鲁国,国将若之何? 谁居? 后之人必有任是夫! 国弃矣。"

【宴】杨 安。

【谁居】正 杨 补 谁[来承担祸患]? 居,语末助词,表疑问。

【后之……弃矣】正 杨 补[衡父的]后代一定会有人承担此事[后果]的! 因为国家[被衡父]抛弃了。

【五·一】是行也,晋辟(避)楚,畏其众也。

【五·二】君子曰:"众之不可以已也。大夫为政,犹以众克,况明君而善用其众乎?《大誓》所谓'商兆民离,周十人同'者,众也。"

【大夫】杨 实指楚令尹王子婴齐。

【大誓】杨《左传》时代《书》的一篇。今本《尚书》中有此篇,但一般认为是伪书。

【商兆民离,周十人同】正 杨 补 商朝亿万人,离心离德;周朝十个人,同心同德。昭二十四·一·一亦引《大誓》,作"纣有亿兆夷人,亦有离德;余有乱臣十人,同心同德"。彼处或为原文,而此处则为概括之辞。君子征引此句,意在说明"众"贵在同心同德,而不在人多。人虽多,若离心离德,则不可称"众"。

成公二年·八

[地理] 晋、齐、周见成地理示意图 1。晋、齐、周、单见成地理示意图 3。

[人物] 晋景公(宣十一·四)、巩朔(文十七·四·二)、周定王(宣三·四)、单襄公(成元·一·一)、齐太公(僖三—僖四·五)

[左传] 晋侯_{晋景公}使巩朔献齐捷于周。王_{周定王}弗见,使单襄公辞焉,曰:

【献齐捷】[杨]进献齐俘。

【辞】[补]告。

"蛮夷戎狄,不式王命,淫湎_{miǎn}毁常,王命伐之,则有献捷。王亲受而劳之,所以惩不敬、劝有功也。兄弟甥舅,侵败王略,王命伐之,告事而已,不献其功,所以敬亲昵、禁淫慝_{tè}也。

【式】[正]用。

【淫】[杨]贪恋女色。【湎】[杨]沉湎于酒。【毁常】[正][杨]败坏规矩法度。

【惩】[补]戒。

【兄弟】[正][补]周王室同姓宗亲之国,如晋、鲁等。【甥舅】[正][杨][补]本义指外甥与舅舅,泛指有通婚关系,此处指周王室异姓通婚之国,如齐、陈等。

【敬亲昵】[正][补]尊敬亲近[之国]。诸侯之间攻伐之后,告事而已,不献其功,故曰"敬亲昵"。

【禁淫慝】[杨][补]禁止邪恶[之国]。诸侯有罪,王命伐之,故曰"禁淫慝"。

"今叔父晋景公克遂,有功于齐,而不使命卿镇抚王室,所使来抚余一人,而巩伯巩朔实来,未有职司于王室,又奸 gān 先王之礼。余虽欲于巩伯,其敢废旧典以忝 tiǎn 叔父?

【叔父】补参见僖八—僖九·三·二。【克遂】正杨能够顺遂成功。

【命卿】杨补曾受周王室任命的晋上卿。周王室任命诸侯之卿参见僖十二—僖十三·二·一。

【余一人】杨补自商至秦,王自称"余一人""予一人"或"我一人"。有学者在分析了相关辞例之后指出,之所以强调"一人",并不是强调专制和独裁,而是在强调邦国万千政事由君王"一人"最终定夺的艰巨性,以及君王"一人"势单力孤、需要臣下辅助的自知之明,其实是一种谦称。

【未有职司于王室】杨巩朔非周王室命卿,因而无王室之职。

【又奸先王之礼】正补又冒犯了先王的礼制。指不应献捷而献。

【忝】杨辱。

○杨据庄三十一庄三十一·二,"凡诸侯有四夷之功,则献于王,王以警于夷。中国则否",可与本段互证。

"夫齐,甥舅之国也,而大(太)师齐太公之后也,宁不亦淫从(纵)其欲以怒叔父? 抑岂不可谏诲?"

【宁不……谏诲】杨补难道是[齐君]放纵私欲激怒了叔父(晋景公)? 还是[齐]完全不可劝谏教诲了? 宁,反诘副词,难道。不,语词,无义。抑,选择连词,还是。

士庄伯不能对。王使委于三吏,礼之如侯伯克敌使大夫告庆之礼,降于卿礼一等。王周定王以巩伯宴,而私贿之。使相 xiàng 告之巩朔曰:"非礼也,勿籍。"

【士庄伯】正补应为"巩伯"。

【王使委于三吏】正 补周定王将接待巩伯之事交给三公。委,属。

【三吏】正 补即三公,职掌事务有:率军征讨、代王锡命、主持盟会、赗襚会葬、迎聘王后、主持城筑等。

【侯伯】补诸侯之长,即霸主。

【宴】补参见文四·四。

【相】正 补佐助行礼的官员。

【勿籍】杨 补不要记载到史籍上。

成公三年·一

地理 鲁、晋 1、宋、卫、曹、郑、楚见成地理示意图 1。

人物 鲁成公(成元·○)、晋景公(宣十一·四)、宋共公、卫定公(宣十八·一·春秋)、曹宣公(宣十七·一)、公子偃、皇戌(宣十二·一·七)

春秋 三年,春,王正月,公鲁成公会晋侯晋景公、宋公宋共公、卫侯卫定公、曹伯曹宣公伐郑。

【宋公】 补 宋共公。子姓,名固,谥共。宋文公(文十六—文十七·一·一)之子。成三年即位,在位十三年。成十五年卒。

左传 三年,春,诸侯伐郑,次于伯牛,讨邲 bì 之役也。[诸侯]遂东侵郑。郑公子偃帅师御之,使东鄙覆诸鄤 mán,败诸(之于)丘舆。皇戌如楚献捷。

【伯牛】 正 杨 郑西部地名。

【讨邲之役也】 杨 补 宣十二年晋、楚邲之战因晋救郑而起。晋、楚交战之前,郑已与楚讲和。晋败于邲之后,郑更加亲附楚。如今鞌之役晋胜齐,霸业复兴,故率诸侯伐郑,以报复邲之役。

【公子偃】 正 杨 补 姬姓,名偃,字游,谥宣。郑穆公(僖三十·三·五)之子。郑大夫,官至卿位。其后为"七穆"之一的游氏。其名(偃)、字(游)相应,偃,《说文》作"㫃",旌旗之游㫃蹇之貌;游,旌旗之流(旒)。

【使东……丘舆】 正 杨 补 [公子偃]使东部边境的[郑]师在鄤地设伏,在丘舆击败了诸侯之师。鄤、丘舆,郑东部邑。

【献捷】 补 参见庄三十一—庄三十一·春秋。

成公三年·二

地理 卫见成地理示意图 1。

人物 卫穆公(宣十三—宣十四·二)

春秋 辛亥二十八日，葬卫穆公。

成公三年·三

地理 鲁、郑见成地理示意图 1。

人物 鲁成公(成元·○)

春秋 二月，公鲁成公至自伐郑。

成公三年·四

地理 鲁见成地理示意图 1。

春秋 甲子，新宫灾。[我]三日哭。

【新宫】正 鲁宣公庙。三年丧毕，鲁宣公神主新入庙，故谓之"新宫"。【灾】补 见桓十四·二·春秋。

【三日哭】正《礼记·檀弓下》："有焚其先人之室，则三日哭；故曰，新宫火，亦三日哭。"《春秋》书"三日哭"，是赞许鲁人此事守礼。

成公三年·五

地理 宋见成地理示意图 1。

人物 宋文公(文十六—文十七·一·一)

春秋 乙亥二十三日，葬宋文公。

○正 补 据隐元·五，诸侯五月而葬。宋文公七月而葬，于礼为缓。

成公三年·六

地理 鲁、晋 1 见成地理示意图 1。

人物 鲁成公（成元·○）

春秋 夏，公鲁成公如晋。

左传 "夏，公如晋"，拜汶阳之田。

○正 杨 成二年晋使齐将汶阳之田归还鲁，因此本年鲁成公至晋拜谢。

成公三年·七

地理 郑、楚见成地理示意图1。郑、许1、楚见成地理示意图5。

人物 公子去疾（宣四·三·二）

春秋 郑公子去疾帅师伐许。

左传 许恃楚而不事郑。郑子良公子去疾伐许。

成公三年·八

地理 鲁、晋1见成地理示意图1。

人物 鲁成公（成元·○）

春秋 公鲁成公至自晋。

成公三年·九

地理 晋1、楚见成地理示意图1。

人物 王子毂臣（宣十二·一·十四·三）、连尹襄老（宣十二·一·十四·三）、知武子（宣十二·一·十四·三）、知庄子首（宣十二·

一·四)、楚共王(成二·四·四)、晋景公(宣十一·四)

[左传]晋人归楚公子穀臣王子穀臣与连尹襄老之尸于楚,以求知 zhì
罃 yīng,知武子。于是荀首知庄子首佐中军矣,故楚人许之。
　○[正][杨]知庄子首获王子穀臣及连尹襄老之尸以求交换其子知武子
之事参见宣十二·一·十四·三以及成二·四·二。

王楚共王送知罃,曰:"子其怨我乎?"

[知罃]对曰:"二国治戎,臣不才,不胜其任,以为俘馘 guó。执
事不以衅鼓,使归即戮,君楚共王之惠也。臣实不才,又谁
敢怨?"
【二国】[补]晋、楚。【治戎】[杨]即治兵(参见僖二十三—僖二十四·
七),也就是交战。
【俘馘】[杨][补]知武子实为"俘",而未被杀死割取左耳,"馘"为连带
言及。馘见僖二十二—僖二十三·四·一。
【衅鼓】[杨]见僖三十三·三·三。
【使归即戮】[补]让我回国接受诛戮。即,就。

王曰:"然则[子]德我乎?"
【德】[补]念……的恩德,感激。

[知罃]对曰:"二国图其社稷,而求纾其民,各惩其忿,以相宥
yòu 也。两释累 léi 囚,以成其好。二国有好,臣不与 yù 及,其
谁敢德?"
【纾】[正]缓。
【惩】[杨]戒。
【宥】[正][补]赦,宽恕。

【累】正系。

【二国有好，臣不与及】正补两国之间寻求友好[才导致我被释放]，我[本身]到不了[被两国君主或卿大夫专门出手营救的地步]。

王曰："子归，何以报我？"

[知罃]对曰："臣不任受怨，君亦不任受德。无怨无德，不知所报。"

【臣不……受德】补臣下承担不起接受[他人说我心存]怨恨，君主也承担不起接受[他人说您施予]恩德。

王曰："虽然，必告不穀[何以报]。"

【不穀】补见僖二十三—僖二十四·七。

[知罃]对曰："以君之灵，累 léi 臣得归骨于晋，寡君晋景公之以为戮，[臣]死且不朽。

【以君之灵】补托国君的福。

【累臣】补被拘系的臣子。

【死且不朽】正补[臣下]就是死了也不会朽坏。此处"不朽"的含义参见僖三十三·三·三"死且不朽"。

"若从君之惠而免之，以赐君之外臣首知庄子首，首其请于寡君，而以戮[臣]于宗，[臣]亦死且不朽。

【外臣】正杨卿大夫（这里指知庄子首）对于外国君主自称为"外臣"。【首】杨补知庄子首，知武子之父，知氏族长。

【宗】杨知氏宗庙。

【亦死且不朽】补[臣下]就是死了也同样不会朽坏。此处"不朽"的含义参见僖三十三·三·三"死且不朽"。

"若[臣]不获命,而[寡君]使[臣]嗣宗职,次及于事,而帅偏师以修封疆,虽遇[君之]执事,其弗敢违。其竭力致死,无有二心,以尽臣礼,所以报[君]也。"

【若不获命】[补]如果没有得到[我国君主要求或同意诛杀我的]命令。

【宗职】[正][杨]族长职事,指为卿大夫。此时其父知庄子首为卿,任中军佐。

【次及于事】[补]按照次序轮到[我承担率军作战的]政事。

【偏师】[补]非主力军,谦辞。【封疆】[补]边境。

【违】[补]离去。

王曰:"晋未可与争。"重 zhòng 为之礼而归之。

○[补]本节所载楚共王—知武子对话和僖二十三—僖二十四·七所载楚成王—公子重耳对话神似,可合观之。

成公三年·十

[地理]鲁见成地理示意图1。鲁、棘见成地理示意图4。

[人物]叔孙宣伯(文十一·四·一)

[春秋]秋,叔孙侨如叔孙宣伯帅师围棘。

【棘】[正][杨][补]在今山东肥城汶阳镇附近。僖元年前为鲁邑,汶阳之田一部分。后地入于齐。成二年地入于鲁。成八年地入于齐。参见《图集》26—27③3。《图集》标注不准确,本书示意图根据《图志》标注。

[左传]秋,叔孙侨如叔孙宣伯围棘,取汶阳之田。棘不服,故围之。

成公三年·十一

地理 鲁见成地理示意图 1。

春秋 [我]大雩 yǔ。

【雩】补 见桓五·四·春秋。

成公三年·十二

地理 晋 1、卫见成地理示意图 1。晋 1、卫、廧咎如见成地理示意图 2。

人物 郤献子（宣十二·一·四）、孙桓子（宣七·一·春秋）

春秋 晋郤 xì 克郤献子、卫孙良夫孙桓子伐廧 qiáng 咎 gāo 如。

左传 "晋郤克、卫孙良夫伐廧咎如"，讨赤狄之余焉。廧咎如溃，上失民也。

【讨赤狄之余焉】正 杨 宣十五年晋灭赤狄潞氏，宣十六年灭赤狄甲氏及留吁、铎辰，本年讨赤狄残余廧咎如。

【廧咎如溃，上失民也】正 补 参见文三·一。本句为解《春秋》之文字，因此"廧咎如溃"应为《春秋》阙文。

成公三年·十三

地理 晋 1、鲁、卫见成地理示意图 1。

人物 晋景公（宣十一·四）、中行宣子（成二·五·二）、卫定公（宣十八·一·春秋）、孙桓子（宣七·一·春秋）

春秋 冬，十有（又）一月，晋侯晋景公使荀庚中行宣子来聘。

【聘】 补 见隐七·四·春秋。

卫侯 卫定公 使孙良夫 孙桓子 来聘。

丙午 二十八日，[我]及荀庚盟。

丁未 二十九日，及孙良夫盟。

左传 【一】"冬，十一月，晋侯使荀庚来聘"，且寻盟；"卫侯使孙良夫
来聘"，且寻盟。

【冬，十……寻盟】 正 重温成元年赤棘之盟（见成元·二）。

【卫侯……寻盟】 正 重温宣七年之盟（宣七·一）。

【二】公 鲁成公 问诸臧宣叔曰："中行伯 中行宣子 之于晋也，其位在
三。孙子 孙桓子 之于卫也，位为上卿。将谁先？"

【诸】 补 于。

【中行……在三】 正 郤献子为中军帅，位第一；知庄子首为中军佐，
位第二；中行宣子为上军帅，位第三，为下卿。

[臧孙]对曰："次国之上卿当大国之中，中当其下，下当其上大
夫。小国之上卿当大国之下卿，中当其上大夫，下当其下大
夫。上下如是，古之制也。卫在晋，不得为次国[，而为小国]。
晋为盟主，其将先之。"

【卫在晋，不得为次国】 正 杨 相对于晋而言，卫不能算次国[，而只
能算小国]。

【晋为盟主，其将先之】 正 孙桓子为小国上卿，中行宣子为大国下
卿，依臧宣叔所言"小国之上卿当大国之下卿"，则二人为平级。然晋
不仅为大国，又为诸侯盟主，因此中行宣子应当在先。

【三】丙午二十八日，[我]盟晋；丁未二十九日，[我]盟卫，礼也。

成公三年·十四

地理 郑见成地理示意图1。郑、许1见成地理示意图3。

春秋 郑伐许。

成公三年·十五

地理 晋1、齐见成地理示意图1。

人物 韩献子（宣十二·一·四）、赵括（僖二十三—僖二十四·十三·二）、巩朔（文十七·四·二）、韩穿（宣十二·一·四）、荀文子、赵旃（宣十二·一·十·二）、齐顷公（宣十·十三·春秋）、郤献子（宣十二·一·四）、晋景公（宣十一·四）

左传【一】十二月甲戌二十六日，晋作六军。韩厥韩献子、赵括、巩朔、韩穿、荀骓 zhuī，荀文子、赵旃 zhān 皆为卿，赏鞌 ān 之功也。

【荀骓】杨 补 荀文子。姬姓，荀氏，名骓，谥文。荀息（僖二·三·一）之后。晋大夫，官至卿位。成三年任新下军帅（卿职），成八年可能已任新上军帅（卿职）。

【赏鞌之功也】补 鞌之役在成元—成二。

○正 晋原有三军，如今增加新上、中、下三军，为六军。新三军帅佐：韩献子将新中军，赵括佐之；巩朔将新上军，韩穿佐之；荀文子将新下军，赵旃佐之。

【二·一】齐侯齐顷公朝于晋。

【朝】补 见隐四·二·七·一。

【二·二】将授玉,郤 xì 克郤献子趋进,曰:"此行也,君齐顷公为妇人之笑辱也,寡君晋景公未之敢任。"

【授玉】正杨补古代诸侯朝见,有"授玉""受玉"之礼。据成六·一,则行礼之所应在堂上两楹之间。据定十五·一·一,则授玉者为来朝国君主齐顷公,受玉者为主国君主晋景公。

【郤克趋进】杨郤克快步上前。郤献子时应为上摈(行礼时首席辅助人员),在中庭,而两君在堂上,相距较远。因此,如果郤献子想要在授玉之时进言,则必须快步上前。此外,快步走也是表示恭敬。

【此行……敢任】正杨补这一趟,您是因为女人的取笑而屈尊[前来谢罪],我国君主不敢当。郤献子到此时仍在发泄当年被嘲笑的怨恨。"妇人之笑"参见宣十七·一·一。

○补传世文献对读:《国语·晋语五》叙此次会见细节,可扫码阅读。
○补出土文献对读:清华简二《系年》亦叙此次会见细节,为《左传》所不载,可扫码阅读。

【二·三】晋侯晋景公享齐侯。齐侯视韩厥韩献子。

【享】补见桓九—桓十·一·二。

韩厥曰:"君知厥韩献子也乎?"

齐侯曰:"服改矣。"

○正杨补知,识。成二年鞌之役,韩献子曾追赶齐顷公,因逢丑父顶替齐顷公而没有捉获。当时韩献子着戎服,如今着朝服,故齐顷公曰"服改矣"。

韩厥登,举爵曰:"臣之不敢爱死,为两君之在此堂也。"

【臣之……堂也】 杨 补 下臣［当初在作战时］之所以不惜一死，就是为了两位国君现在在这堂上［饮宴和好］啊。韩献子此言，意在补救郤献子此前泄愤言辞造成的不愉快。

> ○ 补 **传世文献对读**：据《史记·齐太公世家》，则"归而顷公弛苑囿，薄赋敛，振孤问疾，虚积聚以救民，民亦大说。厚礼诸侯。竟顷公卒，百姓附，诸侯不犯"。

成公三年·十六

地理 晋1、楚、郑、齐见成地理示意图1。

人物 知武子(宣十二·一·十四·三)、郑贾人

左传 【一】 荀罃 知武子 之在楚也，郑贾 gǔ 人有将置诸(之于)褚 zhǔ 中以出。既谋之，未行，而楚人归之。

【褚】 杨 装衣物用的大口袋。

【二】 贾人如晋，荀罃善视之，如实出己。贾人曰："吾无其功，敢有其实乎？吾小人，不可以厚诬君子。"遂适齐。

【视】 杨 看待。

【诬】 杨 欺。

○ 杨 本节郑商拟用褚装知武子以逃出楚国，与哀六年《公羊传》所载陈僖子用巨囊装公子阳之事类似，参看哀六·八·四·三。

成公四年·一

地理 宋、鲁见成地理示意图1。

人物 宋共公（成三·一·春秋）、华元（文十六—文十七·一·二）

春秋 四年，春，宋公_{宋共公}使华元来聘。

【聘】 补 见隐七·四·春秋。

左传 四年，春，宋华元来聘，通嗣君_{宋共公}也。

成公四年·二

地理 郑见成地理示意图1。

人物 郑襄公（文九·二·一）

春秋 三月壬申，郑伯坚_{郑襄公}卒。

【壬申】 正 杨 据杜预及王韬所推春秋历，三月无壬申。据王韬所推春秋历，最靠近的一个壬申是二月二十五日。

成公四年·三

地理 鲁见成地理示意图1。杞、鲁见成地理示意图4。

人物 杞桓公（僖二十七·一·春秋）、杞叔姬

春秋 杞伯_{杞桓公}来朝。

【朝】 补 见隐四·二·七·一。

左传 "杞伯来朝"，归叔姬_{杞叔姬}故也。

【叔姬】 杨 补 杞叔姬。鲁女，姬姓，排行叔。叔姬（文十二·二·春秋）

之娣,杞桓公(僖二十七·一·春秋)夫人。成五年被休归鲁。成八年卒。
○正杞桓公准备休弃杞叔姬,于是先行来朝,向妇家鲁说明缘由。

成公四年·四
地理鲁见成地理示意图1。

人物臧宣叔(宣十八·六·二)

春秋夏,四月甲寅八日,臧孙许臧宣叔卒。

成公四年·五
地理鲁、晋1、郑、楚见成地理示意图1。

人物鲁成公(成元·○)、郑襄公(文九·二·一)、晋景公(宣十一·四)、季文子(文六·二·春秋)、史佚(僖十五·八·一·七)

春秋公鲁成公如晋。

葬郑襄公。
○正此条《春秋》无对应《左传》。

秋,公鲁成公至自晋。

左传【一·一】夏,"公如晋。"晋侯晋景公见公,不敬。

【一·二】季文子曰:"晋侯必不免[于难]。《诗》曰:'敬之敬之,天惟显思,命不易哉。'夫晋侯之命在诸侯矣,可不敬乎?"
【敬之……易哉】杨补见僖二十二·六·一。这里应该译为"敬啊敬啊,上天明察一切,保守天命极不容易"。
○正下启成十年晋景公陷厕而死(成十·五)。

○补 **传世文献对读**：《论语·八佾》："子曰：'居上不宽，为礼不敬，临丧不哀，吾何以观之哉？'"此为"为礼不敬"之例。

【二】"秋，公至自晋"，欲求成于楚而叛晋。<u>季文子</u>曰："不可。晋虽无道，未可叛也。[晋]国大、臣睦，而迩于我，诸侯听焉，未可以贰。《史佚之志》有之，曰：'非我族类，其心必异。'楚虽大，非吾族也，其肯字我乎？"公乃止。

【求成于楚】 补 请求与楚讲和修好。实际上就是"求服于楚"。

【迩】 正 近。

【史】 正 太史，见僖十五·八·一·七。

【楚虽大，非吾族也】 补 晋、鲁为周王室之后，同为姬姓，而楚则为芈姓，故季文子曰"楚虽大，非吾族也"。

【字】 补 养（详见下）。

○补 **古文字新证**："字"的字形演变情况如成字形图 1 所示。商周金文"字"字从"宀"下有"子"，会屋中养子之意，子也是声旁。其后基本无变化。从文字学证据看，"养育（子女）"应该是"字"的造字本义。

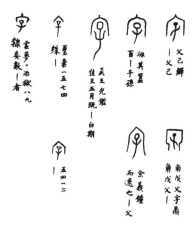

成字形图 1（《古文字谱系疏证》，2007 年）

成公四年·六

[地理]鲁见成地理示意图1。鲁、郓(西郓)见成地理示意图4。

[春秋]冬,[我]城郓 yùn。

【郓】[正][杨][补]在今山东郓城东十六里。鲁有两郓,此为西郓。昭二十六年地入于齐。定七年齐归郓于鲁,阳虎居之以为政。阳虎于定八年以讙、阳关叛于齐,疑郓亦入于齐。定十年齐归之于鲁。参见《图集》26—27④3。

成公四年·七

[地理]郑、晋1见成地理示意图1。郑、许1、晋1、展陂、锄任、祭见成地理示意图3。

[人物]郑悼公、公孙申、栾武子(宣十二·一·四)、知庄子首(宣十二·一·四)、范文子(宣十七·一·八)、王子侧(宣十二·一·六)、许灵公(成二·七·一·二)、皇戌(宣十二·一·七)、楚共王(成二·四·四)

[春秋]郑伯郑悼公伐许。

【郑伯】[杨][补]郑悼公。姬姓,名费,谥悼,郑襄公之子。成五年正式即位,在位二年。成六年卒。

[左传]【一】冬,十一月,郑公孙申帅师疆许田,许人败诸(之于)展陂 bēi。"郑伯伐许",取锄任 rén、泠 líng 敦之田。

【郑公孙申帅师疆许田】[正]成三年郑伐许,侵其田。本年郑又出师划定所得许田疆界。【公孙申】[杨][补]姬姓,名申,排行叔。郑文公(庄十九—庄二十—庄二十一·十一·二)之孙。郑大夫,官至卿位。

成十年被郑成公所杀。

【展陂】正杨补在今河南许昌西北。许地。参见《图集》29—30②5。

【锄任】杨补在今河南许昌东北。许邑。参见《图集》29—30②5。

【泠敦】杨补在河南许昌境。许邑。

【二】晋栾书栾武子将中军，荀首知庄子首佐之，士燮xiè,范文子佐上军，以救许伐郑，取汜sì(汜)、祭zhài。

【汜】正杨补应作"汜"，在今河南荥阳汜水镇。郑邑。

【祭】见隐元·四·二。

【三】楚子反王子侧救郑。郑伯与许男许灵公讼焉，皇戌摄郑伯之辞。子反不能决也，曰："君若辱在寡君楚共王，寡君与其二三臣共听两君之所欲，成其可知也。不然，侧王子侧不足以知二国之成。"

【皇戌摄郑伯之辞】正皇戌代表郑悼公发言。

【君若辱在寡君】正杨补二位君主如果屈尊去问候我国君王。此为外交辞令，实际意思是请郑、许两君到楚王那里去争讼曲直。在，存问。

【二三臣】补诸位大臣。

【成】杨补公平合理的诉讼结果。

○补郑、许皆为楚属国，故至楚营争讼。上文晋伐郑救许，并非因为许为晋属国，而是希望趁郑、许相争之际，通过救许而使其转服于晋。

○正下启成五年郑、许讼于楚（成五·五）。

[地理]鲁、晋1、齐见成地理示意图1。杞、鲁、齐见成地理示意图4。

[人物]杞叔姬(成四·三)、赵婴齐(僖二十三—僖二十四·十三·二)、赵庄姬、赵同(僖二十三—僖二十四·十三·二)、赵括(僖二十三—僖二十四·十三·二)、士贞伯(宣十二·一·十九)

[春秋]五年,春,王正月,杞叔姬来归。

【来归】[补]参见庄二十七·四。

○[杨]成四年杞桓公为休弃杞叔姬而来朝,今年杞叔姬被休归鲁。

[左传]【一】晋赵婴赵婴齐通于赵庄姬。五年,春,原赵同、屏赵括放诸(之于)齐。婴赵婴齐曰:"我在,故栾氏不作。我亡,吾二昆其忧哉!且人各有能、有不能,舍我,何害?"[原、屏]弗听。

【晋赵婴通于赵庄姬】[正][杨]赵婴齐为赵宣子异母弟,赵庄姬为赵庄子之妻,赵宣子儿媳。因此赵婴齐与赵庄姬为叔父与侄媳通奸。此事应该是发生在赵庄子去世后。【赵庄姬】[正][杨][补]晋女,姬姓,排行孟。晋成公(宣二·三·五)之女,赵庄子(宣八·三)妻,赵文子(成八·五·一)之母。

【原、屏放诸齐】[正]赵同、赵括把弟弟赵婴齐放逐至齐。

【我在,故栾氏不作】[杨][补]因为有我在,所以栾氏没有发难[危害赵氏]。邲之战时,赵婴齐没有站出来附和赵同、赵括主战的鲁莽主张,而实际上与栾武子同属于避战派(参见宣十二·一·十·二"赵婴齐使其徒先具舟于河,故败而先济")。赵婴齐应该是赵姬三子中最有智计之人,而且可能从邲之战后与栾武子之间一直保持着较好的关系,因而敢说"我在,故栾氏不作"。

【二昆】[杨]指赵婴齐的两位兄长赵同、赵括。昆,兄。

【舍我】[补]放过我。

【二】婴赵婴齐梦天使谓己："祭余，余福女（汝）。"［婴］使问诸（之于）
士贞伯。贞伯士贞伯曰："不识也。"既而［贞伯］告其人曰："神福
仁而祸淫。淫而无罚，福也。祭，其得亡乎？"［婴］祭之，之明
日而亡。

【祭，其得亡乎】正补祭祀了，恐怕能得到一个流亡的下场吧？

【之明日】补到了第二天。

○正下启成八年晋杀赵同、赵括（成八·五）。

○补春秋早期士茇为晋献公设计除掉长辈群公子时，采取的方法是
先用挑拨离间的方法促使群公子自己赶走/杀掉了最有智计的富子
和游氏二子，再将剩下的平庸群公子一举杀尽（参见庄二十三·七、
庄二十四·四、庄二十五—庄二十六）。如今才能平庸的赵同、赵括
在并没有外界挑拨的情况下赶走了有智计而又好色的赵婴齐，自认
为是做了一件"清理门户"的好事，实际上是将赵氏带上了与当年群
公子类似的覆灭之路。

成公五年·二

地理鲁、宋见成地理示意图 1。

人物孟献子（文十四·十二·三）、华元（文十六—文十七·一·二）

春秋仲孙蔑孟献子如宋。

左传孟献子如宋，报华元也。

○正孟献子此行是对成四年华元聘鲁的回访。

成公五年·三

地理鲁、晋 1、齐见成地理示意图 1。鲁、晋 1、齐、谷见成地理示意
图 3。

人物 叔孙宣伯(文十一·四·一)、知庄子首(宣十二·一·四)

春秋 夏,叔孙侨如_{叔孙宣伯}会晋荀首_{知庄子首}于穀。

【穀】 杨 见庄七·四·春秋。

左传 夏,晋荀首_{知庄子首}如齐[为君]逆女,故宣伯_{叔孙宣伯}餫 yùn 诸(之于)穀。

【餫】 正 杨 为在野行路之人馈送食物。

成公五年·四

地理 晋1见成地理示意图1。晋1(绛)、梁山见成地理示意图2。

人物 晋景公(宣十一·四)、伯宗(宣十五·二·一)、重人

春秋 梁山崩。

【梁山】 杨 补 山名,在今山西河津西北、黄河禹门一带。晋地。参见《图集》22—23⑥6。《图集》标注不准确,本书示意图依据《图志》标注。梁山、禹门的地理形势参见僖地形示意图6,可扫码阅读。

○ 杨 补 据《公羊传》《穀梁传》,则梁山崩后,壅塞河水,三日不流。

左传 "梁山崩。"晋侯_{晋景公}以传 zhuàn 召伯宗。

【传】 正 杨 补 运送人员、传递信息的快车,参见僖三十二—僖三十三·四。

伯宗辟(避)重 zhòng,曰:"辟(避)传!"

【重】 正 杨 重车,载货用车,形体较大。
○ 杨 伯宗让重车避让自己所乘传车。

重人曰："待我，不如捷之速也。"

【捷】⬜正 ⬜杨 走捷径。

［伯宗］问其所。［重人］曰："绛人也。"

【绛】⬜补 晋都，见庄二十五—庄二十六·二。

［伯宗］问绛事焉。［重人］曰："梁山崩，［君］将召伯宗谋之。"

［伯宗］问："将若之何？"

［重人］曰："山有朽壤而崩，可若何？国主山川，故山崩川竭，君为之不举、降服、乘缦 màn、彻乐、出次，祝币、史辞以礼焉。其如此而已。虽伯宗，若之何？"

【国主山川】⬜正 ⬜补 国家以山川为祭主。参见桓六·七·二"以山川则废主"。

【不举】⬜补 见庄二十五—庄二十六·六。

【降服】⬜补 见文四·三·二·一。

【乘缦】⬜正 ⬜杨 国君乘坐卿的夏缦车，表示自我贬责。

【彻乐】⬜正 撤去奏乐。

【出次】⬜补 见文四·三·二·一。

【祝币、史辞以礼焉】⬜正 ⬜杨 太祝陈列献神礼品，太史宣读祭神文辞，以礼祭山川之神。【祝】⬜杨 ⬜补 太祝，晋内朝官，职掌包括祝祷祈神及供奉祭品。【史】⬜补 见宣二·三·四·一。

伯宗请见(现)之，［重人］不可。［伯宗］遂以［重人之言］告［公］，而［公］从之。

【伯宗请见之】⬜正 ⬜杨 伯宗希望带重人去见晋景公。

○[杨][补]**传世文献对读:**《穀梁传·成公五年》亦载此事,与《左传》不同,可扫码阅读。

成公五年·五

[地理]鲁、郑、楚、晋1见成地理示意图1。鲁、许1、郑、楚、晋1见成地理示意图5。

[人物]许灵公(成二·七·一·二)、郑悼公(成四·七·春秋)、皇戌(宣十二·一·七)、公子发、公子偃(成三·一)、赵同(僖二十三—僖二十四·十三·二)

[春秋]秋,[我]大水。

○[正]此条《春秋》无对应《左传》。

[左传]许灵公诉郑伯郑悼公于楚。六月,郑悼公如楚讼,不胜。楚人执皇戌及子国公子发。故郑伯归,使公子偃请成于晋。秋,八月,郑伯及晋赵同盟于垂棘。

【许灵公诉郑伯于楚】[正]参见成四·七·三许灵公与郑悼公争讼。
【楚人执皇戌及子国】[正][补]皇戌及公子发为郑悼公诉讼代理人,郑悼公不胜,楚人丁是扣留了他们。参见僖二十七—僖二十八·二十五·二。**【子国】**[正][杨][补]公子发。姬姓,名发,字国,谥惠。郑穆公(僖三十·三·五)之子。郑大夫,官至卿位。成五年被楚人所执,后获释归于郑。襄二年已任司马(卿职)。襄十年被郑五族乱党所杀。其后为"七穆"之一的国氏。
【请成于晋】[补]请求与晋讲和修好。实际上就是"请服于晋"。
【垂棘】[杨]见僖二·三·一。

成公五年·六

[地理]宋、楚见成地理示意图1。

人物 公子围龟、华元（文十六—文十七·一·二）、宋共公（成三·
二·春秋）

左传 宋公子围龟为质于楚而归，华元享之。[公子围龟]请鼓噪以出
[华氏]，鼓噪以复入[华氏]，曰"习攻华氏"。宋公宋共公杀之公子
围龟。

【宋公……而归】正 杨 宣十五年华元为质于楚，成二年前已归于
宋。公子围龟应是代华元为质，至今年始归于宋。

【公子围龟】正 杨 补 子姓，名围龟，字灵。宋文公（文十六—文十
七·一·一）之子。成二年前为质于楚，成五年归于宋，同年被宋共
公所杀。其后为灵氏。其名（围龟）、字（灵）相应，龟为有灵之物。

【享】补 见桓九—桓十·一·二。

【鼓噪】正 杨 擂鼓呼叫。

成公五年·七

地理 周、鲁、晋1、齐、宋、卫、郑、曹见成地理示意图1。周、鲁、晋1、
齐、宋、卫、郑、曹、邾、虫牢见成地理示意图3。鲁、齐、宋、卫、曹、邾、
杞见成地理示意图4。

人物 周定王（宣三·四）、鲁成公（成元·○）、晋景公（宣十一·四）、
齐顷公（宣十·十三·春秋）、宋共公（成三·一·春秋）、卫定公（宣
十八·一·春秋）、郑悼公（成四·七·春秋）、曹宣公（宣十七·一）、
邾定公（文十四·四）、杞桓公（僖二十七·一·春秋）、向为人、公子
围龟（成五·六）

春秋 冬，十有（又）一月己酉十二日，天王周定王崩。

○杨《春秋》书天王崩在前，虫牢之盟在后，而《左传》反之。可能《春
秋》所据为周王室及诸侯通告上所书时间，而《左传》上章叙宋共公杀
公子围龟，于是本章先叙虫牢之盟以带出宋共公因公子围龟之乱而

辞会,使上下文义连缀。

十有二月己丑二十三日,公鲁成公会晋侯晋景公、齐侯齐顷公、宋公宋共公、卫侯卫定公、郑伯郑悼公、曹伯曹宣公、邾子邾定公、杞伯杞桓公同盟于虫牢。

【虫牢】正杨补在今河南封丘北。郑地。参见《图集》24—25③5。

左传[一·一]冬,"同盟于虫牢",郑服也。
○补下启成六年楚王子婴齐伐郑(成六·七)。

[一·二]诸侯谋复会,宋公宋共公使向为人辞以子灵公子围龟之难。

【向为人】杨补子姓,向氏,名为人。宋桓公(庄十一·二·二·二)之后。宋大夫,官至卿位。任司寇(卿职)。成十五年奔楚。成十八年楚、郑纳之于彭城。襄元年彭城降晋,晋人置之于瓠丘。
○补下启成六年晋率诸侯侵宋(成六·四)。

[二]十一月己酉十二日,定王周定王崩。

成公六年·一

地理 鲁、郑、晋1 见成地理示意图1。

人物 鲁成公（成元·○）、郑悼公（成四·七·春秋）、公子偃（成三·一）、士贞伯（宣十二·一·十九）

春秋 六年，春，王正月，公鲁成公至自会。

○ 正 此条《春秋》无对应《左传》。

左传 【一】六年，春，郑伯郑悼公如晋拜成，子游公子偃相 xiàng。授玉于东楹 yíng 之东。

【郑伯如晋拜成】 正 杨 郑悼公拜谢的是去年垂棘之盟（成五·五）和虫牢之盟（成五·七）。

【授玉于东楹之东】 正 杨 补 古代堂上有东西两大柱，称为"东楹""西楹"。两楹之中为"中堂"。宾主两人如果身份相当，应该在两楹之间举行相见礼。宾客身份如果低于主人，应当在中堂与东楹之间（即东楹的西侧）举行相见礼。晋景公与郑悼公皆为一国之君，依常礼，当在两楹之间举行授玉、受玉仪式。郑悼公即使以晋景公为霸主，不敢与之匹敌，也应在中堂与东楹之间行礼。如今晋景公安详缓步，而郑悼公则快步又过谦，竟在东楹东侧行礼。授玉见成三·十五·二·二。

[二] 士贞伯曰："郑伯郑悼公其死乎！自弃也已。视流而行速，不安其位，宜不能久。"

【视流】 正 杨 目光流动如水，不端正平衡。

【宜】 杨 殆，恐怕。

○ 补 下启本年郑悼公卒（成六·六）。

成公六年·二

地理 鲁见成地理示意图1。

人物 季文子（文六·二·春秋）

春秋 二月辛巳，[我]立武宫。

【武宫】正 杨 昭示武功的纪念性建筑。一说是鲁武公之庙。

左传 二月，季文子以鞌 ān 之功立武宫，非礼也。听于人以救其难 nàn，不可以立武。立武由己，非由人也。

【鞌之功】杨 鞌之役见成元—成二。

【听于人以救其难】正 杨 补 听从别人来救助自己的患难。鞌之役起于鲁、卫向晋请求出兵以抵御齐，因此军事上听从于晋人。

成公六年·三

地理 鲁见成地理示意图1。鲁、鄟见成地理示意图4。

春秋 [我]取鄟 zhuān。

【鄟】正 杨 补 周时附庸国，在今山东郯城东北、沭河西岸。成六年地入于鲁。参见《图集》26—27⑤5。

左传 "取鄟。"[《春秋》曰"取"，]言易也。

成公六年·四

地理 卫、宋、晋1、郑见成地理示意图1。卫、宋、晋1、郑、伊雒之戎、陆浑之戎、蛮氏见成地理示意图2。

人物 孙桓子（宣七·一·春秋）、伯宗（宣十五·二·一）、夏阳说、孙

桓子(宣七·一·春秋)、宁成子(成元—成二·三)

春秋 卫孙良夫孙桓子帅师侵宋。

左传 〔一〕 三月，晋伯宗、夏阳说 yuè、卫孙良夫孙桓子、宁相宁成子、郑人、伊、雒之戎、陆浑、蛮氏侵宋，以其辞会也。

【夏阳说】正 杨 夏阳氏，名说。晋大夫。食采于夏阳。【夏阳】杨 补 即下阳，见僖二·三·春秋。

【陆浑】杨 即陆浑之戎，见僖二十二·三·二。

【蛮氏】正 杨 补 即昭十六·三"戎蛮"，子爵。在今河南汝阳古城寨村。昭十六年，楚取蛮氏，后复立之。哀四年，晋人执戎蛮子归于楚，疑由此被楚所灭。参见《图集》29—30②4。

【以其辞会也】正 杨 指成五年宋共公拒绝参加盟会(参见成五·七·一·二)。

〔二〕［诸侯］师于鍼 qián，卫人不保。

【鍼】杨 在今河南濮阳附近，卫地，距离卫都帝丘不远。

【卫人不保】正 杨 卫人不设防。卫为诸侯联军参与国之一，因此诸侯联军驻扎在卫都郊外，而卫人不加守备。

说夏阳说欲袭卫，曰："虽不可入，多俘而归，有罪不及死。"

伯宗曰："不可。卫唯信晋，故师在其郊而不设备。若袭之，是弃信也。虽多卫俘，而晋无信，何以求诸侯?"

［悦］乃止。

师还，卫人登陴 pī。

○ 正 杨 补 诸侯之师[侵宋结束后]返回[，再次经过卫都时]，卫人登上[城头在]矮墙[后进行守备]。可能此时卫人已听闻夏阳说之谋，因此加强防守以防不测。陣见**宣十二·一·二**。

成公六年·五

地理 晋1、晋2见成地理示意图1。晋1（故绛）、晋2（新田）、郇、瑕1、鹽、汾水、浍水见成地理示意图2。

人物 韩献子（宣十二·一·四）、晋景公（宣十一·四）

左传 【一·一】晋人谋去故绛。诸大夫皆曰："必居郇 xún、瑕氏之地：沃饶而近鹽 gǔ。国利、君乐，不可失也。"

【去】补 离开。【故绛】正 补 绛为晋都之名，见**庄二十五—庄二十六·二**。此时晋人欲迁都，将以绛命名新都，故称旧都为"故绛"。

【郇】杨 见**僖二十三—僖二十四·九·三**。【瑕】补 在今山西临猗西南。晋地，位于河水以北，与河南之瑕（**僖三十·三·三**）非一地。参见《图集》22—23⑩15。

【鹽】正 杨 补 河东盐池，即今天的运城盐湖，位于山西南部的运城盆地、中条山北麓，中原重要产盐区，远古五帝时代已有先民捞取天然析出的池盐食用，夏代已经有大规模的池盐生产。参见《图集》22—23⑥8至⑦7。

○ 补 盐、铜是春秋时期最重要的战略资源。春秋四大国之中，齐有渤海湾海盐，楚有长江中下游铜矿（湖北铜绿山、江西铜岭、安徽铜陵），秦情况不明，而晋则既有运城湖盐，又有中条山铜矿，在四大国中资源禀赋最好。

○ 补 杜甫《哭韦大夫之晋》"悽怆郇瑕邑"、《奉酬寇十侍御见寄四韵复寄寇》"往别郇瑕地"典出于此。

【一·二】韩献子将 jiàng 新中军，且为仆大夫。公晋景公揖而入，献子韩献子从。

【仆大夫】正杨补晋内朝官，是为国君驾车、开道的仆御首长，也掌管一些上下朝的傧相工作。

【公揖而入】正杨补晋景公［向群臣］作揖，然后退入［路寝］。诸侯君臣早朝相见之礼参见图二·三·四·一。路寝参见庄三十二·四·春秋。

公立于寝庭，谓献子曰："何如？"

【寝庭】正路寝外的庭院。

［献子］对曰：

"不可。

"郇、瑕氏土薄水浅，其恶易觏(构)。易觏则民愁 chóu(愗)，民愁(愗)则垫隘，于是乎有沈(沉)溺重(肿)䏶 zhuì 之疾。

【恶】杨污秽肮脏之物。【觏】正杨成，结。

【愁】补腹中有水气。

【垫隘】正杨羸弱。

【沈溺重䏶之疾】正杨风湿脚肿之疾。沈溺，风湿。䏶，脚肿。

"不如新田：土厚水深，居之不疾，有汾、浍 kuài 以流其恶，且民从教，十世之利也。

【新田】正杨补晋邑，成六年后为晋都，改名"绛"。在今山西侯马西北已发现其遗址（详见下）。参见《图集》22—23⑩16。

【有汾、浍以流其恶】正补汾水［流经新田以北］，浍水［流经新田以南，以］带走［当地人生产生活产生的］污秽。杜甫《大雨》"流恶邑里清"典出于此。【汾】补见桓二一桓三·六。【浍】正补水名,今名浍河,上游分为南北两支,北支由浇底河、田家河组成,南支为翟家桥河,两支在翼城县大河口村汇合后称为浍河,经翼城县、绛县、曲沃县、侯马市、新绛县,在新绛县桥东村汇入汾河。春秋时浍水参见《图集》22—23⑩16。

“夫山、泽、林、盐,国之宝也。国饶,则民骄佚;近宝,公室乃贫,不可谓乐。”

【国饶,则民骄佚】正补国家富饶,民众就容易骄横而贪图安逸。参见下引《国语·鲁语下》。

【近宝,公室乃贫】正杨补靠近宝藏,公室就会贫困。杜注、孔疏认为,靠近盐卤这样易于获利的宝藏,民众就会舍弃本业(农业)而从事末业(商业);废农为商,则贫富兼并;如果贫富兼并,则贫多富少。贫者无财以供官,而富者能增收的赋税有限,则赋税总量会减少。赋税总量减少,则公室贫困。然而上文言“国饶,则民骄佚”,似乎是说民众普遍容易致富从而生出骄佚之心,与杜、孔的推理不合,所以杨注说“不易理解”。另一说,“贫”应为“贪”,“靠近宝藏,公室就会贪婪”道理通顺,无须多加解说,而且“国饶”与“近宝”排比,“民骄佚”与“公室贪”排比,文理上也更为通畅。

公说(悦),从之。

○正补**传世文献对读**:《国语·鲁语下》记载,季氏小宗族长公父文伯阻止其母纺麻,认为大宗族长季康子会责备自己不善待母亲。公父文伯之母在教导公父文伯时陈述圣王处民之道,与韩献子所述相合,可扫码阅读。

【二】夏,四月丁丑﹝十三日﹞,晋迁于新田。

○补下启本年季文子如晋贺迁(成六·八)。

○补 **晋都新田遗址**：遗址位于汾河、浍河交汇之处的三角高台地上，整体没有外城墙（郭城），体现出"大都无城"的特点。在东西九公里、南北七公里的范围内分布着八座古城址、夯土建筑基址、祭祀遗址、手工业作坊遗址、居住遗址和墓葬区。遗址时代大约在春秋中期至战国早期，与春秋中期晋迁都新田至战国早期晋被三家瓜分而亡的历史相吻合。

在发现的八座古城址中，平望、牛村、台神三城面积较大，紧挨在一起，整体呈"品"字形（平望在北，牛村在东，台神在西），位于汾河东岸台地上，占据着新田地势最高的地方。这三座城建筑年代稍有早晚，但大体上是同时使用，应该是春秋中期迁都后、战国初年三家分晋之前的晋都内城。平望古城平面略呈长方形，南城墙长六百余米，东城墙总长一千二百余米，城内发现了多处大型夯土基址，有可能是晋侯所居住的公宫所在地。牛村古城平面略呈梯形，是内外双城结构，外城南北长 1070 至 1390 米，东西宽 955 至 1070 米，内城位于外城中部偏北，有可能就是襄二十三·六·三所提到的"固宫"所在地。台神古城平面略呈长方形，南北宽 1250 米，东西长 1700 米，城内缺乏大型夯土基址，有可能是当时的国人居住区。

在台神、牛村、平望古城以东发现呈王、马庄、北邬、北郭马等四个较小的古城，都由相连或并列的两座小城组成，城中都发现了夯土建筑基址。有学者认为这四个小城可能是势力膨胀的晋卿修筑的私城。

在上述七座古城址以东还有一座较大的凤城古城。有学者认为，凤城古城应该也属于晋都新田的范围，可能是战国初年三家分晋之后的晋君居地。

祭祀遗址至今已发现八处，其中呈王路和牛村以南的两处大型夯土建筑基址群可能分别是晋国新田早期和晚期的宗庙祭祀遗址。祭祀遗址中的盟誓遗址出土了著名的"侯马盟书"（详见下）。

手工业作坊遗址包括制陶、制骨、制石圭和铸铜作坊，其中铸铜遗址面积在五万平方米以上，规模之大、出土陶范之多、制范工艺水平之高在各地同类遗址中非常罕见。

墓葬方面，在遗址西南的新绛县柳泉发现一处大型墓地，墓葬年代属于春秋中期到战国中期,有学者认为这里应该是晋公陵区。

○补 **侯马盟书**:1965 年至 1966 间在晋都新田遗址(成六·五·二)东南部发现了一处盟誓遗址,其中发现四百多个长方形坑,分甲、乙两个区域。甲区集中在遗址西北部,坑一般较小而且密集。盟书基本上全部发现于甲区,伴随盟书出土的牺牲主要是羊,偶尔也有牛、马。乙区坑位较分散,埋葬的牺牲有羊、牛、马,没有盟书出土。遗址中出土五千多片写有盟誓文辞的玉片或石片,称为“侯马盟书”,年代在春秋晚期到战国初期。玉片/石片以圭形、璋形(半圭形)为主,亦有璜形。盟誓文辞用毛笔书写,大多为朱书,少数为墨书,内容比较多样,可分为宗盟、委质、纳室、诅咒、卜筮等类。侯马盟书实例见成器物图 2。

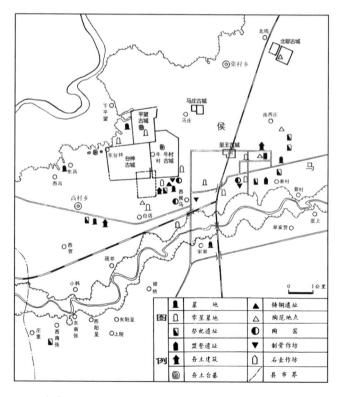

成遗址图 1　晋都新田遗址平面图(《晋都新田》,1996 年)

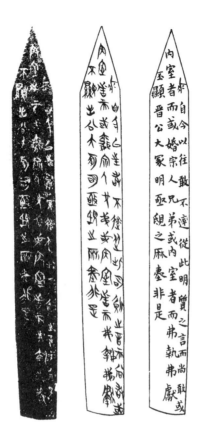

成器物图 2　侯马盟书照片、摹本、释文（《侯马盟书》,1976 年）

成公六年·六

地理 鲁、晋 2、郑、宋见成地理示意图 1。邾、鲁、晋 2、郑、宋见成地理示意图 3。

人物 邾定公(文十四·四)、子叔声伯(成元—成二·春秋)、郑悼公(成四·七·春秋)、孟献子(文十四·十二·三)、叔孙宣伯(文十一·四·一)

春秋 夏,六月,邾子邾定公来朝。

【朝】补 见隐四·二·七·一。

○正 此条《春秋》无对应《左传》。

公孙婴齐_{子叔声伯}如晋。

○补《春秋》书子叔声伯如晋在前，郑悼公卒在后，而《左传》反之。可能《春秋》所据为事件发生时间（鲁国之事）及诸侯通告上所书时间（郑国之事），而《左传》应是为了连叙鲁卿大夫如晋及鲁卿大夫伐宋二事，故有此顺序调整。

壬申_{九日}，郑伯费_{郑悼公}卒。

秋，仲孙蔑_{孟献子}、叔孙侨如_{叔孙宣伯}帅师侵宋。

左传【一】六月，郑悼公卒。

【二·一】子叔声伯如晋。[晋]命[我]伐宋。

【二·二】秋，孟献子、叔孙宣伯侵宋，晋命也。

成公六年·七

地理 楚、郑、晋 2 见成地理示意图 1。

人物 王子婴齐（宣十一·二·一）

春秋 楚公子婴齐_{王子婴齐}帅师伐郑。

左传 楚子重_{王子婴齐}伐郑，郑从晋故也。

【郑从晋】正 去年郑国与晋盟，参见成五·七。

○补 下启同年晋栾武子率师救郑(成六·九)。

成公六年·八

地理 鲁、晋 2 见成地理示意图 1。

人物 季文子(文六·二·春秋)

春秋 冬,季孙行父季文子如晋。

左传 冬,季文子如晋,贺迁也。

【贺迁也】杨 祝贺[晋]迁都[于新田]。

成公六年·九

地理 晋 2、郑、楚、蔡见成地理示意图 1。晋 2、郑、楚、蔡、绕角、申、息、桑隧见成地理示意图 5。

人物 栾武子(宣十二·一·四)、王子申、王子成、赵同(僖二十三—僖二十四·十三·二)、赵括(僖二十三—僖二十四·十三·二)、知庄子首(宣十二·一·四)、范文子(宣十七·一·八)、韩献子(宣十二·一·四)

春秋 晋栾书栾武子帅师救郑。

左传 【一·一】晋栾书栾武子救郑,与楚师遇于绕角。楚师还。晋师遂侵蔡。楚公子申王子申、公子成王子成以申、息之师救蔡,御诸(之于)桑隧。

【绕角】杨 补 在今河南鲁山东南。蔡地。参见《图集》24—25⑤3。
【楚师还】杨 楚师回国。据襄二十六·八·二,晋用析公之谋,夜攻楚师,楚师宵溃。

【公子申】补王子申。芈姓,名申。楚大夫,任右司马。襄二年被楚人所杀。

【申】补见隐元·四·一。

【息】补见隐十一·四·一。

【御】补抵抗。【桑隧】正杨补在今河南确山东。蔡地。参见《图集》29—30④6。

[一·二]赵同、赵括欲战,请于武子栾武子。武子将许之。知 zhì 庄子、范文子、韩献子谏曰:"不可。吾来救郑,楚师去我,吾遂至于此,是迁戮也。[吾]戮而不已,又怒楚师,战必不克;[吾]虽克,不令。[吾]成师以出,而败楚之二县,何荣之有焉?[吾]若不能败,为辱已甚。[吾]不如还也。"[晋师]乃遂还。

【楚师去我】补楚师离我而去。

【是迁戮也】杨补这是把杀戮转移到别国(指蔡)。

【虽克,不令】杨即使战胜,也不是好事。令,善。

【成师以出】正晋六军皆出,故曰"成师以出"。

【楚之二县】正指申、息。

【已】杨太。

[二]于是军帅之欲战者众。

或谓栾武子曰:"圣人与众同欲,是以济事。子盍(何不)从众?子为大政,将酌于民者也。子之佐十一人,其不欲战者,三人而已。欲战者可谓众矣。《商书》曰'三人占,从二人',众故也。"

【济事】补成事。

【大政】正杨执政大臣,指中军元帅。

【酌于民】正斟酌民心[以为政]。

【子之佐十一人】正知庄子首佐中军；中行宣子将上军，范文子佐之；郤献子将下军，赵同佐之；韩献子将新中军，赵括佐之；巩朔将新上军，韩穿佐之；荀文子将新下军，赵旃佐之。此十一人位次皆在中军帅栾武子之下，故曰"子之佐十一人"。

【三人占，从二人】正杨今本《尚书·周书·洪范》（疑古属《商书》）有"三人占，则从二人之言"，此处是概括大意。

武子栾武子曰："善钧（均），从众。夫善，众之主也。三卿为主，可谓众矣。从之，不亦可乎？"

【善钧……主也】正杨补[双方观点]同样是善谋，则听从人多的一方。[若一方观点明显更正确，则]善谋[凌驾于人多之上，]为人多之主。钧，等。

【三卿为主，可谓众矣】正杨补三位卿[的谋划都是善谋，足以]作为[民众的]主子，[三个主子]可以说是"众"了。《国语·周语》："三人为众"。

○正下启成八年晋侵蔡（成八·二）。

成公七年·一

地理 鲁见成地理示意图 1。

春秋 七年，春，王正月，鼷鼠食郊牛角。改卜牛，鼷鼠又食其角，乃免牛，不郊，犹三望。

○ 正 杨 补 郊祭(见桓五·四)前，需要选择牛而占卜吉凶，吉则养之，然后占卜郊祭之日。未卜日之前称为"牛"，卜日之后称为"牲"。此处称"郊牛"，说明已占卜吉凶，养为郊祭用牛，但尚未卜日。郊牛角被鼷鼠咬缺，因此另选牛，再卜吉凶。第二只牛的牛角又被鼷鼠咬缺，于是放弃该牛不杀，因而放弃郊祭，可是仍然望祭东海、淮水、泰山。免牛则可，不郊则为非礼；既不郊而又举行望祭，亦为非礼，故《春秋》书之以示讥讽。参见僖三十一·二。

○ 杨 《春秋》书鼷鼠食郊牛之事共有三处，包括本处及定十五·二、哀元·四。

○ 正 此条《春秋》无对应《左传》。

○ 补 通行本中，"不郊，犹三望"原在成七·二·春秋"吴伐郯"之后。遍检《春秋》，凡言"不郊"，除此处之外，都是紧接郊祭占卜不顺之后，以说明最终的处理方式。此处亦不应例外。据上述理由，因而有此调整。

成公七年·二

地理 吴、鲁见成地理示意图 1。吴、郯、鲁见成地理示意图 5。

人物 季文子(文六·二·春秋)

春秋 吴伐郯 tán。

左传 [一] 七年，春，"吴伐郯"。郯成。

【郯成】 杨 郯[与吴]讲和。

[二・一] 季文子曰:"中国不振旅,蛮夷入伐,而莫之或恤。无吊 dì 者也夫!《诗》曰'不吊 dì 昊天,乱靡有定',其此之谓乎!有上不吊 dì,其谁不受乱? 吾亡无日矣!"

【中国……或恤】正 杨 补 中原华夏国家(实指晋)不整顿军队,蛮夷(指吴)打进来了,而没有人对此忧虑。振旅见隐五・一。恤,忧。

【无吊者也夫】杨 补 [这是因为]没有善人[的缘故]啊! 吊,善的意思。

【不吊昊天,乱靡有定】正 杨 补《毛诗・小雅・节南山》有此句,可译为"上天不善,祸乱没有安定的时候"。昊,大。靡,无。

【有上不吊】补 居于上位的国家(指晋)不良善。

○杨 补 郯距鲁不远,吴在当时被华夏诸国视为蛮夷,竟北上侵伐至郯,说明此时位于今江苏南部的吴已经将江苏中部甚至北部变成了自己的势力范围或疆域,鲁执政因此忧惧。中原霸主晋对于吴伐郯不加干涉,很有可能是因为此时晋正在支持吴对抗楚(参见成七・六・三)。而季文子说"有上不吊",正是指责晋为了晋楚争霸的战略利益而牺牲鲁、郯这些盟国的利益。

[二・二] 君子曰:"知惧如是,斯不亡矣。"

成公七年・三

地理 郑、晋 2 见成地理示意图 1。

人物 公子去疾(宣四・三・二)、郑成公

左传 郑子良公子去疾 相 xiàng 成公郑成公以如晋,见[晋侯],且拜师。

【成公】补 郑成公。姬姓,名睔,谥成。郑襄公(文九・二・一)之子,郑悼公(成四・七・春秋)之弟。成七年即位,在位十四年。成九年被晋人所执。成十年归于郑。襄二年卒。

【拜师】正 拜谢成六年晋师救郑。

○正 下启本年楚伐郑(成七·五)。

成公七年·四

地理 曹、鲁见成地理示意图1。

人物 曹宣公(宣十七·一)

春秋 夏,五月,曹伯曹宣公来朝。

【朝】补 见隐四·二·七·一。

左传 夏,曹宣公来朝。

成公七年·五

地理 楚、郑、鲁、晋2、齐、宋、卫、曹见成地理示意图1。郑、鲁、晋2、齐、宋、卫、曹、邾、马陵、氾见成地理示意图3。鲁、齐、宋、卫、曹、莒、邾、杞见成地理示意图4。楚、郑、鲁、晋2、宋、卫、曹、莒、邾、郧见成地理示意图5。

人物 王子婴齐(宣十一·二·一)、鲁成公(成元·○)、晋景公(宣十一·四)、齐顷公(宣十·十三·春秋)、宋共公(成三·一·春秋)、卫定公(宣十八·一·春秋)、曹宣公(宣十七·一)、莒渠丘公(文十八·三·一)、邾定公(文十四·四)、杞桓公(僖二十七·一·春秋)、共仲、侯羽、钟仪

春秋 秋,楚公子婴齐王子婴齐帅师伐郑。

公鲁成公会晋侯晋景公、齐侯齐顷公、宋公宋共公、卫侯卫定公、曹伯曹宣公、莒子莒渠丘公、邾子邾定公、杞伯杞桓公救郑。八月戊辰十一日,[诸

侯]同盟于马陵。

【马陵】正 杨 补 在今河北大名马牧地村附近。卫地。参见《图集》24—25②6。《图集》标注不准确,本书示意图依据《图志》标注。

公鲁成公至自会。

○正 此条《春秋》无对应《左传》。

左传【一】秋,楚子重王子婴齐伐郑,师于氾 fán。诸侯救郑。郑共 gōng 仲、侯羽军楚师,因郧 yún 公钟仪,献诸(之于)晋。

【氾】见僖二十四·二·五。

【共仲、侯羽】正 二人皆为郑大夫。【军】补 攻击。

【郧】见桓十一·二。【钟仪】补 钟氏,名仪。楚大夫,任郧县公。成七年被郑人所因,献于晋。成九年归于楚。

【二】八月,"同盟于马陵",寻虫牢之盟,且莒 jǔ 服故也。

【寻虫牢之盟】正 重温成五年虫牢之盟(成五·七)。

【且莒服故也】正 莒本为齐属国。齐服于晋,莒也随之服于晋。

【三】晋人以钟仪归,因诸(之于)军府。

【军府】正 杨 军用储藏库,也可用于囚禁战俘。

○正 下启成九年晋景公见钟仪于军府(成九·八·三)。

成公七年·六

地理 吴、楚、宋、晋 2、郑、徐见成地理示意图 1。吴、州来、楚、宋、晋 2、郑、巢、徐、申、吕、汉水见成地理示意图 5。

人物 王子婴齐(宣十一·二·一)、楚庄王(文十四·十一·一)、屈巫臣(宣十二·二·一)、王子侧(宣十二·一·六)、夏姬(宣九·

八·一·一)、楚共王(成二·四·四)、子阎、子荡、清尹弗忌、连尹襄老(宣十二·一·十四·三)、黑要(成二·四·三)、沈尹子桱(宣十二·一·六)、王子罢、晋景公(宣十一·四)、吴王寿梦、屈狐庸

春秋 吴入州来。

【州来】 正 杨 补 周时国,在今安徽凤台(有争议,详见下)。成七年前为楚属国。成七年吴入州来。襄三十一年地已入于吴为邑,曾为王子札采邑。昭四年已为楚属国。昭十三年被吴所灭。昭十九年地已入于楚。昭二十三年地复入于吴。哀二年至获麟之岁(哀十四年)后三十四年为蔡都,又称"下蔡"。参见《图集》29—30④8。

○ 补 **州来地望:** 传统说法认为州来位于淮水以北的安徽凤台。然而,从昭八—昭九·四"州来淮北之田"之语来看,州来似乎是横跨淮水两岸。此外,淮北凤台没有重要先秦考古发现,而隔淮水相对的寿县却有大量发现,因此有学者认为,州来的重心在淮南寿县,淮北的凤台只是州来一部分。本书示意图仍采用《图集》观点,而在此提醒读者注意。

左传 【一·一】 楚围宋之役,师还,子重王子婴齐请取于申、吕以为赏田。王楚庄王许之。申公巫臣屈巫臣曰:"不可。此申、吕所以邑也,是以为赋,以御北方。若取之,是无申、吕也。晋、郑必至于汉。"王乃止。子重是以怨巫臣屈巫臣。

【楚围宋之役】 正 杨 见宣十四·四及宣十五·二。

【申】 补 见隐元·四·一。**【吕】** 杨 补 在河南南阳董营村一带,此时为楚县。吕人本为太岳(隐十一·二·五)之后,姜姓,是商时古国,与姬姓周国长期通婚,其国在霍太山地区,后为晋邑(参见僖十—僖十一·四·一)。西周初年曾分封吕人至东土,建立齐(隐三·七·春秋)、许(隐十一·二·春秋)。周宣王时又封申、吕于南土。庄七年至

庄十年间被楚所灭,地入于楚为县。参见《图集》29—30③4。

【此申……为赋】正 杨 补这些[公室之田]是申、吕两地赖以成为楚县邑的基础,楚从这些田地征调军赋(军需物资和兵员),以抵御北方[中原国家的入侵]。

【汉】杨 补汉水,见桓六·二·二。

〔一·二〕子反王子侧欲取夏姬,巫臣止之,[巫臣]遂取[夏姬]以行,子反亦怨之。

【子反……以行】杨事见成二·四。

〔二〕及共gōng王楚共王即位,子重王子婴齐、子反王子侧杀巫臣屈巫臣之族子阎、子荡及清尹弗忌,及襄老连尹襄老之子黑要,而分其室:子重取子阎之室,使沈尹沈尹子牷与王子罢pí分子荡之室;子反取黑要与清尹之室。巫臣自晋遗wèi二子书,曰:"尔以谗慝tè贪婪事君,而多杀不辜,余必使尔罢(疲)于奔命以死。"

【及共王即位】正 杨 补楚共王即位在成元年。据成二·四·六,王子婴齐、王子侧杀人之事实际上发生在成二年屈巫臣携夏姬奔晋之后,大概与王子侧要求禁锢屈巫臣同时,而并不是紧接着楚共王即位。

【及襄老之子黑要】正 补据成二·四,王子侧放弃夏姬后,楚庄王将夏姬赐予连尹襄老为妻。宣十二年襄老战死,其子黑要曾烝夏姬。王子侧以不得夏姬为恨,故其复仇之举波及黑要。

【沈尹】补见宣十二·一·六。【王子罢】补芈姓,名罢。楚大夫。

【巫臣自晋遗二子书】补此时屈巫臣为晋邢大夫,因此自晋投书于王子婴齐、王子侧。

【不辜】补即"无辜"。

〔三〕巫臣屈巫臣请使于吴,晋侯晋景公许之。吴子寿梦吴王寿梦说(悦)之。[巫臣]乃通吴于晋,以两之一卒适吴,舍偏两之一焉,与其射、御,教吴乘车,教之战陈(阵),教之叛楚。[巫臣]置其子狐庸屈狐庸焉,使为行人于吴。吴始伐楚、伐巢、伐徐,子重王子婴齐奔命。马陵之会,吴入州来,子重自郑奔命。子重、子反于是乎一岁七奔命。蛮夷属于楚者,吴尽取之,是以始大。[狐庸]通吴于上国。

【吴子寿梦】正 补 吴王寿梦。姬姓,传世文献中所见名号有"乘"(《左传》经)、"寿梦"(《左传》《史记》)、"孰姑""孰梦诸""祝梦诸"(《世本》)等。铜器铭文中所见名号为"寿梦"(绍兴剑铭文)。吴王去齐之子。成六年即位,在位二十五年。襄十二年卒。据《史记·吴太伯世家》,"寿梦立而吴始益大,称王"。

【乃通……一焉】杨 补 兵车编制,十五辆为一偏,两偏为一卒。屈巫臣促成吴、晋通好,带着晋的一卒(两之一卒,即合两偏为一卒)兵车到吴,并留下一偏在吴。据清华简二《系年》及杨注,此事应在成六年(去年)。

【射】杨 射箭手。【御】杨 驾车人。

【狐庸】补 屈狐庸。芈姓,屈氏,名狐庸。屈巫臣(宣十二·二·一)之子。本为楚人,成元年随父至晋,后至吴,任行人。

【行人】补 吴外朝官,掌外交事务。

【子重自郑奔命】正 补 吴入州来之时,王子婴齐正率楚师在郑(成七·五),故自郑奔命。

【上国】正 杨 中原华夏诸国。

○补 吴王寿梦即位在成六年,而吴入州来在成七年秋天。因此屈巫臣通使于吴应该在成六年初,可能就是代表晋去访问新即位的吴王寿梦。屈巫臣/屈狐庸教吴战阵应该是发生在成六年至成七年之间,而吴伐楚、伐巢、伐徐、救州来都发生在成七年,属于"子重、子反于是乎一岁七奔命"中的四次。

○补 **出土文献对读:**夏姬、屈巫臣之事见宣九·八、宣十·四、宣十一·五、宣十二·一·十四·三、成二·四及本年。清华简二《系年》叙夏姬(少䣌)、屈巫臣之事与《左传》多有不同,可扫码阅读。

对比《系年》与《左传》，主要不同之处在于：

一、根据《系年》记载，少𡚾为公子征舒之妻。而根据《左传》记载（以及《国语·楚语上》），夏姬为夏御叔（公孙）之妻，夏征舒（公孙之子）之母。相比之下，《系年》版本更加合理。按照《左传》记载，则夏姬嫁给夏御叔，与夏御叔生夏征舒，而且宣十年夏征舒射杀陈灵公时，征舒应已成年。这样算来，在陈灵公被杀时，夏姬应该已经三十多岁接近四十岁了。这样一个中年女子，竟然让陈、楚国君和卿大夫神魂颠倒，确实是不可思议。后来成二年申公巫臣设计与夏姬成婚逃到晋时，夏姬已经接近五十岁。据昭二十八·四·四，夏姬在晋安顿下来之后还生了女儿，这更加令人难以相信。因此，刘向《列女传》只能归结于夏姬有媚术，能老而复壮。而根据《系年》记载，公子征舒是夏姬的丈夫，夏姬应该比他更年轻，完全可能是一位少女。这样一来，后来人物的年岁就全部合理了。而且，据《史记·陈杞世家》记载，征舒杀了陈灵公之后自立为君，这只有当"征舒"如《系年》所言是"公子征舒"才有可能。

二、根据《系年》记载，宣十一年冬楚庄王伐陈之前，屈巫臣曾经前往秦请求出兵，并成功带来秦师，此事为《左传》等传世文献所不载。不过《左传》确实提及，楚庄王伐陈时有诸侯军队参与。

三、根据《系年》记载，楚庄王得到少𡚾之后，就将少𡚾赐予屈巫臣为妻，后来被连尹襄老强夺。这与《国语·楚语上》"庄王既以夏氏之室赐申公巫臣"相合。而根据《左传》记载，楚庄王想要纳夏姬为妾，被屈巫臣劝阻；王子侧想要娶夏姬为妻，也被屈巫臣劝阻，最终楚庄王将夏姬赐予连尹襄老。《系年》的记载给屈巫臣争夺夏姬、最终带走夏姬提供了一个非常正当的理由，那就是：夏姬本来就是楚庄王赐给屈巫臣的妻子。

四、根据《系年》记载，黑要在成元年楚共王即位不久以后就死了，后面才有申公巫臣设计与少𡚾出逃之事。而根据《左传》

记载，黑要是在屈巫臣、夏姬出逃之后，被王子婴齐、王子侧所杀。按《左传》版本，则夏姬提出要前往郑迎回连尹襄老之尸时，她的丈夫、襄老之子黑要仍健在。这种情形下，楚王竟然会同意由夏姬而不是黑要前往迎回尸体，非常不符合当时礼制。相比之下，《系年》说法更为合理。

五、根据《系年》记载，黑要死后，屈巫臣与王子侧争少䣛，在楚时就夺回了少䣛，而王子侧继续与屈巫臣作对。后来屈巫臣不堪忍受，于是偷偷带上少䣛出逃至齐，最终至晋。而根据《左传》记载，屈巫臣布了一个很有挑战性的局：先说服夏姬愿意跟自己结婚，然后骗过楚庄王将夏姬调到郑，继而自己借出使机会前去与夏姬会合，经郑襄公同意结为夫妻，然后一起出逃。相比之下，《左传》版本过于曲折离奇，而《系年》版本更为可信。实际上，襄二十六·八·二声子所言"子反（王子侧）与子灵（屈巫臣）争夏姬，而雍害其事，子灵奔晋"，正与《系年》相合。

总体而言，《系年》版本应该是一个更加简单明了、更贴近事件真相的版本，而《左传》版本可能是中原人添加了许多戏剧化情节后的版本。

成公七年·七

地理 鲁见成地理示意图1。

春秋 冬，[我]大雩 yú。

【雩】补 见桓五·四·春秋。

成公七年·八

地理 卫、晋2见成地理示意图1。卫、晋2、戚见成地理示意图3。

人物 孙文子、卫定公（宣十八·一·春秋）

春秋 卫孙林父 fǔ,孙文子 出奔晋。

【孙林父】 正 杨 补 孙文子。姬姓,孙氏,名或字林,谥文。孙桓子（宣七·一·春秋）之子。卫大夫,官至卿位。成七年奔晋。成十四年自晋归于卫。襄二十六年以采邑戚叛如晋。食采于戚。

左传【一】 卫定公恶 wù 孙林父 孙文子。冬,孙林父 出奔晋。

【二】 卫侯 卫定公 如晋,晋反（返）戚焉。

【晋反戚焉】 正 补 孙林父出奔晋,将其采邑戚也献给晋。此时晋将其归还卫。【戚】 补 见 文元·三·春秋。

成公八年·一

地理 晋2、鲁、齐见成地理示意图1。鲁、齐、汶水见成地理示意图4。

人物 晋景公(宣十一·四)、韩穿(宣十二·一·四)、季文子(文六·二·春秋)

春秋 八年,春,晋侯晋景公使韩穿来言汶阳之田,归之于齐。

【汶阳之田】补 见僖元·六。

○正 补 成二年鞌之役后,齐服于晋。晋为进一步巩固与齐的关系,决定违背成二年将汶阳之田划归鲁的决定,转而迫使鲁将其"归还"给齐。

○补 传世文献对读:《公羊传·成公八年》叙此事版本为:"鞌之战,齐师大败。齐侯归,吊死视疾,七年不饮酒、不食肉。晋侯闻之曰:'嘻!奈何使人之君,七年不饮酒、不食肉!请皆反其所取侵地。'"

左传【一】"八年,春,晋侯使韩穿来言汶阳之田,归之于齐。"

【二】季文子饯之,私焉,曰:

【饯】正 送行饮酒。

【私焉】正 私下交谈。

"大国制义,以为盟主,是以诸侯怀德畏讨,无有贰心。[晋]谓汶阳之田,敝邑之旧也,而用师于齐,使[齐]归诸(之于)敝邑。今[晋]有二命曰'归诸(之于)齐'。信以行义,义以成命,小国所望而怀也。信不可知,义无所立,四方诸侯,其谁不解体?

【谓汶……敝邑】 正 杨 补 指鞌之战后晋使齐将汶阳之田归还鲁，参见成元—成二·十六。

"《诗》曰：'女也不爽，士贰其行。士也罔 wǎng 极，二三其德。'七年之中，一与一夺，二三孰甚焉！ 士之二三，犹丧妃(配)耦(偶)，而况霸主？ 霸主将德是以，而二三之，其何以长有诸侯乎？

【女也……其德】 正 杨 补 《毛诗·卫风·氓》有此句，可译为"女子并无差错，士人却有二心。士人没有准限，德行前后不一"。季文子以女子比喻鲁，以士人比喻晋。爽，差。罔，无。极，准限。

【霸主将德是以】 正 杨 即"霸主将用德"。以，用。

"《诗》曰：'犹(猷)之未远，是用大简(谏)。'行父 fǔ，季文子惧晋之不远犹(猷)而失诸侯也，是以敢私言之。"

【犹之未远，是用大简】 正 杨 《毛诗·大雅·板》有此句，而"简"作"谏"。可译为"谋划缺乏远见，因此极力来劝谏"。犹，谋。是用，因此。

成公八年·二

地理 晋2、蔡、楚、郑见成地理示意图1。晋2、蔡、楚、沈、郑见成地理示意图5。

人物 栾武子(宣十二·一·四)、申骊、沈子揖初、知庄子首(宣十二·一·四)、范文子(宣十七·一·八)、韩献子(宣十二·一·四)、郑成公(成七·三)

春秋 晋栾书栾武子帅师侵蔡。

○ 补 成六年晋侵蔡未得志，故本年再次侵蔡。

左传 【一·一】晋栾书 栾武子侵蔡，遂侵楚，获申骊 lí。楚师之还也，晋侵沈，获沈子揖初。从知 zhì，知庄子首、范 范文子、韩 韩献子也。

【申骊】 正 补 申氏，名骊。楚大夫。成八年被晋栾武子所获。

【从知、范、韩也】 正 补 ［取得上述胜利都是由于］听从了知庄子首、范文子、韩献子三卿［的意见］。

【一·二】君子曰："从善如流，宜哉！《诗》曰'恺 kǎi 悌 tì 君子，遐不作人'，求善也夫！作人，斯有功绩矣。"

【恺悌君子，遐不作人】 正 杨 《毛诗·大雅·旱麓》有此句，而"恺悌"作"岂弟"。可译为"恭敬随和的君子，为何不起用人才"。遐不，何不。作，用。

【二】是行也，郑伯 郑成公将会晋师，门于许东门，大获焉。

【门于许东门】 正 补 攻打许都东门。郑成公率军路过许都，见其不备，因而攻打。

成公八年·三

地理 鲁见成地理示意图 1。鲁、莒见成地理示意图 4。

人物 子叔声伯（成元—成二·春秋）

春秋 公孙婴齐 子叔声伯如莒 jǔ。

左传 声伯 子叔声伯如莒，［为己］逆［妇］也。

○ 正 补 子叔声伯此次如莒是自己亲迎新妇。昏礼参见隐七·七·二。

成公八年·四

地理 宋、鲁见成地理示意图1。

人物 宋共公（成三·一·春秋）、华元（文十六—文十七·一·二）、公孙寿（文十六—文十七·一·二）、共姬

春秋 宋公_{宋共公}使华元来聘。

夏，宋公_{宋共公}使公孙寿来纳币。

【纳币】补 即纳征，参见隐七·七·二"昏礼"。

左传【一】 宋华元来聘，〔为君〕聘共 gōng 姬也。

【聘】补 聘问，参见隐七·四·春秋。

【聘】杨 补 对照隐七·七·二"昏礼"，考虑到公孙寿再次前来时所行之礼为"纳币"，因此此处之"聘"可能相当于"下达""纳采""问名""纳吉"等步骤压缩而成。【共姬】正 补 鲁女，姬姓，排行伯。鲁宣公（文十七—文十八·五·二）之女，鲁成公（成元·〇）姊妹，穆姜（宣元·一）所生，宋共公（成三·一·春秋）夫人，宋平公（成十五·三·春秋）之母。成九年归于宋。襄三十年卒。

【二】 "夏，宋公使公孙寿来纳币"，礼也。

成公八年·五

地理 晋2见成地理示意图1。

人物 赵同（僖二十三—僖二十四·十三·二）、赵括（僖二十三—僖二十四·十三·二）、赵庄姬（成四—成五·一）、赵婴齐（僖二十三—僖二十四·十三·二）、晋景公（宣十一·四）、栾武子（宣十二·一·

四）、郤锜、赵文子、祁奚、韩献子（宣十二·一·四）、赵成子（僖二十三—僖二十四·一·一）、赵宣子（僖二十三—僖二十四·一·二）

春秋 晋杀其大夫赵同、赵括。

○ 正 补 据文六·四·三及文七·二·三，则《春秋》书国杀，又书被杀卿大夫之名氏，表明赵同、赵括有罪于晋。据下文《左传》，则赵同、赵括实无罪，但晋既讨杀赵同、赵括，则通告各诸侯国文书中必言二人有罪，《春秋》因而书之。

左传【一】晋赵庄姬为赵婴 赵婴齐 之亡故，谮 zèn 之于晋侯 晋景公，曰"原 赵同、屏 赵括 将为乱"，栾 栾武子、郤 xì，郤锜 为征。六月，晋讨赵同、赵括。武 赵文子 从姬氏 赵庄姬 畜于公宫。〔晋人〕以其田与祁奚。

【晋赵……为乱】正 补 成五年赵婴齐因与赵庄姬通奸而被赵同、赵括放逐（参见成四—成五）。赵庄姬心怀怨恨，因此在本年向晋景公进此谗言。

【栾、郤为征】杨 补 栾武子、郤锜为〔赵庄姬〕作证。中军帅栾武子是下军佐赵同、新中军佐赵括的大领导，而下军帅郤锜则是赵同的直接领导。郤锜，姬姓，郤氏，名锜，排行伯。郤献子之子。晋大夫，官至卿位。成四年可能已任下军帅（卿职），成六年已任下军帅（卿职），成十三年已任上军佐（卿职），成十六年已任上军帅（卿职）。成十七年被晋厉公指使长鱼矫所杀。食采于驹。

【讨】杨 诛杀。

【武从姬氏畜于公宫】杨 补 赵庄姬为晋成公女，晋景公姊妹。据宣二·三·六·二，则赵宣子去世后，赵括即为赵氏族长。赵括被谮杀，赵氏即绝祀。赵庄姬无所归，故归于其母家，居于公宫。赵文子为赵庄姬所生，故随赵庄姬居住。【武】正 补 赵文子。嬴姓，赵氏，名武，谥献、文，单谥文。赵庄子（宣八·三）之子，赵庄姬（成四—成五·一）所生。晋大夫，官至执政卿（继范宣子）。宣十七年后生。曾任公族大夫,襄元年可能已任新军佐(卿职),襄三年可能已任新军帅(卿职),襄九年已任新军帅(卿职),襄十三年任上军帅(卿职),襄十九年可能已任中军佐(卿职),襄二十五年任中军帅(卿职)。昭元年卒,享年 50 岁左右。据《大戴礼记·卫将军文子》,孔子认为:"畏天而敬人,服义而行信,孝于父母而恭于兄,好从善而教往,盖<u>赵文子</u>之行也。"据《国语·晋语九》,赵氏家臣邮无正认为:"昔先主<u>文子</u>少衅于难,从姬氏于公宫,有孝德以出在公族,有恭德以升在位,有武德以羞为正卿,有温德以成其名誉,失<u>赵氏</u>之典刑,而去其师保,基于其身,以克复其所。"【公宫】补晋都新田遗址(成六·五·二)中的平望古城中发现了多处大型夯土基址,意味着这里曾经有一个大型宫殿建筑群,有学者认为这里可能就是晋侯所居住的公宫所在。

【以其田与祁奚】杨田地为卿族主要财产。赵氏绝祀,只有赵文子随赵庄姬住在公宫幸免。因此晋景公收回赵氏田地,转而赏赐给他人。**【祁奚】**杨 补姬姓,祁氏,名奚,字黄羊。高梁伯之子,晋献侯之后。晋大夫。成十八年已任中军尉,襄三年告老还家。襄十六年已复出任公族大夫,襄二十一年前已再次告老还家。食采于祁。
【祁】正 杨 补在山西祁县祁城村。晋邑,先为祁氏邑,昭二十八年为晋县。参见《图集》22—23④9。

[二]<u>韩厥</u>韩献子言于<u>晋侯</u>晋景公曰:"<u>成季</u>赵成子之勋,<u>宣孟</u>赵宣子之忠,而无后,为善者其惧矣。三代之令王,皆数百年保天之禄。夫岂无辟 pì 王? 赖前哲以免也。《周书》曰'不敢侮鳏 guān 寡',所以明德也。"[晋人]乃立武,而反(返)其田焉。

【三代】补虞、夏、商。**【令王】**补善王。
【辟王】正 补邪僻的君王。
【不敢……德也】正 补今本《尚书·康诰》(见定三—定四·五·四)有"不敢侮鳏寡",可译为"[周文王]不敢欺侮鳏夫寡妇"。韩献子引用此句,是希望晋景公昭明周文王之德。
○杨 补据成十七·十·五,赵氏对韩献子曾有养育之恩,故韩献子此时为进言保全赵氏。据《史记·赵世家》,则韩献子劝晋景公复立赵氏、返还田产,在是趁晋景公患病时进言,以禳除致病厉鬼为名(参见成十·五)。晋景公梦见厉鬼患病在成十年,本段可能是探后言之。

> ○补 笔者对于赵氏被灭的实质性原因有详细分析,请见专著《虎变:晋国大族的兴盛与衰亡》(出版中,暂定书名)相关章节。

成公八年·六

地理 周、鲁见成地理示意图1。

人物 周简王、召桓公(宣六·四)、鲁成公(成元·○)

春秋 秋,七月,天子周简王使召伯召桓公来赐公鲁成公命。

【天子】补 周简王。姬姓,名夷,谥简。周定王(宣三·四)之子。成六年即位,在位十四年。襄元年卒。

○补 周王赐诸侯命参见庄元·四·春秋。

左传 秋,召桓公来赐公命。

成公八年·七

地理 晋2、吴见成地理示意图1。晋2、吴、莒、渠丘见成地理示意图5。

人物 晋景公(宣十一·四)、屈巫臣(宣十二·二·一)、莒渠丘公(文十八·三·一)

左传 晋侯晋景公使申公巫臣屈巫臣如吴,假道于莒jǔ。

[巫臣]与渠丘公莒渠丘公立于池上,曰:"城已恶!"

【渠丘】正杨补在今山东莒县东南。莒邑。参见《图集》26—27
④6。

【池上】正杨补护城河边。

【城已恶】杨补城墙太破败了。已,太。

莒子莒渠丘公曰:"辟(僻)陋在夷,其孰以我为虞?"

【虞】正杨补望,觊觎,这里作名词,觊觎的对象。

○杨补莒渠丘公说:"[我国]偏僻简陋,处在蛮夷之地,有谁会把我
国作为觊觎[的对象]呢?"

[巫臣]对曰:"夫狡焉思启封疆以利社稷者,何国蔑有?唯然,
故多大国矣。唯或思或纵也。勇夫重 chóng 闭,况国乎?"

【夫狡……蔑有】正补狡猾而想要为国家开疆拓土的人,哪个国家
没有?狡焉,奸猾貌。

【故多大国矣】补这里讲的大国,应该是指比莒大的国家,既包括春
秋四大国晋、楚、齐、秦,也包括鲁、卫、郑、宋等,所以屈巫臣说"多大
国矣"。

【唯或思或纵也】杨只不过[被大国侵伐的小国]有的思虑[为备,因
而得存],有的放纵[而不为备,因而灭亡]罢了。

【重闭】杨内外门户层层关闭。

○正下启成九年楚伐莒,莒溃(成九·十)。

成公八年·八

地理鲁见成地理示意图 1。杞、鲁见成地理示意图 4。

人物杞叔姬(成四·三)

春秋冬,十月癸卯二十三日,杞叔姬卒。

○ 正 补 杞叔姬成五年春被休归鲁，至今年卒。因为最终由杞桓公迎回杞安葬（成九·一），没有和杞完全断绝关系，因此书"杞"。参见文十二·二·二"不言'杞'，绝也"。

左传 冬，"杞叔姬卒"。来归自杞，故[《春秋》]书。

成公八年·九

地理 晋 2、鲁、齐见成地理示意图 1。鲁、齐、邾、郯见成地理示意图 4。

人物 晋景公（宣十一·四）、范文子（宣十七·一·八）、叔孙宣伯（文十一·四·一）、鲁成公（成元·○）、季文子（文六·二·春秋）

春秋 晋侯晋景公使士燮 xiè，范文子来聘。

【聘】 补 见隐七·四·春秋。

叔孙侨如叔孙宣伯会晋士燮、齐人、邾人伐郯 tán。

左传 晋士燮 xiè，范文子来聘，言伐郯也，以其事吴故。公鲁成公赂之，请缓师。文子范文子不可，曰："君命无贰，失信不立。礼无加货，事无二成。君鲁成公后诸侯，是寡君晋景公不得事君也。燮范文子将复之。"季孙季文子惧，使宣伯叔孙宣伯帅师会伐郯。

【以其事吴故】 正 补 成七年吴伐郯，郯与吴讲和之后，便服事吴。

【公赂之，请缓师】 补 从成七·二季文子之言可知，季文子认为出现吴伐郯这样的事故，首先应该归罪于"中国不振旅""有上不吊"，也就是归罪于中原霸主晋为了联吴抗楚，竟然纵容吴伐郯；然后应该归罪于"蛮夷入伐"，也就是归罪于施加兵乱的吴。晋一方面马上要洗脱吴的蛮夷身份，将其拉入晋联盟（参见成九·二·二），因此当然不会惩处吴;另一方面又要回应鲁的安全关切,竟然归罪于被吴侵略的郯,要追究郯在被吴打败后事奉吴的"罪行"。鲁高层不愿参与伐郯这种倒行逆施的行动,因此提出延缓出师。

【文子不可】 补 范文子如果同意缓师,则一来折损霸主威势,二来间接承认晋理亏,因此要强词夺理加以拒绝。

【礼无加货】 杨 依礼不应[在规定之外再]增加财货。这是拒绝鲁人之赂。

【事无二成】 杨 补 事情不能两边都认为圆满。范文子意谓,鲁要么出师而不得罪晋,要么缓师而得罪晋,二者必选其一。这是拒绝鲁人延缓出师。

【燮将复之】 杨 我将据此向晋景公复命。

○ 补 晋为进一步加强晋、齐友好,不惜背信弃义迫使鲁将汶阳之田归还给齐,而同年又称"君命无贰,失信不立",迫使鲁参与倒行逆施的伐郯行动。霸主为实现其战略意图而在道义上朝三暮四的情状,甚为露骨。

成公八年 · 十

地理 卫、鲁见成地理示意图 1。

人物 共姬(成八 · 四 · 一)

春秋 卫人来媵 yìng[共姬]。

【媵】 补 见庄十九—庄二十—庄二十一 · 春秋。

左传 卫人来媵共 gōng 姬,礼也。凡诸侯嫁女,同姓媵之,异姓则否。

○ 补 卫与鲁同为姬姓,故曰"礼也"。

成公九年·一

地理 鲁见成地理示意图 1。杞、鲁见成地理示意图 4。

人物 杞桓公（僖二十七·一·春秋）、杞叔姬（成四·三）

春秋 九年，春，王正月，杞伯杞桓公来逆叔姬杞叔姬之丧以归。

左传 九年，春，杞桓公来逆叔姬杞叔姬之丧，[我]请之也。杞叔姬卒，为杞故也。[杞伯]逆叔姬，为我也。

【丧】杨死尸。

【请之也】正 杨是鲁请求杞桓公这样做的。杞叔姬被杞桓公休弃而归鲁，夫妇之义已绝。如今杞桓公前来取回杞叔姬灵柩归国安葬，实因迫于鲁国请求而为之。

【杞叔姬卒，为杞故也】杨杞叔姬去世，是因为[被]杞[休弃]的缘故。

成公九年·二

地理 鲁、晋 2、齐、宋、卫、郑、曹、吴见成地理示意图 1。鲁、晋 2、齐、宋、卫、郑、曹、蒲见成地理示意图 3。鲁、齐、宋、卫、曹、莒、杞见成地理示意图 4。

人物 鲁成公（成元·○）、晋景公（宣十一·四）、齐顷公（宣十·十三·春秋）、宋共公（成三·一·春秋）、卫定公（宣十八·一·春秋）、郑成公（成七·三）、曹宣公（宣十七·一）、莒渠丘公（文十八·三·一）、杞桓公（僖二十七·一·春秋）、季文子（文六·二·春秋）、范文子（宣十七·一·八）

春秋 公鲁成公会晋侯晋景公、齐侯齐顷公、宋公宋共公、卫侯卫定公、郑伯郑成公、曹伯曹宣公、莒子莒渠丘公、杞伯杞桓公，同盟于蒲。

【蒲】杨见桓三·三·春秋。

公鲁成公至自会。

○正此条《春秋》无对应《左传》。

左传[一] 为归汶阳之田故,诸侯贰于晋。晋人惧,会于蒲,以寻马陵之盟。季文子谓范文子曰:"德则不竞,寻盟何为?"范文子曰:"勤以抚之,宽以待之,坚强以御之,明神以要 yāo 之,柔服而伐贰,德之次也。"

【为归汶阳之田故】正事见成八·一·春秋。

【以寻马陵之盟】正补以重温成七年马陵之盟(成七·五)。

【德则不竞】正杨补德行已经不强。季文子意谓成八年晋逼令鲁将汶阳之田交给齐,乃是缺乏信义之德。竞,强。

【要】补约。

【柔服而伐贰】补安抚顺服[的国家],而讨伐有二心[的国家]。

【德之次也】杨补[能做到这些话,]也算是次等的德行。此句总括上文。

[二] 是行也,将始会吴,吴人不至。

○正下启成十五年会吴于钟离(成十五·八)。

成公九年·三

地理鲁、宋见成地理示意图 1。

人物共姬(成八·四·一)

春秋二月,伯姬共姬归于宋。

○补成八年华元来聘共姬,本年共姬归于宋。

左传 "二月,伯姬归于宋。"

　　○ 正 下启本年季文子如宋致女。

成公九年·四

地理 楚、郑见成地理示意图 1。楚、郑、邓见成地理示意图 5。

人物 郑成公(成七·三)、王子成(成六·九·一·一)

左传 楚人以重赂求郑。郑伯郑成公会楚公子成王子成于邓。

　　【邓】 补 见桓二·三·春秋。

　　○ 正 下启本年晋人执郑成公(成九·八)。

成公九年·五

地理 鲁、宋见成地理示意图 1。

人物 季文子(文六·二·春秋)、鲁成公(成元·○)、穆姜(宣元·一·春秋)、鲁宣公(文十七—文十八·五·二)

春秋 夏,季孙行父季文子如宋致女。

　　【致女】 杨 见桓三·六·三。

左传 夏,季文子如宋致女。复命,公鲁成公享之。[文子]赋《韩奕》之五章。穆姜出于房,再拜,曰:"大夫季文子勤辱,不忘先君鲁宣公,以及嗣君鲁成公,施 yì 及未亡人穆姜,先君犹有望也。敢拜大夫之重 zhòng 勤。"[穆姜]又赋《绿衣》之卒章而入。

　　【享】 补 见桓九—桓十·一·二。

　　【赋《韩奕》之五章】 正 杨 补 《毛诗·大雅·韩奕》第五章为"蹶父孔武,靡国不到。为韩姞相攸,莫如韩乐。孔乐韩土,川泽訏訏,鲂鱮甫甫,麀鹿噳噳,有熊有罴,有猫有虎。庆既令居,韩姞燕誉",可译为"蹶父威武雄壮,出使各国,游历甚广。他为女儿找婆家,发觉韩国最理想。韩姞出嫁之后,住在韩地欢乐多:河川水泊宽广,鳊鱼、鲢鱼肥大,母鹿、公鹿蕃盛,深山有熊,有罴,有山猫,有猛虎。庆祝嫁到好婆家,韩姞舒心欢畅"。季文子意谓共姬至宋后,得宋共公宠爱,婚姻生活美满。

【穆姜出于房】 杨 当时诸侯宫室制度,路寝(见庄三十二·四·春秋)北面,中间有室,室东西两旁有房。室北面有墙,房北面无墙,但有台阶。享礼在路寝举行,穆姜为共姬之母,此时在东房,有门户通向路寝。穆姜听到季文子赋《韩奕》五章,就从东房走出,来到路寝。

【不忘先君】 杨 补 先君指鲁宣公,为穆姜之夫,共姬之父。《韩奕》第五章提到蹶父为其女寻找好婆家,蹶父即相当于鲁宣公,故穆姜曰"不忘先君"。

【施】 杨 延。【未亡人】 补 见庄二十八·四·一。

【勤】 补 劳。

【又赋……而入】 正 补《毛诗·邶风·绿衣》卒章为"绤兮绤兮,凄其以风。我思古人,实获我心",可译为"葛布粗,葛布细,风儿起,有凉意。想起我的故人,样样合我心意"。穆姜意谓季文子的话深得自己心意。

成公九年·六

地理 晋 2、鲁见成地理示意图 1。

春秋 晋人来媵 yìng[共姬]。

【媵】见庄十九—庄二十一—庄二十一·春秋。

○ 正 补 成八年伯姬归于宋,本年晋人来致送媵妾。

左传"晋人来媵",礼也。

○ 正 补 据成八·十,"凡诸侯嫁女,同姓媵之,异姓则否"。晋为同姓,故曰"礼也"。

成公九年·七

地理 齐见成地理示意图1。

人物 齐顷公(宣十·十三·春秋)

春秋 秋,七月丙子,齐侯无野_{齐顷公}卒。

【丙子】正 杨 据杜预及王韬所推春秋历,七月无丙子。

成公九年·八

地理 晋2、郑、楚、陈见成地理示意图1。晋2、郑、铜鞮见成地理示意图2。

人物 郑成公(成七·三)、栾武子(宣十二·一·四)、伯蠲、王子婴齐(宣十一·二·一)、晋景公(宣十一·四)、钟仪(成七·五·一)、楚共王(成二·四·四)、王子侧(宣十二·一·六)、范文子(宣十七·二·八)

春秋 晋人执郑伯_{郑成公}。

○正 郑成公既与晋盟于蒲,而又受楚赂而与楚会于邓。晋人认为郑成公有二心,于是将其扣留。

晋栾书_{栾武子}帅师伐郑。

左传 [一] 秋,郑伯_{郑成公}如晋。晋人讨其贰于楚也,执诸_(之于)铜鞮_{dī}。

【铜鞮】正 杨 补 在今山西沁县南古城村。晋邑,先为羊舌氏之邑,昭二十八年成为晋县,有晋侯别宫。参见《图集》22—23⑤9。

○补 下启同年郑人围许(成九·十二)。

【二】栏书_{栾武子}伐郑。郑人使伯蠲 juān 行成，晋人杀之，非礼

也。兵交，使在其间可也。

【行成】补求和。

【使】补使者。

【三】楚子重_{王子婴齐}侵陈以救郑。

○正补陈此时服事晋，故楚侵之，以吸引晋师来救，从而达到救郑

目的。

【四】晋侯_{晋景公}观于军府，见钟仪。

○正补成七年钟仪被郑人献给晋人后（参见成七·五·一），囚禁

在晋军府，因此本年晋景公视察时见到。

[公]问之曰："南冠而絷 zhí 者，谁也？"

【南冠】正补南方（实指楚）式样的帽子。【絷】正拘执。

> ○补李白《万愤词投魏郎中》"南冠君子"典出于此。

有司对曰："郑人所献楚囚也。"

【有司】补见僖十二—僖十三·二·一。

[公]使税（脱）之。[公]召[钟仪]而吊之。[钟仪]再拜稽 qǐ 首。

【税之】正杨解除对钟仪的拘押。

【吊】杨慰问。

【再拜稽首】见僖五·二·二·一。

[公]问其族。[钟仪]对曰："泠（伶）人也。"

【族】杨据隐八·十二，"官有世功，则有官族"。此处之"族"，即是指家族世代所守的官职。

【泠人】正补楚内朝官，职掌奏乐及演唱。

公晋景公曰："[女]能乐乎？"

[钟仪]对曰："先人之职官也，敢有二事？"

[公]使与之琴。[钟仪]操南音。

【琴】补考古发现的东周时期琴是一种木质长尾半箱体弹拨弦鸣乐器，琴体是一个长方形共鸣箱，琴尾是一块长条形实心木板，其上张有弦。考古发现的东周时期琴实物参见成器物图3。

【操】补演奏。【南音】正补南方（实指楚）曲调。

○补李白《淮南卧病书怀寄蜀中赵征君蕤》"楚怀奏钟仪"典出于此。

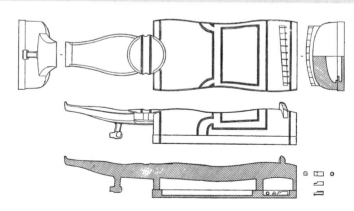

成器物图3　湖北随州曾侯乙墓出土十弦琴，战国早期（《曾侯乙墓》，1989 年）

公曰："君王楚共王何如？"

[钟仪]对曰："非小人之所得知也。"

[公]固问之。[钟仪]对曰："其为大(太)子也，师、保奉之，以朝于婴齐 王子婴齐而夕于侧 王子侧也。[臣]不知其他。"

【师、保】 补 楚内朝官，职掌教导保育太子。

【朝】【夕】 杨 补 早晨谒见为"朝"，晚上谒见为"夕"。

○ 杨 补 **传世文献对读**：《礼记·文王世子》记载了三代的君王设傅、师、保教导太子之事，可扫码阅读。

公语 yù 范文子。文子 范文子曰："楚囚 钟仪，君子也。言称先职，不背本也。乐操土风，不忘旧也。称大(太)子，抑无私也。名其二卿，尊君也。不背本，仁也；不忘旧，信也；无私，忠也；尊君，敏也。仁以接事，信以守之，忠以成之，敏以行之，事虽大，必济。君盍(何不)归之，使合晋、楚之成？"

【先职】 补 先辈的职守。

【土风】 杨 本土乐调，即上文所说的"南音"。

【称大子，抑无私也】 正 杨 补 [钟仪]称述[楚王为]太子[时之事]，是无私的表现。晋景公问楚共王，而钟仪所答乃楚王为太子时之事，意思是楚共王自幼贤德，本性使然，表明自己并非出于私心而虚辞奉承在位君主。抑，发语词。

【名其二卿，尊君也】 正 杨 [钟仪]直呼楚令尹、司马之名，是尊重君主您的表现。依礼，臣子在君主面前称呼其他臣子，即使被称呼的是自己的父亲，也应直呼其名。钟仪在晋景公面前直呼楚令尹王子婴齐、司马王子侧之名，是表明对晋景公的尊重。

【济】 正 成功。

【成】 补 讲和修好。

公从之，重 zhòng 为之礼，使[钟仪]归求成。

○ 正 下启本年及下年晋、楚讲和(成九—成十)。

成公九年·九

地理 齐见成地理示意图 1。

人物 齐顷公（宣十·十三·春秋）

春秋 冬，十有(又)一月，葬齐顷公。

成公九年·十

地理 楚、陈见成地理示意图 1。莒、郓(东郓)、渠丘见成地理示意图 4。楚、莒、陈、渠丘见成地理示意图 5。

人物 王子婴齐（宣十一·二·一）、王子平

春秋 楚公子婴齐王子婴齐帅师伐莒 jǔ。庚申十七日，莒溃。楚人入郓。

【溃】补 见僖三—僖四·春秋。

【郓】杨 补 东郓，见文十二·六·春秋。

左传 [一] 冬，十一月，楚子重王子婴齐自陈伐莒，围渠丘。渠丘城恶，众溃，奔莒。戊申五日，楚入渠丘。莒人囚楚公子平王子平。楚人曰：“勿杀！吾归而(尔)俘。”莒人杀之。楚师围莒。莒城亦恶。“庚申，莒溃”。楚遂入郓 yùn，莒无备故也。

【渠丘城恶】补 参见成八·七。

[二] 君子曰：“恃陋而不备，罪之大者也；备豫不虞，善之大者也。莒恃其陋，而不修城郭，浃辰之间，而楚克其三都，无备也夫！《诗》曰‘虽有丝、麻，无弃菅 jiān、蒯 kuǎi；虽有姬、姜，无弃蕉(憔)萃(悴)。凡百君子，莫不代匮’，言备之不可以已也。”

【不虞】杨 意外。虞,度。

【莒恃……城郭】补 参见成八·七。

【浃辰】正 杨 浃,遍。从子到亥,为十二辰(参见昭七·十一·二)。这里指由戊申到庚申,经历十二辰一遍,亦即十二日。

【三都】杨 三座大城邑,指渠丘、莒、郓。楚师戊申入渠丘,十二日后的庚申入莒,入莒之后才入郓,严格说来入郓并不在十二日内。

【虽有……代匮】正 杨 补 此为逸《诗》。可译为"虽然有了丝、麻,不要丢掉菅、蒯;虽然有了大家闺秀,不要抛弃黄脸婆。凡是众位君子,没有不缺东少西的时候"。菅、蒯,都是多年生草本,其纤维比丝、麻粗,可用来编席、鞋、绳索。姬、姜,传说黄帝姓姬,炎帝姓姜,周朝则王室姓姬、齐国姓姜,用以指代出身尊贵、容貌好的大家闺秀。蕉萃,即憔悴,面色枯槁貌。【菅】正 杨 补 学名 *Themeda gigantea var. villosa*,禾本科高大草本植物,纤维可用于编织。

成公九年·十一

地理 秦、晋 2 见成地理示意图 1。秦、白狄、晋 2 见成地理示意图 2。

春秋 秦人、白狄伐晋。

左传 "秦人、白狄伐晋",诸侯贰故也。

成公九年·十二

地理 郑、晋 2 见成地理示意图 1。郑、许 1、晋 2 见成地理示意图 3。

人物 郑成公(成七·三)、公孙申(成四·七·一)

春秋 郑人围许。

左传 "郑人围许",示晋不急君郑成公也。是则公孙申谋之,曰:"我出师以围许,伪将改立君者,而纾晋使。晋必归君。"

【郑人……君也】 正 杨 当时郑成公被晋人拘留,郑人通过围许表示不以国君回国为急务,尚有心力围许。

【而纾晋使】 正 而且不急着派使者前往晋。纾,缓。

○ 正 下启成十年晋归郑成公(成十・三)。

成公九年・十三

地理 鲁见成地理示意图1。

春秋 [我]城中城。

【中城】 杨 即鲁都内城。

左传 "城中城。"[《春秋》]书,时也。

【书,时也】 补 见桓十六・二。

成公九年—成公十年(成公十年·一)

[地理] 楚、晋 2 见成地理示意图 1。

[人物] 楚共王(成二·四·四)、王子辰、钟仪(成七·五·一)、晋景公(宣十一·四)、籴茷

[左传] [一] 十二月,楚子_{楚共王}使公子辰_{王子辰}如晋,报钟仪之使,请修好、结成。

【公子辰】[杨][补] 王子辰。芈姓,名辰,字商。楚大夫,成十年已任太宰。

【钟仪之使】[补] 见成九·八·四。

【结成】[补] 缔结和约。

○[补] 据清华简二《系年》,王子辰如晋在晋厉公即位之后,与《左传》不同。

[二] 十年,春,晋侯_{晋景公}使籴 dí 茷 fá 如楚,报大(太)宰子商_{王子辰}之使也。

【籴茷】[正] 晋大夫。

【大宰】[补] 楚内朝官。

成公十年·二

[地理] 卫、郑、晋 2 见成地理示意图 1。

[人物] 卫定公(宣十八·一·春秋)、子叔黑背

[春秋] 十年,春,卫侯_{卫定公}之弟黑背_{子叔黑背}帅师侵郑。

【黑背】[补] 子叔黑背。姬姓,名黑背,字析,排行叔。卫穆公(宣十三—宣十四·二)之子,卫定公(宣十八·一·春秋)之弟。卫大夫,

官至卿位。其后为子叔氏,又为析氏。

左传 卫子叔黑背侵郑,晋命也。

成公十年·三

地理 鲁、晋 2、齐、宋、卫、曹、郑见成地理示意图 1。鲁、晋 2、齐、宋、卫、曹、郑、许 1、修泽见成地理示意图 3。

人物 鲁成公(成元·○)、太子州满/晋厉公、齐灵公、宋共公(成三·一·春秋)、卫定公(宣十八·一·春秋)、曹宣公(宣十七·一)、公子班、公孙申(成四·七·一)、公子缗、太子髡顽、栾武子(宣十二·二·四)、郑成公(成七·三)、晋景公(宣十一·四)、公子喜、子然、公子骓

春秋 夏,四月,[我]五卜郊,不从,乃不郊。

○正 杨 占卜是否举行郊祭这种本应每年举行的常规祭祀,并因为结果不吉就不举行郊祭,这都是违背礼制规定的,因此《春秋》书之以彰显其非礼。参见僖三十一·二。

○正 此条《春秋》无对应《左传》。

五月,公鲁成公会晋侯太子州满、齐侯齐灵公、宋公宋共公、卫侯卫定公、曹伯曹宣公伐郑。

【晋侯】正 补 太子州满,即位后为晋厉公。姬姓,名州满(《左传》作"州蒲",误),谥厉。晋景公(宣十一·四)之子,声孟子(成十六·八·五)所生。成十一年即位,在位七年。成十八年被栾武子、中行献子指使程滑所弑。据《左传》,此时晋景公尚未去世,太子州满被立为君以便率军出征,《春秋》照晋人违礼做法而书"晋侯"以示讥讽。

【齐侯】补 齐灵公。姜姓,名环,谥桓、武、灵,简谥灵(据齐国铜器叔夷钟、镈铭文),齐顷公(宣十·十三·春秋)之子。成十年即位,在位

二十八年。襄十九年卒。

[左传]【一】郑公子班闻叔申_{公孙申}之谋。三月，子如_{公子班}立公子繻

xū。夏，四月，郑人杀繻_{公子繻}，立髡 kūn 顽_{太子髡顽}。子如奔许。

【公子班】正 补 姬姓，名班，字如。郑大夫，官至卿位。成十年奔

许。成十三年自许复入于郑，被公子騑帅国人所杀。

【叔申之谋】杨 见成九·十二。

【公子繻】杨 补 姬姓，名繻。郑襄公（文九·二·一）之子，郑成公

（成七·三）庶兄。成十年被公子班立为君，同年被郑人所杀。

【髡顽】正 杨 补 太子髡顽，后为郑僖公。姬姓，名髡顽，谥僖。郑

成公（成七·三）之子。成十年曾被短暂立为国君，同年郑成公复位，

髡顽复为太子。襄三年正式即位，在位五年。襄七年被公子騑所弑。

【二】栾武子曰："郑人立君_{太子髡顽}，我执一人_{郑成公}焉，何益？不

如伐郑而归其君_{郑成公}，以求成焉。"

【求成】补 求和。

晋侯_{晋景公}有疾。五月，晋立大（太）子州蒲_{太子州满}以为[晋]君，而

会诸侯伐郑。郑子罕_{公子喜}赂[晋人]以襄钟，子然盟于修泽，子

驷_{公子騑}为质。辛巳_{十一日}，郑伯_{郑成公}归。

【子罕】正 杨 补 公子喜。姬姓，名喜，字罕，谥成。郑穆公（僖三

十·三·五）之子。郑大夫，官至执政卿（继公子去疾）。成十年已为

执政卿，襄二年已任当国（卿职）。襄七年前已卒。其后为"七穆"之

一的罕氏。【襄钟】正 郑襄公庙之钟。

【子然】正 补 姬姓，字然。郑穆公之子，宋子（襄十九·六·一·

二）所生。郑大夫，官至卿位。襄六年卒。其后为然氏。【修泽】正

杨 补 在今河南原阳西南。郑地。参见《图集》24—25④4。

【子驷】正 杨 补 公子騑。姬姓，名騑，字驷，谥武。郑穆公之子。

郑大夫,官至执政卿(继公子喜)。成十年作为人质前往晋国,成十三年已回国。襄二年已任为政(卿职),襄九年已任当国(卿职)。襄十年被五族乱党所杀。其后为"七穆"之一的驷氏。其名(騑)、字(驷)相应,騑为驾车四马中两旁之马,而驷是驾车四马统称。

○ 补 郑成公仍健在,而郑人为平定国内局势立太子髡顽为君;晋景公仍健在,而晋人为战争需要立太子州满为君,春秋时期礼制崩坏的情状,由此可见一斑。

○ 杨 春秋时卿大夫名喜、字罕的,除了此处的郑公子喜,还有宋乐喜(襄六·二·二)。春秋时人名、字在意义上一般应是相呼应的,喜、罕(或者它们所通假的本字)之间有什么意义联系待考。

成公十年·四

地理 齐、鲁见成地理示意图 1。

春秋 齐人来媵 yìng[共姬]。

○ 正 杨 成八年伯姬归于宋,本年齐人来媵。据成八·十,"凡诸侯嫁女,同姓媵之,异姓则否"。齐为异姓,则为非礼。

成公十年·五

地理 晋 2、秦见成地理示意图 1。晋 2、秦、桑田见成地理示意图 2。

人物 晋景公(宣十一·四)、桑田巫、医缓、甸人、馈人、小臣

春秋 丙午 六月六日,晋侯獳 nòu,晋景公卒。

左传 【一】晋侯 晋景公 梦大厉,被(披)发及地,搏膺 yīng 而踊,曰:"[尔]杀余孙,不义。余得请于帝矣!"[厉]坏大门及寝门而入。公 晋景公 惧,入于室。[厉]又坏户。公觉 jiào,召桑田巫。巫言如梦。公曰:"何如?"[巫]曰:"[君]不食新矣。"

【大厉】 正 杨 大恶鬼。恶鬼称"厉鬼",亦可简称"厉"。据昭七·七·四·一,则"鬼有所归,乃不为厉",如此则灭族绝后之鬼常为厉。此大厉应是成八年被灭族的赵氏祖先之鬼。

【搏膺】 杨 捶胸。【踊】 杨 补 上下跳。

【杀余孙,不义】 正 杨 补 你杀了我的子孙,这是不义。指成八年晋景公信赵庄姬谗言而杀赵同、赵括之事。孙,这里是广义,指后代。

【余得请于帝矣】 杨 我已经请于上帝并得到允许[,可以报仇]。

【寝门】 补 寝宫门。

【觉】 补 醒。

【桑田巫】 补 居于桑田的巫人。巫见僖十一僖十一·三。【桑田】 杨 见僖二·五·一。

【巫言如梦】 正 补 桑田巫所预测的与[晋景公]梦到的情形一致。

【不食新矣】 正 杨 补 [国君]吃不到新收的麦子了。指晋景公将在尝祭(见桓五·四)之前死去。杜甫《园人送瓜》"食新先战士"典出于此。

[二] 公晋景公疾病,求医于秦。秦伯秦桓公使医缓为之。[医]未至,公梦疾为二竖子,曰:"彼,良医也。惧伤我,焉逃之?"其一曰:"居肓 huāng 之上,膏之下,若我何?"医医缓至,曰:"疾不可为也。在肓之上,膏之下,攻之不可,达之不及,药不至焉,不可为也。"公曰"良医也",厚为之礼而归之。

【疾病】 杨 病重。

【医】 补 秦内朝官,掌诊治疾病。【为之】 正 诊治晋景公。

【竖子】 杨 儿童。

【焉】 补 何处。

【肓】 正 杨 心脏与膈膜之间。

【膏】 杨 心尖脂肪。

【攻】【达】 正 杨 补 "攻"指用灸法治病,"达"指用针法治病。灸法是把燃烧着的艾绒按一定穴位熏灼皮肤,利用热刺激来治病。针法是把毫针按一定穴位刺入患者体内,运用捻转与提插等针刺手法来治病。针法和灸法合称"针灸"。一说,《世说新语·文学》刘孝标注引《春秋传》作"攻之不可达,刺之不可及",疑此处脱一"刺"字一"可"字。

【三】六月丙午六日,<u>晋侯</u>欲麦,使甸人献麦,馈人为之。[公]召桑田巫,示[之麦]而杀之。[公]将食,张(胀),如厕,陷而卒。小臣有晨梦负公以登天,及日中,[小臣]负<u>晋侯</u>出诸厕,[晋人]遂以[小臣]为殉。

【甸人】正 杨 补 晋外朝官,职掌藉田以及野物,也参与外事礼仪活动。

【馈人】杨 补 晋内朝官,职责包括为国君炊饭。

【示而杀之】杨 补 [把煮好的新麦]给[桑田巫]看,然后杀了他。

【张】正 杨 腹胀。

【小臣】补 见僖四·二·二。

○ 补 春秋战国时期,人们食用小麦的方法是用杵臼将小麦籽粒外的种皮去掉、捣碎,然后按照类似于制作米饭的方式制成麦饭食用。将小麦磨成面粉后制成各种面食来食用是汉代以后的食用方法。

成公十年·六

地理 郑见成地理示意图1。

人物 郑成公(成七·三)、公孙申(成四·七·一)、公孙禽

左传 【一】郑伯郑成公讨立君者,戊申八日,杀叔申公孙申、叔禽公孙禽。

【叔禽】正 补 公孙禽。姬姓,名禽,排行叔。公孙申(成四·七·一)之弟,郑文公(庄十九—庄二十一庄二十一·十一·二)之孙。公孙申党羽。成十年被郑成公所杀。

【二】君子曰:"忠为令德,非其人犹不可,况不令乎?"

○正 补君子说:"为符合善德的谋划尽心尽力,所牵涉的人不合适尚且不可以成事,何况[公孙申围许、立新君的谋划](见成九·十二)本来就背离了善德呢?"

成公十年—成公十一年(成公十一年·一)

地理 鲁、晋2、楚见成地理示意图1。鲁、晋2、楚、河水见成地理示意
图5。

人物 鲁成公(成元·○)、晋厉公(成十·三·春秋)、郤犨、季文子
(文六·二·春秋)、籴茷(成九—成十·二)、晋景公(宣十一·四)、
子叔声伯(成元—成二·春秋)、子叔声伯之母、穆姜(宣元·一·春
秋)、管于奚、子叔声伯外弟、子叔声伯外妹、施孝叔

春秋 秋,七月,公_{鲁成公}如晋。

冬,十月。

十有_(又)一年,春,王三月,公_{鲁成公}至自晋。

晋侯_{晋厉公}使郤_{xì}犨_{chōu}来聘。己丑_{二十四日},[我]及郤犨盟。

【郤犨】正 补 姬姓,郤氏,又为苦成氏,名犨,字家(据上博简五《苦
成家父》),排行叔。步扬(僖十五·八·一·二)之子,与郤献子同为
郤豹曾孙。晋大夫,官至卿位。成八年可能已任新下军佐(卿职),成
十三年可能已任散位卿(卿职),成十六年已任新军帅(卿职)兼公族
大夫。成十七年被晋厉公指使长鱼矫所杀。食采于苦成。【聘】补
见隐七·四·春秋。

○杨 补 有学者认为,郤犨其名,典籍上作"犨""儔""州"者,皆
"丑(醜)"之假借字;其字"家",当读为"嘉",名(丑)与字(嘉)为
意义相反。可备一说。

夏,季孙行父_{季文子}如晋。

[左传]【一】秋，"公如晋"。晋人止公，使送葬。于是籴 dí 茷 fá 未反（返）。

○[正]此时晋籴茷出使楚尚未返回。晋对于鲁从晋或从楚有所怀疑，因此扣留鲁成公，待籴茷返回后验其虚实。

【二】冬，葬晋景公。公鲁成公送葬，诸侯莫在。鲁人辱之，故[《春秋》]不书，讳之也。

【辱之】[杨]以此为耻辱。

【故不书，讳之也】[正][补]《春秋》不仅不书鲁成公送葬之事，还不依常例书"葬晋景公"，这都是为了避讳国恶。

【三】十一年，春，"王三月，公至自晋"。晋人以公鲁成公为贰于楚，故止公。公请受盟，而后使归。

【晋人以公为贰于楚】[杨]据成四·五·二，鲁成公曾欲与楚交好而叛晋，或因此被晋人怀疑有二心。

【四·一】郤犨来聘，且莅盟。

【聘】[补]见隐七·四·春秋。

【莅盟】[补]见隐七·七·一·二。

【四·二】声伯子叔声伯之母不聘。穆姜曰："吾不以妾为姒。"

【声伯之母】[正][补]叔肸之妻，子叔声伯（成元—成二·春秋）之母。后为齐管于奚之妻，生有一男一女。【不聘】[正][杨][补]不行媒聘之礼。聘则为妻，不聘则为妾。

【穆姜……为姒】[正][杨]姊娌之间，年长者为"姒"，年少者为"娣"。叔肸（子叔声伯之父）为鲁宣公同母弟，因此鲁宣公夫人穆姜和子叔声伯之母是姊娌关系。由于子叔声伯之母年长于穆姜，所以子叔声伯之母本应为姒，而穆姜本应为娣。穆姜因己为鲁宣公夫人，而子叔声伯之母仅为叔肸之妾，故不愿认子叔声伯之母为姒。

[声伯之母]生声伯而[叔肸]出之，嫁于齐管于奚。

[声伯之母]生二子[于齐]而寡，以[二子]归声伯。声伯以其外弟为大夫，而嫁其外妹于施孝叔。

【生二……声伯】 杨 补 [子叔声伯之母在齐国和管于奚]生了[一男一女]两个孩子之后就成了寡妇，把[两个孩子]交给子叔声伯。古代女儿亦可称为"子"。

【外弟】 正 补 子叔声伯外弟。齐管于奚之子，鲁子叔声伯外弟。鲁大夫。

【外妹】 补 子叔声伯外妹。齐管于奚之女，鲁子叔声伯外妹。先为鲁施孝叔之妻，成十一年后为晋郤犫之妻，成十七年后归于鲁。

【施孝叔】 正 补 姬姓，施氏，谥孝，排行叔。鲁惠公(隐元·一·一)之子公子尾(字施)四世孙。

郤犫来聘，求妇于声伯子叔声伯。声伯夺施氏妇子叔声伯外妹以与之。妇人子叔声伯外妹曰："鸟兽犹不失俪，子施孝叔将若何?"[孝叔]曰："吾不能[为尔]死亡。"妇人遂行，生二子于郤氏。

【俪】 正 偶。

【吾不能死亡】 正 补 我不能[为你]去死或逃亡。施孝叔认为，如果他拒绝郤犫请求，会有被杀或被驱逐的危险。

郤氏亡，晋人归之施氏。施氏逆诸(之于)河，沈(沉)其二子。妇人怒曰："已不能庇其伉俪而亡之，又不能字人之孤而杀之，将何以终?"[妇人]遂誓施氏。

【郤氏亡】 杨 见成十七·十。郤氏败亡在成十七年，此处是探后终言之。

【河】见闵二·五·三。

【二子】补妇人与郤氏所生的两个孩子。

【己】杨自己,指施孝叔,与下文"人"相对。【伉俪】正补与丈夫匹敌的配偶,也就是正妻/夫人。伉,匹敌。俪,偶。

【字】补养。

【遂誓施氏】正补〔子叔声伯外妹(施孝叔前妻)〕发誓与施氏〔恩断义绝〕。

○补如果只读本段故事,会认为子叔声伯是一个趋炎附势、为了巴结郤犨而不惜拆散外妹婚姻的恶人。然而,从成十六·八·一的叙述可知,子叔声伯面对亲家郤犨的利诱毫不动心,严词拒绝,根本不是趋炎附势之人。结合本节所述的施孝叔之德行,笔者认为,子叔声伯之所以强迫外妹嫁给郤犨,很可能是在外妹与施孝叔婚后,已经察觉到这个妹夫品行不值得依靠,而真心认为嫁给主动来求亲的晋国高官郤犨是更好的选择。子叔声伯外妹一开始并不相信兄长的判断,直到回国目睹施孝叔沉其儿子之后,才意识到兄长的良苦用心。

○补穆姜逼迫子叔声伯之父(叔肸)休妻之后,子叔声伯之母到齐国生了一男一女,然后成了寡妇,这一双儿女后来回到鲁投靠子叔声伯,子叔声伯把外妹嫁给了施孝叔。鲁成公十一年时,子叔声伯强行拆散了外妹和施孝叔,把外妹嫁给了晋卿郤犨。从常理推算,穆姜与叔肸之妻关系恶劣、逼迫叔肸休妻之事一定发生在十一年之前,也就是发生在鲁宣公时期。这是"小君"穆姜仗恃母家威势、强力干预卿族家政的例证之一。

[五] 夏,季文子如晋报聘,且莅盟也。

成公十一年·二

地理周、晋 2 见成地理示意图 1。周、晋 2、刘、阳樊见成地理示意

图 3。

人物 周公楚、周惠王（庄十六·六·二）、周襄王（僖五·五·春秋）、伯舆、周简王（成八·六·春秋）、刘康公（宣十·八·春秋）

左传 周公楚恶_{wù}惠、襄之逼也，且与伯舆争政不胜，怒而出。〔周公楚〕及阳樊，王_{周简王}使刘子_{刘康公}复之，盟于鄄_{juàn}而入。三日，〔周公楚〕复出，奔晋。

【周公楚】杨 补 姬姓，周氏，名楚。周公阅（僖三十·五·春秋）之后。周王室卿士。成十一年出奔。同年归于京师，三日后复奔晋。

【惠、襄】正 周惠王、周襄王族人。

【伯舆】正 周王室卿士。

【阳樊】杨 即樊，见隐十一·三·一。

【复之】补 使〔周公楚〕返回复职。

【鄄】正 补 周邑。当在阳樊附近。

成公十一年·三

地理 鲁、齐见成地理示意图 1。

人物 叔孙宣伯（文十一·四·一）

春秋 秋，叔孙侨如_{叔孙宣伯}如齐。

左传 秋，宣伯_{叔孙宣伯}聘于齐，以修前好。

【聘】见隐七·四·春秋。

成公十一年·四

春秋 冬，十月。

成公十一年·五

地理 晋 2、周见成地理示意图 1。晋 2、周、刘、单、郕、温见成地理示意图 3。

人物 郤昭子(成二·四·五)、周简王(成八·六·春秋)、刘康公(宣十·八·春秋)、单襄公(成元·一·一)、苏忿生(隐十一·三·一)、檀伯达、周襄王(僖五·五·春秋)、晋文公(庄二十八·二·一)、晋厉公(成十·三·春秋)

左传 晋郤xì至郤昭子与周争郕hóu田,王周简王命刘康公、单襄公讼诸(之于)晋。

【郕】 正 杨 补 温别邑。在今河南武陟大虹桥乡西温村、东温村一带。参见《图集》22—23⑪18。《图集》标注不准确,本书示意图据《图志》标注。

郤至曰:"温,吾故也,故不敢失。"

【温……敢失】 正 温过去就是我[们家族]的采邑,因此不敢失去[郕邑]。郕为温别邑,僖二十五年前已从温内分出,此后温属晋,郕属周。郤氏在得到温为采邑之后,认为郕既然从温分出,则亦应从温而属于郤氏。

刘子刘康公、单子单襄公曰:"昔周克商,使诸侯抚封,苏忿生以温为司寇,与檀伯达封于河。苏氏即狄,又不能于狄而奔卫。襄王周襄王劳文公晋文公而赐之温,狐氏、阳氏先处之,而后及子郤昭子。若治其故,则王官之邑也,子安得之?"

【使诸侯抚封】 正 杨 使诸侯各自拥有其封内之地。抚,有。
【苏忿生】 补 见隐十一·三·一。【司寇】 补 见庄十九—庄二十一庄二十一·六。

【檀伯达】杨 补 周武王大臣,食采于檀(当在今河南济源境)。

【封于河】杨 温 与檀都靠近河水,故曰"封于河"。

【苏氏……奔卫】正 见僖十·二。

【襄王劳文公而赐之温】正 补 赐地之事在僖二十五·二·三。郲在此时已从温分出。

【狐氏、阳氏先处之】杨 补 温邑先后是狐氏、阳氏的采邑。狐溱曾为温大夫,参见僖二十五·五·二·一。温曾为阳处父采邑,参见文五—文六·一。

晋侯晋厉公使郤至勿敢争。

成公十一年·六

地理 宋、楚、晋 2 见成地理示意图 1。

人物 华元(文十六—文十七·一·二)、王子婴齐(宣十一·二·一)、栾武子(宣十二·一·四)、籴茷(成九—成十·二)

左传 宋华元善于令尹子重王子婴齐,又善于栾武子。闻楚人既许晋籴 dí 茷 fá 成,而使[籴茷]归复命矣,冬,华元如楚,遂如晋,合晋、楚之成。

【令尹】补 见庄四·二·二。

【闻楚人既许晋籴茷成】正 见成九—成十。

○正 下启成十二年晋、楚盟于宋(成十二·二)。

成公十一年·七

地理 秦、晋 2 见成地理示意图 1。秦、晋 2、令狐、王城、河水见成地理示意图 2。

人物 晋厉公(成十·三·春秋)、秦桓公(宣十五·四·二·一)、史

颗、郤犨（成十一—成十一・春秋）、范文子（宣十七・一・八）

[左传]【一・一】秦、晋为成，将会于令 líng 狐。晋侯晋厉公先至焉。秦伯秦桓公不肯涉河，次于王城，使史颗盟晋侯于河东。晋郤犨 chōu 盟秦伯于河西。

【为成】[补]讲和。

【令狐】[杨]见僖二十三—僖二十四・九・三，晋地，在河东。

【河】见闵二・五・三。

【王城】[杨]见僖十五・九・一，秦地，在河西。

【史颗】[正]秦大夫。

【一・二】范文子曰："是盟也何益？齐（斋）盟，所以质信也。会所，信之始也。始之不从，其何质乎？"

【齐盟，所以质信也】[杨][补]斋戒盟誓，是用来落实诚信的。古人盟誓之前必须斋戒，因此盟誓又称"齐（斋）盟"。质，实。

【会所，信之始也】[杨]［不随意变更事先约定的］会盟场所，是［建立］诚信的开始。

【二】秦伯秦桓公归而背晋成。

○[补]据《史记・秦本纪》，则令狐之盟后，秦桓公随即背盟，与狄合谋击晋。

○[正]下启成十三年晋率诸侯伐秦（成十三・一）。

成公十二年·一

[地理]周、晋2、鲁见成地理示意图1。

[人物]周公楚（成十一·二）、周简王（成八·六·春秋）

[春秋]十有（又）二年，春，周公周公楚出奔晋。

○[杨][补]此事，《春秋》在成十二年春，而《左传》在成十一年夏、秋之间。《春秋》所据为周王室通告上所书时间，而《左传》所据为事件实际发生时间。

[左传]十二年，春，王周简王使以周公周公楚之难 nàn 来告。[《春秋》]书曰"周公出奔晋"。凡自周无出，周公自出故也。

【周公之难】[正]事见成十一·二。

【凡自……故也】[正][杨]"普天之下，莫非王土"，因此周王室成员无所谓"出"。此处《春秋》书"出"，表示周公楚自行出逃，与周王室无关。

成公十二年·二

[地理]鲁、晋2、卫、宋、楚、郑见成地理示意图1。晋2、卫、白狄、宋、郑、琐泽、交刚见成地理示意图2。

[人物]鲁成公（成元·○）、晋厉公（成十·三·春秋）、卫定公（宣十八·一·春秋）、华元（文十六—文十七·一·二）、范文子（宣十七·一·八）、王子罢（成七·六·二）、许偃（宣十二·一·十一）、郤昭子（成二·四·五）、楚共王（成二·四·四）、王子侧（宣十二·一·六）

[春秋]夏，公鲁成公会晋侯晋厉公、卫侯卫定公于琐泽。

【琐泽】[杨][补]在今河北大名治。晋地。参见《图集》24—25②6。

秋,晋人败狄于交刚。

【狄】[杨]晋西白狄,见僖三十三·五·一·一。

【交刚】[杨][补]在今山西隰县南。晋地。参见《图集》22—23⑤7。

冬,十月。

[左传]【一】宋华元克合晋、楚之成。夏,五月,晋士燮范文子会楚公子
罢 pí,王子罢、许偃。癸亥四日,盟于宋西门之外,曰:"凡晋、楚无
相加戎,好 hào 恶 wù 同之,同恤灾危,备救凶患。若有害楚,
则晋伐之;在晋,楚亦如之。交贽 zhì 往来,道路无壅;谋其不
协,而讨不庭。有渝此盟,明神殛 jí 之,俾 bǐ 队(坠)其师,无克
胙 zuò 国。"郑伯郑成公如晋听成。

【克】[补]能。【成】[补]和解。

【交贽往来】[正][杨]使者往来。贽,使者聘问时所携带的礼物。

【不庭】[杨]见隐十·一·三·二。这里指背叛楚、晋的诸侯。

【有渝……胙国】[杨]此段誓词已见于僖二十八年践土之盟誓词(参
见僖二十七—僖二十八·二十一·二)。

○[补]此为晋楚第一次弭兵之盟。《春秋》没有记载此事,有学者据此
认为此次弭兵之盟并不存在。不过清华简二《系年》记载"共王使王
子辰聘于晋,又修成,王又使宋右师华孙元行晋楚之成",进一步证成
此次弭兵之盟的真实性。不过,三年后,楚人就违背盟誓北上伐郑
(成十五·五),晋楚再开战端。

【二】会于琐泽,[晋、楚]成故也。

○[正][补][诸侯]会于琐泽,是[晋、楚]达成了和解的缘故。

【三】狄人间 jiàn 宋之盟以侵晋,而不设备。"秋,晋人败狄于交
刚。"

【间】补 钻……的空子。

【四·一】晋郤xì至郤昭子如楚聘，且莅盟。楚子楚共王享之，子反王子侧相 xiàng。[楚人]为地室，而县(悬)[钟鼓]焉。郤至郤昭子将登，金奏作于下，[郤至]惊而走出。

【聘】补 见隐七·四·春秋。

【莅盟】补 见隐七·七·一·二。

【享】补 见桓九—桓十·一·二。

【为地室，而县焉】正 杨 补 在堂下挖了一个地下室，在里面悬挂[钟鼓等乐器]。

【金奏】正 杨 奏九种夏乐，先击钟镈，后击鼓磬。钟镈为铜所制，故称"金奏"。据《礼记·郊特牲》，则此处所奏乐曲，应是《九夏》之一的《肆夏》。《肆夏》本为周王享元侯乐曲，春秋时诸侯相见亦用此乐曲。参见桓九—桓十·一·二。

子反王子侧曰："日云莫(暮)矣，寡君楚共王须矣，吾子郤昭子其入也！"

【日云莫矣】杨 补 一说，聘礼早晨开始，中午之前结束。所以"日云莫矣"不是指时间接近黄昏，而是指时间已经不早。另一说，春秋时本有飨礼在晚上进行之事(参见僖二十二—僖二十三·五·一)，"日云莫矣"就是说"日头已经接近黄昏了"。未知孰是。云，语助词，无义。

【须】杨 等待。

○补 古文字新证："莫"字演变情况如成字形图 2 所示。商代甲骨文"莫"字象夕阳在草木丛中，会日落之意。商以后字形演变情况在此不再详述。总之，从古文字学证据看，"莫"应为"暮"之初文。

1 商.前 49.2《甲》	2 商.粹 682《甲》	3 商.父乙彭莫觚《金》	4 周早.寀莫父卣《金》	5 周晚.散盤《金》
6 春.於賜鐘《金》	7 戰.齊.陶彙 3.47	8 戰.燕.璽彙 5498	9 戰.晉.璽彙 3025	10 戰.晉.璽彙 1390

成字形图 2（《说文新证》，2014 年）

宾 郤昭子 曰："君 楚共王 不忘先君之好，施 yì 及下臣 郤昭子，贶 kuàng 之以大礼，重 zhòng 之以备乐。如天之福，两君相见，何以代此？下臣不敢。"

【施】补 延。

【贶】正 赐。

【备乐】补 完备的音乐。指地下室演奏的诸侯国君相见之乐。

【如天……代此】杨 郤昭子意谓，如今楚以诸侯之礼招待自己，若晋、楚两君日后相见，将无更高规格礼乐可以使用。

○补 郤昭子其实是因为受到惊吓而跑出行享礼的宫室，定神之后则声称楚人所用礼乐规格超标，自己不敢违礼享用，所以跑出躲避。郤昭子这样做不仅挽回了自己的颜面，还反过来指责楚人不懂礼乐制度，可以说是一个非常漂亮的反击。

子反 曰："如天之福，两君相见，无亦唯是一矢以相加遗 wèi，焉用乐？寡君须矣，吾子其入也！"

【如天……用乐】正 杨 补 如果上天降福，两国君主相见，也只能用一支箭互相馈赠，哪里还用奏乐？互相馈赠箭，是两国交战的委婉说法。王子侧认为，晋、楚皆为大国，且长年争霸，平日不可能互相朝聘，唯有战时方得相见。无，语首助词，无义。加遗，近义词连用，都是给予的意思。

宾曰：

"若[两君]让之以一矢，祸之大者，其何福之为？

"世之治也，诸侯间 xián 于天子之事，则相朝也，于是乎有享、宴之礼。享以训共(恭)俭，宴以示慈惠。共(恭)俭以行礼，而慈惠以布政。政以礼成，民是以息。百官承事，朝而不夕，此公侯之所以扞城其民也。故《诗》曰：'赳赳武夫，公侯干城。'

【间于天子之事】正 杨 完成天子使命后而有闲暇。

【朝】补 见隐四·二·七·一。

【享】补 见桓九—桓十·一·二。【宴】补 见文四·四。

【享以训共俭】正 杨 享礼虽设有酒食，但重在行礼，并不吃喝，故曰"训共俭"。参见宣十六·四·二"王享有体荐"，昭五·四·二"设机而不倚，爵盈而不饮"。

【宴以示慈惠】正 杨 宴礼则宾主一起饮酒吃食，故曰"示慈惠"。参见宣十六·四·二[王]宴有折俎"。

【朝而不夕】正 杨 早上谒见为"朝"，晚上谒见为"夕"。和平时期，政事有条理，臣子晚上无事便不谒见君主。

【扞城】正 杨 即下文中的"干城"，这里作动词用，是捍卫的意思。

【赳赳武夫，公侯干城】正 杨 补《毛诗·周南·兔罝》有此句。赳赳，威武有才力貌。干，盾。城，墙。本义是"雄赳赳的武士们，是公侯的屏障"。

"及其乱也，诸侯贪冒，侵欲不忌，争寻常以尽其民，略其武夫以为己腹心、股肱、爪牙。故《诗》曰：'赳赳武夫，公侯腹心。'

【贪冒】杨 近义词连用，都是贪婪的意思。

【不忌】杨 无所顾忌。

【寻常】正 补 八尺为"寻"，一丈六尺为"常"。这里指很小的土地。

【略】正取。【股肱】补股，大腿。肱，大臂，比喻辅佐重臣。

【赳赳武夫，公侯腹心】正《毛诗·周南·兔罝》有此句。

○杨补"赳赳武夫，公侯干城"与"赳赳武夫，公侯腹心"原本意思相近。这里郤昭子重新诠释，认为两句意思不同，"赳赳武夫，公侯干城"说的是政治清明的时期，武士们是公侯捍卫民众安宁的力量，是褒义；下文"赳赳武夫，公侯腹心"说的是政治昏乱的时期，武士们是满足公侯征战掠夺心腹的力量，是贬义。

"天下有道，则公侯能为民干城，而制其腹心。乱则反之。今吾子王子侧之言，乱之道也，不可以为法。然吾子，主也，至郤昭子敢不从？"

【天下……反之】正补天下有道之时，公侯能够成为民众的屏障，而控制住自己〔攻城略地〕的腹心。动乱时就反过来。

【然吾子，主也】杨当时国君享卿大夫，因为地位不等，故国君不自己为主人。王子侧为相，代楚共王为主人，故郤昭子曰"吾子，主也"。

〔宾〕遂入，卒事。

【四·二】〔郤至〕归，以语yù范文子。文子范文子曰："〔楚〕无礼，必食言，吾死无日矣夫！"

○正下启成十五年楚背盟侵郑、侵卫（成十五·五）。

【五】冬，楚公子罢pí，王子罢如晋聘，且莅盟。十二月，晋侯晋厉公及楚公子罢盟于赤棘。

【赤棘】杨见成元·二·春秋。

成公十三年·一

地理 晋2、鲁、周、齐、宋、卫、郑、曹、秦、楚见成地理示意图1。晋2、周、宋、卫、郑、曹、秦、麻隧、侯丽、瑕2、涑水、泾水见成地理示意图2。晋2、鲁、周、齐、宋、卫、郑、曹、邾、滕、刘见成地理示意图3。

人物 晋厉公(成十·三·春秋)、郤锜(成八·五·一)、鲁成公(成元·○)、齐灵公(成十·三·春秋)、宋共公(成三·一·春秋)、卫定公(宣十八·一·春秋)、郑成公(成七·三)、曹宣公(宣十七·一)、孟献子(文十四·十二·三)、晋景公(宣十一·四)、叔孙宣伯(文十一·四·一)、周简王(成八·六·春秋)、刘康公(宣十·八·春秋)、成肃公、吕宣子、晋献公(庄十八·一·一)、秦穆公(僖九·二·三·二)、晋文公(庄二十八·二·一)、晋惠公(庄二十八·二·一)、晋襄公(僖三十三·三·一)、楚成王(庄十四·三·二)、秦康公(僖十五·八·一·六)、晋灵公(文六·四·二)、秦桓公(宣十五·四·二·一)、后子、秦共公(宣四·二)、楚穆王(僖三十三·九·二·二)、楚庄王(文十四·十一·一)、栾武子(宣十二·一·四)、中行宣子(成二·五·二)、范文子(宣十七·一·八)、韩献子(宣十二·一·四)、知武子(宣十二·一·十四·三)、赵旃(宣十二·一·十·二)、郤昭子(成二·四·五)、郤毅、栾鍼、成差、不更女父

春秋 十有(又)三年,春,晋侯晋厉公使郤锜 yǐ 来乞师。

三月,公鲁成公如京师。

【京师】补 见隐六·七。

夏,五月,公鲁成公自京师,遂会晋侯晋厉公、齐侯齐灵公、宋公宋共公、卫侯卫定公、郑伯郑成公、曹伯曹宣公、邾人、滕人伐秦。

曹伯卢曹宣公卒于师。

左传 [一·一] "十三年，春，晋侯使郤锜来乞师"，将 jiàng 事不敬。

【将事】正 补 履行使命。将，行。

[一·二] 孟献子曰："郤氏其亡乎！礼，身之干也。敬，身之基也。郤子郤锜无基。且[郤子，]先君晋景公之嗣卿也，受命以求师，将社稷是卫，而惰，弃君命也。不亡，何为？"

【先君之嗣卿也】正 杨 郤献子为晋景公之卿，郤献子之子郤锜又为晋景公之子晋厉公之卿，故孟献子称郤锜为"先君之嗣卿"。

【将社稷是卫】补 即"将卫社稷"。

○正 下启成十七年晋杀郤锜（成十七·十）。

○补 **传世文献对读**：《论语·八佾》："子曰：'居上不宽，为礼不敬，临丧不哀，吾何以观之哉？'"此为"为礼不敬"之例。

[二] "三月，公如京师"。宣伯叔孙宣伯欲[王]赐，请先使。王周简王以行人之礼礼焉。孟献子从[公]，王以[献子]为介，而重 zhòng 贿之。

【行人】补 外交使者。

【介】杨 补 上介，国君首席副手。

○正 **传世文献对读**：《国语·周语中》叙此事甚详，说明了周简王如此对待叔孙宣伯和孟献子（仲孙蔑）的原因，可扫码阅读。

[三·一] 公及诸侯朝王，遂从刘康公、成肃公会晋侯晋厉公伐秦。

【朝】补 见隐四·二·七·一。

【成肃公】补 姬姓，成氏，谥肃。周文王（僖五·八·一）之子成叔武之后。周王室卿大夫。成十三年卒。【成】补 参见隐五·六"郕"，此时已为周畿内国。

○ 正 杨 刘康公、成肃公不书于《春秋》，应是由于周王室未出兵的缘故。

【三·二】成子_{成肃公}受脤 shèn 于社，不敬。

【受脤】杨 见闵二·七·二。

刘子_{刘康公}曰：

"吾闻之，民受天地之中以生，所谓命也。是以有动作、礼义、威仪之则，以定命也。能者养以之福，不能者败以取祸。是故君子勤礼，小人尽力。勤礼莫如致敬，尽力莫如敦笃。敬在养神，笃在守业。

【民受⋯⋯命也】杨 人民得到天地之间的中和之气而降生，这就是所谓的命。

【之福】正 补 前往福祉。之，往。

【敦笃】杨 敦厚笃实。

【养神】杨 供奉鬼神。

"国之大事，在祀与戎。祀有执膰 fán，戎有受脤，神之大节也。今成子惰，弃其命矣，其不反(返)乎！"

【执膰】正 杨 补 手持祭肉。指祭祀宗庙完毕，将祭肉分给有关人员。膰见僖二十四·四。

【神之大节也】正 杨 补 ［执膰、受脤］都是［与］鬼神［沟通］的重大仪节。

○ 补 **传世文献对读**：《论语·八佾》："子曰：'居上不宽，为礼不敬，临丧不哀，吾何以观之哉？'"此为"为礼不敬"之例。

【四】夏，四月戊午五日，晋侯晋厉公使吕相吕宣子绝秦，曰：

【吕相】正杨补吕宣子。姬姓，吕氏，出自魏氏，名相，谥宣。厨武子(宣十二·一·十·一)(吕锜)之子。晋大夫，官至卿位。成十八年任下军帅(卿职)。襄元年已去世。食采于吕。

【绝秦】补与秦断交。

"昔逮(隶)我献公晋献公及穆公秦穆公相好，戮力同心，申之以盟誓，重zhòng之以昏(婚)姻。天祸晋国，文公晋文公如齐，惠公晋惠公如秦。无禄，献公即世。穆公不忘旧德，俾bǐ我惠公用能奉祀于晋。[穆公]又不能成大勋，而为韩之师。[穆公]亦悔于厥心，用集我文公，是穆秦穆公之成也。文公躬擐huàn甲胄，跋履山川，逾越险阻，征东之诸侯——虞、夏、商、周之胤yìn——而朝诸(之于)秦，则亦既报旧德矣。

【昔逮】杨补从前。逮，古。

【戮力】正努力。

【重之以昏姻】正补用婚姻加重这种关系。指晋献公之女嫁给秦穆公为夫人。

【文公如齐，惠公如秦】正杨补晋文公到了齐，晋惠公到了秦。晋文公(公子重耳)先后在各国流亡，中间包括齐(参见僖二十三—僖二十四)；晋惠公(公子夷吾)先至梁，后至秦(参见僖六·一、僖九·二·三)，这里仅举两大国为代表。

【无禄】杨不幸。

【献公即世】杨指僖九年晋献公去世。即世，去世。

【穆公……于晋】正补秦穆公不忘记过去的恩德，使我们惠公因此能奉承晋的宗庙祭祀。指僖九年、僖十年秦穆公护送晋惠公归国即位(参见僖九·二·三及僖十一—僖十一·一)。俾，使。用，因。

【又不……成也】正补[秦穆公]又不能成就安定晋的大功，而是发动了韩之战[，俘获了晋惠公]。参见僖十五·八。

【亦悔……成也】正 杨 补［秦穆公］后来心里也后悔［伐晋之举］，因此成全了我们晋文公，这是秦穆公的成就。此句指僖二十四年秦穆公护送晋文公归国即位（参见僖二十三—僖二十四·九）。厥，其。集，成。

【躬】补身，亲自。【擐】补穿上。

【跋履】补跋涉。

【征】补召。

【虞、夏、商、周之胤】补胤，后代。陈为虞之后。杞、鄫为夏之后。宋为商之后。郑、卫、曹等为周之后。

【而朝诸秦】杨 使［东方诸侯］来秦朝见。此事不见于《春秋》《左传》。

"郑人怒君秦穆公之疆埸 yì，我文公帅诸侯及秦围郑。秦大夫不询于我寡君晋文公，擅及郑盟。诸侯疾之，将致命于秦。文公恐惧，绥静诸侯。秦师克还无害，则是我有大造于西也。

【郑人……围郑】正 补郑人侵犯国君的边境，我们文公率领诸侯和秦一起包围郑。据僖三十·三·一，公子重耳（晋文公）流亡过郑时，郑文公不加礼遇，而且后来郑对晋有二心，因此秦、晋围郑。况且，郑、秦并不接壤，相距遥远，郑人没有入侵秦国边境的可能。上述情况均与吕宣子所述不符，不知是吕宣子捏造，还是实有其事而不见于传世文献。

【秦大……郑盟】正 补秦大夫没有询问我国君主，擅自和郑订立了盟约。据僖三十·三·三，与郑人结盟者实为秦穆公。此处言"秦大夫"，是委婉措辞。

【诸侯……于秦】正 杨 补诸侯憎恨这件事，将要与秦拼命。据僖三十·三·四，主张攻击秦师的是晋卿狐偃。然而下文又说"文公恐惧，绥静诸侯""我有大造于西"，言之凿凿，似乎吕宣子所言不是毫无依据。有可能当时参与围郑的除了秦、晋之外，还有其他不见于传世文献记载的诸侯，就像城濮之战传世文献所载参战国（晋、齐、宋、秦、楚)少于清华简二《系年》所叙参战国(楚、郑、卫、陈、蔡、群蛮夷、晋、秦、齐、宋、群戎)一样(参见僖二十七—僖二十八·春秋)。

【绥】⊞补安抚。【克】⊞补能。

【大造】⊞正⊞杨大功劳。【西】⊞正西方,指秦。

"无禄,<u>文公</u>即世。<u>穆</u>为不吊 diào,蔑死我君晋文公,寡我<u>襄公</u>晋襄公,迭(轶)我<u>殽</u> xiáo 地,奸绝我好,伐我保(堡)城,殄 tiǎn 灭我费滑,散离我兄弟,挠乱我同盟,倾覆我国家。我襄公未忘君秦穆公之旧勋,而惧社稷之陨,是以有殽之师。〔我襄公〕犹愿赦罪于<u>穆公</u>。<u>穆公</u>弗听,而即楚谋我。天诱其衷,<u>成王</u>楚成王殒命,<u>穆公</u>是以不克逞志于我。

【无禄,文公即世】⊞补在僖三十二年。

【不吊】⊞杨⊞补不淑,不善,参见成七·二·二·一。

【蔑死……国家】⊞正⊞杨⊞补蔑视我们的先君晋文公、认为他死了没知觉,以我们的新君晋襄公为软弱可欺,侵犯我们的殽地,断绝我们的友好国家,讨伐我们的城堡,灭绝我们的滑国,离散我们的兄弟之邦,扰乱我们的同盟之国,颠覆我们的国家。秦师灭滑、袭郑之事参见僖三十二—僖三十三。死字用法参见僖三十三·三·一。迭,借为轶,突然袭击。我好,即"我之同好",实指滑、郑等国。郑、滑与晋同姓,故称"我兄弟"。另一说,"蔑死我君"当从《经典释文》所引其他版本作"蔑我死君",与下文"寡我襄公"工整对仗,"死君"指当时已死的晋文公,"襄公"指当时还活着的晋襄公。相比之下,原文"蔑死我君"的"我君"和"寡我襄公"的"襄公"意义上则有所重叠,按理说"我君"也应该是指当时活着的"我们的国君"晋襄公,而不应该是当时已经死了的晋文公。也就是说,纯粹从文义和句法论,"蔑我死君"要更合理。然而,《三国志·魏文帝纪》里有"蔑死君父"语,即用《左传》此句,可见曹丕所读《左传》已是"蔑死我君",如果"蔑死"是笔误,那也是很早发生的了。

【殽之师】⊞正见僖三十三·三。

【穆公……于我】正 补 秦穆公不听,反而接近楚以谋划如何侵害晋。老天开眼,楚成王丧命,秦穆公因此没能对我国得逞。僖三十三年秦败于殽之后,使斗克归楚求成(参见文十四·十一·四),以谋求联合。文元年楚成王被太子商臣所弑(参见文元·四·三),内部政局不稳,秦、楚联手伐晋之事遂被搁置。"天诱其衷"参见僖二十七—僖二十八·二十三·二。

"穆、襄晋襄公即世,康秦康公、灵晋灵公即位。康公秦康公,我之自出,又欲阙 què 翦我公室,倾覆我社稷,帅我蝥 máo 贼,以来荡摇我边疆,我是以有令 líng 狐之役。康犹不悛 quān,入我河曲,伐我涑 sù 川,俘我王官,翦我羁马,我是以有河曲之战。[秦]东道之不通,则是康公绝我好也。

【穆、襄即世】正 在文六年。

【康公,我之自出】正 补 秦康公,是我国女子所生。秦康公为秦穆姬(晋献公女)之子。

【帅我……之役】正 杨 补 率领我国的贼人,来动摇我们的边疆,于是我国才有了令狐这一战役。据文七·三,秦康公实为应晋人请求,派兵护送公子雍至晋。晋人反悔,立太子夷皋,并在令狐阻击秦师。蝥、贼,分别为食根、食节害虫(详见下),比喻危害国家之人,这里指公子雍。

【蝥】正 补 蝼蛄,中国有华北蝼蛄(*Gryllotalpa unispina* Saussure)、东方蝼蛄(*G. orientalis* Brumeister)和非洲蝼蛄(*G. africana*),直翅目蝼蛄科昆虫,生活在地下,咬食作物根部,是重要农业害虫。

【贼】正 补 粟灰螟(*Chilo infuscatellus* Snellen),鳞翅目螟蛾科昆虫,幼虫啃食谷子等农作物苗节,是重要农业害虫。

【悛】正 杨 悔改。

【河曲】补 见文十二·五·春秋。

【涑川】正 补 涑水流域。涑水,水名,今名涑水河,源出山西绛县南部陈村峪、横岭关,从东北向西南流经山西绛县、闻喜县、夏县、运城市、临猗县、永济市,至永济市伍姓湖,再至永济市蒲州镇弘道园村附近汇入黄河。涑水(《图集》误标成涑川)参见《图集》⑦7—⑥8。

【俘我王官】楊 補 俘获王官的晋国民众。王官,晋地,见文三·四·一。秦康公攻打涑川、王官之事不见于其他记载。

【羁马】補 见文十二·五·二。

【河曲之战】正 见文十二·五。

【东道……好也】正 補 秦向东[通过晋前往中原]的道路不通,是由于秦康公[自己主动]断绝与我国的友好。所谓"东道",就是指殽函道(僖五·八·四)。

"及君秦桓公之嗣也,我君景公晋景公引领西望曰:'庶抚我乎!'君亦不惠称盟,利吾有狄难nàn,入我河县,焚我箕、郜gào,芟pō(登)夷我农功,虔刘我边垂(陲),我是以有辅氏之聚。君亦悔祸之延,而欲徼yāo福于先君献晋献公、穆,使伯车后子来,命我景公曰:'吾与女(汝)同好hào弃恶wù,复修旧德,以追念前勋。'言誓未就,景公即世,我寡君晋厉公是以有令狐之会。

【领】補 颈。

【庶抚我乎】正 補 或许要安抚我们了吧!

【君亦不惠称盟】正 楊 補 贵国君主(秦桓公)也不施恩惠[与我方]举行盟会。称,举。

【利吾有狄难】正 補 利用我国有狄人祸难[的时机]。指宣十五年晋正用兵与赤狄潞氏作战之时。

【箕】楊 见僖三十三·五·春秋。【郜】楊 補 晋地,当距箕不远。

【芟夷】见隐六·四·三。

【虔刘】正 楊 残杀,一说骚扰。

【辅氏之聚】正 楊 指宣十五年辅氏之役(宣十五·四)。战争需聚众,故战亦称"聚"。

【延】補 蔓延。

【微】补求。

【伯车】正杨补后子。嬴姓，名鍼，字车，排行伯。秦桓公（宣十五·四·二·一）之子，秦景公（襄九·四·一）同母弟。昭元年奔晋。昭五年自晋归于秦。

【就】补终。

【景公即世】补在成十年。

【令狐之会】正见成十一·七。

“君又不祥，背弃盟誓。白狄及君同州，君之仇雠，而我昏（婚）姻也。君来赐命曰：‘吾与女（汝）伐狄。’寡君不敢顾昏（婚）姻，畏君之威，而受（授）命于吏。君有二心于狄，曰：‘晋将伐女（汝）。’狄应且憎，是用告我。楚人恶 wù 君之二三其德也，亦来告我晋曰：‘秦背令狐之盟，而来求盟于我楚，昭告昊天上帝、秦三公、楚三王曰：“余秦虽与晋出入，余唯利是视。”不穀楚共王恶 wù 其无成德，是用宣之，以惩不壹。’

【不祥】正杨不善。与上文“不吊”同义。

【白狄及君同州】正白狄与君主（秦）同在河水以西，共处于九州之中的雍州（参见襄四·八）。及，与。【白狄】补见僖三十三·五·一·一。

【君之……姻也】正补［白狄］是君主的仇敌，却是我国的姻亲。白狄与晋国之间的姻亲关系，见于《左传》的就是公子重耳出奔在白狄期间，白狄伐赤狄，将虏获的季隗、叔隗分别嫁给公子重耳、赵成子为妻（参见僖二十三—僖二十四·一·二）。

【狄应且憎】正杨白狄一面应承，一面心生嫌恶。

【是用】补因此。

【秦三公】正秦穆公、秦康公、秦共公。

【楚三王】正楚成王、楚穆王、楚庄王。

【余唯利是视】补即“余唯视利”。

【不穀】补见僖二十三—僖二十四·七。

【以惩不壹】补以惩戒言行不一［之人］。

"诸侯备闻此言，斯是用痛心疾首，昵就寡人。寡人帅［诸侯］以听［君］命，唯好是求。君若惠顾诸侯，矜哀寡人，而赐之盟，则寡人之愿也。其承宁诸侯以退，岂敢徼 yāo 乱？君若不施大惠，寡人不佞 nìng，其不能以诸侯退矣。敢尽布之执事，俾 bǐ 执事实图利之！"

【斯是用】补因此。斯，此。是，此。用，因。

【唯好是求】补即"唯求好"。

【矜哀】补近义词连用，都是怜悯的意思。

【承宁】杨止息，安定。

【徼】补求。

【不佞】正不才。

【俾】补使。

○正杨补整篇使臣文辞中，称呼晋厉公，三次称"寡君"，五次称"寡人"。杜注认为，这篇文辞是使臣代申晋厉公之命，提及晋厉公的地方应该都用"寡人"，用"寡君"误。杨注认为，称"寡君"，似是使臣口吻；称"寡人"，又似是厉公口吻，这是古人行文不严密所致。马宗琏《春秋左传补注》则认为，本篇使臣文辞应分为两段来看，从开头"昔逮我先公"至"而受命于吏"为使臣口吻，从"君有二心于狄"至"俾执事实图利之"为使臣代晋厉公诘责秦的口吻。

秦桓公既与晋厉公为令狐之盟，而又召狄与楚，欲道（导）以伐晋，诸侯是以睦于晋。

【五】晋栾书栾武子将中军，荀庚中行宣子佐之；士燮 xiè，范文子将上军，郤 xì 锜 qí 佐之；韩厥韩献子将下军，荀罃 yīng，知武子佐之；赵旃 zhān 将新军，郤至郤昭子佐之；郤毅御戎，栾鍼 qiān 为右。孟献

<u>子</u>曰:"晋帅、乘 shèng 和,师必有大功。"

【郤毅】正 杨 补 姬姓,郤氏,又为步氏,名毅。蒲城鹊居之子,郤昭子(成二·四·五)之弟。晋大夫,成十三年已任戎御。食采于步。

【栾鍼】正 补 姬姓,栾氏,名鍼。栾武子(宣十二·一·四)之子,栾桓子(成十六·三·春秋)之弟。晋大夫,成十三年已任戎右。襄十四年陷阵而死。

【御戎、为右】补 见《知识准备》"车马"。

【晋帅、乘和】正 杨 晋军将士上下齐心。帅,军帅。乘,车上甲士。

○杨 成三年晋作六军,而此时仅有四军,似新上军、新下军已取消。

【六】五月丁亥四日,晋师以诸侯之师及秦师战于麻隧。秦师败绩,[晋人]获秦成差及不更女 rǔ 父 fǔ。

【麻隧】杨 补 在陕西泾阳北。秦地。参见《图集》22—23⑦5。

【不更女父】正 杨 秦不更,名或字女。此处有"不更",襄十一·二有"庶长",应是春秋时爵位名,而商鞅变法建立军功爵制时沿用之(详见下)。不过,在商鞅爵制中,不更为士之最高级,尚未到大夫级别,而《左传》不但记载不更被抓获之事,还记载名"女父",可见春秋时"不更"职位应该更高。

○正 补 孔疏引《汉书》说法,战国时期,商鞅在秦国变法,作战斩一首者,赐爵一级,其爵名:一为公士,二上造,三簪裹,四不更,五大夫,六官大夫,七公大夫,八公乘,九五大夫,十庶长,十一右庶长,十二左更,十三中更,十四右更,十五少上造,十六大上造,十七驷车庶长,十八大车庶长,十九关内侯,二十彻侯。然而,有学者认为,上述爵制是秦统一天下后的爵制,共有二十级,而商鞅变法时建立的早期爵制,根据《商君书·境内》的记载,只有十七级,其爵名:一为公士,二上造,三簪裹,四不更,五大夫,六官大夫,七公大夫,八公乘,九五大夫,十客卿(左庶长),十一正卿(右庶长),十二大庶长,十三左更,十四中更,十五右更,十六少上造,十七级大良造。商鞅在变法期间爵位为左庶长,变法成功之后晋爵为大良造,正是早期爵制的最高级别。

【七】曹宣公卒于师。

【八】[诸侯之]师遂济泾,及侯丽而还,迓yà晋侯晋厉公于新楚。

【泾】正补水名,今名泾河,发源于宁夏回族自治区的六盘山东麓,南源出于泾源县老龙潭,北源出于固原市大湾镇,由西北向东南流经宁夏回族自治区、甘肃省、陕西省,在陕西西安高陵区船张村汇入渭河。春秋时泾水参见《图集》22—23⑥3 至⑦6。

【侯丽】正杨补在今陕西礼泉境。秦地。参见《图集》22—23⑦5。

【迓】正迎。【新楚】正杨在今陕西大荔朝邑镇境。秦地。

○正补此次伐秦,晋诸卿率师西向伐秦,而晋厉公则在新楚等待。战事结束之后,晋师东还,在新楚迎接晋厉公,然后一同返回晋都。

【九】成肃公卒于瑕。

【瑕】杨见僖三十・三・二。

成公十三年・二

地理郑见成地理示意图 1。

人物公子班(成十・三・一)、公子腧、公子羣、公子騑(成十・三・二)、子駥、孙叔、孙知

左传六月丁卯十五日夜,郑公子班自訾zǐ求入于大(太)宫,不能,杀子印公子腧、子羽公子羣,反(返),军于市。己巳十七日,子驷公子騑帅国人盟于大(太)宫,遂从而尽焚之,杀子如公子班、子駥máng、孙叔、孙知。

【郑公……大宫】正成十年公子班出奔许,至今年寻求回国作乱。

【訾】正杨郑地,公子班自许入,则訾应在郑都以南。

【大宫】补太宫,见隐十一·二·二。

【子印】正补公子睔。姬姓,名睔,字印。郑穆公(僖三十·三·五)之子。成十三年被公子班所杀。其后为"七穆"之一的印氏。

【子羽】杜杨补公子翚。姬姓,名翚,字羽。其名(翚)、字(羽)相应,翚本义为鸟振羽疾飞。郑穆公之子。成十三年被公子班所杀。其后为羽氏。

【子駹】正补姬姓,字駹。公子班(成十·三·一)之弟。

【孙叔】正补姬姓,名叔。公子班之子。

【孙知】正补姬姓,名知。子駹之子。

成公十三年·三

地理鲁、秦、曹、晋2见成地理示意图1。

人物鲁成公(成元·〇)、曹宣公(宣十七·一)、公子负刍/曹成公、公子欣时

春秋秋,七月,公鲁成公至自伐秦。

○正此条《春秋》无对应《左传》。

冬,葬曹宣公。

左传[一] 曹人使公子负刍守,使公子欣时逆曹伯曹宣公之丧。秋,负刍公子负刍杀其大(太)子而自立也。诸侯乃请讨之。晋人以其役之劳,请俟他年。

【公子负刍】正补后为曹成公。姬姓,名负刍,谥成。曹宣公(宣十七·一)庶子。成十三年杀太子而自立。成十五年被晋人所执,置于京师。成十六年归于曹。在位共二十三年。襄十八年卒。

【公子欣时】正补姬姓,名欣时,字臧。曹宣公庶子。成十五年奔

前 578 年   1299

宋。成十六年归于曹。

【晋人以其役之劳】|杨|晋人由于麻隧之役的辛劳。

【俟】|补|等待。

【二】"冬，葬曹宣公。"既葬，子臧_{公子欣时}将亡，国人皆将从之。成公_{曹成公}乃惧，告罪，且请焉。[子臧]乃反(返)，而致其邑[于公]。

【乃反，而致其邑】|正||杨|[公子欣时]这才返国，而将其采邑交还[给曹成公]。

○|正|下启成十五年晋人执曹成公(成十五·三·一)。

成公十四年·一

地理 卫、晋2见成地理示意图1。卫、晋2、苦成见成地理示意图2。

人物 莒渠丘公（文十八·三·一）、孙文子（成七·八·春秋）、卫定公（宣十八·一·春秋）、晋厉公（成十·三·春秋）、郤犫（成十一—成十一·春秋）、定姜、卫穆公（宣十三—宣十四·二）、孙桓子（宣七·二·春秋）、宁惠子

春秋 十四年，春，王正月，莒子朱莒渠丘公卒。

　　○正 此条《春秋》无对应《左传》。

　　夏，卫孙林父fǔ，孙文子自晋归于卫。

左传 【一】十四年，春，卫侯卫定公如晋。晋侯晋厉公强见（现）孙林父孙文子焉。定公卫定公不可。

【晋侯强见孙林父焉】 正 杨 成七年孙文子奔晋。如今晋厉公强迫卫定公会见孙文子，希望让孙文子归国。

【二】夏，卫侯卫定公既归，晋侯使郤犫chōu送孙林父而见（现）之。卫侯欲辞。定姜曰："不可。是先君卫穆公宗卿孙桓子之嗣也，大国又以为请。不许，[国]将亡。[君]虽恶wù之，不犹愈于亡乎？君其忍之！安民而宥yòu宗卿孙文子，不亦可乎？"卫侯见[孙林父]而复之。

【定姜】 正 补 姜姓。卫定公夫人。襄十四年随卫献公奔齐。

【先君宗卿】 正 杨 孙氏出于卫武公，与卫君同宗；孙桓子（孙文子之父）又为卫穆公（卫定公之父）卿，因此称孙桓子为"先君宗卿"。

【愈】 补 胜过。

【宥】 补 宽恕。

【复之】｜正｜｜杨｜使孙文子恢复职位与采邑（戚邑）。

> ○｜补｜**传世文献对读：**《论语·卫灵公》："子曰：'……小不忍则乱大谋。'"与定姜之言义正相合。

【三·一】卫侯卫定公飨苦成叔郤犨，宁惠子相 xiàng。苦成叔傲。

【飨】｜补｜见桓九—桓十·一·二。

【苦成】｜正｜｜杨｜｜补｜在今山西运城东北。晋邑，曾为郤犨采邑。参见《图集》22—23⑩16。

【宁惠子】｜正｜｜补｜姬姓，宁氏，名殖，谥惠。宁成子（成元—成二·三）之子。卫大夫，官至卿位。襄二十年卒。食采于蒲。

【三·二】宁子宁惠子曰："苦成叔家郤犨其亡乎！古之为享食也，以观威仪、省 xǐng 祸福也，故《诗》曰：'兕 sì 觥 gōng 其觩 qiú，旨酒思柔。彼（匪）交（骄）匪傲，万福来求（逑）。'今夫子郤犨傲，取祸之道也。"

【省祸福】｜补｜省察［参与享食者］祸福［端倪］。

【兕觥……来求】｜正｜｜杨｜｜补｜《毛诗·小雅·桑扈》有此句，而"傲"作"敖"。可译为"角杯弯弯，美酒柔和。不骄不傲，聚集福德"。兕觥，用野水牛角做成的饮酒器。兕，野水牛，参见宣二·一·三。觩，角弯曲貌。思，语助词，无义。来，语助词，表倒装。求，读为逑，聚。

○｜正｜下启成十七年晋杀三郤（成十七·十）。

成公十四年·二

｜地理｜鲁、齐见成地理示意图1。

｜人物｜叔孙宣伯（文十一·四·一）

春秋 秋，叔孙侨如 叔孙宣伯 如齐 [为君] 逆女。

左传 秋，宣伯 叔孙宣伯 如齐逆女。[《春秋》]称族，尊君命也。

【称族，尊君命也】 补 《春秋》称宣伯之氏"叔孙"，是表示对君命的尊重。

成公十四年·三

地理 郑见成地理示意图 1。郑、许 1 见成地理示意图 3。

人物 公子喜（成十·三·二）、郑成公（成七·三）、公孙申（成四·七·一）

春秋 郑公子喜帅师伐许。

左传 八月，郑子罕 公子喜 伐许，败焉。戊戌 二十三日，郑伯 郑成公 复伐许，庚子 二十五日，入其郛 fú。许人平以叔申 公孙申 之封。

【郛】 补 见隐五·八·一。

【许人平以叔申之封】 正 补 成四年公孙申率师疆许田，被许人击败，因此郑并未获得公孙申划入郑界的全部许田。本年许人将有争议的田地交给郑，以求与郑讲和。

成公十四年·四

地理 鲁、齐见成地理示意图 1。

人物 叔孙宣伯（文十一·四·一）、齐姜

春秋 九月，侨如 叔孙宣伯 以夫人妇姜氏 齐姜 至自齐。

【姜氏】 补 齐姜。齐女，姜姓。鲁成公（成元·〇）夫人。成十四年归于鲁。襄二年卒。

○杨《春秋》称"妇(媳妇)",表明鲁宣公之母(姑,婆婆)穆姜尚在。

左传【一】"九月,侨如以夫人妇姜氏至自齐。"[《春秋》]舍族,尊夫
人也。

【舍族,尊夫人也】正补《春秋》不书宣伯之氏"叔孙",是表示对齐
姜的尊重。

○正宣元年已有称"公子"尊君命、舍"公子"尊夫人之例,然而宣元
年时鲁宣公在服丧期间娶妇不合礼制,而且由于"公子"不是族氏,因
此本年再次申明。

【二】故君子曰:"《春秋》之称,微而显,志而晦,婉而成章,尽
而不汙yū,惩恶而劝善,非圣人谁能修之?"

【《春秋》……劝善】正杨补《春秋》的行文记述,文辞隐微而意义
显豁,记载史实而意义幽深,表达委婉而顺理成章,穷尽事实而无所
歪曲,惩戒邪恶而劝勉良善。志,记。**【《春秋》】**补指基于鲁史《春
秋》(参见昭二·一·一·二)、经孔子修治、体现孔子思想的编年体
历史著作,记事始于鲁隐公元年王正月(前七二二年),终于鲁哀公十
四年(前四八一年)西狩获麟(《公羊传》《穀梁传》版本)或鲁哀公十六
年(前四七九年)孔子去世(《左传》版本)。阐释《春秋》大义的先秦著
作,流传至今的有三部,称为"《春秋》三传",即《公羊传》《穀梁传》《左
氏传》。

【圣人】补指孔子。

成公十四年·五

地理卫、晋2见成地理示意图1。卫、晋2、戚见成地理示意图3。

人物卫定公(宣十八·一·春秋)、孔成子、宁惠子(成十四·一·
三·一)、敬姒、定姜(成十四·一·二)、太子衎、公子鱄、孙文子(成

七·八·春秋）

春秋 冬，十月庚寅十六日，卫侯臧卫定公卒。

左传 【一】 卫侯卫定公有疾，使孔成子、宁惠子立敬姒 sì 之子衎 kàn，公子衎以为大(太)子。

【孔成子】 正 杨 补 姞姓，孔氏，名烝鉏，谥成。孔庄子(文元·三·一)之孙。卫大夫，官至卿位。

【敬姒】 正 补 姒姓，谥敬。卫定公(宣十八·一·春秋)妾，卫献公、公子鱄之母。襄十四年随卫献公奔齐。【衎】 正 补 公子衎，太子衎，后为卫献公。姬姓，名衎，谥献。卫定公之子，敬姒所生。成十四年被立为太子，成十五年即位，在位十八年。襄十四年奔齐，卫人立卫殇公。襄二十六年归国复位，同年被晋人所执。后归于卫，又在位三年。襄二十九年卒。

【二】 冬，十月，卫定公卒。夫人姜氏定姜既哭而息，见大(太)子太子衎之不哀也，不内(纳)酳(勺)饮，叹曰："是夫太子衎也，将不唯卫国之败，其必始于未亡人定姜！乌呼！天祸卫国也夫！吾不获鱄 zhuān，公子鱄也使主社稷。"大夫闻之，无不耸(悚)惧。孙文子自是不敢舍 shè 其重器于卫，尽置诸(之于)戚，而甚善晋大夫。

【不内酳饮】 杨 不肯饮水。
【将不唯卫国之败】 补 即"将不唯败卫国"。
【未亡人】 补 见庄二十八·四·一。
【鱄】 正 补 公子鱄。姬姓，名鱄，字鲜。卫定公(宣十八·一·春秋)之子，卫献公同母弟，敬姒所生。襄十四年跟随卫献公奔齐。襄二十六年跟随卫献公归于卫。襄二十七年奔晋。其名(鱄)、字(鲜)相应，鱄为鱼名，而鲜本义亦为鱼名，亦可泛指鱼类。

【耸惧】⟦杨⟧近义词连用,都是恐惧的意思。

【舍】⟦补⟧安置。【卫】⟦补⟧指卫国都城。

【戚】⟦正⟧⟦补⟧见文元・三・春秋。此时为孙氏采邑,位于晋、卫边界。

○⟦正⟧下启襄十四年卫献公出奔齐(襄十四・五)。

> ○⟦补⟧**传世文献对读**:《论语・八佾》:"子曰:'居上不宽,为礼不敬,临丧不哀,吾何以观之哉?'"此为"临丧不哀"之例。

成公十四年・六

⟦地理⟧秦见成地理示意图1。

⟦人物⟧秦桓公(宣十五・四・二・一)

⟦春秋⟧秦伯_{秦桓公}卒。

成公十五年·一

地理 卫见成地理示意图 1。

人物 卫定公（宣十八·一·春秋）

春秋 十有（又）五年，春，王二月，葬卫定公。

成公十五年·二

地理 鲁见成地理示意图 1。

人物 仲婴齐

春秋 三月乙巳（三日），仲婴齐卒。

【仲婴齐】正 补 姬姓，仲氏，名婴齐。东门襄仲（僖二十五—僖二十六·春秋）之子，公孙归父（宣十·六·春秋）之弟。鲁大夫，官至卿位。成十五年卒。

○ 正 宣十八年鲁驱逐东门氏族长公孙归父，既而又立其弟婴齐，以其祖父东门襄仲之排行为仲氏。

成公十五年·三

地理 鲁、晋 2、卫、郑、曹、宋、齐、周见成地理示意图 1。鲁、晋 2、卫、郑、曹、宋、齐、邾、周（京师）、戚见成地理示意图 3。

人物 鲁成公（成元·○）、晋厉公（成十·三·春秋）、卫献公（成十四·五·一）、郑成公（成七·三）、曹成公（成十三·三·一）、太子成、国武子（宣十·三·二）、公子欣时（成十三·三·一）、周简王（成八·六·春秋）

春秋 癸丑（十一日），公（鲁成公）会晋侯（晋厉公）、卫侯（卫献公）、郑伯（郑成公）、曹伯（曹成公、宋世子成太子成、齐国佐国武子、邾人同盟于戚。晋侯执曹伯，归于京师。

【世子成】补太子成，后为宋平公。子姓，名成，谥平。宋共公（成三·一·春秋）之子，共姬（成八·四·一）所生。成十六年即位，在位四十四年。昭十年卒。【戚】补见文元·三·春秋。

【京师】补见隐六·七。

○正杨补成十三年曹成公杀曹宣公太子而自立，诸侯请讨之，晋请俟他年，至本年而讨之。宋共公当时应在病中，故由太子成出席盟会。本年六月宋共公卒。

公鲁成公至自会。

○正此条《春秋》无对应《左传》。

左传【一】十五年，春，会于戚，讨曹成公也。〔晋人〕执〔曹成公〕而归诸（之于）京师。〔《春秋》〕书曰"晋侯执曹伯"，不及其民也。凡君不道于其民，诸侯讨而执之，则〔《春秋》书〕曰"某人执某侯"；不然则否。

【书曰……民也】正杨《春秋》书"晋侯执曹伯"，而不书"晋人执曹伯"，是因为曹成公之罪仅在于杀曹宣公太子而自立，其危害并没有波及民众。

【不道】补无道。

【二】诸侯将见（现）子臧公子欣时于王周简王而立之。子臧辞曰："《前志》有之曰：'圣达节，次守节，下失节。'为君，非吾节也。〔吾〕虽不能圣，敢失守乎？"遂逃，奔宋。

【圣达节】杨补达，通达。圣明之人，能进能退，能上能下，而都能合乎节义。《论语·为政》载孔子自述，"……七十而从心所欲，不踰矩"，正可为此句注脚。

【为君,非吾节也】补公子欣时自以身为庶子,依礼制不应嗣位为君,故有此言。

○补**传世文献对读**:《论语·泰伯》:"曾子曰:'……临大节而不可夺也——君子人与? 君子人也。'"公子欣时即为"临大节而不可夺"者。

成公十五年·四

地理宋见成地理示意图1。

人物宋共公(成三·一·春秋)

春秋夏,六月,宋公固宋共公卒。

左传夏,六月,宋共 gōng 公卒。

○正下启本年宋内乱(成十五·六)。

成公十五年·五

地理楚、郑、晋2、卫见成地理示意图1。楚、郑、晋2、卫、申、暴隧、首止见成地理示意图5。

人物楚共王(成二·四·四)、王子贞、王子侧(宣十二·一·六)、申叔时(宣十一·五·二)、公子喜(成十·三·二)、栾武子(宣十二·一·四)、韩献子(宣十二·一·四)

春秋楚子楚共王伐郑。

左传【一·一】楚将北师。子囊王子贞曰:"新与晋盟而背之,无乃不可乎?"子反_{王子侧}曰:"敌利则进,何盟之有?"

【楚将北师】 补 楚打算向北方用兵。

【子囊】 正 补 王子贞。芈姓,名贞,字囊。楚庄王(文十四·十一·一)之子,楚共王(成二·四·四)之弟。楚大夫,官至执政(继王子壬夫)。襄五年任令尹。襄十四年卒。有学者认为,"囊"为襄声,而"襄"与"良"在先秦文献中多有通假词例,因此"囊"可通"良",从而与其名"贞"相应。"贞良"在先秦汉代文献中经常作为一个词组出现,如《墨子·明鬼下》"必择国之父兄慈孝贞良者",《史记·秦始皇本纪》"皆务贞良"。

【新与晋盟】 正 指成十二年晋、楚宋之盟(成十二·二)。

【敌利则进】 杨 敌情有利[于我]就进攻。

【一·二】申叔时老矣,在申,闻之,曰:"子反必不免[于难]。信以守礼,礼以庇身。信、礼之亡,欲免,得乎?"

【申】 补 见隐元·四·一。

○ 补 下启成十六年王子侧兵败自杀(成十六·三·十八)。

【二】楚子_{楚共王}侵郑,及暴隧。遂侵卫,及首止。郑子罕_{公子喜}侵楚,取新石。

【暴隧】 杨 即暴,见文八·四·春秋。

【首止】 杨 见桓十八·二·一。

【新石】 正 杨 在今河南叶县境。楚邑。

【三】栾武子欲报楚。韩献子曰:"无庸。使[楚子]重 zhòng 其罪,民将叛之。无民,孰战?"

【无庸】 正 不用。

○ 正 下启成十六年晋败楚于鄢陵(成十六·三)。

成公十五年·六

地理 宋、晋2、楚见成地理示意图1。宋、晋2、楚、睢水见成地理示意
图5。

人物 宋共公(成三·一·春秋)、华元(文十六—文十七·一·二)、
荡泽、鱼石、华喜、公孙师(文十八·四)、向为人(成五·七·一·
二)、鳞朱、向带、鱼府、宋戴公(庄十二—庄十三·二)、宋庄公(隐
三·六·一·一)、宋桓公(庄十一·二·二·二)、公子肥、向戌、老
佐、乐裔

春秋 秋,八月庚辰十日,葬宋共gōng公。

○正补 据隐元·五,诸侯五月而葬。宋共公三月而葬,于礼为速。

宋华元出奔晋。

宋华元自晋归于宋。

宋杀其大夫山荡泽。

【山】正补 荡泽。子姓,荡氏,名泽,字山。荡虺(文十六—文十
七·四)之子,公孙寿(文十六—文十七·一·二)之孙。宋大夫,官
至卿位。任司马(卿职)。成十五年被华喜、公孙师率国人所杀。其
名(泽)、字(山)相应。

宋鱼石出奔楚。

【鱼石】正补 子姓,鱼氏,名石。公子目夷(僖八—僖九·一)(字
鱼)曾孙。宋大夫,官至卿位。任左师(卿职)。成十五年奔楚。成十
八年楚、郑纳之于彭城。襄元年彭城降晋,晋人置之于瓠丘。

○正 据《左传》,出奔楚的有鱼石、向为人、鳞朱、向带、鱼府五人。

《春秋》只书鱼石,应是宋国发来的通告如此,《春秋》照书之。

[左传]【一】秋,八月,葬宋共公。

于是<u>华元</u>为右师,<u>鱼石</u>为左师,<u>荡泽</u>为司马,<u>华喜</u>为司徒,<u>公孙师</u>为司城,<u>向为人</u>为大司寇,<u>鳞朱</u>为少司寇,<u>向带</u>为大(太)宰,<u>鱼府</u>为少宰。

【右师】[补]见<u>文七·二·一</u>。【左师】[补]见<u>僖九·三</u>。

【司马】[补]见<u>隐三·六·一·一</u>。

【华喜】[正][补]子姓,华氏,名喜。华郑之子,华父督(<u>桓元—桓二·春秋</u>)玄孙。宋大夫,官至卿位。任司徒(卿职)。【司徒】[补]见<u>文七·二·一</u>。

【司城】[补]见<u>文七·二·一</u>。

【大司寇】[补]即司寇,见<u>文七·二·一</u>。

【鳞朱】[正][补]子姓,鳞氏,名朱。子奏之子,鳞矔(<u>文七·二·一</u>)曾孙。宋大夫,任少司寇。成十五年奔楚。成十八年楚、郑纳之于彭城。襄元年彭城降晋,晋人置之于瓠丘。【少司寇】[补]宋外朝官,司寇副手。

【向带】[补]子姓,向氏,名带。宋大夫,任太宰。成十五年奔楚。成十八年楚、郑纳之于彭城。襄元年彭城降晋,晋人置之于瓠丘。【大宰】[补]见<u>桓元—桓二·二</u>。

【鱼府】[补]子姓,鱼氏,名府。公子目夷(字鱼)曾孙。宋大夫,任少宰。成十五年奔楚。成十八年楚、郑纳之于彭城。襄元年彭城降晋,晋人置之于瓠丘。【少宰】[补]宋内朝官,太宰副手。

二华,<u>戴</u>宋戴公族也。司城,<u>庄</u>宋庄公族也。六官者,皆<u>桓</u>宋桓公族也。

【二华,戴族也】[正][杨]华元、华喜,是宋戴公的后代。

【司城,庄族也】[补]公孙师,是宋庄公的后代。

【六官者,皆桓族也】正 鱼石、荡泽、向为人、鳞朱、向带、鱼府,都是宋桓公的后代。

○补 通行本中,"二华,戴族也……皆桓族也"本在成十五·六·一"……乃出奔晋"之后。本段应是在上文列数宋卿之后,概述诸卿所属公族,以文理论,应紧接其后。据上述理由,因而有此调整。

[二] 荡泽弱公室,杀公子肥。华元曰:"我为右师。君臣之训,师所司也。今公室卑,而[吾]不能正,吾罪大矣。[吾]不能治官,敢赖宠乎?"乃出奔晋。

【公子肥】正 杨 补 子姓,名肥。宋共公(成三·一·春秋)之子。成十五年被荡泽所杀。据《史记·宋微子世家》,则为"太子肥"。

【赖】杨 补 以……为利。

[三] 鱼石将止华元。鱼府曰:"右师华元反(返),必讨,是无桓氏也。"鱼石曰:"右师苟获反(返),[我]虽许之讨,[右师]必不敢。且[右师]多大功,国人与之华元,[右师]不反(返),惧桓氏之无祀于宋也。右师讨,犹有戌向戌在。桓氏虽亡,必偏。"

【桓氏】杨 即上文的"桓族",包括鱼石、鱼府。

【且多……宋也】正 杨 补 而且[右师]立了很多大功,国人都信从他,如果[右师]不回国,恐怕[国人会群起而攻桓族,导致]桓族整体覆灭,祭祀断绝。华元在六卿中居首位,而且宣十五年孤身迁入楚营解宋都之围(宣十五·二·三),成十二年又促成晋、楚讲和(成十二·二),在国人心目中地位甚高。与,从。

【右师……必偏】正 杨 补 华元[回国后,]即便讨伐我们桓族,还有向戌能幸免。桓族就算灭亡,必然只会灭亡一部分。向戌应该是与华元交好,因此华元即使讨伐荡泽及其他桓族,也不会危及向戌。偏,一部分。【戌】正 补 向戌。子姓,向氏,名戌。公孙訾守之子,公子肸(字向)之孙,宋桓公(庄十一·二·二·二)曾孙。宋大夫,官至执政卿(继乐喜)。成十五年任左师(卿职)。食采于合。

<u>鱼石</u>自止<u>华元</u>于河上。[右师]请讨[荡氏],[鱼石]许之,[右师]乃反(返)。[右师]使<u>华喜</u>、<u>公孙师</u>帅国人攻荡氏,杀<u>子山</u>荡泽。——[《春秋》]书曰"宋杀其大夫山",言[子山]背其族也。——<u>鱼石</u>、<u>向为人</u>、<u>鳞朱</u>、<u>向带</u>、<u>鱼府</u>出舍 shè 于睢 suī 上。<u>华元</u>使止之,[五人]不可。

【河上】|杨||补|河水岸边。

【书曰……族也】|正|《春秋》书"宋杀其大夫山",不书其氏"荡",因为荡泽背弃了自己的宗族。荡氏本为宋公族后代,而荡泽反欲削弱公室,故曰"背其族"。

【鱼石……睢上】|正||杨||补|五位卿大夫担心同为桓族而被波及,因此逃到距离宋都不远的睢水岸边,准备出奔。睢水见<u>僖十九·二·二·一</u>。

【四】冬,十月,<u>华元</u>自止之。[五人]不可,[华元]乃反(返)。<u>鱼府</u>曰:"今不从[右师],[我]不得入矣。右师华元视速而言疾,有异志焉。[右师]若不我纳,今将驰矣。"[五人]登丘而望之,则[右师]驰。[五人]骋而从之华元,则[宋人]决睢澨 shì、闭门、登陴 pī 矣。左师鱼石、二司寇向为人、鳞朱、二宰向带、鱼府遂出奔楚。<u>华元</u>使<u>向戌</u>为左师,<u>老佐</u>为司马,<u>乐裔</u>为司寇,以靖国人。

【若不我纳】|补|即"若不纳我"。

【登丘而望之,则驰】|杨|[五人]登上山丘眺望华元,[见他]疾驰[返回城中]。这证实了华元其实并不欢迎五人返国。

【骋而……陴矣】|正||杨||补|五人驾车跟随华元,发现[宋人]决开睢水堤防、关闭城门、登上[城头在]矮墙[后守备]了。澨,堤防。登陴参见<u>成六·四·二</u>。

【老佐】|正||补|子姓,老氏,名佐。宋戴公(<u>庄十二—庄十三·二</u>)五世孙。宋大夫,官至卿位。成十五年任司马(卿职)。成十八年卒。

【乐裔】|补|子姓,乐氏,名裔。宋大夫,官至卿位。成十五年任司寇

（卿职）。

【靖】补安。

○补下启成十八年楚共王、郑成公伐宋,纳宋叛臣于彭城（成十八·四）。

成公十五年·七

地理 晋2、楚见成地理示意图1。

人物 郤锜（成八·五·一）、郤犨（成十一—成十一·春秋）、郤昭子（成二·四·五）、伯宗（宣十五·二·一）、栾弗忌、伯州犁、韩献子（宣十二·一·四）、伯宗之妻

左传【一·一】晋三郤 xì 害伯宗,谮 zèn 而杀之,及栾弗忌。伯州犁奔楚。

【三郤】杨 郤锜、郤犨、郤昭子。【害】补以……为患。

【谮】补诬陷,中伤。

【栾弗忌】补姬姓,栾氏,名弗忌。栾宾（桓二—桓三·二·一）之后。晋大夫。成十五年被郤氏所杀。

【伯州犁奔楚】杨据下引《国语·晋语五》,则护送伯州犁奔楚的是其父伯宗托付的毕阳。【伯州犁】正补姬姓,伯氏,名州犁。伯宗（宣十五·二·一）之子。晋人,成十五年奔楚,官至太宰。昭元年被王子围所杀。

【一·二】韩献子曰:"郤氏其不免[于难]乎! 善人,天地之纪也,而骤绝之,不亡,何待?"

【纪】补纲领。

【骤】正杨数,屡次。三郤先后杀害伯宗及栾弗忌,故韩献子曰"骤"。

○正下启成十七年晋杀三郤（成十七·十）。

[二] 初，伯宗每朝，其妻必戒之曰："'盗憎主人，民恶 wù 其上。'子好直言，必及于难 nàn。"

【盗憎主人，民恶其上】 杨 补 "盗憎主人，民恶其上"为当时谚语，《国语·周语中》（成十六·九·二）单襄公引谚"兽恶其网，民恶其上"，《说苑·敬慎》引《金人铭》"盗怨主人，民害其贵"，《孔子家语·观周》引《金人铭》"盗憎主人，民怨其上"，与此相似。伯宗之妻意谓，盗贼憎恶抵抗和抓捕他们的财主，民众厌恶管束和整治他们的统治者。如今伯宗直言指摘他人过失，如同主人、统治者的做派，必然会遭到他人的怨恨和陷害。也有学者认为，伯宗之妻的意思是，盗贼憎恶坐拥财宝自诩富有的主人，民众厌恶以才智凌驾其上的人，如今伯宗自以为高明，直言无忌地指摘他人，必然会遭到他人的怨恨和陷害。

○ 杨 补 **传世文献对读：**《国语·晋语五》叙伯宗妻子告诫伯宗之事，可扫码阅读。

据《国语》记载，栾弗忌遇难在先，之后诸大夫以伯宗为患，谋划将其杀害，与《左传》不同。

成公十五年·八

地理 鲁、晋 2、齐、宋、卫、郑、吴见成地理示意图 1。鲁、晋 2、宋、卫、郑、邾、吴、钟离见成地理示意图 5。

人物 叔孙宣伯（文十一·四·一）、范文子（宣十七·一·八）、高无咎、华元（文十六—文十七·一·二）、孙文子（成七·八·春秋）、公子鰍

春秋 冬，十有（又）一月，叔孙侨如 叔孙宣伯会晋士燮 xiè，范文子、齐高无咎、宋华元、卫孙林父 fǔ，孙文子、郑公子鰍 qiū、邾人会吴于钟离。

【高无咎】补 姜姓,高氏,名无咎。高宣子(宣五・一・春秋)之子。齐大夫,官至卿位。成十七年奔莒。

【公子鰌】补 姬姓,名鰌。郑大夫,官至卿位。

【钟离】正 杨 补 周时国,子爵,赢姓。在今安徽凤阳板桥镇古城村已发现其遗址(详见下)。昭四年已为楚属国。昭二十四年被吴所灭。参见《图集》29—30④9。

○补 钟离城遗址:遗址南接丘陵、北依淮河、西依濠水、东依花园湖支流。城址平面近似正方形,南北长约三百八十米,东西宽约三百六十米。城址内外有春秋、战国、秦汉时期的文化遗存。

○补 钟离君墓及钟离地望:2006 年在安徽蚌埠双墩村发掘出一座短单墓道圆形大墓,年代为春秋晚期前段,墓主人应为钟离君柏,墓室内有十具殉人。2007 年在安徽凤阳卞庄西北发现一座圆形大墓,年代为春秋晚期前段,墓主人应为钟离君柏之季子康,墓室内有十具殉人。这两个墓葬的发现证实凤阳、蚌埠一带为春秋时期钟离国所在地。

左传 十一月,"会吴于钟离",〔晋〕始通吴也。

成公十五年—成公十六年(成公十六年·一)

地理 楚、鲁、郑、晋2见成地理示意图1。许1、许2(叶)、楚、鲁、郑、晋2、武城、汝水见成地理示意图5。

人物 许灵公(成二·七·一·二)、王子申(成六·九·一·一)、楚共王(成二·四·四)、王子成(成六·九·一·一)、公子騑(成十三·二)

春秋 许迁于叶 shè。

【叶】补 见宣三·八·二·三。

○正 补 从下文《左传》可知,许灵公畏惧郑国逼迫,主动请求迁入楚国,因此虽然实际上是"楚迁许于叶",而《春秋》书"许迁于叶",以许人自迁为辞。参见僖元·二·春秋"邢迁于夷仪"。

十六年,春,王正月,[我]雨,木冰。

【木冰】正 杨 补 即雨凇,俗称"树挂",是超冷却的降水碰到温度等于或低于零摄氏度的树枝等物体表面时所形成的冰覆盖层。形成雨凇的雨称为冻雨。

○正 此条《春秋》无对应《左传》。

左传【一】许灵公畏逼于郑,请迁于楚。辛丑三日,楚公子申王子申迁许于叶。

【二】十六年,春,楚子楚共王自武城使公子成王子成以汝阴之田求成于郑。郑叛晋,子驷公子騑从楚子盟于武城。

【武城】杨 见僖六—僖七·三。

【汝阴之田】正 杨 汝水以南之田,在今河南郏县与叶县之间。楚地。成十六年地入于郑。【汝】补 水名,其上游即今北汝河,下游即今南汝河及新蔡以下的洪河。春秋时汝水参见《图集》29—30③4 至④7。

【求成于郑】 补 请求郑[与之]讲和修好。

○ 正 下启本年晋伐郑(成十六·三)。

成公十六年·二

地理 滕见成地理示意图 4。

人物 滕文公

春秋 夏,四月辛未五日,滕子滕文公卒。

【滕子】 补 滕文公。姬姓,谥文。滕昭公(文十二·四·春秋)之子。宣十年即位,在位二十五年。成十六年卒。

左传 夏,四月,滕文公卒。

成公十六年·三

地理 郑、宋、晋 2、鲁、楚、卫、齐、秦见成地理示意图 1。郑、宋、晋 2、鲁、卫、齐、鄢陵、汋陵、鸣雁、申见成地理示意图 3。

人物 公子喜(成十·三·二)、晋厉公(成十·三·春秋)、栾桓子、楚共王(成二·四·四)、郑成公(成七·三)、王子侧(宣十二·一·六)、将鉏、乐惧、卫献公(成十四·五·一)、范文子(宣十七·一·八)、栾武子(宣十二·一·四)、郤锜(成八·五·一)、中行献子、韩献子(宣十二·一·四)、郤昭子(成二·四·五)、知武子(宣十二·一·十四·三)、郤犨(成十一—成十一·春秋)、孟献子(文十四·十二·三)、姚句耳、王子婴齐(宣十一·二·一)、王子壬夫、申叔时(宣十一·五·二)、公子骓(成十·三·二)、晋惠公(庄二十八·二·一)、先轸(僖二十七—僖二十八·二)、中行桓子(僖二十七—僖二十八・三)、范宣子、伯州犁(成十五・七・一・一)、苗贲皇(宣十七・一・六)、郤毅(成十三・一・五)、栾鍼(成十三・一・五)、彭名(宣十二・一・十一)、潘党(宣十二・一・十・一)、石首、唐苟、潘尫(文十六・三・三)、养由基(宣十二・一・十一)、厨武子(宣十二・一・十・一)、工尹襄、杜溷罗、萧翰胡、卫懿公(闵二・五・二)、叔山冉、王子茂、谷阳竖、成得臣(僖二十二—僖二十三・八・一)、楚成王(庄十四・三・二)、国武子(宣十・三・二)、卫献公(成十四・五・一)、鲁成公(成元・〇)、叔孙宣伯(文十一・四・一)、穆姜(宣元・一・春秋)、季文子(文六・二・春秋)、公子偃、公子锄

春秋 郑公子喜帅师侵宋。

六月丙寅朔初一，日有食之。

【朔】补见桓三・五・春秋。

【日有食之】补见隐三・一・春秋。

〇正此条《春秋》无对应《左传》。

晋侯晋厉公使栾黡 yǎn，栾桓子来乞师。

【栾黡】正补栾桓子。姬姓，栾氏，名黡，谥桓，排行伯。栾武子(宣十二・一・四)之子。晋大夫，官至卿位。成十六年已为散位卿。成十八年任公族大夫(不知是否仍为散位卿)，同年可能任新军佐(卿职)。襄元年可能已任下军帅(卿职)，襄九年已任下军帅(卿职)。襄十六年至襄十八年已告老或去世。

甲午晦二十九日，晋侯晋厉公及楚子楚共王、郑伯郑成公战于鄢 yān陵。楚子、郑师败绩。

【晦】补阴历月末。

【鄢陵】正杨补在今河南鄢陵彭店乡古城村一带已发现其遗址(详见下)。本为国，妘姓，此时为郑邑。参见《图集》17—18②5、24—

25④5。

> ○补 **鄢陵故城遗址**：双洎河从遗址横穿而过。城址分内外两城，外城平面呈梯形，北宽约 998 米，南宽约 800 米，南北长约 1 595 米；内城位于外城偏东北部，平面近似正方形，南北长约 184 米，东西宽约 148 米。城址内出土了春秋战国时期的遗物。

楚杀其大夫公子侧王子侧。

○正 补 据文六·四·三及文七·二·三，则《春秋》书国杀，又书被杀卿大夫之名氏，表明王子侧有罪于楚。王子侧之罪，在于背盟无礼，最终使楚师败于鄢陵。

左传【一】郑子罕公子喜伐宋，宋将锄、乐惧败诸(之于)汋 zhuó 陂 bēi。[宋师]退，舍 shè 于夫渠，不儆 jǐng。郑人覆之，败诸汋陵，获将锄、乐惧。——宋恃胜也。

【将锄】正 乐氏族人。

【乐惧】正 补 子姓，乐氏，名惧。宋戴公(庄十二—庄十三·二)六世孙。

【汋陂】杨 在今河南商丘市与宁陵县之间。宋地。

【夫渠】杨 补 宋地，当距汋陂不远。

【儆】正 补 戒备。

【郑人覆之】杨 郑师伏击宋师。

【汋陵】正 杨 补 在今河南宁陵程楼乡南。宋地。参见《图集》24—25④6。

【二】卫侯卫献公伐郑，至于鸣雁，为晋故也。

【鸣雁】正 杨 补 在今河南杞县北。郑地。参见《图集》24—25④5。

【三·一】晋侯晋厉公将伐郑。范文子曰："若逞吾愿，诸侯皆叛，晋可以逞。若唯郑叛，晋国之忧，可立俟也。"栾武子曰："不可以当吾世而失诸侯，必伐郑。"乃兴师。栾书栾武子将中军，士燮 xiè，范文子佐之；郤 xì 锜 yǐ 将上军，荀偃中行献子佐之；韩厥韩献子将下军；郤至郤昭子佐新军；荀罃 yīng，知武子居守。

【若逞……以逞】正 补 如果满足我的愿望，诸侯都背叛，晋国[反而]可以顺畅。当时晋厉公无道，而三郤骄横。范文子希望诸侯叛晋，使晋公卿忧惧而修政，重振晋国。

【可立俟也】补 站一会就可等来，也就是马上到来的意思。

【荀偃】正 补 中行献子。姬姓，中行氏，出自荀氏，名偃，字游，谥献，排行伯。中行宣子（成二·五·二）之子。晋大夫，官至执政卿（继知武子）。成十六年已任上军佐（卿职），成十七年可能已任上军帅（卿职），襄九年已任上军帅（卿职），襄十三年任中军帅（卿职）。襄十九年卒。其名（偃）、字（游）相应，偃，《说文》作"㫃"，旌旗之游㫃蹇之貌；游，旌旗之流（旒）。

【郤至佐新军】正 据下文《左传》，则郤犨将新军。

【荀罃居守】正 知武子以下军佐居守。

【三·二】郤犨 chōu 如卫，遂如齐，皆乞师焉。栾黡栾桓子来乞师。孟献子曰："晋有胜矣。"

【三·三】戊寅四月十二日，晋师起。

○杨 晋师四月即起，而据《春秋》，栾桓子六月始至鲁，估计郤犨至卫、齐时间亦相近，无怪乎诸侯之师都没来得及参加战斗（参见成十六·三·十九）。

【四·一】郑人闻有晋师，使告于楚，姚句 gōu 耳与 yù 往。

【姚句耳】正 补 姚氏，名句耳。郑大夫。

【四·二】楚子_{楚共王}救郑。司马_{王子侧}将中军,令尹_{王子婴齐}将左,右尹子辛_{王子壬夫}将右。

【司马】 补 见僖二十六·三。【令尹】 补 见庄四·二·二。

【右尹】 补 楚外朝官,令尹副手,其职掌事务有:一、担任军事统帅;二、处理政治、经济、司法事务。

【子辛】 正 补 王子壬夫。芈姓,名壬夫,字辛。楚穆王(僖三十三·九·二·二)之子,王子侧(宣十二·一·六)之弟。楚大夫,官至执政(继王子婴齐)。成十六年已任右尹,襄三年任令尹。襄五年被楚人所杀。其名(壬夫)、字(辛)相应,辛、壬为相连之二天干。

○ 补 **出土文献对读**:据清华简二《系年》,"〔楚〕共王亦率师围郑,〔晋〕厉公救郑,败楚师于鄢",与《左传》晋厉公伐郑、楚共王救郑不同。

过申,子反_{王子侧}入见申叔时,曰:"师其何如?"

【申】 补 见隐元·四·一。

[申叔时]对曰:

"德、刑、详(祥)、义、礼、信,战之器也。

【详】 杨 补 事奉鬼神应有的和顺态度。

"德以施惠,刑以正邪,详(祥)以事神,义以建利,礼以顺时,信以守物。

"民生厚而德正,用利而事节,时顺而物成。上下和睦,周旋不逆,求无不具,各知其极。故《诗》曰:'立(粒)我烝 zhēng 民,莫匪尔极。'是以神降之福,时无灾害,民生敦厖 máng,和同以听,莫不尽力以从上命,致死以补其阙 què。此战之所由克也。

【民生……物成】 正 杨 民生优厚,德行就端正;[根据道义]征用[民众从而]获取利益,事情就合于节度;顺应时令[而动],事物就能有所成就。

【周旋不逆】 补 相处没有矛盾。

【极】 杨 补 准限。

【立我烝民,莫匪尔极】 正 杨 补 《毛诗·周颂·思文》有此句,可译为"后稷养育民众,无不合乎准限"。立,养育。烝,众。极,准限。

【民生敦厖】 正 杨 民生丰厚。敦,厚。厖,丰。与上文"民生厚"相应。

【和同以听】 杨 补 和睦同心以听从政命。

"今楚内弃其民,而外绝其好;渎齐(斋)盟,而食话言;奸 gān 时以动,而疲民以逞。民不知信,进退罪也。人恤所厎 zhǐ,其谁致死? 子其勉之! 吾不复见子矣。"

【今楚内弃其民】 正 补 弃民,必不施惠,因而无德。针对"德以施惠"而言。

【而外绝其好】 正 补 绝好,则不以义建利。针对"义以建利"而言。所谓"外绝其好",应该是指断绝了与晋通过成十二年弭兵之盟建立起的友好。

【渎齐盟】 正 杨 补 齐(斋)盟见成十一·七·一·二。此处齐盟指成十二年晋、楚之盟(成十二·二)。古人认为盟誓时有鬼神监临。亵渎盟誓,则是不以祥事神。针对"祥以事神"而言。

【而食话言】 正 补 食言,则无信,不可守物。针对"信以守物"而言。

【奸时以动】 正 补 指楚在春耕之时用兵。违反时令发动战争,则不顺时。针对"礼以顺时"而言。

【而疲民以逞】 正 补 武力为刑。武力用于逞志,则不用以正邪。针对"刑以正邪"而言。

【人恤所厎】正 补 人人担忧自己的结局。恤，忧。厎，至。
○补 下启王子侧兵败自杀（成十六·三·十八）。

【四·三】姚句耳先归[郑]。子驷公子騑问焉。[姚句耳]对曰："其行速，过险而不整。速，则失志；不整，丧列。志失、列丧，将何以战？楚惧不可用也。"

【速，则失志】补 [行军速度]太快，就会丧失士气。

【五】五月，晋师济河。闻楚师将至，范文子欲反（返），曰："我伪逃楚，可以纾忧。夫合诸侯，非吾所能也，以遗 wèi 能者。我若群臣辑睦以事君晋厉公，多矣。"

【河】补 见图二·五·三。
【伪】杨 当作"为"，如果。
【遗】补 留给。
【辑睦】补 团结和睦。
【多矣】杨 见桓五·三·一·三。

武子栾武子曰："不可。"

【六】六月，晋、楚遇于鄢陵。范文子不欲战。

郤至郤昭子曰："韩之战，惠公晋惠公不振旅；箕之役，先轸 zhěn 不反（返）命；邲 bì 之师，荀伯中行桓子不复从，皆晋之耻也。子亦见先君之事矣。今我辟（避）楚，又益耻也。"

【韩之……复从】正 杨 补 韩之役（僖十五·八），晋惠公不能胜利归来；箕之役（僖三十三·五），先轸不能回国复命；邲之役（宣十二·一），中行桓子不能再跟楚军周旋。振旅见僖二十七—僖二十八·二十四·三。

文子范文子曰："吾先君之亟 qì 战也有故。秦、狄、齐、楚皆强，不尽力，子孙将弱。今三强服矣，敌，楚而已。惟圣人能外内无患。自非圣人，外宁必有内忧。盍（何不）释楚以为外惧乎？"

【亟】正补数，屡次。

【自】杨若。

【盍释楚以为外惧乎】补为什么不放过楚，把它作为国外值得惧怕的势力[来促使我国保持团结、励精图治呢]？

○补**传世文献对读**：《国语·晋语六》详叙范文子不欲战之言论，可扫码阅读。

【七】甲午晦二十九日，楚晨压晋军而陈。[晋]军吏患之。

【晦】补阴历月末。

范匄范宣子趋进，曰："塞井夷灶，陈于军中，而疏行 háng 首。晋、楚唯天所授，何患焉？"文子范文子执戈逐之，曰："国之存亡，天也。童子何知焉？"

【范匄趋进】杨范匄此时尚年轻，班位不高，因此快步上前，一则表示恭敬，二则便于进言。【范匄】正杨补范宣子。祁姓，范氏，出自士氏，名匄，谥宣。范文子（宣十七·一·八）之子。晋大夫，官至执政卿（继中行献子）。成十七年可能已任上军佐（卿职），襄七年可能已任中军佐（卿职），襄九年已任中军佐（卿职），襄十九年任中军帅（卿职）。襄二十四年去世。

【塞井……行首】杨补填塞水井，夷平灶台，在军营中摆开阵势，把行列间的道路放宽。

【晋、楚唯天所授】补参见成元—成二·十四·二"齐、晋亦唯天所授"。

○|补|笔者对范文子执戈追砍范宣子的原因有详细分析,请见专著《虎变:晋国大族的兴盛与衰亡》(出版中,暂定书名)相关章节。

栾书_{栾武子}曰:"楚师轻窕 tiǎo,[我]固垒而待之,[楚师]三日必退。[楚师]退而[我]击之,必获胜焉。"

【轻窕】|杨||补|行动不沉着,不稳重。

郤至_{郤昭子}曰:"楚有六间 jiàn,不可失也:其二卿相恶 wù;王卒以旧;郑陈而不整;蛮军而不陈;陈不违晦;在陈(阵)而嚣(嚣),合而加嚣,各顾其后,莫有斗心。旧不必良,以犯天忌,我必克之。"

【间】|杨|间隙,空子。

【其二卿相恶】|正||杨||补|他们的两位卿(王子婴齐、王子侧)互相嫌恶。此为一间。鄢陵之战楚军失败后,王子婴齐逼王子侧自杀,即为二人相恶之例证。

【王卒以旧】|杨||补|楚共王直属部队都从旧家里选拔。此为二间。

【郑陈而不整】|正||杨|[从属楚的]郑人虽然结成了战阵却不齐整。此为三间。

【蛮军而不陈】|正||杨||补|[从属楚的]蛮人虽然集合成军却结不成战阵。此为四间。

【陈不违晦】|正||补|布阵不避月末。此为五间。日为阳,月为阴。兵尚杀害,为阴事,故行兵贵月盛之时。晦为月终阴尽之日,故兵家以晦为忌,不在晦日布阵作战。

【在陈……斗心】|正||杨||补|[士兵]在军阵中喧闹,[各军阵]相合之后[不但没有安静下来反而]更加喧闹,[士兵]都回头张望,没有战斗的意志。此为六间。此句呼应上文申叔时所言"人恤所底,其谁致死"。

【旧不必良】杨 补旧家[出身的士兵]不一定精良。针对"王卒以旧"而言。

【以犯天忌】杨 补[晦日出兵]犯上天所忌。针对"陈不违晦"而言。

【八】楚子楚共王登巢车，以望晋军。子重王子婴齐使大（太）宰伯州犁侍于王楚共王后。

【巢车】正 杨一种兵车，高如鸟巢，此处用以瞭望敌人。

【子重……王后】正 杨 补成十五年晋郤氏杀伯宗，其子伯州犁奔楚，任太宰。此时王子婴齐使伯州犁为楚共王讲解晋军举动。【大宰】补见成九—成十·二。

王曰："骋而左右，何也？"

○杨楚共王问："晋兵车向左右两方驰骋，是为了什么？"

[伯州犁]曰："召军吏也。"

[王曰：]"皆聚于军中矣。"

[伯州犁]曰："合谋也。"

[王曰：]"张幕矣。"

[伯州犁]曰："虔卜于先君也。"

【虔】正 敬。【卜】补见《知识准备》"卜"。

○杨古代行军，将先君神位载于车中同行（参见宣十二·一·十六）。此时晋人正在先君神位前诚心问卜。

[王曰：]"彻幕矣。"

【彻】|杨|撤去。

[伯州犁]曰:"将发命也。"

[王曰:]"甚嚻(嚣),且尘上矣。"

[伯州犁]曰:"将塞井夷灶而为行 háng 也。"
【为行】|补|摆开行列。

[王曰:]"皆乘 chéng 矣,左右执兵而下矣。"
○|杨|[楚共王]说:"都已经上了战车,车左、车右手持武器又下车了。"

[伯州犁]曰:"听誓也。"

[王曰:]"战乎?"

[伯州犁]曰:"未可知也。"

[王曰:]"乘 chéng 而左右皆下矣。"

[伯州犁]曰:"战祷也。"

【九】伯州犁以公晋厉公卒告王,苗贲 fén 皇在晋侯晋厉公之侧,亦
以王卒告。[伯州犁、苗贲皇]皆曰:"国士在,且厚,不可当也。"
【伯州犁以公卒告王】|正||杨||补|伯州犁把晋厉公直属士卒[动向]告
诉给楚共王。
【苗贲……卒告】|正||杨||补|据宣十七·一·六,宣四年楚人杀斗椒,
其子贲皇奔晋,封于苗,改称苗贲皇。此时苗贲皇亦以楚共王直属士

卒动向告诉给晋厉公。

【皆曰……当也】 正 补 ［伯州犁和苗贲皇］都说："［对方国君直属军队中］有国家的杰出人物在,而且［军阵］厚实,不可正面对战。"接下来,苗贲皇建议三军集中兵力,形成数量优势以对付"国士在,且厚"的楚王卒,而伯州犁为楚军提出了什么建议则不可知。杜注则认为,这句的意思是,晋厉公左右都说楚军中有国家的杰出人物(指伯州犁)在,而且军阵厚实,是不可正面对战的。然后苗贲皇力排众议,提出对楚作战建议。然而,"皆曰"紧接伯州犁、苗贲皇两个分句之下,只能是伯州犁、苗贲皇"皆曰",杜说不可取。

苗贲皇言于晋侯晋厉公曰:"楚之良,在其中军王族而已。请分良以击其左右,而三军萃于王卒,必大败之。"

【萃】 正 集。

○ 杨 襄二十六·八·二叙苗贲皇论战之言较处更详,可参看。

公晋厉公筮 shì 之。史曰:"吉。其卦遇《复》䷗,曰:'南国蹙,射其元王,中厥目。'国蹙、王伤,不败何待?"公从之。

【筮】 补 见《知识准备》"筮"。

【《复》䷗】 正 补 此筮例应为本卦《复》六爻皆为不变之爻,全卦为不变之卦,故以其他筮书本卦卦辞占之。《复》䷗,《震》☳下《坤》☷上。

【南国……厥目】 正 杨 补 南方国家局促,［用箭］射它的大王,射中他的眼睛。蹙,局促,国土削小。厥,其。这段繇辞并非《周易·复》卦辞,可能来自其他筮书。

[十] 有淖 nào 于前,［晋师、楚师］乃皆左右相违于淖。**步毅**郤毅御晋厉公,**栾鍼** qián 为右。**彭名**御楚共 gōng 王,潘党为右。**石首**御郑成公,唐苟为右。

【淖】 正 杨 泥沼。

【乃皆左右相违于淖】正 杨 补 [晋师和楚师]于是都或左或右避开泥沼而行。

【御】【右】补见《知识准备》"车马"。

栾栾武子、范范文子以其族夹公行háng。[公]陷于淖。栾书栾武子将载晋侯晋厉公。鍼栾鍼曰："书栾武子退！国有大任，[女]焉得专之？且侵官，冒也；失官，慢也；离局，奸也。有三罪焉，[女]不可犯也。"[鍼]乃掀公以出于淖。

【栾、范以其族夹公行】正 杨 补 [中军帅]栾武子、[中军佐]范文子率领家族军队左右护卫晋厉公直属军队前进。公行参见宣二·三·六·一。

【书退】正依礼，在国君面前，群臣之间皆直呼其名。故此处栾鍼直呼其父栾武子之名。《礼记·曲礼上》："父前子名，君前臣名。"

【国有大任，焉得专之】正 补国家命你承担大任（指担任中军元帅），你怎能专擅[废弃本职来做救人出泥沼这种属于车右职责的事]？

【侵官，冒也】正 杨 补 [你]侵夺[车右的]官职，这是冒犯。

【失官，慢也】正 杨 补 [你搭载晋侯，必然]失弃[自己中军帅的]官职，这是怠慢。

【离局，奸也】正 杨 补 [你抛弃自己的职守，必然]离开[自己的]部属，这是奸乱。局，即《礼记·曲礼上》"进退有度，左右有局，各司其局"的局，指自己分管的部属。

【乃掀公以出于淖】正 杨 补于是掀起晋厉公[戎车]，使其从泥沼中脱出。

【十一·一】癸巳二十八日，甲午前一日，潘尪wāng之党潘党与养由基蹲甲而射之，彻七札焉。[二人持甲]以示王楚共王，曰："君有二臣如此，何忧于战？"王怒曰："大辱国！诘朝尔射，死艺。"

【潘尪之党】正 杨潘尪的[儿子潘]党。其格式与襄二十三·七·

一"申鲜虞之傅挚"同。

【蹲甲】 杨 将甲衣置于物上。

【彻七札焉】 正 杨 射穿甲衣里外七层。当时甲衣一般都有七层。彻，穿透。

【大辱国】 正 杨 补 真丢国家的脸！此为骂人夸张之语，并非真说潘党、养由基因善射箭而将极大地侮辱国家。楚共王之所以愤怒，是由于发现潘党和养由基崇尚射箭技术而不崇尚智谋。

【诘朝】 正 明早，即战日。

【死艺】 正 补 死于[你的射箭]技艺。

【十一·二】吕锜 厨武子 梦射月，中 zhòng 之，[己]退，入于泥。[吕锜]占之，曰："姬姓，日也。异姓，月也，必楚王 楚共王 也。射而中之，退入于泥，[我]亦必死矣。"及战，[吕锜]射共王 楚共王，中目。王召养由基，与之两矢，使射吕锜。[养由基射，]中[吕锜]项，[吕锜]伏弢 tāo。[养由基]以一矢复命。

【姬姓……王也】 正 补 晋为姬姓，为周之同姓，位尊，故为日。楚为芈姓，为周之异姓，位卑，故为月。因此梦中之月代表楚共王。

【项】 补 脖颈。

【伏弢】 正 杨 [厨武子伏]在弓套上[死去]。

【十二】郤至 郤昭子 三遇楚子 楚共王 之卒。[郤至]见楚子，必下，免胄而趋风。

【卒】 补 应是宣十二·一·七"其君之戎，分为二广，广有一卒，卒偏之两"中的"卒"，指直属于楚王的战车部队，一卒由三十辆战车组成。

【必下，免胄而趋风】 正 杨 一定下车，脱下头盔，快步前进[，以示恭敬]。

楚子使工尹襄问之以弓，曰："方事之殷也，有韎 mèi 韦之跗 fū

注,君子也。识见不穀而趋,无乃伤乎?"

【工尹襄】补楚工尹,名襄。【工尹】补见文十·二·二。

【问之以弓】正杨补以一张弓[为礼物]去问候郤昭子。春秋时有派使者带礼物去问候他人的礼制,参见东郭书使问弦施以弓(哀十一·三·二·一),吴王夫差使问赵襄子以珠(哀二十·二·二·二),卫出公使问端木赐以弓(哀二十六·三)。

【方事之殷也】正杨补方才交战正酣时。殷,盛。

【有韎韦之跗注】正杨补有一位身穿浅红色熟牛皮军服[的人]。

【识】杨适,时间副词。【不穀】补见僖二十三—僖二十四·七。

郤至见客工尹襄,免胄承命,曰:"君楚共王之外臣至郤昭子,从寡君晋厉公之戎事,以君之灵,间 jiàn 蒙甲胄,不敢拜命,[外臣]敢告不宁 yìn,懑,君命之辱。为事之故,[外臣]敢肃使者工尹襄。"[郤至]三肃使者而退。

【外臣】补见成三·九。

【灵】补福。

【间蒙甲胄,不敢拜命】正杨补参与到披甲戴盔[的军人行列],[因此]不敢下拜来谢[贵国君主问候的]恩命。《礼记·曲礼上》:"介者不拜,为其拜而蓌拜。"(身穿甲胄的人不行跪拜礼,身体略作下蹲就算大礼)。间,参与。

【敢告不宁,君命之辱】正杨补[外臣]敢向[君主]报告没有受伤,君主慰问的命令实不敢当。宁,伤。

【为事之故,敢肃使者】正杨补由于军事在身的缘故[不得下拜],敢向使者行肃拜之礼。肃拜,身站立,略俯折,两手合拢,当心而稍下移。一说,《国语·晋语三》此句作"为使者故,敢三肃之",因此"为事之故"的"事"不是军事,而是"楚子使人来问之事"。

【十三·一】晋韩厥韩献子从郑伯郑成公。其御杜溷 hùn 罗曰:"速从之? 其御屡顾,不在马,可及也。"韩厥曰:"不可以再辱国君。"乃止。

【从】［正］逐。

【顾】［补］回头看。

【不在马】［补］[注意力]不在马上。

【不可以再辱国君】［正］［杨］杜注认为,宣二年鞌之役,韩献子追及齐顷公,为一辱国君;若此次再俘获郑成公,则为再辱国君。杨注又引阮芝兰《杜注拾遗》认为,"再辱"指同一次战役而言,厨武子射楚共王中目,为一辱国君;若此次再俘获郑成公,则为再辱国君。

【十三·二】郤至郤昭子从郑伯。其右茀 fú 翰胡曰:"谍辂 yà 之,余从之,乘 chéng,而俘[郑伯]以下。"郤至曰:"伤国君有刑。"亦止。

【谍辂……以下】［正］［补］另外派遣单车轻兵从小道绕到[郑伯戎车]前面迎击,[使得郑伯前视轻兵,不复顾后,]我则从后面追赶,跳上[郑伯的]戎车,活捉[郑伯]下来。辂,迎击。

【十三·三】石首曰:"卫懿公唯不去其旗,是以败于荧。"乃内(纳)旌于弢 tāo 中。唐苟谓石首曰:"子在君郑成公侧,败者壹大。我不如子,子以君免,我请止。"[唐苟]乃死。

【卫懿……于荧】［正］事见闵二·五·二。

【旌】［补］见桓十六—桓十七·一·一。

【败者壹大】［杨］战败者应该一心保卫国君。壹,专一。大,郑君。

【十四】楚师薄于险。叔山冉谓养由基曰:"虽君有命,为国故,子必射!"[养由基]乃射,再发,[晋人]尽殪 yì。叔山冉搏人以投,中车,折轼。晋师乃止。[晋人]囚楚公子茷王子茷。

【楚师薄于险】［正］［杨］楚师在险阻之地被晋师所迫。

【虽君有命】［正］［杨］指先前楚共王责骂养由基"尔射,死艺",是有命禁止其射箭。

【再发,尽殪】杨两次射箭,都[将敌人]射死。殪,死。

【轼】补参见《知识准备》"车马"。

【公子茷】杨补王子茷。芈姓,名茷。成十六年被晋人所俘。与文九年王子茷不是一人。

○正下启成十七年公子茷潜郤昭子(成十七·十·一·二)。

【十五】栾鍼见子重王子婴齐之旌,请曰:"楚人谓夫旌,子重之麾也,彼其子重也。日臣之使于楚也,子重问晋国之勇。臣对曰:'好 hào 以众整。'[子重]曰:'又何如?'臣对曰:'好 hào 以暇。'今两国治戎,行人不使,不可谓整;临事而食言,不可谓暇。[臣]请摄饮焉。"公晋厉公许之。

【日】杨往日。

【好以众整】补喜好众人整齐。

【好以暇】正补喜好从容闲暇。

【行人】补外交使者。

【临事……谓暇】正杨战事临头,就不履行昔日的话,不能说是从容闲暇。

【摄饮】杨摄,代。栾鍼为晋厉公车右不能离开,故请求派人代替自己向王子婴齐敬酒。

[栾鍼]使行人执榼 kē 承饮,造于子重,曰:"寡君晋厉公乏使,使鍼栾鍼御持矛,是以不得犒从者,使某摄饮。"子重曰:"夫子栾鍼尝与吾言于楚,必是故也。[夫子]不亦识 zhì 乎!"[子重]受而饮之,免使者而复鼓。

【榼】杨盛酒器。

【造】杨至。

【御】杨侍。

【矛】补长柄兵器,直刃,用以刺杀敌人。考古发现东周时期矛实例见成器物图 4。

【不亦识乎】杨 补 记忆力不是很好嘛？识，记。

【免】正 补 脱，放走。

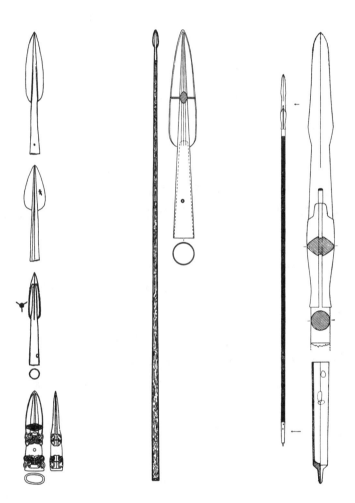

成器物图 4.1　春秋时期铜矛头（《中国青铜器综论》，2009 年）

成器物图 4.2　陕西韩城梁带村芮国墓地 M18 出土矛，春秋早期后段（《梁带村芮国墓地——二〇〇七年度发掘报告》，2010 年）

成器物图 4.3　湖北随州曾侯乙墓出土短杆粗矛，战国初期（《曾侯乙墓》，1989 年）

【十六】旦而战，见星未已。子反王子侧命军吏"察夷(痍)伤，补卒乘 shèng，缮甲兵，展车马，鸡鸣而食，唯命是听"。晋人患之。苗贲 fén 皇徇 xùn 曰："蒐 sōu 乘 shèng、补卒，秣 mò 马、利兵，修阵、固列，蓐 rù 食、申祷，明日复战！"乃逸楚囚。

【夷伤】正 近义词连用，都是受伤的意思。

【卒乘】杨 步兵、车兵。

【缮】正 治。

【展】正 陈。

【徇】补 巡行宣示。

【蒐乘……申祷】正 杨 补 检阅车马、补充士卒，喂饱马匹、磨砺兵器，整顿军阵、巩固行列，士卒饱餐、重申祷告。

【乃逸楚囚】正 杨 于是[故意]把楚俘放跑[，让他们回去报告情况]。

王楚共王闻之，召子反谋。谷阳竖献饮于子反，子反醉而不能见。王曰："天败楚也夫！余不可以待。"[楚师]乃宵遁。

【王曰……以待】补 当时楚共王被射中眼睛已不能正常指挥战斗，因此接下来的战斗全要依靠司马王子侧指挥。而王子侧竟然就在这个关键时刻喝醉不省人事，所以楚共王认为这是上天要败坏楚国。

○补 据宣十五·二·三，在围宋之役的关键时刻，王子侧私自与宋卿华元盟誓，破坏了申叔时为楚庄王制定的作战计划，导致楚未能真正制服宋；据成四·七，在郑许争斗的关键时刻，王子侧又不能作出正确决断，而将难题推给楚共王，最终导致比许重要得多的郑叛楚服晋。由此可见，王子侧其人才能有限，在关键时刻容易"掉链子"，实为不可委以重任之人。本年鄢陵之役，王子侧又在关键时刻因醉酒而不能承担领军任务，导致楚输掉这场关键战役。

○杨 补 **传世文献对读**：《韩非子·十过》叙王子侧喝醉之事较详，可扫码阅读。

【十七】晋入楚军，三日谷。<u>范文子</u>立于戎马之前，曰："君晋厉公幼，诸臣不佞 ning，何以及此？君其戒之！《周书》曰'惟命不于常'，有德之谓。"

【三日谷】正 杨 吃楚师留下的粮食，吃了三天。据僖二十七—僖二十八·十八，城濮之役后晋师亦有此举。

【戎马】杨 晋厉公戎车之马。

【不佞】补 不才。

【惟命不于常】正 补 今本《尚书·康诰》（见<u>定三—定四·五·四</u>）有此句，可译为"天命不是永恒不变的"。

【有德之谓】补 说的是天命只眷顾有德之人。

> ○ 补 **传世文献对读**：《国语·晋语六》叙范文子劝谏之言更详，可扫码阅读。

【十八】楚师还，及<u>瑕</u>。

【瑕】杨 见桓六·二·一。瑕虽为随地，但随已极弱小，附庸于楚，只能听任楚师经过。

王楚共王使谓<u>子反</u>王子侧曰："先大夫成得臣之覆师徒者，君楚成王不在。子无以为过，不穀之罪也。"

【先大……罪也】正 补 楚共王意谓，僖二十八年成得臣在城濮之役中使军队覆灭，当时楚成王不在军中，因此由令尹成得臣承担责任。

【子无……罪也】补 楚共王意谓，这次自己在军中，因此不应由王子侧，而应由自己承担责任。不穀参见僖二十三—僖二十四·七。

> ○ 补 **传世文献对读**：《论语·卫灵公》："子曰：'君子求诸己，小人求诸人。'"楚共王此言，可谓"求诸己"的君子之言。参见楚共王临终罪己（襄十三·四）。

<u>子反</u>再拜稽 qǐ 首曰："君赐臣死，[臣]死且不朽。臣之卒实奔，臣之罪也。"

【再拜稽首】补 见僖五·二·二·一。

【死且不朽】[臣下]就算是死了也不会朽坏。此处"不朽"的含义参见僖三十三·三·三"死且不朽"。

<u>子重</u>王子婴齐使谓<u>子反</u>曰："初陨师徒者，而(尔)亦闻之矣。盍(何不)图之？"

【初陨……图之】正 杨 补 当初那个让军队覆灭的人(指成得臣)，[他的下场]你也听说过了。为什么不考虑一下？ 王子婴齐此言实为逼王子侧自杀，上文郤昭子所谓楚"二卿相恶"是也。

[子反]对曰："虽微先大夫有之，大夫王子婴齐命<u>侧</u>王子侧，<u>侧</u>敢不义？ <u>侧</u>亡君师，敢忘其死？"

【虽微先大夫有之】正 即使没有先大夫(成得臣)战败自杀的先例。

王使止之，弗及而[子反]卒。

【十九·一】战之日，<u>齐国佐</u>国武子、<u>高无咎</u>至于师，<u>卫侯</u>卫献公出于卫，公鲁成公出于坏隤 tuí。

【坏隤】正 杨 在山东曲阜境，鲁都城附近。鲁邑。

【十九·二】<u>宣伯</u>叔孙宣伯通于<u>穆姜</u>，欲去<u>季</u>季文子、<u>孟</u>孟献子而取其室。将行，<u>穆姜</u>送公鲁成公，而使[公]逐二子。公以晋难 nàn 告，曰："请反(返)而听命。"<u>姜</u>穆姜怒，<u>公子偃</u>、<u>公子鉏</u>趋过，[姜]指之曰："女(汝)不可，是皆君也。"公待于坏隤，申宫、儆 jǐng 备、设守而后行，是以后。[公]使<u>孟献子</u>守于公宫。

【穆姜】正鲁成公之母。

【二子】正季文子、孟献子。

【公子偃、公子鉏】正补皆为鲁宣公庶子，鲁成公庶弟。

【申宫】杨即司宫，防守公宫。

【儆备】杨加强戒备。

【设守】杨设置守卫。

【是以后】正因此迟到，没有赶上晋、楚战期。

成公十六年·四

地理鲁、晋 2、齐、卫、宋、郑见成地理示意图 1。鲁、晋 2、齐、卫、宋、邾、郑、沙随见成地理示意图 3。

人物鲁成公(成元·○)、晋厉公(成十·三·春秋)、齐灵公(成十·三·春秋)、卫献公(成十四·五·一)、华元(文十六—文十七·一·二)、叔孙宣伯(文十一·四·一)、郤犨(成十一—成十一·春秋)

春秋秋，公鲁成公会晋侯晋厉公、齐侯齐灵公、卫侯卫献公、宋华元、邾人于沙随。〔晋侯〕不见公。

【沙随】正杨补在今河南宁陵东北。本为古国，此时已为宋地。参见《图集》24—25④6。

公鲁成公至自会。

○正此条《春秋》无对应《左传》。

左传秋，会于沙随，谋伐郑也。宣伯叔孙宣伯使告郤犨 chōu 曰："鲁侯鲁成公待于坏隤 tuí，以待胜者。"郤犨将新军，且为公族大夫，以主东诸侯。〔郤犨〕取货于宣伯，而诉公鲁成公于晋侯晋厉公。晋侯不见公。

【鲁侯……胜者】 正 杨 补 鲁成公在坏隤等着，以等待胜利者。叔
孙宣伯意谓鲁成公故意在坏隤屯兵不进，以骑墙态度静观晋、楚二国
胜负，而将事奉胜者。此为诬陷之言。

【公族大夫】 补 见宣二·三·六·一。

【以主东诸侯】 正 杨 主持晋以东各诸侯国[的接待事宜]。

成公十六年·五

地理 曹、晋 2 见成地理示意图 1。

人物 曹宣公(宣十七·一)、曹成公(成十三·三·一)、公子欣时(成
十三·三·一)、晋厉公(成十·三·春秋)

左传 曹人请于晋曰："自我先君宣公曹宣公即世，国人曰：'若之何？
忧犹未弭 mǐ。'而[君]又讨我寡君曹成公，以亡曹国社稷之镇公
子公子欣时，是大泯曹也。先君无乃有罪乎？若有罪，则君晋厉
公列诸(之于)会矣。君晋厉公唯不遗德、刑，以伯诸侯，岂独遗诸
(之于)敝邑？敢私布之。"

【自我先君宣公即世】 正 曹宣公卒于成十三年。

【若之何？忧犹未弭】 正 补 怎么办？忧患还没有止息。指成十三
年曹成公杀太子而篡立之后，曹内惧动乱，外惧讨伐。

【而又……公子】 正 指成十五年晋扣留曹成公，公子欣时奔宋。

【泯】 正 灭。

【先君……会矣】 正 补 "先君"似应为"寡君"。若如此，则此句为
"寡君无乃有罪乎？若有罪，则君列诸之于会矣"，可译为"我国君主
是有篡弑之罪吗？如果有，那贵国君主又已经让他在盟会中与诸侯
同列了"。春秋之世，王政不行，某国君主即使通过篡弑而取得君位，
若得以出席盟会，与他国诸侯同列，则意味着其国君地位已获诸侯承
认，他国不得再讨伐其罪。成十三年曹宣公卒，曹成公杀太子负刍而
自立，自是有篡弑之罪。但成十五年曹成公已与诸侯同列于戚之盟，

盟会结束之后方被晋人扣留,故曹人认为曹成公实是无罪而被扣留。

【君唯……敝邑】 正 杨 补 贵国君主正因为不失掉德、刑,所以能称霸诸侯,又怎会在我国失掉? 曹人实际上是希望晋厉公放过曹成公,使其归国复位。遗,失。

○ 正 下启同年曹成公归于曹(成十六·七)。

成公十六年·六

地理 鲁、周、晋 2、齐、郑、陈、蔡、宋、卫见成地理示意图 1。鲁、周、尹、晋 2、齐、邾、郑、陈、蔡、宋、卫、制田、鸣鹿、颍水见成地理示意图 3。

人物 鲁成公(成元·○)、尹武公、晋厉公(成十·三·春秋)、国武子(宣十·三·二)、穆姜(宣元·一·春秋)、子叔声伯(成元—成二·春秋)、叔孙穆子、知武子(宣十二·一·十四·三)、公子喜(成十·三·二)

春秋 公鲁成公会尹子尹武公、晋侯晋厉公、齐国佐国武子、邾人伐郑。

【尹子】 正 补 尹武公。尹氏,谥武。隐五年尹氏之后。周王室卿士。

左传 [一] 七月,公鲁成公会尹武公及诸侯伐郑。将行,姜穆姜又命公如初,公又申守而行。

【姜又命公如初】 正 补 穆姜又像以前一样命令鲁成公。指穆姜又命鲁成公驱逐季文子、孟献子,参见成十六·三·十九·二。

[二] 诸侯之师次于郑西。我师次于督扬,不敢过郑。子叔声伯使叔孙豹叔孙穆子请逆于晋师,[声伯]为食于郑郊。师逆以至,声伯子叔声伯四日不食以待之,食 sì[饲]使者而后食。

【督扬】正郑东部地。

【子叔……郑郊】杨补子叔声伯使叔孙穆子请求晋师来迎接鲁师[过郑]，又在郑郊外为晋师准备饭食。据成十六·八·四，则此前叔孙穆子出奔齐，此时仍在齐，应是随国武子在郑西诸侯之师中。随鲁成公在郑东的子叔声伯于是派人联络叔孙穆子，征得齐人同意，然后由叔孙穆子代表鲁而请晋师。【叔孙豹】正补叔孙穆子。姬姓，叔孙氏，名豹，谥穆，排行叔。叔孙庄叔（文元·二·四）之子，叔孙宣伯（文十一·四·一）之弟。鲁大夫，官至执政卿（继孟献子）。任司马（卿职）。曾奔齐，成十六年至襄二年之间归于鲁。昭四年卒。

【师逆以至】补晋师为迎接[鲁师过郑]而来到。

[三] 诸侯迁于制田。知zhì 武子佐下军，以诸侯之师侵陈，至于鸣鹿。遂侵蔡。[知武子]未反（返），诸侯迁于颍yǐng上。戊午二十四日，郑子罕公子喜军之，宋、齐、卫皆失军。

【制田】正杨补在今河南新郑东。郑地。参见《图集》24—25④4。

【鸣鹿】正杨补在今河南鹿邑西。陈邑。参见《图集》29—30③7。

【颍上】杨补颍水岸边。其大概位置应该在郑国以西的颍水上游，今河南禹州境。颍水见宣十·十五。

【军】补攻击。

【失军】补将帅失去对军队的掌控，也就是溃不成军，与宣十二·二·十五"不能军"意思相近。

○杨陈、蔡为楚属国。本年鄢陵之战晋胜楚，于是讨伐事楚之国。

成公十六年·七

地理 曹、周、晋2见成地理示意图1。

人物 曹成公（成十三·三·一）、晋厉公（成十·三·春秋）、公子欣时（成十三·三·一）

春秋 曹伯曹成公归自京师。

【京师】补见隐六·七。

左传 曹人复请于晋。晋侯晋厉公谓子臧公子欣时："[而]（返）反，吾归而（尔）君曹成公。"子臧反（返）[自宋]，曹伯曹成公归[自京师]。子臧尽致其邑与卿而不出。

【子臧……不出】正补公子欣时把他的采邑和卿的职位全部交出去而不再出仕。

成公十六年·八

地理 晋 2、鲁、齐、楚、卫见成地理示意图 1。晋 2、鲁、齐、卫、扈、郓（西郓）见成地理示意图 3。

人物 季文子（文六·二·春秋）、叔孙宣伯（文十一·四·一）、郤犨（成十一成十一·春秋）、鲁成公（成元·〇）、公子偃（成三·一）、孟献子（文十四·十二·三）、栾武子（宣十二·一·四）、范文子（宣十七·一·八）、子叔声伯（成元—成二·春秋）、周公旦（隐八·二）、叔孙穆子（成十六·六·二）、声孟子

春秋 九月，晋人执季孙行父季文子，舍 shè 之于苕 tiáo 丘。

【苕丘】正晋地。

冬，十月乙亥十二日，叔孙侨如叔孙宣伯出奔齐。

十有（又）二月乙丑三日，季孙行父季文子及晋郤 xì 犨 chōu 盟于扈。

【扈】杨见文七·五·春秋。

公鲁成公至自会。

○ 正 此条《春秋》无对应《左传》。

乙酉二十三日，[我]刺公子偃。

左传 【一】宣伯叔孙宣伯使告郤犫曰："鲁之有季季文子、孟孟献子，犹晋之有栾栾武子、范范文子也，政令于是乎成。今其谋曰：'晋政多门，不可从也。宁事齐、楚，有亡而已，蔑从晋矣。'[子]若欲得志于鲁，请止行父fǔ季文子而杀之，我毙蔑孟献子也，而事晋，蔑有贰矣。鲁不贰，小国必睦。不然，[行父]归，必叛[晋]矣。"九月，晋人执季文子于苕丘。

【政令于是乎成】 补 政令就是在他们那里[制订]成形的。

【晋政多门】 杨 晋国政事出自各大卿族之门[，不能统一]。

【蔑】 正 无。

【毙】 补 杀死。

【二】公鲁成公还，待于郓yùn，使子叔声伯请季孙季文子于晋。

【郓】 正 补 西郓，见成四·六·春秋。

郤犫曰："苟去仲孙蔑孟献子而止季孙行父季文子，吾与子子叔声伯国，亲于公室。"

【吾与子国，亲于公室】 杨 补 我将把鲁国的政事交给您，[对待您]比对鲁公室还亲。据成十一成十一·四，此前子叔声伯外妹嫁与郤犫，两家此时已有婚姻之好，故郤犫以"亲于公室"诱之。

[声伯]对曰："侨如叔孙宣伯之情，子必闻之矣。若去蔑孟献子与行父季文子，是大弃鲁国，而罪寡君鲁成公也。若犹不弃，而惠徼yāo周公周公旦之福，使寡君得事晋君晋厉公，则夫二人者，鲁国社稷之臣也。若朝zhāo亡之，鲁必夕亡。以鲁之密迩仇雠，

亡而为雠，治之何及？"

【侨如之情】正 杨 指叔孙宣伯与穆姜通奸，并且想要消灭季氏、孟氏的情事。

【微】补 求。

【密迩】补 紧邻。【仇雠】正 补 仇敌，指齐、楚。

郤犨曰："吾为子请邑——"

[声伯]对曰："——婴齐子叔声伯，鲁之常隶也，敢介大国以求厚焉！[婴齐]承寡君之命以请，若得所请，吾子郤犨之赐多矣。又何求？"

【介】正 因。【厚】杨 厚禄，指采邑。

范文子谓栾武子曰："季孙季文子于鲁，相 xiàng 二君矣。妾不衣 yì 帛，马不食粟，可不谓忠乎？信谗慝 tè 而弃忠良，若诸侯何？子叔婴齐奉君命无私，谋国家不贰，图其身不忘其君。若虚其请，是弃善人也。子其图之！"

【二君】正 鲁宣公、鲁成公。

【粟】补 见僖五·八·一，此处不能确定是狭义还是广义。

【奉君命无私】正 指子叔声伯拒绝郤犨请邑。

【谋国家不贰】正 指子叔声伯四日不食，等待晋师到来。

【图其身不忘其君】补 子叔声伯与郤犨联姻，是图其身；不因为与郤犨是姻亲关系就废弃君命，是不忘其君。

【虚】杨 拒绝。

[晋人]乃许鲁平，赦季孙。

【乃许鲁平】补 于是答应鲁平息争端而修好[的请求]。

○补 传世文献对读：《国语·鲁语上》记叙子叔声伯归国后向鲍国讲述他拒绝郤犨用赐邑笼络他的另一层原因，可扫码阅读。

【三】冬，十月，[我]出叔孙侨如<small>叔孙宣伯</small>而盟之。侨如<small>叔孙宣伯</small>奔齐。

【出叔孙侨如而盟之】正 杨 补 [鲁人]放逐叔孙宣伯，大夫们共同盟誓[，确认宣伯之罪，并宣誓与宣伯划清界限]。据襄二十三·八·八·二，其盟辞云："毋或如叔孙侨如，欲废国常，荡覆公室！"笔者对于这句盟辞有详细分析，请见专著《陵迟：鲁国的困境与抗争》(出版中，暂定书名)相关章节。

【四】十二月，季孙<small>季文子</small>及郤犨盟于扈。[季孙]归，刺公子偃，召叔孙豹<small>叔孙穆子</small>于齐而立之。

【刺公子偃】正 公子偃与公子鉏两人皆为穆姜所指可代立为君者。季文子仅杀公子偃，大概因为公子偃参与了叔孙宣伯的政变计划。

【召叔孙豹于齐而立之】杨 补 从齐召回叔孙穆子并立他[为叔孙氏族长]。据昭四—昭五·三，则叔孙宣伯到齐国之后曾与其弟叔孙穆子会面，当时叔孙穆子已经在齐娶妻并已生有二子。叔孙穆子表示愿意接受鲁人召唤回国承继叔孙氏族长之位，随后抛下妻儿不辞而别回到鲁国。

【五】齐声孟子通侨如<small>叔孙宣伯</small>，使立(位)于高、国之间。侨如曰"不可以再罪"，奔卫，亦间 jiàn 于卿。

【声孟子】正 补 宋女，子姓，排行孟，谥声。齐顷公(宣十·十三·春秋)夫人，齐灵公(成十·三·春秋)之母。

【高、国】杨 齐世袭上卿。参见僖十二—僖十三·二·一。

【亦间于卿】补仍然位于各卿之间。

○补笔者对叔孙宣伯之乱的可能真相有详细分析,请见专著《陵迟:鲁国的困境与抗争》(出版中,暂定书名)相关章节。

成公十六年·九

地理 晋 2、楚、周见成地理示意图 1。晋 2、楚、周、单见成地理示意图 5。

人物 晋厉公(成十·三·春秋)、郤昭子(成二·四·五)、单襄公(成元·一·一)

左传【一】晋侯晋厉公使郤至郤昭子献楚捷于周。[郤至]与单襄公语,骤称其伐。

【骤称其伐】正屡次夸耀自己的功劳。

【二】单子单襄公语 yù 诸大夫曰:"温季郤昭子其亡乎!位于七人之下,而求掩其上。怨之所聚,乱之本也。多怨而阶乱,何以在位?《夏书》曰'怨岂在明?不见是图',将慎其细也。[温季]今而明之,其可乎?"

【位于……其上】正郤昭子位于其他七位晋卿(栾武子、范文子、郤锜、中行献子、韩献子、知武子、郤犫)之下,而谋求盖过他的上级。详见下引《国语·周语中》。

【阶乱】补即"以乱为阶",以祸乱为阶梯而行。

【怨岂在明? 不见是图】正杨补此为逸《书》。可译为"怨恨难道会在明处?[隐藏在他人心中还]看不到的时候就该考虑[如何化解]"。据哀二十七·五·二所引《资治通鉴·周纪》,这句话更完整的版本是"一人三失,怨岂在明,不见是图"。

○杨下启成十七年晋杀三郤（成十七·十）。

○正补 **传世文献对读**：《国语·周语中》叙此事甚详，可扫码阅读。

成公十七年·一

地理 卫、郑、鲁、周、晋 2、齐、宋、曹、楚见成地理示意图 1。卫、郑、鲁、周、尹、单、晋 2、齐、宋、曹、邾、滑、高氏、曲洧、戏童山、洧水见成地理示意图 3。

人物 北宫懿子、鲁成公（成元·○）、尹武公（成十六·六·春秋）、单襄公（成元·一·一）、晋厉公（成十三·春秋）、齐灵公（成十三·春秋）、宋平公（成十五·三·春秋）、卫献公（成十四·五·一）、曹成公（成十三·三·一）、公子骓（成十三·二）、太子髡顽（成十三·一）、侯獳、王子成（成六·九·一·一）、王子寅

春秋 十有（又）七年，春，卫北宫括 北宫懿子 帅师侵郑。

【北宫括】 正 补 北宫懿子。姬姓，北宫氏，名括，谥懿。卫成公（僖二十五—僖二十六·春秋）曾孙。卫卿。

夏，公 鲁成公 会尹子 尹武公、单子 单襄公、晋侯 晋厉公、齐侯 齐灵公、宋公 宋平公、卫侯 卫献公、曹伯 曹成公、邾人伐郑。

○ 正 晋未能服郑，于是假借周王之威，周王室派出尹武公、单襄公参与讨伐行动。晋为兵主，而先书尹、单，是尊王的表现。

左传 【一】 十七年，春，王正月，郑子驷 公子骓 侵晋虚、滑。卫北宫括 北宫懿子 救晋，侵郑，至于高氏。

【虚】 正 杨 在今河南偃师南境。晋邑。

【滑】 正 见庄十六·四·春秋。此时为晋邑。

【高氏】 正 杨 补 在今河南禹州西南高庄村。郑地。参见《图集》24—25④4。

【二】 夏，五月，郑大（太）子髡 kūn 顽、侯獳 nòu 为质于楚，楚公子

成王子成、**公子寅**王子寅成郑。

【**侯獳**】正补郑大夫。成十七年为质于楚。

【三】公鲁成公会尹武公、单襄公及诸侯伐郑，自戏童至于曲洧wěi。

【**戏童**】杨补山名，在今河南巩义东南。郑地。参见《图集》24—25④4。

【**曲洧**】正杨补在今河南扶沟汲下村。郑地。参见《图集》24—25⑤5。【**洧**】正杨补水名，今名双洎河，源出河南登封，东流经新密市、新郑市，在许昌境内汇入贾鲁河。春秋时洧水参见《图集》24—25④4至⑤5。

成公十七年·二

地理晋 2 见成地理示意图 1。晋 2、鄢陵见成地理示意图 3。

人物范文子(宣十七·一·八)、晋厉公(成十·三·春秋)

左传晋范文子反(返)自鄢yān陵，使其祝、宗祈死，曰："君晋厉公骄侈而克敌，是天益其疾也。难nàn将作矣！爱我者惟祝我，使我速死，无及于难，范氏之福也。"六月戊辰九日，士燮xiè，范文子卒。

【**鄢陵**】补见成十六·三·春秋。

【**祝**】补家祝，卿大夫家臣，掌祝祷祈神。

【**宗**】补家宗人，卿大夫家臣，掌祭祀礼仪。

【**侈**】补自多以陵人。

○补下启本年晋弑厉公(成十七—成十八)。

○补范文子为什么认为自己在祸难来到前去世是对范氏最为有利的安排？这是因为，如果祸难到来时范文子还健在，那么他将不得不参与到内乱之中，一旦出现差错，比如说被晋厉公党以国法论罪，又比如说在卿族厮杀中选错边,那么不仅范文子会死于非命,范氏也会有灭族的风险。然而,如果那时范文子新死,则新族长范宣子依礼需要为父亲守丧,以此为由闭门自守、保持中立,从而护佑范氏平安度过这场劫难。

另一个问题是,如果范文子一心求死,为什么不直接自杀了事,而是让祝、宗每天祷告咒他速死? 这是因为,祝、宗的职责是沟通人神,他们祝祷请求范文子速死,相当于是向祖先提交申请,如果范文子果然速死(实际情况可能是范文子通过故意减损饮食、不治疾病而确保速死),那么这表明祖先认同范文子对于形势的分析,而且顺应范文子心愿,通过帮助他速死来赐福保佑范氏。范文子如果能这样去世,那么他并不是被祝、宗"咒死",而是在祖先的"特别照顾"下寿终正寝,可以按照正常死亡的待遇来组织后面的丧葬事宜,继任族长范宣子可以带领族人守灵服丧(这样才能躲过祸乱),遗体也可以安葬在范氏家族墓地。可是,如果范文子是自杀而死,这就属于自暴自弃,是不受祖先认可的非正常死亡,不能按照正常丧礼下葬和悼念。

成公十七年·三

地理 鲁、楚见成地理示意图 1。鲁、楚、郑、柯陵、首止见成地理示意图 5。

人物 鲁成公(成元·○)、王子婴齐(宣十一·二·一)

春秋 六月乙酉二十六日,同盟于柯陵。

【柯陵】 正 杨 补 疑即大陵,在今河南临颍北三十里。郑地。参见《图集》24—25⑤4。

○ 补 诸侯会而伐郑(成十七·一·春秋),遂为此盟。

秋,公鲁成公至自会。

○ 正 此条《春秋》无对应《左传》。

左传 〔一〕"乙酉,同盟于柯陵",寻戚之盟也。

【寻戚之盟也】 正 重温成十五年戚之盟(成十五·三)。

○ 补 **传世文献对读**:《国语·周语下》叙柯陵之会单襄公论晋将有乱之事,可扫码阅读。

〔二〕楚子重王子婴齐救郑,师于首止。诸侯还。

【首止】 杨 见桓十八·二·一。

成公十七年·四

地理 齐、鲁见成地理示意图1。齐、莒、鲁、卢见成地理示意图4。

人物 高无咎(成十五·八·春秋)、庆克、声孟子(成十六·八·五)、鲍庄子、国武子(宣十·三·二)、齐灵公(成十·三·春秋)、公子角、高弱、鲍文子、施孝叔(成十一—成十一·四·二)、匽句须、孔子(僖二十七—僖二十八·二十五·三)

春秋 齐高无咎出奔莒jǔ。

左传 〔一〕齐庆克通于声孟子,与妇人蒙衣乘辇niǎn而入于闳hóng。鲍牵鲍庄子见之,以告国武子。武子国武子召庆克而谓之。庆克久不出,而告夫人声孟子曰:"国子国武子谪zhé我!"夫人怒。

【庆克】 正 补 姜姓,庆氏,名克。武孟(闵二·五·四·二)之子,齐桓公(庄八—庄九—庄十·春秋)之孙。成十七年被国武子所杀。

【通】 补 通奸。

【与妇……于闳】 正 杨 补 庆克与一妇人共蒙衣而乘人力车,从宫中夹道门入公宫。据《礼记·内则》:"女子出门,必拥蔽其面。"蒙衣遮面为当时妇女外出之礼俗。此处庆克男扮女装,正是利用这一礼俗,以避免在路上被人认出。

【鲍牵】 正 补 鲍庄子。姒姓,鲍氏,名牵,谥庄。鲍牙(庄八—庄九—庄十·三)曾孙。成十七年被齐灵公施以刖刑。

【谪】 正 谴责。

【二】 国子相 xiàng 灵公齐灵公以会[于柯陵],高高无咎、鲍鲍庄子处守。及[公]还,将至,[高、鲍]闭门而索客。孟子声孟子诉之曰:"高、鲍将不纳君齐灵公而立公子角。国子知之。"秋,七月壬寅[十三日],[公]刖 yuè 鲍牵鲍庄子而逐高无咎。无咎高无咎奔莒 jǔ。高弱以卢叛。

【闭门而索客】 正 杨 [高无咎、鲍庄子命令]关闭城门,检查旅客。

【公子角】 正 补 姜姓,名角。齐顷公(宣十·十三·春秋)之子。

【刖】 补 见庄十六·三·一。

【高弱】 正 补 姜姓,高氏,名弱。高无咎(成十五·八·春秋)之子。成十七年以卢叛。

【卢】 正 补 见隐三·七。此时为高氏采邑。

【三·一】 齐人来召鲍国鲍文子而立之。

【鲍国】 正 补 鲍文子。姒姓,鲍氏,名国,谥文。鲍庄子之弟。曾为鲁施孝叔家臣,成十七年归齐。后为齐大夫,官至卿位。

【三·二】 初,鲍国鲍文子去鲍氏而来为施孝叔臣。施氏卜宰,匡句 qú 须吉。施氏之宰,有百室之邑。[施孝叔]与匡句须邑,使为宰。[匡句须]以让鲍国,而致邑焉。施孝叔曰:"子匡句须实吉。"[匡句须]对曰:"能与忠良,吉孰大焉!"

【去】 补 离开。

【宰】正补家宰,见文十七—文十八·七。

【匡句须】杨补匡氏,名句须。施氏家宰。

鲍国鲍文子相 xiàng 施氏忠,故齐人取以为鲍氏后。

【四】仲尼孔子曰:"鲍庄子之知(智)不如葵,葵犹能卫其足。"

【葵】杨补冬葵(*Malva varticillata*),又名冬寒菜、冬苋菜,锦葵科草本植物,嫩叶为古代重要蔬菜。

【葵犹能卫其足】杨补葵菜还能保护自己的脚。古人采葵菜食用,只掐嫩叶,不伤根,待其来年再长叶。

○补参见庄十六·三·二"强锄不能卫其足"。

> ○杨补**传世文献对读**:《孔子家语·正论解》记载了孔子上述评论的上下文背景,可扫码阅读。
>
> ○补李白《流夜郎题葵叶》"惭君能卫足"、杜甫《赤霄行》"卫庄见贬伤其足"("卫庄"应为"鲍庄")典出于此。

成公十七年·五

地理鲁见成地理示意图 1。

春秋九月辛丑+三日,[我]用郊。

【郊】补见桓五·四。

成公十七年·六

地理晋 2、鲁见成地理示意图 1。

人物晋厉公(成十·三·春秋)、知武子(宣十二·一·十四·三)

春秋 晋侯晋厉公使荀罃 yīng,知武子来乞师。

○正 晋人将伐郑,因此前来乞师。

成公十七年·七

地理 鲁、周、晋 2、宋、卫、曹、齐、郑、楚见成地理示意图 1。鲁、周、单、晋 2、宋、卫、曹、齐、邾、郑、汝水、洹水见成地理示意图 3。

人物 鲁成公(成元·○)、单襄公(成元·一·一)、晋厉公(成十·三·春秋)、宋平公(成十五·三·春秋)、卫献公(成十四·五·一)、曹成公(成十三·三·一)、子叔声伯(成元—成二·春秋)、王子申(成六·九·一·一)

春秋 冬,公鲁成公会单子单襄公、晋侯晋厉公、宋公宋平公、卫侯卫献公、曹伯曹成公、齐人、邾人伐郑。

十有(又)一月,公鲁成公至自伐郑。

○正 此条《春秋》无对应《左传》。

壬申,公孙婴齐子叔声伯卒于狸脤 shèn。

【壬申】正 杨 根据杜预及王韬所推春秋历,十一月无壬申。

左传【一】冬,诸侯伐郑。十月庚午十二日,围郑。楚公子申王子申救郑,师于汝上。十一月,诸侯还。

【汝上】杨 补 汝水岸边。汝水(见成十五—成十六·二)为楚、郑界河。

【二·一】初,声伯子叔声伯梦涉洹 huán,或与己琼瑰 guī,[己]食之,泣而[泪]为琼瑰,盈其怀,从而歌之曰:"济洹之水,赠我以琼瑰。

归乎！归乎！琼瑰盈吾怀乎！"[声伯]惧，不敢占也。

【洹】正 杨 补 水名，今名安阳河，源出于河南林州林滤山东麓，自西向东流经河南林州、安阳、安阳、内黄，在内黄盘屯乡赵庄南范阳口注入卫河。春秋时洹水见《图集》24—25②4 至③5。

【琼瑰】正 杨 用比美玉次一等的美石制成的石珠。

【惧，不敢占也】正 杨 古人死后，口含珠玉（参见隐元·五"丧礼"）。子叔声伯怀疑此梦为凶梦，因此不敢占问其详。

【二·二】[声伯]还自郑，壬申，至于狸脤而占之，曰："余恐死，故不敢占也。今众繁而从余三年矣，无伤也。"[声伯]言之，之莫（暮）而卒。

【今众……伤也】杨 现在从属众多而且跟随我已经三年了，应该没有妨碍了。子叔声伯认为自己从属众多，而且随从自己三年，可能是"琼瑰满怀"的应验，于是又认为琼瑰之梦为吉梦，因此敢于占问此梦。

【之莫】杨 到晚上。之，至。

成公十七年·八

地理 齐、郑、晋 2 见成地理示意图 1。齐、卢、谷、徐关、清见成地理示意图 4。

人物 齐灵公（成十·三·春秋）、崔武子（宣十·三·春秋）、庆克（成十七·四·一）、国武子（宣十·三·二）、国胜

春秋 十有二月丁巳朔初一，日有食之。

【朔】补 见桓三·五·春秋。

【日有食之】补 见隐三·一·春秋。

○正 此条《春秋》无对应《左传》。

左传【一】齐侯齐灵公使崔杼 zhù，崔武子为大夫，使庆克佐之，帅师围卢。

【卢】正补见隐三·七。此时为高氏采邑，由叛臣高弱所占据。

【二】国佐国武子从诸侯围郑，以难 nàn 请而归。［国佐］遂如卢师，杀庆克，以谷叛。齐侯齐灵公与之国武子盟于徐关而复之。

【谷】杨见庄七·四·春秋。

【徐关】杨见成元—成二·十二·二。【复之】补使国武子归国复职。

【三】十二月，卢降。［齐侯］使国胜告难 nàn 于晋，待命于清。

【国胜】正补姜姓，国氏，名胜。国武子（宣十·三·二）之子。成十八年被齐灵公指使清人所杀。

【清】正杨补在今山东聊城东昌府区三十里铺村。齐邑。参见《图集》26—27③2。《图集》标注不准确，本书示意图依据《图志》标注。

○正补下启成十八年齐杀国武子（成十八·二）。齐灵公想要讨伐国武子，故用"调虎离山"之计，使其子国胜在外待命，以削弱国氏在都城的势力。

成公十七年·九

地理邿见成地理示意图 4。

人物邿定公（文十四·四）

春秋邿子貜 jué 且 jū，邿定公卒。

成公十七年·十

地理晋 2、楚、周见成地理示意图 1。晋 2、楚、周、鄢陵见成地理示意

图5。

人物 郤锜（成八·五·一）、郤犨（成十一—成十一·春秋）、郤昭子（成二·四·五）、晋厉公（成十·三·春秋）、胥童、胥克（宣元·二）、夷阳五、长鱼矫、王子茷（文九·二·四）、楚共王（成二·四·四）、孙周、栾武子（宣十二·一·四）、寺人孟张、清沸魋、中行献子（成十六·三·三·一）、范宣子（成十六·三·七）、韩献子（宣十二·一·四）、赵庄姬（成四—成五·一）

春秋 晋杀其大夫郤 xì 锜 yǐ、郤犨 chōu、郤至郤昭子。

左传【一·一】晋厉公侈，多外嬖 bì。反（返）自鄢 yān 陵，欲尽去群大夫，而立其左右。胥童以胥克之废也，怨郤氏，而嬖于厉公。郤锜夺夷阳五田，五夷阳五亦嬖于厉公。郤犨与长鱼矫争田，执[长鱼矫]而梏之，与其父母妻子同一辕。既，矫长鱼矫亦嬖于厉公。

【侈】补 自多以陵人。

【外嬖】正 补 得宠大夫。

【反自……左右】补 此处《左传》所言，与成十六·三·六所引《国语·晋语六》中范文子的预测、成十六·八·二所引《国语·鲁语中》中子叔声伯的预测相符合。

【胥童】正 杨 补 姬姓，胥氏，名童，字昧。胥克（宣元·二）之子。晋大夫，官至卿位。成十八年十二月杀三郤之后任卿，同年闰月即被栾武子、中行献子所杀。据《史记·晋世家》，胥童之妹为晋厉公宠姬。【胥克之废】正 指宣八年郤成子废胥童之父胥克之事。

【执而……一辕】正 补 抓住长鱼矫并且把他[的手]束缚住，和他的父亲、母亲、妻子、儿女绑在同一根车辕上。辕应即轴，参见《知识准备》"车马"。

【一·二】栾书栾武子怨郤至郤昭子，以其不从己而败楚师也，欲废之。[栾书]使楚公子茷 fá，王子茷告公晋厉公曰："此战也，郤至实召寡君楚共王。[郤至]以东师之未至也，与军帅之不具也，曰：'此必败！吾因奉孙周以事君楚共王。'"

【栾书……楚师】正补 栾武子怨恨郤昭子，因为郤昭子不听从自己却打败了楚师。成十六年晋、楚鄢陵之战前，中军帅栾武子主张固守而后出击，而新军佐郤昭子主张速战。晋厉公最终采纳了郤昭子的意见，最终击败楚师，故栾武子怨之。

【使楚公子茷告公】正补 成十六年鄢陵之战，楚王子茷被晋人所俘，此时仍在晋，因此得以为栾武子进言。

【东师之未至】正补 成十六年鄢陵之战开始时，东方诸侯齐、鲁、卫三国军队尚未到达，故曰"东师之未至"。

【军帅之不具】正杨补 晋有四军，将佐应有八人。但成十六年鄢陵之战之前晋师出动时，下军佐知武子留守，新军帅郤犨乞师，晋八卿有两个空缺，故曰"军帅之不具"。

【孙周】正补 后为晋悼公。姬姓，名周，谥悼。公孙谈（惠伯）之子，公子捷（桓叔）之孙，晋襄公（僖三十三·三·一）曾孙。成四年生。从祖父开始客居于周，早年在周王室任职，任单襄公属大夫。成十八年周历正月晋厉公被弑，孙周随即被迎回晋都即位。襄元年正式改元。在位十六年。襄十五年卒。

公告栾书。书栾武子曰："其有焉！不然，岂其死之不恤，而受敌使乎？君晋厉公盍（何不）尝使诸（之于）周而察之？"

【恤】补 忧。

【受敌使】正 指成十六年鄢陵之战中，郤昭子接受楚共王使者慰问之事。参见成十六·三·十二。

【尝】正 试。

郤至聘于周，栾书使孙周见之。公使觇 chān 之，信。[公]遂怨郤至。

【郤至聘于周】 杨 郤昭子聘于周之事见成十六·九。

【栾书使孙周见之】 补 孙周当时在周王室事奉单襄公,因此栾武子故意使孙周见郤昭子,以造成郤昭子拉拢孙周以图谋不轨的假象。

【觇】 杨 窥视。

> ○ 补 **传世文献对读**:《国语·晋语六》载成十三年至成十六年间,赵文子行冠礼后前往晋国各卿族拜见之事,亦可见三郤与晋国其他卿族不和睦之情状,可扫码阅读。

【二】厉公晋厉公田,与妇人先杀而饮酒,后使大夫杀。郤至郤昭子奉豕 shǐ,寺人孟张夺之,郤至射而杀之。公晋厉公曰:"季子郤昭子欺余。"

【厉公……夫杀】 杨 补 田,打猎。杀,指猎杀禽兽。依礼,田猎时诸侯国君射杀禽兽后,随后应由大夫猎射,妇人不应参与。晋厉公使妇人先杀,为违礼之举,表现出他对大夫的蔑视。

【寺人】 补 见僖五·二·二·二。

【三·一】厉公晋厉公将作难 nàn,胥童曰:"必先三郤:[三郤]族大,多怨。去大族,不逼;敌多怨,有庸。"公晋厉公曰:"然。"

【三郤】 杨 郤锜、郤犨、郤昭子。

【去大族,不逼】 正 补 除去大族,公室就不受逼迫。

【敌多怨,有庸】 正 补 攻打多人怨恨[的家族],容易成功。庸,功。

【三·二】郤氏闻之,郤锜欲攻公,曰"虽死,君晋厉公必危"。郤至郤昭子曰:

"人所以立,信、知(智)、勇也。信不叛君,知(智)不害民,勇不作乱。失兹三者，其谁与我？死而多怨，将安用之？

【兹】⬚补 此。

【与】⬚补 助。

【死而多怨，将安用之】⬚正 ⬚补 身死又增加怨恨，有什么用处？郤昭子意谓，不管背叛与否，最后都不免一死。若叛君而死，将积累更多怨恨，对后世没有好处。

"君实有臣而杀之，其谓君何？我之有罪，吾死后矣。[君]若杀不辜，将失其民，欲安，得乎？

【君实……君何】⬚杨 ⬚补 国君拥有臣下而要杀掉他们，能把国君怎么样？

【我之有罪，吾死后矣】⬚杨 ⬚补 我如果有罪，那现在死已经算晚了。

"[我]待命而已！[我]受君之禄，是以聚党。[我]有党而争命，罪孰大焉！"

【聚党】⬚补 聚集亲信（亲人、家臣）。

○⬚杨 郤昭子此言与公子重耳之言（僖二十三—僖二十四·一·一）相仿，可参看。

【四·一】壬午二十六日，胥童、夷羊五夷阳五帅甲八百，将攻郤氏。长鱼矫请无用众，公晋厉公使清沸魋 tuí 助之。[长鱼矫、清沸魋]抽戈结衽 rèn，而伪讼者。三郤将谋于榭。矫长鱼矫以戈杀驹伯郤锜、苦成叔郤犨于其位。温季郤昭子曰"逃威（畏）也"，遂趋。矫及诸（之于）其车，以戈杀之郤昭子。皆尸诸（之于）朝。

【抽戈结衽，而伪讼者】⬚正 ⬚杨 ⬚补 [长鱼矫与清沸魋]抽戈相对，衣襟相结，装成一副起了争执、要到刑狱部门争讼的样子。

【榭】⬚杨 建筑在台上的房屋。参见宣十六·二·春秋。

【逃威也】⬚杨 ⬚补 逃避冤死。威，无罪被杀。

【皆尸诸朝】正补将三人尸体都陈列在朝廷之上。

【四·二】胥童以甲劫栾书栾武子、中行偃中行献子于朝。

矫曰:"不杀二子,忧必及君晋厉公。"
【二子】补栾武子、中行献子。

公晋厉公曰:"一朝 zhāo 而尸三卿,余不忍益也。"
【三卿】补郤昭子、郤犨、郤锜。
【益】补增加。

[矫]对曰:"人将忍君。臣闻乱在外为奸,在内为轨(宄)。御奸以德,御轨(宄)以刑。[君]不施[教]而杀,不可谓德;臣逼[君]而[君]不讨,不可谓刑。德、刑不立,奸、轨(宄)并至,臣请行。"
【人将忍君】补别人(指栾武子、中行献子)对君主将会忍心下手加害。
【御】补抵抗。
【不施而杀】补不施[教化]就加以杀戮。
○杨综合观之,"外"应指朝廷之外,而非国外,即指居住于都城及郊区的国人。长鱼矫意谓,国人作乱谓之"奸",朝廷之臣作乱谓之"轨(宄)"。以德对付奸,以刑对付宄。国人不先施恩施教即杀戮,不可谓德;朝臣势力逼君而不加讨伐,不可谓刑。

[矫]遂出奔狄。

公使辞于二子,曰:"寡人有讨于郤氏,郤氏既伏其辜矣。大夫无辱,其复职位。"
【辞】补告。

【大夫无辱】大夫们不要[为被劫持的事而]感到耻辱。

[二子]皆再拜稽qǐ首曰："君讨有罪,而免臣于死,君之惠也。二臣虽死,敢忘君德?"

【再拜稽首】补见僖五·二·二·一。

[二子]乃皆归。

公使胥童为卿。

○补**出土文献对读:** 上博简九《苦成家父》记载了三郤被灭之事,与《左传》多有不同,可扫码阅读。

【五】公晋厉公游于匠丽氏,栾书栾武子、中行偃中行献子遂执公焉。[二子]召士匄范宣子,士匄辞。[二子]召韩厥韩献子,韩厥辞,曰:"昔吾畜于赵氏,孟姬赵庄姬之谗,吾能违兵。古人有言曰'杀老牛,莫之敢尸',而况君乎? 二三子不能事君,焉用厥韩献子也!"

【匠丽氏】正杨晋厉公外嬖大夫匠丽家。居于翼。

【召士匄,士匄辞】补范宣子很可能是以守父丧为由推辞不从,参见成十七·二的分析。

【昔吾……违兵】正补赵氏对韩献子有养育之恩,因此成八年赵庄姬诬告赵同、赵括时,栾武子、郤献子都发兵攻打赵氏,只有韩献子不肯用兵。畜,养。违,避开。

【杀老牛,莫之敢尸】正杨补耕牛太老要杀掉,[这种事情]没人愿意起头作主。尸,主。

【二三子】补诸位大夫。

○ 补 笔者对晋厉公之乱（包括晋厉公指使外嬖杀三郤，以及栾
武子、中行献子弑晋厉公）的可能真相有详细分析，请见专著《虎
变：晋国大族的兴盛与衰亡》（出版中，暂定书名）相关章节。

成公十七年·十一

地理 楚、吴见成地理示意图1。楚、舒庸、吴、巢见成地理示意图5。

人物 王子囊师

春秋 楚人灭舒庸。

【舒庸】 正 杨 补 周时国，偃姓。始封君为皋陶之后。在今安徽舒
城西南。成十七年被楚所灭。参见《图集》29—30⑤8。

左传 舒庸人以楚师之败也，道(导)吴人围巢，伐驾，围厘、虺 huǐ，遂
恃吴而不设备。楚公子囊 gāo 师 王子囊师 袭舒庸，灭之。

【楚师之败】 正 指成十六年鄢陵之败。

【驾】【厘】 正 杨 在今安徽无为境。楚邑。

【虺】 正 杨 在今安徽庐江境。楚邑。

成公十七年—成公十八年(成公十八年·一)

地理 晋2、周见成地理示意图1。晋2、周、翼(晋1)、清原、曲沃见成地理示意图2。

人物 胥童(成十七·十·一·一)、晋厉公(成十·三·春秋)、栾武子(宣十二·一·四)、中行献子(成十六·三·三·一)、程滑、知武子(宣十二·一·十四·三)、夷共子、孙周(成十七·十·一·二)、伯子同

春秋 十有(又)八年,春,王正月,晋杀其大夫胥童。

○正 杨 此事,《春秋》在十八年春正月,而《左传》在十七年闰月二十九日。或说,《春秋》所据为晋人通告上所书时间,而《左传》所据为事件实际发生时间。或说,此年闰二月,《春秋》用周正,《左传》沿袭晋国史料用夏正,二者相差两月。未知孰是。

庚申五日,晋弑其君州蒲晋厉公。

【州蒲】杨 当作"州满",参见成十·三·二。

○正 补 据宣四·三·一·二,则臣弑君,《春秋》只称君之名,而弑君者则以其国代之,则表明晋厉公无道。

左传 [一] 闰月乙卯晦二十九日,栾书栾武子、中行偃中行献子杀胥童。民不与郤氏,胥童道(导)君为乱,故[《春秋》]皆书曰"晋杀其大夫"。

【晦】补 阴历月末。

【民不……大夫"】正 补 据文六·四·三及文七·二·三,则《春秋》书"晋杀其大夫郤锜、郤犨、郤至",以及"晋杀其大夫胥童",书国杀,又书被杀卿大夫之名氏,表明三郤、胥童有罪于晋。然而,根据上文记载,晋厉公以私欲杀三郤,而三郤亦无谋反之意,如此说来,三郤似无罪。《左传》因此解释说,民众不亲附郤氏,胥童引导国君作乱,此为三郤、胥童之罪。

【二】十八年，春，王正月庚申_{五日}，晋栾书_{栾武子}、中行偃_{中行献子}使程滑弑厉公_{晋厉公}。〔晋人〕葬之于翼东门之外，以车一乘_{shèng}。

【程滑】正晋大夫。

○正杨翼为晋旧都，可能与绛为同地异名，也可能是两地，本书示意图暂依《图集》所支持的同地异名说进行标注。据《周礼·春官·冢人》，"凡死于兵者，不入兆域"，则被杀之君不得葬于其族墓范围（兆域）之内。晋厉公被杀于翼，即葬于翼。依礼，诸侯葬车七乘，而晋厉公仅以一乘，明显是不以君礼下葬。

○补**传世文献对读**：《国语·鲁语上》载鲁大夫里革对晋厉公被弑的评论，可扫码阅读。

【三·一】〔晋人〕使荀罃_{yīng，知武子}、士鲂_{彘共子}逆周子_{孙周}于京师而立之，〔周子〕生十四年矣。

【士鲂】杨补彘共子。祁姓，彘氏，出于士氏，名鲂，谥共，排行季。范武子（僖二十七—僖二十八·二十四·二）之子，范文子（宣十七·一·八）之同母弟。晋大夫，官至卿位。成十八年任新军帅（卿职），同年升任下军佐（卿职）。襄十三年前卒。食采于彘。

【京师】补见隐六·七。

○补**传世文献对读**：《国语·周语下》叙单襄公预言孙周将为晋君之事，可扫码阅读。

【三·二】大夫逆〔周子〕于清原。

【清原】杨见僖三十一·三。

周子曰："孤始愿不及此。虽及此，岂非天乎！抑人之求君，使出命也。立而不从，将安用君？二三子用我今日，否亦今日。共（恭）而从君，神之所福也。"

【孤】　补称孤之例在桓十二—桓十三·二·二。孙周虽非晋厉公嫡子，此时已被立为嗣君，故自同于嫡子而称"孤"。

【抑】　补转折连词，然而。

○补笔者对晋悼公这段讲话每句话的深意有详细分析，请见专著《虎变：晋国大族的兴盛与衰亡》（出版中，暂定书名）相关章节。

［大夫］对曰："群臣之愿也，敢不唯命是听。"

庚午十五日，［周子与大夫］盟而入，馆于伯子同氏。辛巳二十六日，［周子］朝于武宫。［周子］逐不臣者七人。

【伯子同】　正　补姬姓，伯氏，字同。晋大夫。

【武宫】　见僖二十三—僖二十四·九·三。

［三·三］周子有兄而无慧，不能辨菽 shū 麦，故不可立。

【无慧】　正白痴。

【不能辨菽麦】　正　补不能辨别大豆和小麦。大豆和小麦无论是植株还是籽实形态都截然不同，这里说的"不能辨"，应该不是分不清这是两样不同的东西，而是会混淆两者的名称，说菽是麦，说麦是菽。即便如此，也足以说明孙周之兄头脑痴笨的严重程度。

【菽】　补即现在的大豆［Glycine max（Linn.）Merr.］，豆科一年生草本植物。据农业考古学者的研究，大豆是由野生大豆（Glycine soja Sieb. et Zucc.）驯化而来，最早起源于中国北方，在距今六千年前就已开始驯化，是周代主要粮食作物之一。

成公十八年·二

地理 齐、鲁见成地理示意图1。齐、鲁、莱、谷、清见成地理示意图4。

人物 国武子(宣十·三·二)、齐灵公(成十·三·春秋)、声孟子(成十六·八·五)、国胜(成十七·八·三)、国景子、王湫、庆封、庆佐

春秋 齐杀其大夫国佐国武子。

左传【一】 齐为庆氏之难故,甲申晦正月二十九日,齐侯齐灵公使士华免以戈杀国佐国武子于内宫之朝。师逃于夫人声孟子之宫。——[《春秋》]书曰"齐杀其大夫国佐",[国佐]弃命、专杀、以谷叛故也。——[齐侯]使清人杀国胜。国弱国景子来奔,王湫 jiǎo 奔莱。庆封为大夫,庆佐为司寇。

【庆氏之难】正指成十七年庆克与声孟子作乱,国武子杀庆克。

【晦】补阴历月末。

【士】正补大士,齐外朝官,掌狱讼刑罚。【华免】正齐士官。

【内宫之朝】杨齐灵公燕寝前堂。燕寝参见庄三十二·四·春秋。

【师】杨当时在朝众人。

【书曰……故也】正补据文六·四·三及文七·二·三,则《春秋》强调国杀,又书被杀卿大夫之名氏,表明国武子有罪于齐。由于前文叙述让人认为国武子是因为痛恨庆克淫乱才作乱、罪不及死,所以《左传》特意列举了国武子的三项罪过:成十七年抛弃齐灵公会师伐郑之命而先行回国,专擅杀死庆克,后又入于谷以叛。

【使清人杀国胜】正成十七年齐灵公让国胜在清地待命,此时便让清人杀了国胜。

【国弱】正补国景子。姜姓,国氏,名弱,谥景。国武子(宣十·三·二)之子,国胜(成十七·八·三)之弟。齐大夫,官至卿位。成十八年奔鲁,同年复归于齐。

【王湫】正补国武子党羽。成十八年奔莱。襄六年奔莒,被莒人

所杀。

【庆封】正 杨 补 姜姓，庆氏，名封，字家，排行季。庆克（成十七·四·一）之子，庆佐（成十八·二·一）之弟。齐大夫，官至执政卿。襄二十五年已任左相（卿职），襄二十七年任当国（卿职）。襄二十八年奔鲁，遂奔吴，居于朱方。昭四年，楚灵王克朱方，杀庆封。

【庆佐】正 补 姜姓，庆氏，名佐。庆克之子。齐大夫，官至卿位。任司寇。

【司寇】补 齐外朝官，掌刑罚。

【二】既，齐侯齐灵公反（返）国弱国景子，使嗣国氏，礼也。

成公十八年·三

地理 鲁、晋 2 见成地理示意图 1。

人物 鲁成公（成元·〇）、晋悼公（成十七·十·一·二）、吕宣子（成十三·一·四）、巤共子（成十七—成十八·三·一）、令狐文子、赵文子（成八·五·一）、荀家、荀会、栾桓子（成十六·三·春秋）、公族穆子、士贞伯（宣十二·一·十九）、范武子（僖二十七—僖二十八·二十四·二）、右行辛、士渥（庄二十三·七）、弁纠、荀宾、祁奚（成八·五·一）、羊舌职（宣十五·五·一·二）、魏庄子、张老、铎遏寇、籍偃、程郑

春秋 公鲁成公如晋。

左传【一】二月乙酉朔初一，晋悼公晋悼公即位于朝。始命百官；施舍，已责 zhài（债）；逮鳏 guān 寡，振废滞；匡乏困，救灾患；禁淫慝 tè，薄赋敛；宥 yòu 罪戾，节器用，时用民，欲无犯时。

【朔】补 见桓三·五·春秋。

【命百官】补 任命官员。晋悼公任命官员的具体情况如下文所述。

【已责】杨参见成二·七·一·二。

【逮鳏寡】正杨[施惠]及于[最弱势的]鳏夫寡妇。

【振废滞】正杨补起用被[不公正]废黜或长期居于下位的贤良之人。

【宥罪戾】正补宽恕罪行。

【时用民】正补遵循农时征用民力。

【欲无犯时】正杨不因私欲而侵占农时。

○补传世文献对读：《史记·晋世家》叙晋悼公即位后对群臣说的一番话，为《左传》所不载，可扫码阅读。

使魏相吕宣子、士鲂彘共子、魏颉 jié，令狐文子、赵武赵文子为卿；荀家、荀会、栾黡 yǎn，栾桓子、韩无忌公族穆子为公族大夫，使[公族大夫]训卿之子弟共(恭)俭孝弟 tì(悌)。

【魏颉】正杨补令狐文子。姬姓，令狐氏，出自魏氏，名颉，谥文。魏颗（宣十五·四·二·一）之子。晋大夫，官至卿位。成十八年任新军佐（卿职），同年可能升任新军帅（卿职）。襄三年去世。食采于令狐。

【韩无忌】正杨补公族穆子。姬姓，公族氏，出自韩氏，名无忌，谥穆。韩献子（宣十二·一·四）之长子。晋大夫，成十七年已任公族大夫，襄七年任公族大夫之长。襄十六年已告老或去世。

【公族大夫】补见宣二·三·六·一。

○补本段综述了四位在晋悼公即位后陆续被任命为卿的大夫。吕宣子、彘共子、令狐文子被任命为卿在本年（成十八年），分别任下军帅、新军帅、新军佐。赵文子被任命为卿在魏相去世之后，很可能在襄元年任新军佐。

使士渥浊士贞伯为大(太)傅，使[太傅]修范武子之法；右行辛为司空，使[司空]修士蒍 wěi 之法。

【使士……之法】 正 补 据宣十六·一·二·一,范武子曾以中军帅兼太傅。故士贞伯所修治者,为其前任所订立的法度。

【右行……之法】 正 补 据庄二十五—庄二十六·二,士𫇭曾为晋献公司空。故右行辛所修治者,亦为其前任所订立的法度。

【右行辛】 杨 补 右行氏,出自贾氏,名辛,贾华(僖六·一)(官右行)之后。晋大夫,成十八年任司空。

【司空】 正 《国语·晋语七》作"元司空"。

弁biàn 纠御戎,校正属焉,使[戎御及其属官]训诸御知义;荀宾为右,司士属焉,使[戎右及其属官]训勇力之士时使。

【弁纠御戎】 杨 补 弁纠担任戎御,驾驭晋侯兵车,并统领校正。参见《知识准备》"车马"。【弁纠】 正 补 姬姓,弁氏,出自栾氏,名纠。晋大夫,成十八年任戎御。食采于弁。

【校正】 正 杨 补 晋外朝官,戎御属官,掌晋侯之马政,以及协助训练诸御。《左传》所见,宋亦有校正(襄九·一·一)。另外,鲁有校人(哀三·三·一)。

【诸御】 正 杨 补 驾驭一般兵车的御者。齐亦有诸御(见哀十四·三·一)。

【荀宾为右】 杨 补 荀宾担任戎右,作为晋侯兵车的车右,并统领司士。参见《知识准备》"车马"。

【司士】 正 补 晋外朝官,戎右属官,协助训练车右。

【使训勇力之士时使】 正 杨 补 使[戎右及其属官]训教勇力之士以待时选用[担任一般兵车的车右]。车右须用勇力之士,然而勇力之士容易强暴犯上、不听命令,因此平时需要加强训练,方能为国效力而不犯法度。

卿无共(供)御,立军尉以摄之:祁奚为中军尉,羊舌职佐之,魏绛魏庄子为司马,张老为候奄;铎duó 遏寇为上军尉,籍偃为之司马,使[军尉及其属官]训卒乘shèng 亲以听命。

【卿无……摄之】正 以前各卿都有专门人员供掌驾御(共御),此时则裁省,而在各军设立军尉,职掌各军政事,兼任各卿御者。

【军尉】补 见闵二·七·二。

【中军尉】正 补《国语·晋语七》作"元尉"。

【魏绛】正 补 魏庄子。姬姓,魏氏,名绛,谥庄。一说为魏武子(僖二十三—僖二十四·一·一)之子,一说为魏悼子之子,魏武子之孙。晋大夫,官至卿位。成十八年任中军司马,襄三年任新军佐(卿职),襄十三年任下军佐(卿职),襄十八年已任下军帅(卿职),襄十九年可能已任上军佐(卿职)。襄二十一年至襄二十三年告老或去世。

【司马】正 补 中军司马,晋外朝官,大夫职。《国语·晋语七》作"元司马"。

【张老】杨 补 姬姓,张氏,名老,排行孟。解侯(成元—成二·十)(字张)之子。晋大夫,成十八年任侯奄,襄三年任中军司马。

【候奄】杨 补 即候正,见成元—成二·十六。《国语·晋语七》作"元候"。

【上军尉】补《国语·晋语七》作"舆尉"。

【籍偃】正 杨 补 籍氏,名偃,字游。孙伯黡(昭十五·八·二)之后。晋大夫,成十八年任上军司马。襄二十一年被范宣子所因。其名(偃)、字(游)相应,偃,《说文》作"㲈",旌旗之游㲈㮸之貌;游,旌旗之流(旒)。

【司马】正 补 上军司马,晋外朝官,大夫职。《国语·晋语七》作"舆司马"。

【使训卒乘亲以听命】正 杨 补 使[军尉及其属官]训教步兵(卒)、车兵(乘)之间亲睦以听从命令。

○正 补 本段唯叙任命中军、上军之官,而没有任命下军、新军之官,应该是当时下军、新军官职无缺,不需另外立官。

程郑为乘 shèng 马御,六驺 zōu 属焉,使[乘马御]训群驺知礼。

【程郑】正 杨 补 姬姓,程氏,出自荀氏,名郑。程季之子,荀文子

（成三·十五·一）曾孙。晋大夫，官至卿位。成十八年任乘马御，襄二十一年可能已任下军佐（卿职）。襄二十五年卒。

【乘马御】 正 补 晋外朝官，驾御晋侯平日乘车，并统领六闲驺官。《国语·晋语七》作"赞仆"。

【六驺】 正 杨 补 六闲的驺官。闲，马厩。诸侯六闲，每闲有马 216 匹。驺，晋内朝官，掌为国君养马、驾车、卸车。《左传》所见，鲁卿大夫家亦有御驺（襄二十三·八·二·一）。

凡六官之长，皆民誉也。[公]举不失职，官不易方，爵不逾德，师不陵正，旅不逼师，民无谤言，所以复霸也。

【六官】 杨 泛指各个部门。

【举不失职】 正 举拔之人皆[当其任，]不失职。

【官不易方】 正 杨 补 官员不改变常规旧典。易，改易，违背。方，常。上文所叙士贞伯修治前任太傅范武子之法，右行辛修治前任司空士蒍之法，即为例证。

【爵不逾德】 正 杨 补 [授予]爵位不超过其人或其先祖的德行。下引《国语·晋语七》详细叙述晋悼公根据诸人德行授予官爵，即为例证。

【师不陵正，旅不逼师】 杨 补 师级官员不欺凌正级官员，旅级官员不欺凌师级官员。正、师、旅，皆为官吏级别。正大于师，师大于旅。

○ 正 杨 补 **传世文献对读**：《国语·晋语七》详述晋悼公任命上述官员理由，可扫码阅读。

○ 补 笔者对晋悼公新政的内容和特色有详细分析，请见专著《虎变：晋国大族的兴盛与衰亡》（出版中，暂定书名）相关章节。

[二] "公如晋"，朝嗣君晋悼公也。

【朝】 补 见隐四·二·七·一。

成公十八年·四

地理 楚、郑、宋、吴、晋 2 见成地理示意图 1。楚、郑、宋、吴、晋 2、彭城、朝郏、幽丘见成地理示意图 5。

人物 楚共王（成二·四·四）、郑成公（成七·三）、鱼石（成十五·六·春秋）、王子壬夫（成十六·三·四·二）、皇辰、向为人（成五·七·一·二）、鳞朱（成十五·六·一）、向带（成十五·六·一）、鱼府（成十五·六·一）、西锄吾

春秋 夏，楚子_{楚共王}、郑伯_{郑成公}伐宋。宋鱼石复入于彭城。

【彭城】正 杨 补 在江苏省徐州市。宋邑。参见《图集》24—25④8。〇 正 据《左传》，复入于彭城的有鱼石、向为人、鳞朱、向带、鱼府五人。《春秋》只书鱼石，应是宋国发来的通告如此，《春秋》照书之。

左传【一】夏，六月，郑伯_{郑成公}侵宋，及曹门外。[郑伯]遂会楚子_{楚共王}伐宋，取朝郏 jiá。楚子辛_{王子壬夫}、郑皇辰侵城郜 gào，取幽丘。[二师]同伐彭城，纳宋鱼石、向为人、鳞朱、向带、鱼府焉，以三百乘 shèng 戍之而还。[《春秋》]书曰"复入"。凡去其国，国逆而立之，曰"入"；复其位，曰"复归"；诸侯纳之，曰"归"；以恶曰"复入"。

【曹门】正 杨 宋都西北门。由宋至曹由此门出。

【朝郏】正 杨 补 在今河南夏邑南。宋邑。参见《图集》24—25⑤7。

【皇辰】补 子姓，皇氏，名辰。郑大夫，官至卿位。

【城郜】正 杨 在安徽萧县境。宋邑。

【幽丘】正 补 在今江苏徐州铜山区东。宋邑。参见《图集》24—25④8。

【同伐彭城】杨 先前楚、郑联军兵分两路，郑成公、楚共王一路，郑皇辰、楚王子壬夫另一路。至此两军会师，共同讨伐彭城。

【鱼石……鱼府】正 补 成十五年此五人由宋奔楚（成十五·六）。

[二] 宋人患之。西锄吾曰：

【西锄吾】正 补 宋大夫，襄九年已任太宰。

"何也？

"若楚人与吾同恶 wù，以德于我，吾固事之也，不敢贰矣。大国无厌，鄙我犹憾。

【大国无厌，鄙我犹憾】正 补 ［可是如今］大国（楚）贪得无厌，把我们作为它的鄙野城邑还觉得遗憾。

"不然，［楚人］而收吾憎，使赞其政，以间 jiàn 吾衅，亦吾患也。今［楚人］将崇诸侯之奸，而披其地，以塞夷庚。

【不然……患也】正 杨 补 不光是这样，［楚人］收留我们憎恶［的人］，让［他们］佐助楚的政事，以寻找机会钻我们的空子，这也将成为我们的忧患。间，钻……的空子。

【今将……夷庚】正 杨 补 ［可是］如今楚却尊崇［鱼石等］诸侯乱臣，并分给他们土地，从而阻塞［各国之间往来的］通道。崇，长。披，分。夷庚，车马往来的平道。夷，平。庚，道。一说，"夷庚"不是泛指而是专名，"夷"读如字，指东夷；"庚"读为"康"，是"大道"之义；"夷庚"就是一条以彭城（今徐州）为枢纽的大道，北至于齐，南至于吴，是链接中原与东夷的交通要道。

"［楚］逞奸而携服，毒诸侯而惧吴、晋，吾庸多矣，非吾忧也。且事晋何为？晋必恤之。"

【逞奸而携服】正 杨 ［楚的所作所为］使奸臣快意，而使原本服楚的国家离心离德。携，离。

【毒诸侯而惧吴、晋】杨 补毒害诸侯,并使得吴、晋感到恐惧。"惧吴、晋"指"塞庚夷",因彭城为吴、晋间交通要冲。

【吾庸多矣】杨 补[楚如此作为,对]我们的好处多了。庸,功。

○补下启同年宋围彭城(成十八·六)。

成公十八年·五

地理鲁、晋2见成地理示意图1。鲁、杞见成地理示意图4。

人物鲁成公(成元·○)、晋悼公(成十七·十·一·二)、范宣子(成十六·三·七)、杞桓公(僖二十七·一·春秋)

春秋公鲁成公至自晋。

晋侯晋悼公使士匄范宣子来聘。

【聘】补见隐七·四·春秋。

秋,杞伯杞桓公来朝。

【朝】补见隐四·二·七·一。

左传【一】"公至自晋。"

【二·一】晋范宣子来聘,且拜朝也。

【且拜朝也】正同时拜谢(鲁成公)朝晋。

【二·二】君子谓:"晋于是乎有礼。"

○杨小国之君朝大国,大国以卿拜朝,符合"礼尚往来"的原则,故曰"有礼"。

[三] 秋，<u>杞桓公</u>来朝，劳公_{鲁成公}，且问晋故。公以<u>晋君</u>_{晋悼公}语 yù 之。<u>杞伯</u>_{杞桓公}于是骤朝于晋，而请为昏(婚)。

【故】 补 事。

【骤】 正 疾速。

成公十八年·六

地理 宋见成地理示意图 1。宋、彭城见成地理示意图 5。

人物 老佐(成十五·六·四)、华喜(成十五·六·一)

左传 七月，宋<u>老佐</u>、<u>华喜</u>围彭城，<u>老佐</u>卒焉。

○ 补 下启同年楚、郑侵宋，晋救宋，及虚杼之盟(成十八·十)。

成公十八年·七

地理 鲁见成地理示意图 1。邾、鲁见成地理示意图 4。

人物 邾宣公

春秋 八月，<u>邾子</u>_{邾宣公}来朝。

【邾子】 补 邾宣公。曹姓，名牼，谥宣。邾定公(<u>文十四·四</u>)之子。成十八年即位，在位十八年。襄十六年被晋人所执，同年归于邾。襄十七年卒。

【朝】 补 见隐四·二·七·一。

左传 八月，<u>邾宣公</u>来朝，即位而来见也。

成公十八年·八

地理 鲁见成地理示意图 1。

春秋 [我]筑鹿囿 yòu。

【鹿囿】正 杨 补 杜注认为是养鹿的园地。杨注认为与昭九・六・春秋"郎囿"、定十三・二・春秋"蛇渊囿"类似,只是地名而已。囿见庄十九—庄二十一—庄二十一・一。

左传"筑鹿囿。"[《春秋》]书,不时也。

【书,不时也】正 杨 参见隐七・三。周正八月,当夏正六月,农功正忙,不宜兴土木。

成公十八年・九

地理鲁见成地理示意图1。

人物鲁成公(成元・○)

春秋己丑七日,公鲁成公薨 hōng 于路寝。

【路寝】杨 见庄三十二・四・春秋。

左传"己丑,公薨于路寝",言道也。

【言道也】正 补《春秋》这样记载,表示这符合国君去世礼制的正道。参见庄三十二・四・春秋。

成公十八年・十

地理楚、郑、宋、晋2、鲁、卫、齐见成地理示意图1。楚、郑、宋、晋2、鲁、卫、邾、虚杅、彭城见成地理示意图5。

人物晋悼公(成十七・十・一・二)、巤共子(成十七—成十八・三・一)、孟献子(文十四・十二・三)、宋平公(成十五・三・春秋)、卫献公(成十四・五・一)、邾宣公(成十八・七・春秋)、崔武子(宣十·三·春秋)、王子婴齐(宣十一·二·一)、华元(文十六—文十七·一·二)、韩献子(宣十二·一·四)、季文子(文六·二·春秋)、臧武仲、知武子(宣十二·一·十四·三)

春秋 冬,楚人、郑人侵宋。

晋侯晋悼公使士鲂魴共子来乞师。

十有(又)二月,仲孙蔑孟献子会晋侯晋悼公、宋公宋平公、卫侯卫献公、邾子邾宣公、齐崔杼崔武子同盟于虚杅 chēng。

【虚杅】杨 即虚,见桓十二·三·春秋。

左传【一】冬,十一月,楚子重王子婴齐救彭城,伐宋。宋华元如晋告急。韩献子为政,曰:"欲求得人,必先勤之。成霸、安(按)强,自宋始矣。"晋侯晋悼公师于台谷以救宋,遇楚师于靡角之谷,楚师还。

【勤之】正 杨 为之勤劳。

【安强】杨 抑制强国。

【靡角之谷】正 杨 宋地,在彭城附近。

○杨 补 襄二十六·八·二载靡角之役详情,可参看。

【二】晋士鲂魴共子来乞师。季文子问师数于臧武仲。[武仲]对曰:"伐郑之役,知 zhì 伯知武子实来,下军之佐也。今彘 zhì 季彘共子亦佐下军。[师数]如伐郑可也。事大国,无失班爵而加敬焉,礼也。"[文子]从之。

【臧武仲】正 杨 补 姬姓,臧氏,名纥,谥武,排行仲。臧宣叔(宣十八·六·二)庶子。鲁大夫,官至卿位。任司寇(卿职)。襄二十三年奔邾,遂奔齐。据《论语·宪问》,孔子认为有"臧武仲之知"是"成人"

的目标之一。

【伐郑之役】　杨　见成十七·七。

【无失班爵而加敬焉】　杨　补　不要违背使者的爵位班次并要更加恭敬。指根据使者爵位高低确定出兵多少,而且有多无少。

〔三〕十二月,孟献子会于虚杅,谋救宋也。宋人辞诸侯,而请师以围彭城。孟献子请于诸侯,而先归会葬。

【宋人……彭城】　正　补　宋人推辞〔不敢劳烦〕诸侯〔君主〕,而请求〔借用诸侯君主所带〕军队来包围彭城。

○　正　下启襄元年诸侯围彭城(襄元·二)。

成公十八年·十一

地理　鲁见成地理示意图1。

人物　鲁成公(成元·○)

春秋　丁未二十六日,葬我君成公鲁成公。

左传　"丁未,葬我君成公。"〔《春秋》〕书,顺也。

【书,顺也】　正　补　《春秋》如此记载,是表明鲁成公丧葬之事平顺合礼。鲁成公薨于路寝(参见庄三十二·四·春秋),五月而葬(参见隐元·五),国家安静,太子嗣位,故曰"顺"。

○　正　在此之前,鲁庄公、鲁宣公也都是"薨于路寝",鲁桓公、鲁庄公、鲁僖公、鲁文公、鲁宣公也都是"葬我君某公"。然而,鲁隐公、鲁桓公、鲁闵公都是被人所杀,鲁僖公薨于小寝,鲁文公薨于台下,都有"不道"之处。鲁庄公、鲁宣公虽然是"薨于路寝",但鲁庄公去世后太子般被杀,鲁宣公去世后公孙归父出奔,家国不安,也不能说是得道顺礼。得道顺礼者,唯有鲁成公,因此《左传》唯独在评论鲁成公薨时说"言道也",在评论鲁成公葬时说"顺也"。